AF371238

STATUTS

DES

MAITRES

CORDONNIERS

DE PARIS.

RECUEIL
DES STATUTS,
LETTRES PATENTES
OU

DÉCLARATIONS DU ROI,

ARRÊTS DU CONSEIL ET DU PARLEMENT,

SENTENCES DE POLICE DU CHASTELET,

ET DÉLIBÉRATIONS
Pour la Communauté

DES MAITRES CORDONNIERS
de la Ville & Fauxbourgs de Paris.

*Imprimé suivant la Délibération de ladite Communauté, en date
du 13 Décembre 1751.*

A PARIS,

De l'Imprimerie de Michel LAMBERT, rue & à côté
de la Comédie Françoise, au Parnasse.

M. DCC. LXII.

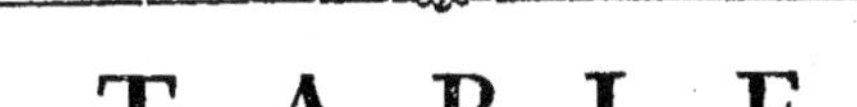

TABLE

DES STATUTS DE LA COMMMUNAUTÉ

DES MAITRES CORDONNIERS.

FIN DE LA TABLE.

RECUEIL

RECUEIL

*DES STATUTS, DÉCLARATIONS DU ROI,
Arrêts du Conseil, Arrêts du Parlement, Sentences
du Châtelet & de Police, & Délibérés pour la
Communauté des Maîtres Cordonniers de la Ville
& Fauxbourgs de Paris ; réimprimé en conséquence
de la Délibération de ladite Communauté, en date
du 13 Décembre 1751.*

PRIVILÉGE DE LA CONFRÉRIE
de la Communauté des Maîtres Cordonniers dans
l'Eglise de Notre-Dame de Paris.

EXTRACTUM Ex Regiſtris Concluſionum Capituli Eccleſiæ Pariſienſis. Lunæ poſt Quaſimodo ſextâ Aprilis, anno 1551, ordinariè Capitulantibus Dominis, concluſum fuit ut ſequitur :

COnceſſum eſt Magiſtris Gubernatoribus Confratriæ ſanctorum Criſpini & Criſpiniani in Ecclesiâ Pariſienſi id ſupplicantibus, eos & Magiſtros Sutores admitti & reponi ad dictam Con-

EXTRAIT DES *Regiſtres des Concluſions Capitulaires de l'Egliſe de Paris. Le Lundi après la Quaſimodo, ſix Avril, l'an 1551, Meſſieurs étant aſſemblés au Chapitre, à la maniere accoutumée, il a été conclu ce qui ſuit :*

SUR la Requête des Gouverneurs de la Confrérie des ſaints Creſpin & Creſpinien en l'Eglise de Paris, tendante à être remis & rétablis à ladite Confrérie.

A

fratiam, eifque affociabantur eorum famuli, & forfan dictis famulis huic contradicentibus, illi expellantur ab hujufmodi Confratriâ.

Et omnis adminiftratio & fuperintendentia ejufdem Confratriæ committitur dictis Magiftris, cum Domino Fouquet ad hoc per Capitulum hodie deputato, & hoc ufque ad beneplacitum dicti Capituli.*

Mercurii octavâ Aprilis poft Quafimodo, eodem anno 1551, ordinariè Capitulantibus Dominis.

Placet Dominis de Capitulo Magiftros Sutores feu Cordubernarios Villæ Parifienfis id fupplicantes refumi & reftitui ad eorum Confratriam Capellaniæ fanctorum Crifpini & Crifpiniani in Ecclefiâ Parifienfi, & fuos famulos in hujufmodi Confratriâ, fi velint eos annumerari & affumi, manentibus tamen omnimodis regimine, adminiftratione, .& fuperintendentiâ rerum dictæ Confratriæ folùm dictis Magiftris, cum Domino Fouquet nuper ad hoc commiffo, abfque eo quòd dicti famuli in aliquo

Meffieurs ont accordé aufdits Gouverneurs, & aux Maîtres Cordonniers d'y être reçus & rétablis, & ordonné que les Garçons y feront affociés; & s'il arrivoit que lefdits Garçons vouluffent contrarier les Maîtres, ils en feront chaffés & exclus.

Et l'adminiftration & fur-intendance de ladite Confrérie fut déférée & commife aufdits Maîtres, conjointement avec M. Fouquet, nommé par le Chapitre à cet effet.

Le tout pour tant qu'il plairoit audit Chapitre.

Le Mercredi huitiéme Avril, après *Quafimodo*, audit an 1551, Meffieurs étant affemblés au Chapitre à l'ordinaire,

Ont aggréé que les Maîtres Cordonniers de la Ville de Paris fuffent remis & rétablis à leur Confrérie de la Chapelle des faints Crefpin & Crefpinien dans l'Eglife de Paris, & qu'ils affociaffent, s'ils le vouloient, leurs Garçons dans ladite Confrérie.

Et ordonné que le gouvernement, adminiftration & fur-intendance de tout ce qui dépendroit de ladite Confrérie, appartiendroit & demeureroit aux Maîtres feulement, & à Monfieur Fouquet nommé & commis à cet effet par le Chapitre, *de hujufmodi Confratriâ & rebus ejufdem fe immifceant & intromittant, & hoc ufque ad beneplacitum dicti Capituli.*

Quod fi forfan dicti famuli facere & fubire recufaverint feu neglexerint, eo cafu ex nunc prout ex tunc, & ex tunc prout ex nunc, foras dictam Confratriam expellentur, & à confortio dictæ Confratriæ ac participatione ejufdem penitùs abfolventur.

Lunæ 27 Aprilis eodem anno 1551 ordinariè Capitulantibus Dominis.

Maneat conclufio fuper facto adminiftrationis & regiminis Confratriæ fanctorum Crifpini & Crifpiniani Magiftris Sutoribus Villæ Parifienfis, & non eorum fervis, rationibus hîc citatis.

fans que lefdits Garçons puffent fe mêler & entremettre en aucune maniere des chofes qui concernoient ladite Confrérie & dépendance d'icelle ; & ce, tant & pour tant qu'il plairoit audit Chapitre.

Que s'il arrivoit que lefdits Garçons refufaffent de faire & obéir à ce que deffus, en ce cas, dès-à-préfent comme dès-lors, & dès-lors comme dès-à-préfent, ils feront chaffés de ladite Confrérie, & entiérement exclus de l'affociation & participation d'icelle.

Le Lundi 27 Avril de la même année 1551, Meffieurs affemblés au Chapitre en la maniere accoutumée, ont ordonné & ftatué :

Que la conclufion ci deffus, fur le fait de l'adminiftration & gouvernement de la Confrérie des faints Crefpin & Crefpinien, fubfifteroit & feroit obfervée pour & en faveur des Maîtres Cordonniers de la Ville de Paris, & non pour leurs Garçons, pour les raifons déduites & rapportées au Chapitre.

Collationné aux Originaux dudit Regiftre des Conclufions Capitulaires de l'Eglife de Paris, étant aux Archives dudit Chapitre, repréfenté & rendu par les Notaires à Paris, fouffignés, le 11 Octobre 1720. Signés, HUVET & LINACIER.

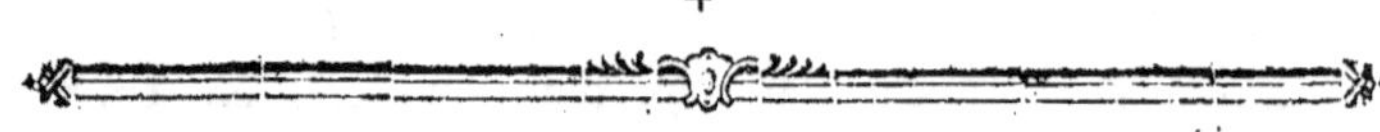

ARREST DU PARLEMENT,

QUI défend aux Maîtres & aux Garçons de se troubler les uns ni les autres, les jours de leurs Fêtes, à peine de dix marcs d'argent, & de prison.

1555.
10 Juin.

ENtre les Maîtres Cordonniers à Paris, Demandeurs & Défendeurs en exécution de l'Arrêt, d'une part;

Et les Compagnons & Serviteurs dudit état, auffi Demandeurs & Défendeurs, d'autre.

Appointé eft en exécutant ledit Arrêt, & pour mettre fin aux différends defdites Parties, que lefdits Maîtres Cordonniers feront faire le Service en l'Eglife Notre-Dame de Paris, le jour de Saint Crefpin vingt-cinquiéme jour d'Octobre, & lefdits Compagnons feront faire auffi le Service en ladite Eglife le jour de Saint Crefpin d'Eté, qui eft huit jours devant la Pentecôte. Ne pourront lefdits Maîtres & Compagnons refpectivement créer ne recevoir les deniers pour lefdits divins Services qu'une fois l'an, & chacun à fondit jour; & font icelles Parties condamnées à payer chacune pour moitié la rente dûe à la Fabrique de ladite Eglife de Paris; & fait icelle Cour défenfes aufdites Parties fur peine de dix marcs d'argent au Roi, & à peine de prifon, de n'empêcher l'un & l'autre, ne faire fcandale à chacune defdites Fêtes refpectivement; & leur enjoint de garder les Ordonnances du Roi. Fait en Parlement le 10 jour de Juin 1555. *Ainfi figné,* DU BAILLET.

Collationné à fon Original étant en parchemin, le tout rendu par les Notaires fouffignés, le 16 jour d'Août 1634.

Signé, CHAPELAIN &·BEÇON, *avec paraphes.*

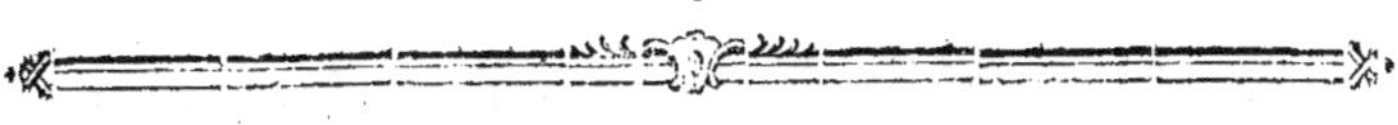

STATUTS

De la Communauté des Maîtres Cordonniers, confirmés par Lettres Patentes du Roi CHARLES IX, *du mois d'Avril* 1573.

Regiſtrés en Parlement le 25 Mai 1574.

CHARLES, par la grace de Dieu, Roi de France : A tous préſens & à venir ; Sçavoir faiſons que nous avons reçu l'humble ſupplication de nos chers & bien-aimés les Maîtres Cordonniers-Sueurs de notre bonne Ville de Paris, contenant qu'étant leur Métier néceſſaire à la République, & dont toutes ſortes de gens ont beſoin, il a été de toute ancienneté, & eſt l'un des Métiers Jurés de notre bonne Ville ; & en cette qualité & pour garder la Police requiſe, & obſerver aux fautes, abus & malverſations qui par ignorance ou malice s'y pourroient commettre, a été ci-devant toujours conduit, régi, entretenu & gouverné ſous pluſieurs bonnes Ordonnances confirmées par nos Prédéceſſeurs Rois, & enregiſtrées en la Chambre de notre Procureur au Châtelet. Mais d'autant que pour la mutation du tems, les matiéres, façons & ouvrages ont reçu changement, ainſi à préſent eſt requis & néceſſaire corriger aucun des articles contenus eſdites Ordonnances, & y en ajouter de nouveaux : joint que le langage d'icelles pour le long-tems qu'il y a qu'elles furent rédigées par écrit & mal intelligibles, & pour la plûpart hors d'uſage, & contraires aux termes d'apréſent. Pour quoi les Expoſans ſe ſont puis n'agueres aſſemblés, & d'un commun accord ayant ſur ce conféré ſur ce qui eſt porté par une Ordonnance de nos Statuts tenus à Orléans, rédigé pluſieurs points & articles par écrit néceſſaires à la police & entretenement dudit Métier ; leſquels ils deſireroient ci-après obſerver & faire garder, & à cette fin qu'ils fuſſent de Nous confirmés & approuvés, requerant ſur ce nos Lettres de confirmation.

NOUS à ces cauſes : Vû ſur ce *l'AVIS de notre amé & féal Conſeiller & Lieutenant Civil, enſemble de notre Procureur au Châtelet*, auxquels leſdits Ordonnances & Articles ont été

renvoyés, & depuis vus en notre Privé Conseil. De l'AVIS
d'icelui, defirant ledit Métier être bien policé & entretenu
pour le befoin qu'en a la chofe publique : AVONS tous lefdits
Articles rédigés en forme d'Ordonnance, concernant ledit
Métier de Cordonniers & Sueurs, ici fous le contre-fcel de
notre Chancellerie, attachés, loués, approuvés, ratifiés & confirmés, & par la teneur de ces Préfentes, de notre grace fpé-
ciale, pleine puiffance & autorité, louons, approuvons, ratifions, confirmons, voulons & nous plaît, qu'ils foient entretenus & obfervés de point en point, & felon qu'ils font rédigés.
Enfemble que lefdits Maîtres Cordonniers & Sueurs foient
maintenus & gardés en tous les priviléges, libertés, exemptions,
franchifes à eux accordées par nos Prédéceffeurs Rois, defquelles ils ont joui & ufé ci-devant bien & dûment, & dont ils jouiffent & ufent encore de préfent ; jaçoit qu'ils ne foient ici fpécifiés par le menu ; à la charge toutefois que lefdits Cordonniers-
Sueurs feront tenus chacun d'eux, lorfqu'ils entreront en la
Maîtrife dudit Etat, payer au Roi ou à fon Receveur ordinaire,
quatre fols parifis.

Item, par chacun d'eux payer douze deniers parifis pour le
droit de Coutume, & trois fols pour le droit de hauban ; &
encore que les Corps & Communautés des Cordonniers & Sel-
liers, Lormiers, Eperonniers, Coffretiers & Malletiers, feront
tenus par chacun an enfemblement payer trente-deux fols parifis
à la recette du Domaine du Roi pour le droit de la heuze.

SI donnons en mandement à notre amé & féal le Prévôt de
Paris, ou fon Lieutenant, Gens tenans la Police dudit lieu, & à
tous nos autres Jufticiers & Officiers chacun d'eux fi comme à
eux appartiendra. Comme de notre préfente approbation, ratification & confirmation, ils fouffrent & les iceux Suppliants,
leurs fucceffeurs, jouir & ufer pleinement & paifiblement, &
iceux Articles garder, entretenir & obferver ainfi qu'ils font
fpécifiés, ceffant & faifant ceffer tous troubles, empêchemens
au contraire, lefquels fi faits ou donnés leur étoient, ils les faffent remettre au premier état & dû, & à ce faire fouffrir &
obéir.

Contraignant & faffent contraindre lefdits Maîtres & à tous
autres qu'il appartiendra, par toutes voies dûes & en tel cas re-

quis & accoutumé, nonobſtant quelconques autres Ordonnances, reſtrictions & Lettres à ce contraires : & afin que ce ſoit choſe ferme & ſtable à toujours, ſauf en autre choſe notre droit & celui de l'autrui en toutes. Donné à Fontainebleau au mois d'Avril, l'an de grace 1573, & de notre Régne le treiziéme : *Et plus bas eſt écrit d'une part ;* Par le Roi à votre relation. *Signé,* MORÉ.

Et à côté eſt écrit : Regiſtré, oui ſur ce le Procureur-Général du Roi aux charges y contenues, *le 28 jour de Mai,* l'an de grace 1574. *Ainſi ſigné,* DE HEVEZ.

S T A T U T S

Confirmés par LOUIS XIII. *& préſentés audit* ROI, *& à Noſſeigneurs de ſon Conſeil Privé, en 1614.*

S I R E,

LES Maîtres Cordonniers-Sueurs de votre bonne Ville de Paris vous remontrent en toute humilité, que pour garder police en leur Métier, & pour obvier aux fautes & abus, tromperies & malverſations qui s'y pourroient commettre, ledit Métier a été conduit, régi & gouverné ſous les Ordonnances de vos Prédéceſſeurs Rois, confirmées par défunt le Roi Henry le Grand votre très-honoré Seigneur & pere (que Dieu abſolve) ſans y rien augmenter ni diminuer, régiſtrées en la Chambre de votre Procureur au Châtelet de Paris, & d'autant qu'elles ne ſont par vous confirmées, & que le changement du tems, façons, ouvrages, payemens de droits requierent augmentation d'aucuns points & articles auſdites Ordonnances, ſe ſeroient leſdits Supplians puis n'agueres aſſemblés, & d'un commun accord ſuivant certain article des Ordonnances faites par VOTRE MAJESTÉ, réduits les Articles qui enſuivent.

A R T I C L E I.

Que pour la conſervation des préſentes Ordonnances, il y aura quatre Jurés qui ſeront élus par la Communauté du Métier pardevant Monſieur le Procureur audit Châtelet, & renouvellés par chacun an comme les Jurés des autres Métiers.

I I.

Que les Jurés feront toutes visitations nécessaires à faire audit Métier, tant en la Ville que Fauxbourgs de Paris, sans que pour visites esdits Fauxbourgs ils soient tenus de demander licence aux Hauts Justiciers aucun que de Monsieur le Prevôt de Paris, quelque privilége & droits de Justice qu'ils ayent, attendu qu'il est question du fait de Police, de laquelle la connoissance appartient à Monsieur le Prevôt de Paris, & non à aucun.

I I I.

Qu'il y aura trois Jurés & Gardes de la Chambre, élus par la Communauté dudit Métier pardevant Monsieur le Procureur audit Châtelet pour trois ans, & renouvellés d'un par chacun an, en la fin de leur tems entreront en la Visitation du cuir tanné, ainsi que de toute ancienneté.

I V.

Item, Qu'il y aura deux des plus anciens Maîtres qui auront été Jurés & Gardes dudit Métier, qui feront choisis & élus par les anciens Jurés Bacheliers pardevant Monsieur le Procureur du Roi audit Châtelet, lesquels feront le serment de Maîtres des Maîtres, Visiteurs des Visiteurs; feront rapport en Justice des fautes, abus, entreprises qui feront faites fur ledit Métier, & ne pourront les Jurés, Gardes & Communauté les aucunement assembler pour les affaires dudit Métier, fans le communiquer & y appeller lesdits Maîtres des Maîtres, ainsi que de toute ancienneté on a accoutumé.

V.

Que nul ne fera reçu Maître audit métier de Cordonnier tant en cette Ville que Fauxbourgs, s'il n'a été Apprentif en ladite Ville fous les Maîtres dudit Métier & obligé le tems & espace de quatre ans, & qu'il n'ait fait chef-d'œuvre.

V I.

Ne pourront lesdits Jurés recevoir par chacun an du jour qu'ils feront élus Jurés audit Métier, plus de quatre Maîtres dudit Métier par biens d'apprentissage, lequel fera communiqué aux Maîtres des Maîtres & six Bacheliers qui assisteront ausdits chefs-d'œuvres, depuis le commencement jusqu'à la fin, & auront pour leurs peines, salaires & vacations, chacun un écu, comme il est dit par Arrêt de la Cour.

VII.

V I I.

Et toutefois s'il advient qu'aucun Compagnon dudit Métier
se mariât à une veuve ou fille de Maître Cordonnier, encore
qu'il n'eût été Apprentif en cette Ville de Paris, néanmoins s'il
a servi les Maîtres par le tems & espace de cinq ans, en ce cas
ledit Compagnon sera reçu à faire chef-d'œuvre pour parvenir
à la Maîtrise, ainsi que s'il étoit Apprentif de la Ville.

V I I I.

Qu'auparavant que de bailler par les Jurés chef-d'œuvre à
faire à ceux qui aspirent à la Maîtrise, iceux Jurés seront tenus
de s'enquérir de leur bonnes vie & mœurs par les Maîtres chez
lesquels ils auront servi, pour, selon leur rapport, leur ordonner chef-d'œuvre ou les en débouter.

I X.

Lequel chef-d'œuvre après ladite inquisition faite, seront tenus
les Compagnons qui aspireront à la Maîtrise, faire en la maison
desdits Jurés & Gardes tel qu'il sera avisé, & icelui fait & parfait
en la présence des Maîtres des Maîtres, Jurés & six Bacheliers
qui seront appellés chacun à leur tour, en feront lesdits Jurés
leur rapport dans vingt-quatre heures après pardevant Monsieur
le Procureur du Roi, lequel prendra le serment de ceux qui
auront été rapportés suffisans.

X.

Celui qui sera reçu Maître, payera aux Jurés dudit Métier &
six Bacheliers pour leursdites peines, salaires & vacations d'a-
voir assisté depuis le commencement jusques à la fin, à voir
faire ledit chef-d'œuvre, chacun un écu : ensemble soixante sols
pour l'occupation de la chambre, & le chef-d'œuvre qui demeurera aux Jurés.

X I.

Qu'il ne pourra être fait de Maître dudit état en cettedite
Ville & Fauxbourgs, s'il n'a été reçu Maître & institué audit
Métier par la forme & maniere ci-dessus déclarées, & qu'il
n'ait fait chef-d'œuvre pardevant lesdits Jurés, & prêté serment
pardevant Monsieur le Procureur du Roi au Châtelet.

X I I.

Item, Que dorénavant chacun desdits Maîtres ne pourra
avoir plus d'un Apprentif, lequel il ne pourra prendre à moin-

B

dre temps que de quatre ans, & auparavant que de le mettre en befogne, fera tenu le faire obliger pardevant deux Notaires pour le tems & efpace de quatre ans; toutefois afin qu'ils ne demeurent dépourvus d'Apprentifs, pourront fur la troifiéme année de l'Apprentiffage en prendre un autre, & feront tenus lefdits Maîtres, quinze jours après que ledit Apprentif fera obligé, de mettre le Brevet entre les mains des Jurés & Gardes de la Chambre, pour être enregiftré au Regiftre des Apprentif-fages, fur peine de dix livres pour fubvenir à l'entretenement & luminaire de la Chapelle de faint Crefpin & faint Crefpi-nien, fondée en l'Eglife de Paris, que ledit Maître fera tenu avancer au défaut de l'Apprentif, fauf fon recours.

X I I I.

Item, Que tous fils de Maîtres nés en loyal mariage, pourvu qu'ils foient ouvriers du Métier, feront paffés Maîtres fans faire aucun chef-d'œuvre, comme ils ont accoutumé de toute anti-quité.

X I V.

Les Veuves des Maîtres, tant qu'elles fe contiendront en vi-duité, pourront tenir Boutique & jouiront de pareils priviléges que leurs maris vivans; mais fi elles fe remarient en fecondes nôces, elles perdront ledit privilége, feront tenues de fermer leurs Boutiques, & ne pourront s'entremettre dudit Métier.

X V.

Lefdites Veuves pendant leur viduité ne pourront prendre ni faire aucuns Apprentifs qui ayent la franchife telle que dit eft, & bien pourront toutefois tenir les Apprentifs de leurs défunts maris pour le temps qui reftera de leurs Apprentiffages, pourvû qu'elles ne fe remarient à aucuns qui foient d'autre état; en ce cas feront tenues de mettre leurfdits Apprentifs ès mains des Jurés pour les pourvoir de Maîtres.

X V I.

Ne pourront les Maîtres dudit Métier colpolter leurfdits ou-vrages par la Ville & Fauxbourgs de Paris pour les expofer en vente; mais les vendront en leurs Boutiques & Ouvroirs, finon qu'ils euffent été requis par les Bourgeois de leur en porter.

X V I I.

Nul dudit métier ne pourra tenir deux ou plufieurs Ouvroirs en divers lieux, fous peine de dix livres parifis d'amende.

XVIII.

Ne pourront lefdits Jurés ni aucuns Maîtres dudit Métier intenter ou commencer aucuns procès touchant le Réglement fait & police dudit Métier, fans premierement avertir la Communauté dudit Métier, & la plûpart s'accordât ainfi le faire, & ce fur peine aux Jurés & autres de perdre tout ce qu'ils y auront mis, & de tout l'événement du Procès en leurs noms.

XIX.

Et néanmoins après avoir averti & pris l'avis & confentement de la plus grande partie, lefdits Jurés & Gardes de la Chambre feront tenus de pourfuivre & défendre tant en demandant qu'en défendant, foit en premiere inftance que par appel en quelque Jurifdiction que ce foit, les procès defquels on fera demeuré d'accord de pourfuivre touchant ledit Réglement, fait & police dudit Métier, fournir & avancer les deniers qu'il conviendra en Juftice, lefquels leur feront alloués en leur compte, & feront remboursés par ledit Métier.

XX.

Ne pourront les Maîtres dudit Métier bailler à befogner à un étranger que préalablement les Compagnons qui auront été Apprentifs dudit Métier en cette Ville ne foient mis en befogne, s'ils le requierent pour même prix que l'étranger.

XXI.

Eft défendu à tous les Maîtres dudit Métier de bailler plus grand prix les uns que les autres pour attirer & débaucher les Compagnons, ni fouftraire les Apprentifs & Serviteurs les uns des autres, & les mettre en befogne, que premierement ils n'ayent entendu du Maître du fervice duquel ils fe feront départis, les caufes pour lefquelles ils auront délaiffé leur fervice, & qu'ils en foient contens; & aux Compagnons & Serviteurs de Paris, de fe fervir pour les embaucher & demander de la befogne, finon pour eux-mêmes, fur peine de dix livres Parifis d'amende.

XXII.

Ne pourront lefdits Maîtres mettre en befogne les Apprentifs & Serviteurs qui fe feront départis du fervice d'aucuns Maîtres pour larcin ou aucun cas qui mérite la correction de

Juſtice , que premierement leſdits Serviteurs & Apprentifs n'ayent été purgés par Juſtice des cas à eux impoſés ſur peine de pareille amende.

X X I I I.

Item, Pour obvier à pluſieurs abus & malverſations commiſes de jour en jour audit Métier de Cordonnier par pluſieurs Compagnons *Cordonniers - Chambrelans* : défenſes ſoient faites aux Maîtres Cordonniers de cettedite Ville d'acheter aucuns ſouliers des Chambrelans ſur peine de dix livres Pariſis d'amende, en faiſant toutes ſortes d'ouvrages dudit Métier & la plûpart ſouliers de petits enfans, & les envoyer vendre, débiter & colporter par leurs femmes & aucunes perſonnes attitrées ; prenant en outre jeunes enfans en Apprentiſſage & Serviteurs pour leur aider à faire leſdits ouvrages qui ſont la plûpart mal & indûment faits & de nulle valeur, le tout contre les Ordonnances dudit Métier : inhibitions & défenſes ſeront faites pareillement à tous Compagnons de faire état de Maîtres, tenir Serviteurs ni Apprentifs, & faire aucuns ouvrages ſecretement & ouvertement en leurs chambres, & à eux enjoint d'aller ſervir & beſogner de leur Métier chez les Maîtres, ſur peine, en cas de contravention, d'amende arbitraire.

X X I V.

Item, Que tous Compagnons dudit Métier, leſquels ſeront trouvés avoir été ſans Maîtres trois jours conſécutifs, ſeront amenés priſonniers ès priſons du Châtelet de Paris ſuivant l'Ordonnance faite par les Députés de la Police générale de la Ville de Paris.

X X V.

Qu'aucun Maître Cordonnier ne pourra faire faire aucuns ouvrages dudit Métier hors de ſa maiſon, ſi ce n'eſt par un pauvre Maître qui n'a moyen ni faculté de tenir Boutique, pour lui donner moyen de vivre & ſubvenir à ſes néceſſités.

X X V I.

Item, Que leſdits Maîtres pourront dorénavant faire ſouliers, pantoufles, mulles, bottes & bottines de tous cuirs, pourvu qu'iceux cuirs ſoient corroyés de bon avroi ſuivant les Ordonnances, & ils pourront mettre en ſouliers & pantoufles de mouton, la premiere ſemelle de mouton, & ſouliers de veau,

la premiere femelle de veau de bon avroi, & en fouliers de
vache, n'y pourront appliquer aucunes premieres femelles que
de cuir baudroyé, & fort s'ils ne leur font commandés aucuns,
le tout fuivant les Ordonnances & jugemens donnés pour le
Réglement dudit Métier : pourront auffi tous lefdits Maîtres
faire tous collets de tous cuirs loyaux à Marchands, qui feront
coufus à deux chefs, & les enrichir de telle étoffe qu'il plaira à
ceux qui les leur commanderont.

XXVII.

Item, Que nul Marchand forain ni aucun Bourgeois de cette
Ville de Paris de quelque Métier que ce foit, ne puiffent vendre
aucun cuir tanné ni maroquin ailleurs qu'aux Halles, pour ce
faire ordonner, fur peine de confifcation dudit cuir & d'amende
arbitraire.

XXVIII.

Et d'autant que la marchandife de cuir eft l'une des plus néceffaires pour l'ufage de l'homme, & afin qu'elle foit vendue à
prix compétent, & pour donner occafion aux Marchands forains d'en apporter, & qu'en ce faifant la Ville n'en demeure
dégarnie, la Halle députée pour recevoir la Marchandife de
cuir, fera bien & dûement clofe pour la fûreté defdites Marchandifes qui y feront amenées, & pour la garde defdites Marchandifes feront mis trois Prud'hommes bons & folvables, lefquels feront élus par la Communauté dudit Métier & appointés
chacun de deux cens livres Parifis, ainfi que de toute ancienneté il a été fait.

XXIX.

Lefquels Gardes de la Halle feront tenus de faire bon aux
Marchands forains de l'argent de leurs Marchandifes, & à ce
faire feront contraints par corps & de biens, comme dépofitaires de biens de Juftice.

XXX.

Item, Que la Halle fera fermée de trois clefs différentes, defquelles en fera donné l'une à chacun defdits Gardes de la Halle
pour clorc & ouvrir icelle aux heures ordinaires & accoutumées.

XXXI.

Item, Quand l'un defdits gagés defdits Gardes de la Halle
mourra, celui defdits Gardes dont le gagé fera décédé, fera

tenu de le renouveller & en préſenter un autre dans un mois
après la mort dudit gagé ; aucunement ne pourra exercer ni
s'entremettre de ſondit Office & Garde de la Halle, & ſera
pourvû d'un autre en ſon lieu.

XXXII.

Item, Que leſdits Gardes de la Halle toutefois & quantes
qu'aucuns Marchands forains ou autres leur bailleront ou ameneront aucunes denrées pour vendre à ladite Halle, ſeront tenus de bailler cédulles de ce qu'ils recevront, & le compte par
écrit de ce qui auroit été vendu s'ils en ſont requis.

XXXIII.

Item, Leſdits Gardes de la Halle prendront pour leurs peines, ſalaires & vacations de la douzaine de courdouan & maroquin ou de veau, quatre deniers pariſis ; de la douzaine de ba-
zane ou peaux de mouton paſſées en galle ou corroyées, deux
deniers ; de chacun cuir de vache ou de cuir fort, deux deniers.

XXXIV.

Item, Outre leſdits Gardes de la Halle, il y aura trois pauvres
Maîtres Cordonniers, gens de bonne renommée, qui ſeront
choiſis par les Maîtres des Maîtres, anciens Jurés Bacheliers
dudit Métier, leſquels feront le ſerment de bien & dûment
lottir les cuirs en ladite Halle, ainſi que de toute antiquité on a
accoutumé.

XXXV.

Item, Que chacun Corroyeur-Baudroyeur ait ſon ſeing ou
marque, ſemblablement le Cordonnier le ſien, deſquels ſeings
ou marques les cuirs ou peaux de toutes ſortes qui ſeront baillés
à corroyer, ſeront ſignés & marqués, afin de reconnoître celui
qui ſera de faux avroi : que collation ſera faite deſdits ſeings &
marques, afin qu'ils ne ſoient ſemblables en figures.

XXXVI.

Item, Seront faites inhibitions & défenſes à tous Corroyeurs,
Baudroyeurs, Cordonniers, Sueurs & autres qui font état &
métier de courois, & s'entremettent de ſe ſervir de cuir tanné en
faux couroi, & ſi le contraire ſe trouve par la grande Viſitation
Royale, ce qui ſe trouvera être fauſſement corroyé, l'amendera ;
& pour ôter les abus, fautes qui s'y pourroient commettre à
l'avenir, ſeront tenus leſdits Jurés de la grande Viſitation Royale,

bien & foigneufement faire vifitation de quinzaine en quinzaine chez les Maîtres Cordonniers, Corroyeurs & Baudroyeurs.

X X X V I I.

Item, Seront auffi faites défenfes à tous Maîtres Peauffiers, Teinturiers & autres dudit état, & aux Mégiffiers, Cordonniers, Corroyeurs, Baudroyeurs, & à toutes perfonnes que ce foient, d'aller ou envoyer au-devant de la marchandife de cuir pour icelle acheter ou faire acheter par perfonnes interpofées, pareillement d'aller acheter ou faire acheter fur les lieux plus près de vingt lieues à la ronde de la Ville de Paris, peaux de cour-douan, maroquin, veau, & tous autres cuirs de tanneries & paffés en galle, directement ou indirectement, le tout fur peine de confifcation de la marchandife, & d'amende arbitraire.

X X X V I I I.

Item, Que lefdits Peauffiers Teinturiers, ne pourront vendre cuir tanné de quelque forte que ce foit en leurs boutiques ou ailleurs, finon celui qu'ils pafferont en alun & gravelle pour appliquer à leur métier de Teinturier de peaux, & vendre aux Libraires & autres perfonnes qui en pourront avoir affaire, fur les peines que deffus.

X X X I X.

Item, Afin que lefdits Maîtres Cordonniers-Sueurs foient féparés & réglés dés Ouvrages qu'ils doivent faire avec les Savetiers & Bourfiers.

X L.

Soient faites défenfes auxdits Savetiers de mettre en leurs Ouvrages plus d'un tiers de cuir neuf feulement, fuivant les Arrêts de la Cour de Parlement, & ne pourront *lefdits Savetiers entreprendre Vifitation fur lefdits Maîtres Cordonniers*, fuivant lefdits Arrêts de ladite Cour de Parlement.

X L I.

Et quant auxdits Bourfiers, Gibiciers, inhibitions & défenfes leur feront faites de coudre à deux chefs, vendre & débiter aucuns collets ainfi coufus à deux chefs, de tenir & retirer à eux aucuns Compagnons & Serviteurs Cordonniers, & auxdits Compagnons & Serviteurs d'aller demeurer chez & au fervice defdits Maîtres Bourfiers fur peine d'amende arbitraire, & permis auxdits Jurés-Cordonniers de pouvoir vifiter tous & chacuns les

collets ès maifons, boutiques & autres lieux où lefdits Bourfiers
befogneront ou feront befogner, lefquels Bourfiers feront tenus
leur faire ouverture & exhibition de tous leurfdits collets qu'ils
trouveront être coufus à deux chefs, & faits contre les Ordonnances anciennes defdits Bourfiers; ils pourront faire prendre &
mettre en la main du Roi par le premier Sergent fur ce requis,
& de ce faire leur rapport comme deffus, pour être les contrevenans punis ainfi qu'il appartiendra.

X L I I.

Et d'autant qu'il n'y a aucune rente ni revenu au Corps &
Communauté defdits Maîtres Cordonniers, & que journellement il furvient audit Métier de grandes affaires & procès en
plufieurs lieux & diverfes Jurifdictions, tant en demandant qu'en
défendant pour la confervation des préfentes Ordonnances, qui
ne peuvent être maintenus & pourfuivis par faute de moyens,
feront tous lefdits Cordonniers de cette Ville de Paris tenus de
bailler & payer par chacune femaine de l'année du confentement de la Communauté, la fomme de quinze deniers tournois
pour furvenir & employer aux urgentes affaires & procès dudit
Métier.

Lefquels Articles lefdits Expofans fupplient très-humblement
VOTRE MAJESTÉ vouloir ratifier & approuver, & en ce faifant,
ordonner qu'ils feront gardés, entretenus & obfervés de point
en point felon leur forme & teneur, & les Suppliant feront tenus de continuer à prier Dieu pour la longue profpérité & fanté
de VOTRE MAJESTÉ.

COMMISSION SUR LESDITS STATUTS.

1614.
3 Février.

LOUIS, par la grace de Dieu, Roi de France & de Navarre: Au Prevôt de Paris ou fon Lieutenant Civil, SALUT.
Nous avons fait voir en notre Confeil la Requête & Articles à
Nous préfentés par nos bien-amés les Maîtres Cordonniers-
Sueurs de notre bonne Ville de Paris, concernant la Police &
Statuts de leur Métier par eux depuis peu dreffés, Nous fup-
plians iceux agréer, approuver & confirmer; mais auparavant
que ce faire, jugeant que cela eft un fait de Police de laquelle
êtes Juge naturel.

NOUS

Nous vous avons renvoyé & renvoyons par ces Préſentes, leſdits Articles, pour ſur iceux appeller avec vous notre Procureur audit Châtelet, nous donner votre avis, & icelui pour être pourvu aux Supplians ainſi que de raiſon. De ce faire vous donnons tout pouvoir, autorité & commiſſion : car tel eſt notre plaiſir. Donné à Paris le troiſiéme jour de Février, l'an de grace 1614, & de notre Régne le quatriéme. Par le Roi en ſon Conſeil. *Signé*, PERROCHEL.

LETTRES PATENTES

De confirmation des Statuts du mois de Mars 1614, regiſtrées en Parlement le 23 Juillet audit an.

LOUIS, par la grace de Dieu, Roi de France & de Navarre : A tous préſens & à venir, Salut. Nos chers & bienamés les Maîtres Cordonniers-Sueurs de notre bonne Ville de Paris, Nous ayant fait remontrer que de tout temps & ancienneté ils auroient joui de pluſieurs Priviléges à eux concédés par nos Prédéceſſeurs Rois, & confirmés par le feu notre très-honoré Seigneur & Pere (que Dieu abſolve) & deſquels ils jouiſſent encore dès-à-préſent. Mais d'autant que depuis notre avénement à la Couronne, ils n'ont pas Lettres de Confirmation de Nous, ils craignent que ci-après on les veuille troubler ſous ce prétexte en la jouiſſance d'iceux, comme auſſi de nouveaux Statuts qu'ils ont augmentés à leurs anciens, renvoyés à notre Prevôt de Paris ou ſon Lieutenant-Civil, pour avec lui appeller notre Procureur au Châtelet, nous être donné avis, ſuivant & conformément aux Lettres par nous expédiées le troiſiéme Février dernier : à quoi ayant été ſatisfait par les Expoſans, & vû en notre Conſeil *l'avis de notre Prevôt de Paris,*

Avons, conformément à icelui, aggréé, ratifié, approuvé & confirmé, & de nos graces ſpéciales, pleine puiſſance & autorité Royale, aggréons, ratifions, approuvons & confirmons, tant leſdits anciens Statuts & Priviléges que leſdits nouveaux, & entant que beſoin eſt ou ſeroit, leur avons donné & octroyé, donnons & octroyons par ces Préſentes pour être entierement par eux & leurs ſucceſſeurs audit Métier gardés & obſervés, en jouir

C

1612,
23 Mars.

& ufer pleinement & paifiblement, tout ainfi & en la même forme & maniere qu'ils en ont ci-devant bien & dûment joui & en jouiffent & ufent encore de préfent. Si DONNONS en mandement à nos amés &. féaux Confeillers, les Gens tenans notre Cour de Parlement & Prevôt de Paris ou fon Lieutenant, & à tous nos autres Jufticiers & Officiers qu'il appartiendra, que de nos préfentes Lettres de confirmation, ratification, approbation & don, tant defdits anciens que nouveaux Statuts, ils faffent, fouffrent, plaifent jouir, & être lefdits Expofans & leurs fuccef-feurs pleinement & paifiblement, & le contenu en iceux, même en ce qui eft des quarante-deuxiéme & dernier articles, faire étroitement garder, obferver fuivant & conformément aux avis de notre Prevôt de Paris ou fon Lieutenant, fans fouffrir ni permettre qu'il y foit aucunement contrevenu; contraignant à ce faire & obéir tous ceux qu'il appartiendra par toutes voies dûes & raifonnables : car tel eft notre plaifir; & afin que ce foit chofe ferme & ftable à toujours, Nous avons fait mettre notre fcel à ces Préfentes, fauf notre droit & l'autrui en toutes. Donné à Paris, au mois de Mars, l'an de grace 1614, & de notre régne le quatriéme. Par le Roi en fon Confeil. *Signé*, PERROCHEL.

Regiftrées, oui le Procureur-Général du Roi, pour jouir par les Impétrans de l'effet & contenu en icelles, comme ils en ont joui & ufé, jouiffent & ufent encore à préfent, & conformément à l'avis du Lieutenant Civil du 18 Mars dernier. A Paris en Parlement, le 23 Juillet 1614. Signé, DU TILLET.

ARREST DU PARLEMENT

POUR la Communauté des Cordonniers;

CONTRE celle des Savetiers, fur des Saifies faite: chez des Savetiers, des Souliers & Empeignes à plein.

1578, 23 Décemb.

COmme de la Sentence donnée par le Prevôt de notre Ville de Paris, le 4 Septembre 1577, entre les *Maîtres Jurés Cordonniers de la grande Vifitation de notredite Ville de Paris, Demandeurs en faifie*, d'une part;

Et Pierre de Laiftre, Pierre Langlois, Delamyan, Briaut, & René Raguet, Maîtres *Savetiers* de ladite Ville, *Défendeurs* d'autre.

Par laquelle notredit Prevôt auroit dit & déclaré les faifies faites à la Requête defdits Demandeurs, fur lefdits Défendeurs, des fouliers & empeignes à plein mentionnés au procès, bonnes & valables, & lefdits ouvrages confifqués, & défenfes faites auxdits Savetiers Défendeurs, de faire aucuns fouliers neufs, foit pour eux, leurs familles & autres, & condamne lefdits Défendeurs aux dépens.

Eût été de la part defdits Pierre de Laiftre, Pierre Langlois, Delamyan, Briaut, René Raguet, & les Maîtres Jurés dudit Métier de Savetiers en notredite Ville de Paris joint avec eux, appellé à notre Cour de Parlement, en laquelle le procès conclu & reçu pour juger entre lefdits de Laiftre, Langlois, Briaut & Raguet, & les Maîtres Savetiers d'une part, & lefdits Maîtres *Jurés Cordonniers de la grande Vifitation de notre Ville de Paris* d'autre, fi bien ou mal auroit été appellé, les dépens refpectivement requis, joint les griefs hors le Procès ; prétendus moyens de nullité & production nouvelle defdits Appellans, qu'ils pourroient bailler dans le tems de l'Ordonnance, auxquels griefs les prétendus moyens de nullité, lefdits Intimés pourroient répondre, & contre ladite production nouvelle, bailler contredits aux dépens des Appellans, icelui Procès, griefs & réponfes, forclufions de fournir moyens de nullité & production nouvelle ; conclufions de notre Procureur-Général, auquel le Procès a été communiqué, le tout vû & diligemment examiné :

NOTREDITE COUR, par fon Jugement, Arrêt, a mis & met les appellations au néant, fans amende ; a ordonné & ordonne que ladite Sentence dont a été appellé, fortira fon effet, & a condamné & condamne lefdits Appellans aux dépens de ladite caufe d'appel, la taxe des dépens adjugés pardevers elle réfervés. Prononcé le 23 jour de Décembre 1578.

Collationné à fon original fain & entier, par les Notaires du Roi notre Sire au Châtelet de Paris, fouffignés, l'an 1579, le 19 de Décembre, & ledit Original rendu. Signés, CHANTEMERLE & LE CAMUS.

ARREST DU CONSEIL D'ÉTAT,

Servant de Réglement pour l'exercice & fonction des Offices de Contrôleurs, Visiteurs & Marqueurs de Cuirs, & perception du Droit de demi-Marque en la Halle de Paris, au lieu du Droit entier sur les Cuirs déja marqués dans d'autres Villes du Royaume.

1597, 28 Septemb.

VU par le Roi en son Conseil, l'Edit fait par Sa Majesté sur le rétablissement des Offices de Visiteurs, Marqueurs de Cuirs en chacune Ville, Bourg, Bourgade & lieux de ce Royaume, où se fait vente & appareil de Cuirs, du mois de Janvier 1596. Arrêt de la vérification d'icelui du 20 Mai 1597, Réglement fait audit Conseil pour l'exécution duit Edit du 8 Août audit an. Procès-verbal du Commissaire député à l'exécution d'icelui, contenant les remontrances des Gardes & Jurés de la Halle aux Cuirs de la Ville de Paris. Autre Edit fait par le Roi sur le retranchement des abus qui se commettent en l'appareil, trafic & commerce des Cuirs qui se vendent & distribuent en ce Royaume, contenant érection en titre d'Office d'un Contrôleur, Visiteur & Marqueur desdits Cuirs, du mois de Juin 1585. Arrêt de vérification d'icelui du 16 dudit mois 1585. Réglement fait audit Conseil sur l'exécution dudit Edit du dernier desdits mois & an. Arrêts dudit Conseil des 27 Novembre audit an, 20 Février 1586, & 20 Avril 1594. Articles en forme d'Ordonnance, contenant les Priviléges des Cordonniers & Sueurs de ladite Ville. Sentences du Prévôt de Paris ou son Lieutenant, des 19 Avril 1475 & 29 Janvier 1561. Arrêt du Parlement de Paris des 30 Avril 1476 & 15 Mai 1563, & tout ce que par lesdits Cordonniers a été mis pardevers ledit Commissaire. Oui son rapport.

LE ROI EN SON CONSEIL, a ordonné & ordonne que ledit Edit du mois de Janvier 1596 & Réglement fait audit Conseil pour l'exécution d'icelui, seront exécutés en la Ville de Paris, selon leur forme & teneur ; & ce faisant, que les Con-

trôleurs, Vifiteurs, Marqueurs & Gardes de la Halle & Marteaux de Cuir de ladite Halle, nouvellement ordonnés par ledit
Edit, jouiront de leurs Offices pleinement & paifiblement, conformément audit Edit & Réglement : & qu'en attendant qu'il fe
préfente perfonnes capables pour en être pourvûs, ceux qui feront commis exerceront & jouiront tout ainfi que pourroient
faire les pourvûs. Et néanmoins ayant aucunement égard aux
remontrances defdits Gardes & Jurés, que les Gardes de ladite
Halle, qui font à préfent, y feront confervés leur vie durant,
& auront une clef de ladite Halle, différente de celle du Contrôleur ou Commis, & leur fera baillé & payé par ledit Contrôleur ou Commis pour leur garde des grands Cuirs prêts &
non prêts, deux deniers parifis par piéce.

Pour douzaine de Maroquins, Cordouans & Veaux, quatre
deniers parifis.

Pour douzaine de Moutons, Bazanes & autres menus Cuirs,
deux deniers parifis, fans qu'ils puiffent exiger ni prendre des
Marchands ou autres perfonnes, aucun falaire, fur peine de
concuffion : & feront tenus des charges accoutumées, & refponfables envers les Marchands avec le Contrôleur ou Commis,
des Marchandifes qui feront mifes & confignées dans ladite
Halle : & après leur décès, ou de l'un d'eux, le Contrôleur qui
fera lors pourvû en titre, pourra commettre à ladite garde,
telles perfonnes capables que bon lui femblera, & convenir avec
eux de leurs falaires, & fera refponfable pour ceux qu'il aura
commis de toutes les Marchandifes qui font menées & confignées dans ladite Halle : & afin que ledit Edit foit exécuté en
la Ville de Paris au foulagement du Public & des Marchands,
& que les marchandifes foient foigneufement gardées en ladite
Halle ;

SA MAJESTÉ a ordonné & ordonne que ledit Contrôleur
ou Commis tiendra fon Bureau en ladite Halle, laquelle fera
ouverte tous les jours à fept heures du matin, & à deux heures
de relevée, & fera fermée à onze heures du matin, & à fix
heures du foir en été, & à cinq heures en hyver ; & qu'en icelle
feront menés tous les Cuirs tant grands que petits, de quelque
qualité & appareil qu'ils foient, & confignés ès mains dudit
Contrôleur ou Commis par les Marchands, tant forains que de

ladite Ville, lesquels seront tenus de déclarer audit Contrôleur ou Commis leurs noms & demeures, la quantité & qualité
des Cuirs par eux amenés en ladite Halle, & d'où ils les auront
amenés, dont ledit Contrôleur ou Commis sera tenu faire bon
& fidéle Regiftre.

Que tous lesdits Cuirs ainsi conduits en ladite Halle, seront
visités & marqués de la marque Royale par ledit Contrôleur ou
Commis, & le droit ordonné par ledit Edit, payé audit Contrôleur ou Commis pour le regard des Cuirs qui n'auront été
visités ni marqués, & pour lesquels ledit droit n'aura été payé
sur les lieux : & quant aux cuirs pour lesquels ledit droit aura
été payé, & auront été visités & marqués sur les lieux, ils seront
néanmoins visités & marqués en ladite Halle de ladite Ville de
Paris, comme au Contrôle général & principal de ce Royaume,
pour obvier aux abus qui se pourroient commettre à la marque
& visitation desdits Cuirs, si autrement se faifoit, & sera payé
audit Contrôleur pour ladite remarque & visitation, la moitié
du droit ordonné par ledit Edit seulement. Et ce fait, lesdits
Cuirs pourront être vendus & enlevés de ladite Halle, *après
qu'ils auront été lotis comme de coutume*, & non autrement.

Que ledit Contrôleur ou Commis avec les Jurés & Visiteurs
de Cuir tanné, visitera les Cuirs de bœuf, vache, tannés, en-
tiers & par piéces, & les Cuirs de bœuf & vache prêts, les maroquins & cordouans faits & non faits, & les Cuirs de veaux
faits & corroyés, *avec les Jurés de la Visitation Royale* : & pour
ce faire, lesdits Jurés seront tenus de se trouver en ladite Halle
tous les jours, *heure de deux heures de relevée*, autrement ledit
Contrôleur ou Commis en pourra prendre & choisir d'office un
de chaque métier de Tanneur, Cordonnier, de Corroyeur &
Baudroyeur, pour faire ladite Visitation, & pourra faire assigner
les refusans pardevant le Commissaire député pour l'exécution
dudit Edit, pour se voir condamner en l'amende de cinquante
écus pour leur refus, & en plus grande amende s'il y échet : &
ne prendront lesdits Jurés & Visiteurs aucune chose des Marchands ou autres pour leurs salaires & visitation ; comme aussi
lesdits Marchands ne leur bailleront aucune chose, soit par
eux, soit par autres, sur la même peine de concussion : & se
contenteront lesdits Jurés de ce qui leur sera payé par ledit
Contrôleur ou Commis.

C'est à sçavoir, les *Jurés de Cuir tanné*, pour chacune douzaine de Cuirs de bœuf & vache tannés, de quinze deniers tournois. Les *Jurés de la Visitation Royale*, pour chacune douzaine de Cuirs de bœuf & vache prêts, de quinze deniers tournois ; pour grosse de Maroquins & cordouans faits & non faits, & pour grosse de Cuirs de veaux faits, pour chaque grosse, sept sols six deniers le tout par provision ; sans qu'à cause de ce lesdits Jurés puissent prétendre avoir droit de prendre aucun salaire pour leur Visitation, soit des Marchands, soit du Contrôleur, s'ils n'en font apparoir ; ce qu'ils feront tenus de faire toutes fois & quantes que requis en seront par ledit Contrôleur ; & à faute de ce faire, sera pourvû audit Contrôleur sur la décharge dudit droit, ainsi que de raison, & sans que lesdits Jurés, ni lesdits Maîtres Tanneurs, Cordonniers, Corroyeurs & Baudroyeurs de ladite Ville (si ledit salaire leur étoit ôté ou retranché) se puissent exempter de ladite Visitation, tant & si longuement qu'ils feront Jurés desdits Métiers, ou qu'ils tiendront Boutiques, ou feront trafic desdits Cuirs en ladite Ville de Paris ; & pour le regard des autres Cuirs, autres que ceux ci-dessus déclarés, qui ne font sujets à la Visitation desdits Jurés, ils feront visités & marqués par ledit Contrôleur ou Commis, & le droit à lui payé pour iceux, suivant ledit Edit & Réglement, & le présent Arrêt ; & pour empêcher les abus qui se pourroient commettre à ladite Visitation par ledit Contrôleur ou Commis qui aura la garde de la Marque Royale, qui pourroit en l'absence des Jurés, marquer des Cuirs, de la bonté desquels lesdits Jurés demeureront responsables : & pour empêcher toutes les fraudes qui se pourroient commettre au préjudice dudit Edit & Réglement,

SADITE MAJESTÉ a aussi ordonné & ordonne que les Cuirs sujets à la Visitation des Jurés de Cuirs tannés & *Jurés de la Visitation Royale*, feront marqués par lesdits Jurés, ainsi qu'ils ont accoutumé, ou de la bonne Marque ou du faux fer en la présence dudit Contrôleur ou Commis, lorsqu'il marquera lesdits Cuirs de la Marque Royale, ou que ledit Contrôleur ou Commis pourra toutes fois & quantes qu'il voudra, s'accompagner de gens, ayant pouvoir & autorité, & avec lesdits Jurés ou gens à ce connoissans, aller visiter dans les maisons, boutiques ou magasins de tous les Marchands de Cuirs, Grossiers-Merciers, Mégissiers, Cordonniers, Tanneurs, Corroyeurs, Baudroyeurs, & autres Ouvriers qui façonnent, & mettent Cuirs en œuvre en ladite Ville de Paris & Fauxbourgs, ensemble aux Hôtelleries & autres maisons & lieux où ils auront avis y avoir de ladite marchandise de Cuirs appartenans tant aux Étrangers que Regnicoles, pour voir si lesdits Cuirs auront été apportés, marqués & visités en ladite Halle ; & où il s'en trouveroit, les pourront faire arrêter, saisir & en poursuivre la confiscation, le tout suivant ledit Edit & Réglement.

Et d'autant qu'aucuns pourroient à présent avoir des Cuirs en leur possession, qui n'ont été portés en ladite Halle, visités ni marqués, & pour lesquels ledit droit n'a été payé, afin que Sa Majesté ne soit frustrée dudit droit, ledit Contrôleur ou Commis avec lesdits Jurés ou gens à ce connoissans, se transporteront dans les maisons, boutiques & magasins de tous ceux qui façonnent des cuirs, en vendent, ou mettent en œuvre en cette Ville & Fauxbourgs, pour visiter & marquer lesdits cuirs, & recevoir le droit dû pour iceux, conformément au contenu du présent Arrêt ; & pour ce faire, seront tenus toutes personnes faire ouverture de leurs maisons, chambres, boutiques, magasins, caves, greniers & autres lieux où ils pourroient avoir des cuirs, quand ils en seront requis par ledit Contrôleur ou Commis ; autrement a permis audit Contrôleur ou Commis, d'en faire faire ouverture en la présence d'un des Commissaires du Châtelet de ladite Ville, & faire assigner pardevant ledit Commissaire exécuteur dudit Edit, les refusans, pour se voir condamner en l'amende pour ledit refus.

Et a SADITE MAJESTÉ fait & fait inhibitions & défenses à toutes personnes d'empêcher l'exécution dudit Edit & Réglement sur les peines portées par iceux, & auxdits Gardes, de troubler & empêcher par eux ou par autres, ledit Contrôleur ou Commis en l'exercice dudit Office, à peine d'être privés dudit droit de Garde à eux attribué leur vie durant, & de punition exemplaire s'il y échet : & audit Contrôleur ou Commis, de prendre & lever davantage que ledit droit ordonné par ledit Edit, suivant qu'il est ordonné par le présent Arrêt, ni même le droit qui se vouloit lever en ladite Halle sur lesdits

Cuirs,

Cuirs, tant pour le droit du Roi, que de l'Evêque de Paris, à peine de punition corporelle; lequel droit néanmoins, ou la Ferme d'icelui, ledit Contrôleur ou Commis sera tenu de payer tous les ans au Domaine du Roi, pour la part & portion du Roi, & audit Evêque pour sa part & portion. Fait au Conseil d'État tenu à Paris, le 20 Septembre 1597. *Signé*, DEBEAUJEU.

SENTENCE DU CHATELET DE PARIS,

Qui défend aux Compagnons Cordonniers de faire aucunes cabales ni assemblées entr'eux.

A Tous ceux qui ces présentes Lettres verront; *Jacques Dau-mont*, Chevalier, Baron de Chapes, Sieur de Dun, le Palereau & Ars, Conseiller du Roi notre Sire, Gentilhomme ordinaire de sa Chambre & Garde de la Prevôté de Paris: Salut. Sçavoir faisons, que vû le Procès-verbal de l'emprisonnement fait par Me Nicolas le Gendre, Examinateur & Commissaire au Châtelet de Paris, des personnes de Guillaume de Latat, Baron Chrestien, Pierre Louallier & Pharon Benard, Compagnons Cordonniers, prisonniers ès Prisons du Petit Châtelet, à la requête de Jean le Roux, aussi Compagnon Cordonnier.

Les Maîtres & Jurés Cordonniers de cette Ville de Paris, Intervenans, & le *Procureur du Roi audit Châtelet*, pour & au nom dudit Seigneur joint avec eux, entant que ce lui touche & peut toucher, pour raison des outrages par eux faits & commis en la personne dudit le Roux, au comptant de ce qu'il ne vouloit pas payer leur écot en un cabaret qu'ils l'auroient mené, sous prétexte de lui vouloir faire bailler de la besogne, contre & au préjudice des Réglemens & défenses faites & réitérées, tant par nos Sentences que plusieurs Arrêts de la Cour de Parlement.

Vû aussi les interrogatoires, confessions & dénégations sur ce par nous prises desdits Défendeurs; déclaration faite par ledit le Roux, qu'il ne leur demandoit rien & consentoit leur élargissement; conclusions sur ce prises & baillées par écrit par lesdits Jurés, tendant par icelles, à ce que les Réglemens portés

D

1601.
10 Janv.

par nos Sentences & Arrêts de la Cour foient obfervés, gardés & entretenus. Défenfes faites à tous Maîtres Cordonniers
de cettedite Ville, de faire travailler leurs Serviteurs & Compagnons en chambres garnies ni en lieux cachés, ainfi en leurs
Boutiques, pour éviter aux abus qui en peuvent avenir, que lefdits Réglemens fuffent publiés à fon de trompe par les Carrefours de cettedite Ville, à ce qu'aucun n'en prétende caufe d'i-
gnorance, même affichés par lefdits Carrefours ; & enjoint à
tous les *Maîtres d'en avoir un imprimé dans leur Boutique*, & aux
Jurés de tenir la main à ce que lefdits Réglemens foient obfervés & gardés. Et outre lefdits Défendeurs, pour avoir contrevenu, condamnés chacun en un écu d'amende, applicable à la
Chapelle de la Confrérie defdits Cordonniers, & ès dépens du
Procès.

Copie collationnée à l'original de certaine Sentence de nous
donnée au profit des Jurés, à l'encontre d'aucuns Compagnons
dudit métier, le 27 Février 1588. Arrêts de la Cour de Parlement, donnés, l'un fur ladite Sentence le 13 Avril audit an
1588. *figné*, BOUCHER ; & l'autre le 20 Janvier 1597. *figné*,
VOISIN. Requête attachée auxdits Arrêts, & tout confidéré ;
après que lefdits Prifonniers ont été ouis en la préfence du Confeil, enfemble ledit Procureur du Roi en fes Conclufions ;

NOUS DISONS par délibération dudit Confeil, ouï ledit
Procureur du Roi, entant que touche lefdits de la Rue, Cref-
tien, Louallier & Benard, prifonniers ; que la prifon par eux
foufferte, leur tournera en peine de la faute par eux commife à
plein mentionnée au Procès ; au furplus, faifant droit, tant fur
les conclufions defdits Jurés, que dudit Procureur du Roi, que
expreffes inhibitions & défenfes font faites & les faifons auxdits
prifonniers & à tous autres Compagnons Cordonniers, de plus
s'accofter d'aucuns Compagnons dudit métier, qui feront fortis des maifons de leurs Maîtres fans leur congé, ni fervir de
parains les uns aux autres pour leur trouver de la befogne ; s'affembler en plus grand nombre que de trois, ni aller aux Ta-
vernes & Cabarets avec eux, fur peine du fouet, & d'être bannis, chaffés & expulfés de cette Ville, & de plus grande punition fi le cas y échet.

Auffi leur font faites & faifons défenfes fuivant les Régle-

mens ci-deſſus faits & Arrêts de la Cour de Parlement, de dorénavant laiſſer, & eux départir du ſervice de leurs Maîtres,
qu'ils ne les ayent ſervis l'eſpace d'un an entier, ſi ce n'eſt avec
congé & permiſſion de leurſdits Maîtres; & à tous Maîtres Cordonniers, de prendre & recevoir à leur ſervice leſdits Compagnons Cordonniers, qu'il ne leur ſoit apparu du congé ou certificat des Maîtres qu'ils auront ſervis, ni leur bailler de la be-
ſogne, ſi eux-mêmes ne les en requierent, ou qu'ils leur ſoient
amenés & adreſſés par le Clerc dudit Métier, lequel ſera tenu
bailler & adreſſer Maître ſi-tôt qu'il en ſera par eux requis, le
tout ſur peine d'amende arbitraire & de priſon.

Et enjoignons aux Jurés-Cordonniers de tenir la main à l'e-
xécution & obſervation de ce préſent Réglement, ſur peine de
répondre des contraventions qui s'y feront; & à ce qu'aucun
n'en prétende cauſe d'ignorance, ordonnons que les défenſes
& injonctions ci-deſſus feront lues & publiées à ſon de trompe
& cri public en la Halle aux Cuirs, & ſi beſoin eſt, par les
carrefours de cette Ville de Paris, par notre Sentence, Jugement & par droit. En témoin de ce Nous avons fait mettre à
ces Préſentes le ſcel de ladite Prevôté de Paris. Ce fut fait &
prononcé audit Châtelet, ès préſences deſdits Demandeurs,
aſſiſtés de Mᶜ Touſſaint Richard, leur Procureur, d'une part,
& deſdits priſonniers pour ce atteints de leur priſon, d'autre
part, le Mercredi dix Janvier 1601. *Signé*, DROUART, & ſcellé.

ARREST DU CONSEIL D'ÉTAT DU ROI.

Réglement fait par le Roi, ſur l'apport & vente des Cuirs en la
Ville & Fauxbourgs de Paris, & pour la fonction des Offices de
Vendeurs deſdits Cuirs, créés par Édit du mois de Juin dernier;
avec la Commiſſion de Sa Majeſté pour l'obſervation d'icelui.

LE Roi voulant faciliter l'exécution de ſon Edit du mois de
Juin dernier, portant création de trente Vendeurs de Cuirs
en la Ville & Fauxbourgs de Paris; & à cette fin que les Réglemens & Ordonnances ſur l'apport, vente & débit des Cuirs
ſoient exactement obſervés,

1627, 24
Septemb.

D ij

A ordonné & ordonne que conformément à icelles, tous Cuirs gros & menus qui viendront en ladite Ville & Fauxbourgs de Paris, feront apportés & déchargés aux Halles, même ceux à poil, de ladite Ville; & pour le regard des Maroquins, Vaches de Rouffil, Budes, Cabrons, Buffles, Chamois, Peaux Moutons paffées en blanc & autres menus Cuirs qui fe portent à préfent par commodité à la Douane & au Bureau des Merciers, qu'ils continueront d'y être portés, pour être les ventes de tous lefdits Cuirs gros & menus, enregiftrées ès Regiftres que lefdits Vendeurs tiendront à cette fin, fuivant la déclaration que les acheteurs feront tenus d'en faire, même ventes qu'ils feront à crédit avant que d'enlever lefdits Cuirs, à peine de confifcation de ceux qui fe déchargeront ailleurs qu'aux fufdits lieux, & qui ne feront enregiftrés comme dit eft.

Fait Sa Majefté expreffes inhibitions & défenfes à tous Marchands & Artifans de ladite Ville & Fauxbourgs de Paris, d'aller ou envoyer acheter des cuirs au-dehors d'icelle, de quelque qualité & condition qu'ils puiffent être, ainfi de les laiffer amener par lefdits Marchands forains, à peine de 300 liv. d'amende qui feront prifes fur la vente defdits Cuirs, lefquels feront à cet effet apportés en ladite Halle & lieux fufdits, pour être lotis à l'ordinaire entre tous lefdits Marchands defdits Cuirs de ladite Ville & Fauxbourgs, comme ceux defdits Forains, & le droit d'iceux payé, ainfi que de toutes les autres ventes, aux-dits Vendeurs, duquel droit, afin que l'un ne fe puiffe avantager fur l'autre,

Veut Sa Majefté qu'ils faffent une bourfe commune, pour être les deniers en provenans, partagés entr'eux également, & en cas de contravention, monopoles, ou rébellion à l'établiffement defdits Offices de Vendeurs de Cuirs, qu'il foit informé par le premier Juge ou Commiffaire fur ce requis; & fur les informations les Procès faits aux Contrevenans, & afin que perfonne n'en prétende caufe d'ignorance,

Ordonne Sa Majefté que ledit Edit & préfent Réglement feront lûs, publiés & affichés où befoin fera, pour être gardés & obfervés felon leur forme & teneur, aux peines y déclarées, nonobftant oppofitions ou appellations quelconques, defquelles, fi aucunes interviennent, Sadite Majefté s'en eft réfervée la

connoiſſance, & icelle interdite & défendue à tous ſes autres
Juges. Fait au Conſeil d'Etat du Roi, tenu à Paris le 24 jour de
Septembre 1627. *Signé*, BOYER.

LETTRES PATENTES

Sur l'Arrêt du 24 Septembre 1627.

LOUIS, par la grace de Dieu, Roi de France & de Navarre : A notre Prevôt de Paris ou ſon Lieutenant Civil,
Salut. Pour faciliter l'exécution de notre Edit du mois de Juin
dernier, portant Création de trente Vendeurs de Cuirs en notre
Ville & Fauxbourgs de Paris, & apporter un ordre néceſſaire
tant en la fonction & exercice deſdits Offices, qu'à l'utilité du
Public, Nous avons fait & arrêté en notre Conſeil d'Etat le
Réglement, dont l'extrait eſt ci-attaché ſous le contre-ſcel de
notre Chancellerie, lequel nous vous mandons & très-expreſ-
ſément enjoignons faire, ſuivre, garder & obſerver de point
en point ſelon ſa forme & teneur, ſans permettre qu'il y ſoit
contrevenu en quelque ſorte & maniere que ce ſoit, même icelui enſemble notredit Edit, faire lire, publier & afficher où
beſoin ſera, afin qu'aucun n'en puiſſe prétendre cauſe d'ignorance, & n'ait à y apporter ou donner aucun trouble ou empê-
chement, ſous les peines y contenues. De ce faire vous donnons pouvoir, autorité & commiſſion, même en cas de contravention, monopoles ou rébellions à l'établiſſement deſdits Offices, en informer, faire & parfaire le Procès aux contrevenans,
nonobſtant oppoſitions ou appellations quelconques, pour leſquelles & ſans préjudice d'icelles ne voulons la réception &
inſtallation des pourvûs deſdits Offices, être différée, & dont,
ſi aucunes interviennent, nous en avons retenu & réſervé à nous
& à notre Conſeil la connoiſſance, & icelle interdite & défendue à tous nos autres Juges quelconques.

MANDONS en outre à notre Huiſſier ou Sergent premier ſur
ce requis, ſignifier ledit Réglement à tous qu'il appartiendra,
afin qu'ils n'en prétendent cauſe d'ignorance & pour l'exécution
d'icelui, de notre Edit, des Préſentes, & de ce qui ſera par nous

ordonné, faire tous Exploits néceſſaires, ſans qu'il ſoit tenu demander autre permiſſion, & d'autant que de notredit Arrêt & des Préſentes l'on pourra avoir beſoin en divers lieux, nous voulons qu'au *vidimus* d'iceux ducment collationnés par l'un de nos amés & féaux Conſeillers & Secrétaires, foi ſoit ajoutée comme aux originaux; car tel eſt notre plaiſir. Donné à Paris le 24ᵉ jour de Septembre, l'an de grace 1627, & de notre régne le 18. *Signé*, par le Roi en ſon Conſeil. BOYER, & ſcellé de cire jaune.

1627, 9 Décemb.

LE préſent Réglement a été lû à haute voix aux Halles & au Bureau de la Douane de cette Ville de Paris, de l'Ordonnance & en la préſence de M. le Lieutenant Civil, ſuivant la Commiſſion du Roi ci-attachée ſous le contre-ſcel de notre Chancellerie, à lui adreſſante, pour être obſervée de point en point ſelon ſa forme & teneur, aux peines y contenues, par moi Greffier-Commis de la Chambre Civile du Châtelet de Paris, ſouſſigné, le Jeudi 9ᵉ jour Décembre 1627. *Signé*, HUBERT.

ARREST DU CONSEIL D'ÉTAT DU ROI,

Portant Réglement pour l'achat & vente des Cuirs, & les Droits qui ſont dûs.

1628, 12 Avril.

ENtre les Vendeurs de Cuirs de cette Ville & Fauxbourgs de Paris, Demandeurs en exécution d'Arrêt donné au Conſeil le 15ᵉ jour de Mars 1628, d'une part:

Et les Maîtres & Gardes de la marchandiſe de Mercerie, Groſſerie & Jouaillerie de ladite Ville; Claude Parent, Jacques Julien, Jean le Doux & Pierre Langlois, Marchands Merciers, Bourgeois d'icelle;

Le Corps des Marchands Bouchers de ladite Ville & Fauxbourgs, Clair Huſſon, Nicolas Boucher, Mathurin Janot, Marie François, veuve de défunt Nicolas Trocher; Pierre de Lizieſt, Jean Beaucouſin, François Creſte, Particuliers, Marchands Bouchers:

Les Jurés Corroyeurs, Baudroyeurs & Communauté deſdits Baudroyeurs, Corroyeurs; Pierre Robert & Charles Fleury, particuliers, Maîtres Corroyeurs, Baudroyeurs de ladite Ville :

Les Jurés de la Communauté des Cordonniers d'icelle : Etienne Blenon & ses Compagnons Couriers, Chargeurs & Déchargeurs, Allotisseurs de cuirs à poil en ladite Ville & Fauxbourgs :

Jean Sianeve, Marchand Peaussier, Peinturier en cuir, tant en son nom, que comme Juré en la Maîtrise de Peaussier-Teinturier, & à la Communauté des Maîtres Peaussiers-Teinturiers, prenans le fait & cause pour lui ; Jacques de la Salle, Marchand Forain de la Ville d'Amsterdam ; Pierre Deshayes & Rolain Anquetil, Marchands Tanneurs de la Ville de Rouen, Défendeurs, d'autre part :

Et le sieur Evêque de Metz, Abbé de l'Abbaye de Saint Germain des Prés lès-Paris, intervenant.

Vû par le Roi en son Conseil, &c. Ouï le rapport.

LE ROI EN SON CONSEIL, faisant droit sur lesdites instances, sans avoir égard au renvoi requis par lesdits Maîtres Jurés-Cordonniers, au Parlement de Paris, a ordonné & ordonne, que son Edit du mois de Juin 1627, portant Création de trente Offices de Vendeurs de Cuirs en ladite Ville & Fauxbourgs, sera exécuté selon sa forme & teneur : ensemble l'Arrêt du Conseil du 24 Septembre audit an, portant Réglement pour la vente & débit desdits Cuirs & fonctions desdits Offices de Vendeurs, & en ce faisant, que tous Cuirs, gros & menus, tannés & passés en blanc, comme aussi tous Maroquins, Vaches de Roussis, Buffles, Chamois & autres menus Cuirs, qui seront & viendront en la Ville & Fauxbourgs de Paris, en quelque sorte & maniere que ce soit, seront portés aux *Halles* de ladite Ville, pour y être vendus, conformément aux anciennes Ordonnances & Réglemens sur ce faits, & être les ventes desdits Cuirs enregistrées, & les avances d'icelles faites par lesdits Vendeurs à qui il appartiendra, & le droit de sol pour livre à eux attribué, déduit sur lesdites avances de chacune vente, suivant ledit Edit & Réglement, sans que lesdits Vendeurs puissent augmenter le prix desdits Cuirs, outre celui de la vente qui en aura été faite par les Marchands qui les auront vendus, à peine de confiscation desdits Cuirs sur lesdits Vendeurs, & de plus grande s'il y échet, & sans que pour raison desdits Cuirs, lefdits Vendeurs puiffent être payés plus d'une fois en ladite Ville dudit droit du fol pour livre pour chacun defdits Cuirs qui y viendront de quelque lieu que ce foit.

ORDONNE SADITE MAJESTÉ que les défenfes portées par ledit Réglement à tous Marchands & Artifans de ladite Ville & Fauxbourgs, d'aller ou envoyer acheter des Cuirs au-dehors d'icelle, de quelque qualité & condition qu'ils puiffent être, pour les amener en ladite Ville & Fauxbourgs, & les vendre & regratter, tiendront, aux peines portées par icelui, fauf & excepté pour les Marchands Merciers, Groffiers, Jouailliers & Maîtres de la marchandife de ladite Ville, auxquels Sa Majefté continue la permiffion à eux accordée par leurs Statuts & Priviléges, d'aller ou envoyer aux Pays Etrangers, ou dans le Royaume, acheter les Maroquins, Vaches de Rouffis, Cabrons, Buffles, Chamois & autres fpécifiés en leurfdits Priviléges, à condition que tous leurfdits Cuirs feront vendus aux Halles, les ventes d'iceux enregiftrées, les avances faites par les Vendeurs, & le droit du fol pour livre à eux payé par lefdits Marchands Merciers, Groffiers, Jouailliers & Maîtres de la marchandife, fi mieux ils n'aiment après que lefdits Cuirs auront été defcendus à la Douane, ainfi qu'ils doivent être, en faire les ventes en leurs maifons; mais avant que de les y faire tranfporter, ils feront tenus lefdits Marchands faire regiftrer la qualité & quantité d'iceux par lefdits Vendeurs établis à cet effet au Bureau de la Douane, pour leur être par lefdits Marchands Groffiers le droit du fol pour livre payé, fuivant l'eftimation qui fera faite defdits Cuirs par lefdits Vendeurs & Marchands, fur le pied des ventes qui en pourroient être faites aufdites Halles; & fi aucuns autres Marchands veulent acheter au-delà de vingt lieues, des Cuirs tannés pour la fourniture de leur Boutique, fuivant les Sentences ci-devant obtenues, le pourront faire, en payant auffi auxdits Vendeurs ledit droit du fol pour livre, fur le pied des ventes qui pourroient être faites defdits Cuirs en ladite Halle; & pour le regard des Cuirs à poil de ladite Ville & Fauxbourgs, Sa Majefté a difpenfé les Bouchers de les porter & expofer en Vente à ladite Halle, à condition néanmoins qu'ils n'en pourront faire aucune vente pour les tranfporter hors de la Ville, fans les faire regif-

trer

·trer par lefdits Vendeurs, & ne pourront lefdits Bouchers, ni autres Marchands de ladite Ville & Fauxbourgs, ni les Forains en faire tranfporter hors ladite Ville, fans prendre certificat defdits Vendeurs de l'enregiftrement d'iceux, à peine de confifcation. De tous lefquels Cuirs à poil, les Marchands forains ou autres qui les acheteront & feront tranfporter hors ladite Ville & Fauxbourgs de Paris, payeront auxdits Vendeurs le droit du fol pour livre de la vente qui en aura été faite par lefdits Bouchers ; mais pour ceux qui fe vendront aux Tanneurs de ladite Ville, pour y être tannés & ouvrés, n'en fera payé ledit droit auxdits Vendeurs de la vente en poil ; & afin qu'il ne fe puiffe prendre double droit d'un même Cuir, comme il pourroit arriver de ceux defdits Cuirs à poil, qui feront rapportés en ladite Ville & Fauxbourgs, tannés ou paffés en blanc & vendus en ladite Halle, fera tenu Regiftre par lefdits Vendeurs de ce qu'ils recevront dudit droit de vente defdits Cuirs à poil, où feront infcrits les noms de ceux qui les auront achetés defdits Bouchers, pour leur faire déduction de ce que lefdits Vendeurs auront reçu dudit fol pour livre de chacun defdits Cuirs à poil, fur la vente de ceux qu'ils rapporteront tannés & paffés en blanc en ladite Ville, dont ils ne prendront leur droit que pour le furplus de ce que ladite vente des Cuirs tannés & paffés en blanc montera de plus que celle defdits Cuirs à poil.

Et en ce qui concerne l'intervention du fieur Evêque de Metz, * & des Marchands Forains & autres, tendante à ce qu'il leur foit permis de porter vendre des Cuirs aux Foires, fans payer le droit du fol pour livre aufdits Vendeurs.

Ordonne Sa Majefté, qu'en cas qu'il en foit porté aucuns de quelque qualité qu'ils foient, lefdits Vendeurs pourront, fans préjudicier à la franchife des Foires, y faire la fonction de leurs Charges, de même qu'efdites Halles, & qu'à cet effet tous lefdits Marchands Forains, Groffiers, Merciers, Jouailliers, Maîtres & Gardes de ladite marchandife, Corroyeurs, Baudroyeurs, Tanneurs, Cordonniers, Bouchers, & tous autres Marchands & Artifans de Cuirs de ladite Ville & Fauxbourgs, ne pourront faire aucunes ventes ni achats de cuirs auxdites Halles, Foires, ou ailleurs, fans fe fervir defdits Vendeurs, conformément à leur Edit de Création & Réglement fait en explication

* Comme Abbé de l'Abbaye de St Germain des Prés.

E

d'icelui, à peine de confiscation des Cuirs qui auroient été vendus autrement :

Et pour obvier à toutes rétentions des deniers des avances desdites ventes, sous quelque prétexte que ce soit, ne pourront iceux deniers desdites avances, être arrêtés ni saisis ès mains desdits Vendeurs pour aucun sujet.

Ordonne aussi Sadite Majesté que tous les Cuirs qui ont été saisis à la Requête desdits Vendeurs depuis leur établissement, par faute de payement dudit droit, demeurent déchargés d'icelui, lequel elle a remis & remet de sa grace auxdits Marchands, & leur donne pleine & entiere main-levée desdites saisies, à la charge qu'à l'avenir ils payeront auxdits Vendeurs le droit du sol pour livre des ventes de tous les susdits Cuirs sans aucune difficulté : voulons qu'au moindre refus ou délai qu'ils feront de ce faire, qu'ils soient déchus de ladite grace, & contraints au payement dudit droit. Comme aussi tous les autres refusans ou délayans par les mandats desdits Vendeurs, ainsi que pour le recouvrement de leurs avances :

Et ayant égard aux remontrances faites par tous lesdits Marchands sur le trouble & préjudice que leur apporteroit dans le trafic & vente de tous lesdits Cuirs, l'établissement des Offices de Déchargeurs & Lotisseurs desdits Cuirs, créés par le même Edit desdits Vendeurs, Sa Majesté a révoqué & révoque l'établissement desdits Offices de Déchargeurs & Lotisseurs du susdit Edit seulement.

Enjoint Sadite Majesté ausdits Vendeurs de tenir la main à ce que lesdites Halles soient toujours fournies de Cuirs pour la nécessité de ladite Ville & Fauxbourgs, afin d'éviter les inconvéniens & plaintes que le manquement en pourroit causer, leur faisant néanmoins défenses d'en aller acheter ou faire acheter ni trafiquer d'aucuns au-dehors, ni dedans ladite Ville, que préalablement pour en faire apporter du dehors, ils n'en ayent fait connoître le besoin au Prevôt de Paris ou son Lieutenant Civil, pour en avoir la permission par écrit ; lui enjoignant expressément de faire observer, exécuter le présent Arrêt nonobstant oppositions ou appellations quelconques. Fait au Conseil d'Etat du Roi, tenu à Paris le 12 d'Avril 1628. *Signé,* BARDEAU.

ARREST DU PARLEMENT

Obtenu par la Communauté des Maîtres Cordonniers,

Contre plusieurs Maîtres d'icelle, qui avoient été emprisonnés.

Et qui ordonne de la maniere qu'il sera procédé à l'Election des Grands - Jurés.

ENtre Antoine le Blond l'aîné, Cambert le Compte, Jean Baretteau, Nicolas le Clerc, & Pierre le Clerc son frere, Lucien Poisse, Thomas Clapin, Pierre Maurin, Elie Demet, Nicolas Berrault, Simon de Seinci, Martin Fidel, Jean Poin, Mathurin Chevreux, Crespin Villette, Bonaventure Chemviellet, Jean Portide, Jean Virdelet & Consors, tous Maîtres Cordonniers, Appellans de la Sentence donnée par le Prevôt de Paris ou son Lieutenant Civil, le   Mai 1633, & de ce qui s'en est ensuivi, & Demandeurs en Requête présentée à la Cour le   Juin ensuivant; & encore Simon Sivin, & Jean Potier, Appellans de l'avis donné par le *Substitut du Procureur-Général au Châtelet* le 17 Juin dernier, & de l'emprisonnement & détention de leurs personnes, faute de payement des amendes contr'eux adjugées; Sentence d'appointé à mettre, rendu par le Prevôt de Paris le 24 Juin suivant, & de tout ce qui s'en est ensuivi, & Demandeurs en Requête du 5 Juillet de   d'une part; & *les Maîtres Jurés & Gardes de la Communauté des Maîtres Cordonniers de cette Ville de Paris, Intimés & Défendeurs* d'autre, sans que les qualités puissent préjudicier. Après que Chenin, Procureur desdits Maîtres Jurés Cordonniers, a demandé défaut, & pour le profit, l'appointement signé du Procureur-Général du Roi, & de l'Avocat des Particuliers Jurés-Cordonniers, de son Avocat, & de lui être reçu, & que Doussin Huissier, a rapporté avoir appellé les défaillans, & Fourcel leur Procureur ;

LA COUR A ORDONNÉ défaut aux Parties de Chenin contre les défaillans, & par vertu duquel ordonne que l'appointement fera recu, & conformément à icelui, a mis & met les appellations & ce ·dont a été appellé au néant, en ce que les Appellans ont été condamnés en l'amende de 16 liv. parifis, en émandant a ordonné que ladite fomme de 16 liv. parifis con-fignée, pour fortir de prifon, au Greffe de la Geolé du Châte-let, fera rendue auxdits Sivin & Pottier, & à ce faire le Grcf-fier de la Geole contraint comme dépofitaire, quoi faifant dé-chargé; ordonne la Cour, que le féjour & emprifonnement fait des perfonnes defdits Sivin & Pottier fera biffé & rayé, le réfidu de ladite Sentence fortiffant effet, & fans s'arrêter à la Requête defdits Appellans & Demandeurs, a ordonné & or-donne qu'il fera procédé à l'élection des Maîtres Jurés-Cor-donniers, tant des Jurés & Gardes de la Chambre que Vifita-tion Royale, au lendemain de S. Louis, aux lieux accoutumés en la Halle aux Cuirs, pardevant & en la préfence du Subftitut du Procureur-Général au Châtelet, par cent cinquante Maîtres Cordonniers de ladite Ville de Paris; fçavoir, par cinquante Maîtres qui auront paffé par les Charges, cinquante modernes & par cinquante jeunes Maîtres, qui feront pris à leur tour & ordre, felon l'ordre de leur réception, fans qu'à ladite Ju-rande, Jurés en Charges, ils puiffent nommer autres perfonnes que lefdits Maîtres Cordonniers de ladite Ville. A fait & fait inhibitions & défenfes aux afpirans à la Jurande de faire aucu-nes brigues & follicitations vers les Maîtres dudit métier pour avoir leurs fuffrages, & auxdits Maîtres Jurés & Particuliers Cordonniers de faire aucuns feftins, banquets ni buvettes avant leur réception, à peine de fufpenfions de leurs Charges, & de pouvoir être ci-après nommés en la Jurande dudit métier , & tout fans dépens. Fait en Parlement le 30 Mai 1634. Colla-tionné. *Signé*, LORNE.

ARREST DU PARLEMENT,

Portant Réglement que l'Election des Jurés se fera à la Halle aux Cuirs en la maniere accoutumée, & qui fixe les droits que chaque Juré doit avoir aux Chefs-d'œuvres.

1639,
9 Mai.

ENtre Martin Galois, Antoine Baudin, Denis Fleury, *Jurés de la Visitation Royale de la Communauté des Maîtres Cordonniers* de cette Ville de Paris, Demandeurs aux fins d'une Requête par eux présentée à la Cour le   jour de Février dernier, tendante à ce que défenses fussent faites aux Défendeurs ci-après nommés, de prendre la qualité des Jurés & Gardes de la Chambre de ladite Communauté, aussi celle de Maîtres de Confréries, ni de s'entremettre à la réception des aspirans à la Maîtrise & prendre aucuns droits; & outre condamnés à rendre compte du maniement des deniers & affaires de ladite Communauté, d'une part :

Et Etienne Subtil, Simon Mozac & Jean Vatel, Maîtres Jurés & Gardes de la Chambre de ladite Communauté, Défendeurs; Etienne Garré, Guillaume Besnard, Maîtres des Maîtres de ladite Communauté, & lesdits Subtil, Mozac & Vatel, Jurés & Gardes de la Chambre, Demandeurs aux fins d'une Requête par eux présentée à la Cour, le 28 dudit mois, à ce que pour les causes y contenues, ils soient reçus opposans à l'exécution de l'Arrêt du 25 dudit mois, & que les défenses à eux faites par ledit Arrêt de procéder à la réception des aspirans à ladite Maîtrise, jusqu'à ce qu'autrement par la Cour en eût été ordonné, soient levées, & en tout cas pendant le procès, & que les Jurandes soient exercées par six anciens Bacheliers, tels qu'il plaira au Procureur-Général du Roi nommer, lesdits Gallois Baunin & Fleuries, Défendeurs :

Et encore Jacques de Houssay, Florentin François, Jean Hinslin, Marguerin, Lemaître & Consors, tous Maîtres dudit métier de Cordonnier, Demandeurs aux fins des Requêtes par eux présentées à la Cour le 24 Janvier, &   Février dernier, afin d'être reçus Parties intervenantes & jointes avec lesdits Jurés de la Visitation Royale, d'une part ;

Et lefdits Jurés & Gardes de la Chambre, Défendeurs d'autre. Après que Gautier, Avocat des Maîtres, Jurés & Gardes de la Chambre ; Bataille, Avocat des Jurés de la Vifitation Royale, & Royer, Avocat defdits Intervenans, ont été ouïs au Parquet des Gens du Roi, & après avoir lû les Statuts & Ordonnances dudit métier & Arrêts de la Cour, & les actes de réceptions des Maîtres audit métier, font demeurés d'accord de l'appointement qui enfuit.

Appointé eft que la Cour, ouï fur ce le Proçureur-Général du Roi, a reçu & reçoit les Parties de Gautier, oppofantes à l'exécution dudit Arrêt du 25 Février dernier, & faifant droit fur le tout, a ordonné & ordonne que les réceptions des afpirans à ladite Maîtrife, feront faites fuivant & au defir des Statuts & Ordonnances dudit métier en la maniere accoutumée, *par les Maîtres des Maîtres, les Jurés de la Chambre, & les Jurés de la Vifitation Royale, & fix anciens Bacheliers qui ont paffé les Charges*, lefquels feront appellés & nommés en leur rang & ordre, & auxquels ci-deffus nommés, fera baillé & payé par lefdits Afpirans, chacun 60 fols pour leurs falaires & vacations, d'être préfens, & avoir affifté aux Chefs-d'œuvres, comme on a accoutumé, & fera ce jour donné pour ledit Chef-d'œuvre, par les Maîtres des Maîtres & les fept Jurés ; & fera ledit Chef-d'œuvre coupé en la maifon defdits Jurés & Gardes de la Chambre chacun à leur tour, fuivant & ainfi que de tout tems a été obfervé, & fera payé pour l'occupation de la Chambre où fe fera ledit Chef-d'œuvre 60 fols, & au Clerc de la Communauté, pour fes peines & falaires, de faire les femonces 30 fols; qu'il ne fera fait marché, ni compofitions, feftins, banquêts, ni buvetres pour lefdites réceptions de Maîtres, ni de ceux qui afpireront à la Jurande & autres Charges dudit métier, lefquels feront élus à la pluralité des voix, à peine de fufpenfion de leurs Charges, & de pouvoir ci-après entrer en Jurande dudit métier.

Que conformément à l'Arrêt du 30 Mai 1634, fera procédé à l'Election *des Maîtres Jurés, tant dans la Chambre que Vifitation Royale au lendemain de Saint Louis*, aux lieux accoutumés en la Halle aux Cuirs, pardevant & en la préfence *du Subftitut du Procureur-Général du Roi au Châtelet*, par cent cinquante Maîtres Cordonniers de ladite Ville de Paris.

Sçavoir , par cinquante Maîtres qui auront paſſé les Char ges, cinquante modernes, & cinquante des jeunes Maîtres qui feront tous pris en leur tour, & felon l'ordre de leur réception, fans qu'en ladite Jurande les Jurés en charge puiſſent nommer autres perfonnes que les Maîtres Cordonniers de la Ville.

Que le coffre de la Communauté demeurera en la maifon de l'un des Maîtres des Maîtres, fera fermé à trois ferrures, pour des trois clefs dudit coffre être baillée l'une à celui defdits Maîtres des Maîtres qui n'aura ledit coffre en fon logis, l'autre à l'ancien Juré & Garde de la Chambre, & l'autre à l'ancien Juré de la Vifitation Royale, dans lequel coffre feront mis tous les titres, papiers & deniers de la Communauté.

Et feront tenus lefdits deux Maîtres des Maîtres & les fept Jurés s'affembler en la maifon de l'ancien defdits Maîtres des Maîtres, pour avifer aux affaires de ladite Communauté toutes les femaines une fois. A fait & fait inhibitions & défenfes auxdits Jurés de la Chambre & Jurés de la Vifitation Royale d'intenter aucuns procès fans l'avis defdits Maîtres des Maîtres & des anciens qui ont paſſé par les Charges de la Communauté, lefquels Jurés & Gardes de la Chambre feront tenus de fe charger des Procès & follicitations d'iceux, fitôt qu'il y aura appel interjetté des Jugemens ou Sentences qui auront été donnés, foit au profit dudit métier, ou contre icelui, lefquels Procès feront pourfuivis en la premiere inftance par les Jurés de la Vifitation Royale.

Ordonne en outre que les nommés Joubert, le Clerc, Armand, Collin, Rambault, Minard, Befnard, Teftu & Duval, rendront compte fans frais dans un mois, pardevant lefdits Maîtres des Maîtres Jurés & Gardes de la Chambre, Jurés de la Vifitation Royale, fix anciens Bacheliers qui ont paſſé par les Charges, & fix anciens Maîtres non comptables felon l'ordre de leur réception, qu'aux comptes des fufdits, qui font à rendre fuivant l'Arrêt de 1631, les nommés Jean Infelin, Marguerin, le Maître & Florentin François, à la pourfuite defquels ledit Arrêt a été rendu, affifteront, & en cas qu'il fe trouve par la clôture defdits comptes être dûs aux rendans comptes quelques reftes, feront payés & rembourfés des deniers de ladite Communauté.

Seront les Brevets d'Apprentiſſages enregiſtrés ſur le Regiſtre de ladite Communauté par leſdits Maîtres des Maîtres & les ſept Jurés, auſſi-tôt qu'ils leur feront apportés, pour être les Aſpirans à la Maîtriſe, reçus ſelon les dattes deſdits Brevets, & après le décès deſdits deux Maîtres des Maîtres ou l'un d'iceux, ſera procédé à l'Election d'autre en la maniere accoutumée.

Et au ſurplus, ſeront les Statuts vérifiés ès années 1574 & 1614, exécutés, avec défenſes d'y contrevenir, & ſeront leſdits Jurés de la Chambre & Jurés de la Viſitation Royale, rembourſés de leurs frais & dépens des premiers deniers qui appartiendront à ladite Communauté, reçus judiciairement, & requerant Chemin, Procureur des Jurés & Gardes de la Chambre dudit métier de Cordonniers, en la préſence de le Blanc, Procureur des Jurés-Cordonniers de la Viſitation Royale, & en l'abſence de Taconnet, Procureur deſdits Houſſet & conſors, Particuliers Cordonniers, appellés & rapportés par Bottereau, Huiſſier, le 9ᵉ jour de Mai 1639. *Signé,* GUYET,

ARREST DU CONSEIL PRIVÉ DU ROI,

Qui maintient la Communauté des Cordonniers à nommer les Lotiſſeurs de la Halle au Cuir.

SUr la Requête préſentée au Roi en ſon Conſeil, par la Communauté des pauvres Maîtres Cordonniers de cette Ville de Paris, contenant : que de tout tems immémorial, pour vivre en une union & bonne intelligence entr'eux, & afin que la Police y ſoit obſervée, ils auroient fait des Statuts, qui ont été confirmés par pluſieurs Rois prédéceſſeurs de Sa Majeſté, & notamment par Charles IX & Louis XIII de glorieuſe mémoire, pere de Sadite Majeſté, qui ont été vérifiés au Parlement & regiſtrés au Châtelet de Paris, dans l'article **XXXIV**, deſquels il eſt expreſſément porté, qu'il y aura trois Maîtres Cordonniers de ladite Communauté, gens de bonne renommée, qui feront choiſis par les Maîtres des Maîtres, anciens Jurés & Bacheliers dudit métier, leſquels feroient le ſerment de bien & dûment lotir les Cuirs qui journellement arrivent en cette Ville

de

de Paris, ce qui a été obfervé de toute ancienneté, lefquelles Marchandifes étant arrivées dans la Halle de cette Ville, ceux qui defirent en avoir, donnent une marque auxdits trois Maîtres Lotiffeurs, qui après avoir fait les lots, leur rendent à chacun leurdite marque en leur défignant le lot qui leur eft échu, lefquels donnent pour chacun lot un fol auxdits trois Maîtres Lotiffeurs, qui eft pour les peines qu'ils ont prifes pour faire iceux, & par ainfi il fe voit que le droit que les Maîtres reçoivent, leur eft donné volontairement & fans aucune contrainte par les autres Maîtres Cordonniers & autres qui achetent lefdits Cuirs; & s'ils n'avoient apporté cet ordre, il y auroit de la confufion dans la vente d'iceux : quoique cette Police ait été ainfi faite entr'eux & fans aucune contrainte, il fe trouve qu'ils font troublés en cette longue & immémoriale poffeffion par un nommé Pierre Hiette, fe difant garçon de ferdeau de la Reine mere de Sa Majefté; lequel auroit de fon mouvement, fans qu'il y ait jamais eu aucune inftance ni procédure faites audit Confeil, pour raifon dudit fol qui eft donné, comme dit eft, volontairement auxdits trois Maîtres, furpris une Ordonnance du fieur d'Orgeval, Confeiller de Sadite Majefté, Maître des Requêtes ordinaire de fon Hôtel, le 7 Juillet 1657, délivrée en vertu d'un prétendu Arrêt du Confeil d'Etat du 7 Février 1656, qui n'eft jamais venu à la connoiffance defdits Supplians, en vertu de laquelle ils auroient fait donner affignation le 30 dudit mois de Juillet, à comparoir pardevant ledit fieur d'Orgeval au 31 enfuivant.

A Charles Pochet, Jean Courand, & Jacques le Febvre, qui font les trois Maîtres Lotiffeurs defdits Cuirs ; Jean Bigot & Jacques Caillais, qui déchargent iceux, & Jean Collin, Syndic de la Communauté des Cordonniers, pour repréfenter pardevant lui tous & chacuns les lettres, en vertu defquelles perçoivent les droits qui fe prennent fur les Cuirs qui fe lotiffent & déchargent dans ladite Halle ordinaire. Or, vifiblement que c'eft une vexation manifefte de vouloir de gayeté de cœur, troubler les Supplians dans une poffeffion immémoriale, & leur faire un procès fans aucun fondement.

En premier lieu, ils ne font pas jufticiables dudit fieur d'Orgeval, étant contre toutes les maximes du Confeil de faire une

F

telle procédure qui est insoutenable : si ledit Hiette a quelque prétention, il se doit pourvoir par les voyes de droit.

En second lieu, si lesdits trois Maîtres Lotisseurs & Déchargeurs desdits Cuirs, qui ont été nommés & choisis par ladite Communauté, reçoivent quelque chose, cela est donné par les Maîtres Cordonniers & autres qui achetent desdits Cuirs, pour les peines qu'ils prennent de décharger & lotir iceux, & par ainsi il se voit qu'ils n'ont point de titres en vertu desquels ils perçoivent cedit droit, qui est, comme dit est, volontaire, ayant établi entr'eux, cette facilité, & par une pure charité, qui est, quand le malheur arrive à quelque pauvre Maître de ladite Communauté, ils l'élisent comme dit est, & lui donnent la faculté de faire ledit lotissement, pour aider à faire subsister sa pauvre famille. Après quoi ledit Hiette n'a pas raison de vouloir vexer & tourmenter ladite Communauté, puisque leurs desseins sont innocens & bien intentionnés, & qui ne tendent qu'à la charité ; pourquoi les pauvres Supplians ont recours à Sa Majesté, pour leur être sur ce pourvû.

A CES CAUSES, requeroient qu'il plût ordonner, que sans avoir égard tant audit Arrêt dudit jour 7 Fév. 1656, ni à ladite Ordonnance dudit 7 Juillet, & à tout ce qui s'en est ensuivi : que lesdits Supplians seront maintenus & gardés en la possession & jouissance de leursdits Priviléges mentionnés par lesdits Statuts, qui seront exécutés selon leur forme & teneur, avec défenses audit Hiette & à tous autres de les troubler ni inquiéter en aucune maniere que ce soit, à peine de mille liv. d'amende, de tous dépens, dommages & intérêts & de prison, ni de se pourvoir audit Conseil pour raison dudit sol pour ledit lotissement, & à tous Avocats du Conseil de signer aucune Requête à peine de suspension de leurs Charges, & de 500 liv. d'amende. Vû ladite Requête, *signé* de Lynes, Avocat au Conseil, & lesdits Statuts & Ordonnances, ensemble l'Ordonnance dudit sieur d'Orgeval & autres piéces attachées à ladite Requête : ouï le rapport du sieur Malon, Commissaire à ce député, & tout considéré :

Le Roi en son Conseil, ayant égard à ladite Requête, a déchargé & décharge lesdits Cordonniers dudit droit sur eux prétendu par ledit Hiette : faisant Sa Majesté défenses audit

Hiette de les inquiéter en aucune façon & meniere que ce soit, ni de s'immiscer en la perception dudit droit, à peine de 1000 l. d'amende, dépens, dommages & intérêts, & ce nonobstant ledit Arrêt du Conseil du 7 Février. Fait au Conseil du Roi tenu à Paris le 2ᵉ jour d'Octobre 1657. Collationné. *Signé*, FORCOAS.

    Collationné à l'Original par moi, Conseiller-Secrétaire du Roi, Maison & Couronne de France, & de ses Finances.

ARREST DE LA COUR DE PARLEMENT,
les Grand'Chambre, Tournelle & de l'Edit, assemblées;

Qui ordonne que la Déclaration du Roi du 20 Juillet dernier, portant Réglement sur l'ordre, façon & débit des Cuirs, & des droits attribués aux Vendeurs de Cuirs de la Ville & Fauxbourgs de Paris, moderés par icelle, sera regiſtrée au Greffe de la Cour, & que les Edits, Déclarations, Réglemens, & Arrêts rendus en conséquence sur le fait de ladite Marchandise de Cuirs, seront exécutés selon leur forme & teneur.

LOUIS, par la grace de Dieu, Roi de France & de Navarre : à tous ceux qui ces présentes Lettres verront ; salut. Sçavoir faisons que vû par notre Cour de Parlement, les Grand'Chambre, Tournelle & de l'Edit assemblées ; nos Lettres & Déclarations données à Saint-Germain en-Laye le 20 Juillet dernier de Nous signées ; *& plus bas*, DE CUENEGAUD, & scellées sur double queue de cire jaune, par lesquelles & pour les causes y contenues, Nous aurions voulu que les Ordonnances, Edits, Déclarations, Réglemens & Arrêts de notre Conseil, sur le fait de l'apprêt, ordre, façon & débit de ladite Marchandise de Cuir, fussent tous exécutés selon leur forme & teneur, nonobstant tous Arrêts & autres choses à ce contraires, faisant très-expresses inhibitions & défenses à toutes personnes d'y contrevenir, en quelque sorte & maniere que ce soit, sous les peines y contenues.

1662, 21
Août.

ARTICLE I.
Voulant néanmoins en premier lieu, pour le bien de nos Sujets & facilité du commerce dans notre Ville de Paris, que tous

F ij

Marchands forains & autres qui ameneront ou trafiqueront des Cuirs en notredite Ville de Paris, le fissent porter aux Halles d'icelle pour y être vûs, visités, contrôlés, marqués, vendus & loüis entre les Artisans, qui le mettoient en œuvre en la présence desdits Vendeurs & non ailleurs, suivant les Réglemens & en la maniere accoutumée, à peine de confiscation desdits Cuirs, s'ils se trouvoient être déchargés & vendus ailleurs qu'en ladite Halle, 1000 liv. d'amende, & qu'il seroit dorénavant en la liberté de tous lesdits Marchands trafiquans en Cuirs de notredite Ville & Fauxbourgs de Paris, même des Marchands de se servir du ministere desdits Vendeurs; & audit cas, voulons & ordonnons que lesdits Marchands, à l'instant même qu'elles se déchargeroient en ladite Halle, fissent leurs déclarations au Bureau desdits Vendeurs, & sur le Registre qu'ils signeroient, s'ils entendoient se servir de leurdit ministere, pour raison desdites marchandises, ou non, autrement & à faute de ce faite dans ledit tems après la décharge desdites marchandises faire, ils ne pourroient plus obliger lesdits Vendeurs de leur faire aucunes avances du prix de la vente d'icelles, si bon ne leur sembloit.

I I.

Qu'en cas que les Marchands Tanneurs & autres trafiquans en Cuirs en notredite Ville & Fauxbourgs de Paris, ou Forains, se serviroient du ministere desdits Vendeurs de ladite Ville & Fauxbourgs, ils seroient tenus de payer pour tous droits des avances qui leur seroient faites par lesdits Vendeurs, du prix des ventes de leursdites marchandises, 12 deniers pour liv. seulement, au lieu du sol pour livre parisis, attribués par nos Edits des mois de Juin 1627, & Mars 1654 & 1655, duquel droit de 12 deniers pour liv. ils seroient payés en la maniere accoutumée, & ainsi qu'il est porté par notre Edit du mois de Juin 1627.

I I I.

Qu'en cas aussi que lesdits Marchands Tanneurs & autres trafiquans en Cuirs en notredite Ville & Fauxbourgs de Paris, ou Forains, ne voulussent se servir du ministere desdits Vendeurs en ladite Ville & Fauxbourgs, ils seroient seulement tenus de payer auxdits Vendeurs pour tout droit desdites marchandises,

4 deniers pour liv. moyennant lequel payement defdits 4 den. lefdits Vendeurs délivreroient auxdits Marchands un état d'eux certifié defdits Cuirs vendus, dans lequel feront déclarés les noms, qualités & demeures des Artifans employans Cuirs ou autres qui auroient acheté lefdites marchandifes, pour en conféquence dudit certificat, faire le recouvrement de leurs deniers, fi bon leur fembloit, lequel ils feroient faire par telles perfonnes qu'ils aviferoient bon être.

I V.

Que tous Marchands Tanneurs & Mégiffiers de ladite Ville & Fauxbourgs de Paris, portaffent aux Halles de ladite Ville, tous les Cuirs qu'ils apprêteront pour y être vûs, vifités, contrôlés & marqués par les Prépofés à cet effet, & enfuite vendus en icelle Halle, & lotis entre les Artifans qui les mettroient en œuvre, & en la même forte que ceux qui viendroient de dehors, à peine de confifcation de tous lefdits Cuirs, & qu'ils payaffent 12 den. pour livre du prix defdites ventes, s'ils fe fervoient du miniftere defdits Vendeurs, ou s'ils ne s'en fervoient pas, ils leur payeroient 4 deniers pour liv. feulement pour tous droits, ainfi que lefdits Marchands Forains.

V.

Que les Corroyeurs, Cordonniers & autres Artifans employant Cuirs de notredite Ville & Fauxbourgs de Paris, ne pourroient acheter aucuns Cuirs dans les vingt lieues autour de ladite Ville, ainfi feulement au-delà defdites 20 lieues, pour la fourniture de leurs Boutiques, conformément au Réglement de 1614, & autres rendus en notre Confeil, dont ils feroient tenus de rapporter certificats en bonne forme des principaux Magiftrats des Villes & lieux où ils auroient acheté lefdits Cuirs, à peine de confifcation d'iceux, & de 500 liv. d'amende, fous laquelle peine, défenfes leur auroient été pareillement faites de prêter leurs noms aux Tanneurs de la Ville de Paris qu'à tous autres.

V I.

Que les Marchands, tant de notredite Ville & Fauxbourgs de Paris, qu'autres trafiquans aux Pays Etrangers, feroient pareillement tenus de faire porter les Cuirs, tant gros que menus, paffés en blanc, & de quelque qualité & condition qu'ils foient, par eux achetés ou fait apporter defdits **Pays Etrangers,** même ceux des Villes de notre Royaume, au Bureau defdits Vendeurs, pour y être lefdits Cuirs marqués, & en payer les droits auxdits Vendeurs; fçavoir 12 deniers, s'ils vouloient fe fervir du miniftere d'iceux, & 4 deniers pour livre feulement, s'ils ne vouloient pas s'en fervir, du prix de tous lefdits Cuirs, fur le pied des ventes qui s'en feroient par eftimation dans leurs maifons, magafins & Boutiques, ou ainfi qu'ils en conviendroient à l'amiable avec lefdits Vendeurs, & jufqu'après ledit payement, ne pourroient lefdits Marchands les faire porter dans leurs maifons, magafins & boutiques, ni les expofer en vente, à peine de confifcation, defquelles marchandifes lefdits Marchands feroient leur déclaration de la qualité & quantité defdits Cuirs, après laquelle, ledit payement fait, pourroient les faire porter & vendre dans leurs maifons fi bon leur fembloit.

V I I.

Que la vifite des Cuirs feroit faite en ladite Halle aux Cuirs, aux jours & heures accoutumés feulement, & feront les Cuirs marqués, tant par le Contrôleur que par les Jurés du Cuir tanné en ladite Halle aux Cuirs feulement & non ailleurs, à peine de 500 liv. d'amende, & ce en préfence defdits Vendeurs qui les marqueroient de leurs marques, afin d'éviter aux fraudes qui pourroient arriver, pour être lefdits Cuirs qui feroient trouvés bons, loyaux & marchands, expofés en vente; ceux au contraire, qui ne feroient pas de la qualité & condition requife, être rejettés & renvoyés pour être amendés par les Tanneurs auxquels lefdits Cuirs appartiendroient.

V I I I.

Qu'après que lefdits Cuirs auroient été marqués, ainfi qu'il eft porté par nofdites Ordonnances, Déclarations, Arrêts & Réglemens, enjoignons expreffément aux Lotiffeurs de lotir lefdits Cuirs en la maniere accoutumée, leur faifant défenfes de différer & remettre à faire lefdits lots pour quelque caufe & occafion que ce foit, à peine de punition & de 500 livres d'amende, & auxdits Marchands trafiquans en Cuirs, & à tous autres de faire le marché defdits Cuirs qui feroient vendus à ladite Halle, ailleurs qu'en icelle, en préfence def-

dits Vendeurs, à peine de confifcation defdits Cuirs & d'a-
mende.

I X.

Que lefdits Vendeurs feroient obligés de tenir bons & fi-
déles Regiftres, fur lefquels auffi-tôt que le marché defdits Cuirs
feroit fait, ils infcriroient la quantité des Cuirs vendus, le prix
d'iceux, les noms de ceux qui les auroient achetés, la Ville de
la réfidence du Marchand qui les auroit vendus, où lefdits
Cuirs auroient été tannés, laquelle vente feroit fignée, tant par
le Marchand que par l'Acheteur qui auroit baillé le denier adieu,
ce que lefdits Vendeurs feroient tenus enfuite de publier en ladite Halle aux Artifans préfens auffi-tôt ladite vente faite, &
qu'elle auroit été ainfi régiftrée fur lefdits Regiftres, afin qu'ils
connuffent la qualité de la dite marchandife, le lieu où elle auroit été apprêtée, & le prix d'icelle, pour enfuite mettre au lot,
fi bon leur fembleroit.

X.

Que pour obvier aux fraudes que commettoient lefdits Lotiffeurs, & faire ceffer les plaintes qui étoient journellement
faites contr'eux, nous aurions voulu qu'à l'avenir lefdits Vendeurs fiffent eux-mêmes la diftribution des lots qui feroient lotis, & mis dans un fac ou bourfe, pour après avoir été un long-
tems remués, tirés au fort, & diftribués également fans aucune
préférence, à ceux auxquels ils feroient échus, défendant expreffément à tous Artifans employans Cuirs de ladite Ville &
Fauxbourgs de Paris, de prêter leurs lots à quelque perfonne
que ce fût, ni d'y mettre pour autres que pour eux, à peine de
trois cens livres d'amende pour la premiere fois, & d'être déchus de plus mettre auxdits lots, en cas de récidive.

X I.

Qu'à l'égard des Marchandifes de Cuirs qui feroient char-
gées & emmenées du dehors en notredite Ville de Paris, pour
éviter aux conteftations qui pourroient arriver entre les pourvûs de femblables Offices, & les Tanneurs des Villes & autres
lieux de ce Royaume qui ameneroient lefdites marchandifes à
Paris, fur le fujet des droits dûs pour icelles, ils en ufcroient
ainfi qu'ils avoient accoutumé.

X I I.

Aurions enjoint à tous Marchands Bouchers de cette Ville & Pauxbourgs de Paris, de faire leurs déclarations au Bureau defdits Vendeurs, des Cuirs à poil provenans de leurs abbatis qu'ils vendroient aux Marchands Forains, & auxdits Marchands Forains de faire auffi leurs déclarations de ceux qu'ils achetcroient defdits Bouchers & du prix, enfemble leurs foumiffions de rapporter du moins les deux tiers defdits Cuirs tannés par eux achetés fuivant nos Ordonnances, pour raifon de quoi ils feroient tenus de bailler caution folvable auxdits Vendeurs, avec défenfes d'enlever aucuns defdits Cuirs à poil qu'ils auroient achétés, qu'après avoir fait leurs déclarations & foumiffions ci-deffus, à peine de confifcation pour la valeur defdits deux tiers defdits Cuirs au profit de l'Hôpital Général, au payement de laquelle les Tanneurs Forains & leurs cautions feroient folidairement contraints.

X I I I.

Aurions défendu à tous Marchands Tanneurs, trafiquans en Cuirs, de faire vendre leurs Cuirs par commiffion, ainfi de les vendre eux-mêmes en perfonne ou leurs femmes, enfans & ferviteurs, & non par autres fuivant les Ordonnances, lefquelles nous voulions être exécutées ; comme auffi défendions à tous Marchands Tanneurs de notredite Ville & Fauxbourgs de Paris, de vendre aucuns Cuirs en plein, à peine d'amende & de confifcation ; mais qu'ils feroient tenus de les ouvrer & façonner dans leurs maifons, fuivant nos Ordonnances & Réglemens.

X I V.

Voulions & entendions que les Artifans ou autres qui auroient acheté des Cuirs en ladite Halle aux Cuirs, feroient contraints au payement du prix d'iceux par les voyes & ainfi qu'il étoit porté par ledit Edit de création du mois de Juin 1627, & ce en vertu des contraintes defdits Vendeurs ou leur Commis, & ne feroient les débiteurs reçus à faire ceffion de biens, jufqu'à ce qu'ils euffent entiérement payé les fommes qu'ils devroient auxdits Vendeurs.

X V.

Et où il furviendroit quelque conteftation ou différends entre lefdits

lefdits Vendeurs & les Marchands trafiquans & employans Cuirs, que les Parties fe pourvoiroient en premiere inftance pardevant les Juges à qui la connoiffance en appartenoit, & par appel en notre Cour de Parlement, où nous entendions que lefdites conteftations & différends fuffent tous réglés & non ailleurs, & pour cet effet leur en attribuions toute Cour, Jurif-diction & connoiffance, & icelles défendions à tous autres Ju-ges, & voulions que les Sentences qui feroient rendues fuffent exécutées par provifion, nonobftant oppofitions & appellations quelconques, & fans préjudice d'icelles, pour lefquelles l'exé-cution defdites Sentences ne feroit furcife ni arrêtée.

X V I.

Enjoignons au Lieutenant Civil & au Subftitut de notre Procureur-Général au Châtelet de Paris, de tenir la main à ce que la Halle de Paris fût inceffamment fournie de Cuirs pour la facilité & commodité du commerce; & à cette fin de fe tranfporter par-tout où befoin feroit dans la Ville & Faux-bourgs, afin qu'il y eût la quantité néceffaire : voulions ledit Réglement être exécuté, nonobftant tous Edits, Déclarations & Arrêts à ce contraires, & moyennant icelui, que tous les Procès intentés foit en notre Confeil, en notre Cour de Par-lement de Paris & Cour des Aydes qu'autres Jurifdictions, con-cernant l'ordre & perception defdits droits à l'avenir, fuffent éteints & affoupis, défendant à cet effet aux Parties d'y faire au-cunes pourfuites, & que fur les avances faites par lefdits Ven-deurs aux Marchands Forains & autres, jufqu'à hui, & fur les droits prétendus par eux pour le paffé, foit en vertu des fou-miffions, déclarations des Marchands & Tanneurs de ladite Ville & Fauxbourgs de Paris, & Forains ou autrement, il fût fait droit par notredite Cour ainfi qu'elle aviferoit par raifon ; n'entendant toutefois par lefdites Lettres, déroger ni préjudicier à la fonction & exercice des pourvûs de femblables Offices dans toutes les Villes & lieux de notre Royaume, & en la perception defdits droits à eux attribués par nos Edits de création, & fui-vant les Réglemens & Arrêts de notre Confeil, lefquels nous voulions être exécutés felon leur forme & teneur, & les rede-vables defdits droits contraints au payement d'iceux, par les voyes qu'ils y étoient tenus & conformément auxdits Régle-

G

mens & Arrêts ainſi qu'il étoit accoutumé, le tout nonobſtant tous Arrêts à ce contraires, auquel nous défendions y avoir aucun égard, ainſi que plus au long étoit contenu auxdites Lettres en notredite Cour adreſſantes. Concluſions de notre Procureur-Général, la matiere miſe en délibération:

NOTREDITE COUR a ordonné & ordonne leſdites Lettres être enregiſtrées au Greffe d'icelle, pour être exécutées ſelon leur forme & teneur, à la charge que les Corroyeurs & autres Ouvriers employans & achetans Cuirs au-delà des vingt lieues, ſuivant l'art. 5 deſdites Lettres, ſeront déchargés du droit ſur les lieux, & tenus payer ſeulement le droit à Paris auxdits Vendeurs, à raiſon de 4 deniers pour livre, ſur le pied du prix que leſdits Cuirs pourroient être vendus en la Halle, s'ils y étoient portés par les Marchands Forains.

Comme auſſi les Tanneurs Forains qui ameneront à Paris des Marchandiſes de Cuirs de dehors, ſeront tenus payer ledit droit à Paris ſeulement, ſuivant l'art. 2ᶜ deſdites Lettres, & ſeront déchargés de payer les droits ſur les lieux, en faiſant déclaration par eux aux Vendeurs deſdits lieux, de la quantité des Cuirs qu'ils ameneront pour Paris, & prenant & rapportant atteſtation des Vendeurs de Paris auxdits Vendeurs des lieux, que leurſdits Cuirs auront été vendus à Paris & non autrement.

Ordonne auſſi que la peine aux dilayans de lotir, portée par l'article huitiéme deſdites Lettres, ſera arbitraire, & ne pourra être donnée au-deſſus de 50 livres.

En ce qui touche le quatorziéme article, les redevables tant des ſommes avancées par les Vendeurs aux Marchands pour les Artiſans employans Cuirs & autres que des droits à eux dûs, à cauſe deſdites Ventes, ſeront contraints au payement d'icelles, ſuivant l'Edit de création du mois de Juin 1627 & Arrêt de la Cour du 27 Août 1661.

A l'égard du quinziéme article deſdites Lettres, les Jugemens de proviſion ſe donneront comme ès autres matiéres ſuivant les Réglemens de notredite Cour, ſans pouvoir par leſdits Vendeurs pour les avances par eux faites, exercer aucunes contraintes ſolidaires contre les Marchands & redevables d'icelles, qui ne pourront être pourſuivis que pour la part & portion dont chacun d'eux ſera tenu en ſon particulier, & ſans qu'il puiſſe être rien demandé aux Marchands trafiquans en Cuirs, de ce qui peut être dû du droit prétendu par les Vendeurs pour le passé, jufqu'au jour du préfent Arrêt, ni que le préfent Arrêt puiffe être tiré à conféquence, ni faffe aucune approbation des droits des Vendeurs Forains non vérifiés & régiftrés en notredite Cour, lequel Arrêt fera lû & publié par-tout où befoin fera, à la Requête & diligence de notre Procureur-Général. Si DONNONS EN MANDEMENT au premier des Huiffiers de notredite Cour, ou autre notre Huiffier ou Sergent fur ce requis à la Requête defdits Vendeurs, le préfent Arrêt mettre à dûe & entiere exécution & faire tous Exploits pour ce néceffaires, de ce faire leur donnons pouvoir. Donné à Paris en notredite Cour de Parlement, le 21 Août, l'an de grace 1661 : & de notre Régne le vingtiéme, par la Chambre. *Signé*, DU TILLET, & fcellé.

Collationné aux Originaux par moi Confeiller - Secrétaire du Roi, Maifon, Couronne de France, & de fes Finances.

SENTENCE DU CHATELET DE PARIS,

Qui homologue une Délibération de la Communauté des Maîtres Cordonniers, touchant la difcipline qui doit être obfervée en icelle, & qui ordonne auffi que chaque Ancien conduira à fon tour, les Afpirans à la Maîtrife.

A Tous ceux qui ces préfentes Lettres verront, Pierre Se-guier, Chevalier, Marquis de Saint-Briffon, Seigneur des Ruaux & de Saint-Firmin, des grands & petit Rancy & de Leftang-la-Ville, Confeiller du Roi en fes Confeils, Gentil-homme ordinaire de fa Chambre, & Garde de la Prevôté & Vicomté de Paris, falut. Sçavoir faifons que vû la Requête à nous préfentée par Pierre Boucher & Jean Vatel, anciens Syndics ; François Hubert & Pierre le Gendre, anciens Jurés & Gardes de la Chambre ; Etienne du Ruble, & Jean Deferts, Jacques Drouin & Pierre Gayand, Jurés & Gardes de la Vifi-ration Royale de la Communauté des Maîtres Cordonniers de cette Ville de Paris, narrative que pour obvier à l'abus qui fe

1664, 6 Août.

G ij

. commet en ladite Communauté en ce que lorfque l'on fait des Services pour les Maîtres de ladite Communauté trépaſſés, ou qu'il ſe fait quelque aſſemblée pour délibérer des affaires d'i- celle Communauté, auxquelles les anciens Bacheliers d'icelle doivent aſſiſter;

Néanmoins il ne s'en trouve pour la plûpart du tems, que fort peu, ce qui cauſe un déſordre notable dans ladite Com- munauté, pour lequel empêcher, & y remédier en quelque façon, leſdits Expoſans ont fait aſſembler les anciens Bacheliers de ladite Communauté & fait un réſultat, & ſont demeurés d'accord :

Qu'à l'avenir, ceux deſdits Bacheliers qui manqueront aux Services qui ſe font pour les Maîtres de ladite Communauté, trépaſſés, & aux aſſemblées qui ſe feront en la Chambre pour les affaires de ladite Communauté, ſoient déchus de leurs droits de chefs-d'œuvres des Maîtres qui ſe reçoivent en icelle, ſinon en cas de maladie, ou qu'ils ſoient abſens de cette Ville, & que dorénavant les Aſpirans à la Maîtriſe feront conduits au chef- d'œuvre par les anciens Bacheliers à leur rang & ordre, & leurs droits payés en la maniere accoutumée.

Nous requérans leſdits Expoſans qu'il nous plût homologuer ledit réſultat ſelon ſa forme & teneur, & conformément à icelui, que dorénavant à l'avenir, les anciens Bacheliers de la- dite Communauté feront tenus de ſe trouver aux Services qui ſe diront pour les défunts de ladite Communauté, & ſe trou- veront auſſi aux aſſemblées qui feront faites en la Chambre pour les affaires de leurdite Communauté, à peine d'être privés de leurs droits de chef-d'œuvres des Maîtres qui ſe recevront en ladite Communauté, ſinon en cas de maladie ou d'abſence de cette Ville, & que dorénavant les Aſpirans feront conduits au chef-d'œuvre par les anciens Bacheliers, à leur rang ſelon leur ordre & leurs droits payés en la maniere accoutumée, & en- joindre aux Syndic & Jurés de ladite Communauté, de tenir la main à l'exécution, & que la Sentence qui interviendra fera ſignifiée à tous les Maîtres de ladite Communauté, à la dili- gence deſdits Expoſans : laquelle Requête nous aurions ordonné qu'elle feroit communiquée au Procureur du Roi en cette Cour : vû auſſi les Concluſions du Procureur du Roi, qui auroit requis que conformément audit réſultat, les Anciens de ladite

Communauté, tous les anciens Bacheliers être tenus de se trouver aux Services qui se diront pour les défunts Maîtres qui ont passé les Charges, comme aussi aux assemblées qui se feront en leur Chambre pour les affaires communes, après la semonce qui en aura été faite par le Clerc de ladite Communauté, sur peine d'être privés de leurs droits pour les Chef-d'œuvres des Maîtres qui se recevront, sauf en cas de maladie ou d'absence de cette Ville, pour cause légitime bien & dûment certifiée, que dorénavant les Aspirans seront conduits au chef-d'œuvre par les anciens Bacheliers à leur rang, & pour ce, payés de leurs droits en la maniere accoutumée, & être enjoint aux Syndic & Jurés de ladite Communauté de tenir la main à l'exécution de la Sentence qui interviendra, qui sera signifiée à tous les Maîtres de ladite Communauté, à la diligence desdits Exposans, à ce qu'aucun n'en prétende cause d'ignorance : comme aussi vû ledit résultat fait entre tous lesdits Exposans & les anciens Bacheliers de ladite Communauté :

Nous disons que ledit résultat fait & arrêté entre lesdits anciens Syndic, anciens Jurés & Gardes, les Jurés & Gardes de la Visitation Royale, & tous les anciens Bacheliers de ladite Communauté, le 11 Janvier dernier, est homologué, & icelui homologuons pour être exécuté selon sa forme & teneur, & conformément à icelui, que les anciens de ladite Communauté & anciens Bacheliers d'icelle Communauté des Maître Cordonniers de cette Ville de Paris, seront tenus de se trouver dorénavant aux Services qui se diront pour les défunts Maîtres qui ont passé les Charges, comme aussi aux Assemblées qui se feront en leur Chambre pour leurs affaires communes, après néanmoins la semonce qui leur en aura été faite par le Clerc de la Communauté, sur peine d'être privés de leurs droits pour les Chef-d'œuvres des Maîtres qui se recevront, sinon en cas de maladie ou d'absence de cette Ville, pour cause légitime bien & dûment certifiée.

Comme pareillement que les Aspirans à ladite Maîtrise seront conduits à leurs chef-d'œuvres par les anciens Bacheliers à leur rang, & pour ce faire, seront payés de leurs droits en la maniere accoutumée ; laquelle Présente sera signifiée à tous les Maîtres de ladite Communauté à la diligence desdits Exposans,

à ce qu'aucuns n'en prétendent caufe d'ignorance, & auxdits Expofans de tenir la main à l'exécution d'icelle : en témoin de ce, nous
avons fait fceller ces Préfentes. Ce fut fait & donné au Châtelet de Paris, par Meffire DREUX DAUBRAY, *Chevalier, Seigneur*
d'Offemont, Villiers & autres lieux, Confeiller du Roi en fes Con-
feils d'Etat, & Privé, Lieutenant-Civil de la Ville, Prevôté, Vi-
comté de Paris, le fixiéme jour d'Août 1664. Signé, LUCE,
avec collation.

Signifié au fieur Drouin, Juré & Garde de la Vifitation Royale,
parlant à fa perfonne le onziéme jour d'Août 1664. Fait, préfens
témoins, par moi Huiffier à Verge, fouffigné. Signé GRANET.

ARREST DU PARLEMENT,

Qui ordonne que fix petits Jurés feront appellés aux Eleations qui
fe font des grands Jurés de la Communauté des Maîtres Cor-
donniers, & qu'il ne fera élu aucun Maître grand Juré, à moins
qu'il n'ait été auparavant petit Juré; comme auffi pour la re-
cherche par les petits Jurés des Colporteurs & Chambrelans. Que
lefdits petits Jurés ne pourront interjetter aucuns appels des Sen-
tences fans le confentement des grands Jurés.

1664, 7
Août.

ENntre *Pierre Faruel, Fancois de Vaux*, & autres, tous
élus Jurés, Confervateurs & Vifiteurs de la Communauté des
Maîtres Cordonniers de cette Ville de Paris, pour la recherche
des *Chambrelans & Colpolteurs dudit Métier, Appellans* d'une
Sentence rendue par le Prevôt de Paris, ou fon Lieutenant,
le 30 Août 1662, & de tout ce qui s'en eft enfuivi.

Par laquelle, au préjudice de l'avis du Subftitut du Procureur-Général, du 25 Mai 1662, portant que les Appellans affif-
teroient & feroient appellés à toutes les Affemblées qui fe feroient en leur Communauté, pour y donner leurs *voix & fuf-*
frages aux nominations & éleations qui fe feroient en icelle, laquelle Sentence a toujours été exécutée, ils font privés d'affifter auxdites éleations, & Demandeurs en Requête par eux préfentée en la Cour, le   jour de   1663. Tendante à
ce qu'attendu qu'ils font Porteurs de Commiffions de ladite

Communauté, que toutes les recherches & frais qui fe font
pour raifon d'icelles, font à leurs frais & dépens, & fans que
pour raifon de ce, ils foient remboursés de chofe quelconque ;
il fut ordonné que conformément audit avis dudit Subftitut,
dudit jour 25 Mai 1663 , qu'à toutes les Affemblées qui fe feroient en leurdite Communauté, il ne fera procédé à l'avenir, ni
paffé outre à aucune élection, fans y appeller les Demandeurs,
pour y donner *leurs voix & fuffrages*, ainfi que font *les Syndic,
Jurés & anciens Bacheliers de ladite Communauté.*

Que nul Maître ne tenant Boutique ne pourra donner de
voix ni fuffrages auxdites Elections, & que défenfes feront faites aux Syndic & Jurés, de recevoir lefdites *voix & fuffrages
defdits Maîtres non tenans Boutiques, à peine de nullité de ladite
nomination & élection.*

Comme auffi qu'il ne fera élu aucuns Jurés de la Vifitation
Royale de ladite Communauté, que préalablement il n'ait fervi
deux années en la Charge d'élû Juré Confervateur & Vifiteur
pour la recherche des Chambrelans & Colpolteurs, attendu
l'expérience & connoiffance qu'ils ont dudit Art & Métier, à
peine de nullité & caffation de ladite nomination, & de tous
dépens, dommages & intérêts.

Et en conféquence de ce, que lefdits Demandeurs & leurs
fucceffeurs, feront tenus & obligés, ainfi qu'il a toujours été
fait par leurs *prédéceffeurs petits Jurés, de pourfuivre les Chambrelans & Colpolteurs par-tout où ils fe réfugieront pour fauver leurs
Ouvrages, même chez les Maîtres de ladite Communauté,* en cas
qu'il y en eût qui s'y réfugiaffent, le tout aux frais & dépens
defdits petits Jurés, fans que pour raifon de ce ils puiffent répéter aucune reftitution de deniers, & des dépens, dommages
& intérêts contre ladite Communauté, d'une part ;

*Et Pierre Boucher & Jean Vatel, Maîtres Cordonniers , &
Syndics de ladite Communauté, & François Hubert & Pierre Le-
gendre, auffi Maîtres Cordonniers, Jurés & Gardes de la Chambre, & Eftienne Duruble, Jean Deferts, Jacques Drouin & Pierre
Goyart, Jurés & Gardes de la Vifitation Royale d'icelle Communauté, & les anciens Bacheliers & Maîtres Cordonniers de ladite
Communauté, Intimés & Défendeurs, d'autre part.*

Après que LE VERRIER pour *les Appellans & Demandeurs,*

& B ILLARD *pour les Intimés & Défendeurs*, ont dit, qu'en communiquant de la Cause au Parquet des Gens du Roi, ils font par leur avis *demeurés d'accord de l'appointement signé des Avocats & Procureurs des Parties*, paraphé de TALON, *pour le Procureur-Général du Roi.*

La Cour ordonne que l'appointement fera reçû, & conformément à icelui, a mis & met l'appellation & ce dont a été appellé, au néant : émendant, ayant égard à la Requête des Parties de le Verrier, & y faifant droit, Ordonne que conformément à l'avis du Subftitut du Procureur-Général du Roi au Châtelet de Paris, *les fix plus anciens des Demandeurs feront appellés aux Affemblées qui fe font tous les ans par leurdite Communauté, le lendemain de Saint Louis, pour l'élection d'un Juré & Garde de la Chambre, & de deux Jurés & Gardes de la Vifitation Royale de ladite Communauté, pour y donner leurs voix & fuffrages en qualité d'élûs petits Jurés & Porteurs de Commiffions d'icelle Communauté, tous ainfi que font les Syndics, Jurés, & anciens Bacheliers d'icelle.*

Qu'à l'avenir il ne fera reçu aucuns Maîtres Jurés de la Vifitation Royale d'icelle Communauté, que préalablement ils n'ayent fervi deux années en la Charge d'élus Jurés Confervateurs & Vifiteurs pour la recherche des Chambrelans & Colpolteurs dudit Art & Métier, fans néanmoins que fous prétexte d'avoir paffé dans les Charges, ils puiffent prétendre exemption & diminution des droits dus aux entrées des grandes Jurandes.

Pourront les Demandeurs faire leurs vifites & recherches des Chambrelans & Colporteurs, jufques aux Boutiques des Maîtres de ladite Communauté, qui feront tenus de leur prêter aide & main-forte, & défenfes auxdits Maîtres de retirer ou donner fecours à ceux qui feront ainfi pourfuivis, & fe feront icelles recherches aux frais & dépens defdits Demandeurs, fans que les Défendeurs puiffent être tenus d'aucune reftitution, frais, dépens, dommages & intérêts.

Ne pourront les Demandeurs interjetter appel des avis du Subftitut du Procureur-Général & Sentence du Châtelet, fans en communiquer aux Syndics & Jurés de ladite Communauté, & avoir leur confentement, ni pareillement entreprendre de leur chef en qualité de petits Jurés de ladite Communauté, aucuns Procès ni Inf-

tançes

tances en aucunes Jurifdictions, que pardevant le Subftitut dudit
Procureur-Général, ou Lieutenant-Civil, ni défendre aux deman-
des qui leur pourroient étres faites, fans le communiquer aux Syn-
dic & Jurés de ladite Communauté, & avoir fur ce leur confente-
ment, moyennant quoi lefdits Demandeurs ne feront tenus d'aucuns
frais des Caufes, Inftances & Procès qui feront ainfi introduits en
la Cour par appel ou autrement.

Fait en Parlement le 7 Août 1664. *Signé*, ROBERT.

ARREST DU PARLEMENT,

Qui défend de porter les Cuirs ailleurs qu'à la Halle aux Cuirs.

VU par la Cour la Requête préfentée par les Syndic , Jurés
& Communauté des Maîtres Cordonniers de cette Ville
de Paris, à ce que les défenfes portées par l'Arrêt du Confeil
du 30 Septembre dernier fuffent réitérées pour tel temps qu'il
plairoit à la Cour; ce faifant, que défenfes feroient faites tant
à la Communauté des Maîtres Cordonniers, Tanneurs, Corroyeurs, Baudroyeurs, Peauffiers, & tous autres de cette Ville
& Fauxbourgs de Paris,que prétendus Pivilégiés defdits Métiers,
d'aller ni envoyer à l'avenir au-devant des Marchands & Marchandifes de cuirs tannés & non tannés qui feront amenés &
envoyés en cette Ville, & celles qui fe vendent tant des Foires que Marchés francs; mais de les laiffer venir & aborder
pour être expofés publiquement & amenés aux Halles en la
maniere accoutumée, à les mettre au pouvoir & liberté, & en
pouvoir fournir pour tel nombre & quantité que bon leur fembleroit, à peine de confifcation defdites Marchandifes qui fe
trouveroient avoir été achetées hors lefdites Halles & lieux publics de cette Ville , 3000 livres d'amende contre chacun des
achetans, & de tous dépens, dommages & intérêts. Vû auffi les
Piéces attachées à ladite Requête avec ledit Arrêt du Confeil,
Conclufions du Procureur-Général. Ouï le rapport de Monfieur HERVÉ, Confeiller en ladite Cour, tout confidéré :

LADITE COUR a ordonné & ordonne que les Supplians

1665 ,
28 Nov.

H

auront commiſſion pour faire aſſigner en icelle qui bon leur ſemblera, cependant ſeront les Arrêts & Réglemens de ladite Cour exécutés ; fait itératives défenſes d'y contrevenir, & d'aller au-devant des Marchandiſes à peine de 1000 livres d'amende & de tous dépens, dommages & intérêts. Fait en Parlement le 28 Novembre 1665. Collationné. Signé.

Le 4 Décembre 1665, ſignifié à la Communauté des Jurés Corroyeurs.

SENTENCE DE POLICE,

Qui permet aux Cordonniers d'étaler ſous les Piliers de la Tonnellerie.

1671, 5 Mai.

A Tous ceux qui ces préſentes Lettres verront : Achilles de Harlay, Conſeiller du Roi en ſes Conſeils, ſon Procureur-Général & Garde de la Prevôté & Vicomté de Paris, le Siége vacant, Salut. Sçavoir faiſons, que ſur ce qui Nous a été remontré par le Procureur du Roi, que les Habitans & Propriétaires des maiſons ſiſes ſous la Tonnellerie des Halles de cette Ville, ſont tenus par la ſervitude impoſée auxdites maiſons d'entretenir le pavé qui eſt ſous ladite Tonnellerie, & d'y laiſſer le paſſage libre au Public, ſans qu'eux-mêmes y puiſſent étaler, ni donner aucune permiſſion à d'autres particuliers d'y étaler ni vendre aucunes marchandiſes ou autres denrées, à l'exception toutefois des Boulangers & Cordonniers ſeulement aux jours de Marché, & néanmoins leſdits Habitans & Propriétaires font des baux à loyer des places étant ſous ladite Tonnellerie, & ne tiennent compte d'y rétablir le pavé, quoiqu'il manque entiérement à pluſieurs endroits, & qu'il ſoit en très-mauvais état en d'autres ; ce qu'étant contre l'intérêt public, requéroit qu'il fût ſur ce par Nous pourvû.

Nous, faiſant droit ſur leſdites Remontrances & Requiſitoire du Procureur du Roi, Ordonnons que dans deux mois leſdits Propriétaires ſeront tenus, après avoir pris l'allignement en la maniere ordinaire, de faire élever le pavé étant ſous ladite Tonnellerie, & icelui rétablir entierement, à peine de 200 liv.

d'amende contre chacun defdits Propriétaires; auxquels, même aux Locataires defdites maifons, très-expreffes défenfes font faites d'étaler fous ladite Tonnellerie, ni donner aucune permiffion à qui que ce foit, d'y étaler ou vendre aucunes marchandifes & denrées, que fous pareille peine : pourront néanmoins les Boulangers & Cordonniers, feulement aux jours de marché, s'y placer & en ufer ainfi qu'il en eft accoutumé, fans qu'il foit pris pour ce, ni exigé d'eux aucuns deniers par quelque perfonne que ce foit, à peine de concuffions. Enjoint aux Commiffaires du quartier de tenir la main à l'exécution de la préfente Ordonnance, laquelle fera fignifiée à la diligence du Procureur du Roi auxdits Habitans & Propriétaires, même affichée aux endroits de ladite Tonnellerie que befoin fera, & exécutée nonobftant oppofitions ou appellations quelconques, & fans préjudice d'icelles; en témoin de quoi Nous avons fait fceller ces Préfentes. Ce fut fait & donné par Meffire GABRIEL-NICOLAS DE LA REYNIE, Confeiller du Roi en fes Confeils d'Etat & Privé, Maître des Requêtes ordinaire de fon Hôtel, & Lieutenant de Police de la Ville, Prevôté & Vicomté de Paris, le Mardi 5 Mai 1671. *Signé* DE DA REYNIE, DERIANTS, SAGOT, Greffier.

ARREST DU PARLEMENT,

Qui permet aux Savetiers d'employer qu'un tiers de Cuir neuf dans les Bottes qu'ils font.

COmme de la Sentence donnée par notre Bailly du Palais ou fon Lieutenant, le 19 Février 1671, entre les Jurés-Cordonniers & Corroyeurs de la Vifitation Royale de notre bonne Ville de Paris, Demandeurs en faifie faite fur Savinien Bourlet, Maître Savetier, d'une paire de bottes fuivant l'exploit du 27 Octobre 1668, & en Requête par eux préfentée le 22 Janvier 1669, à ce que ladite faifie fût déclarée bonne & valable, ladite paire de bottes confifquée, ledit Bourlet condamné en l'amende & en tous les dépens, & défenfes de plus contrevenir aux Statuts, Arrêts & Réglemens, d'une part;

1673, 11 Février.

H ij

Et ledit Savinien Bourlet, Maître Savetier, Défendeur, d'autre part.

Et entre les Syndic & Jurés de la Communauté des Maîtres Savetiers de notre bonne Ville de Paris, intervenans, suivant la Requête par eux présentée le 12 Juillet audit an 1669, d'une autre part :

Et lesdits Jurés Cordonniers & Corroyeurs, & ledit Bourlet Défendeurs, d'autre part ; par laquelle, sans s'arrêter à la Requête desdits Jurés & Communauté des Cordonniers, ayant aucunement égard à l'intervention desdits Syndics & Jurés de la Communauté des Maîtres Savetiers, & faisant droit sur la demande & Requête dudit Savinien Bourlet, la saisie sur lui faite d'une paire de bottes auroit été déclarée nulle, injurieuse & déraisonnable, pleine & entiere main-levée faite d'icelle, ordonné que ladite paire de bottes lui seroit rendue & restituée, à ce faire le gardien dépositaire contraint ; ce faisant en demeureroit bien & valablement déchargé ; défenses faites auxdits Jurés-Cordonniers faire pareilles saisies, & iceux comdamnés aux dépens, tant envers ledit Savinien Bourlet, que les Jurés-Savetiers : eut été par lesdits Jurés-Cordonniers appellé à Notre Cour de Parlement, en laquelle le Procès par écrit conclu & reçu par Arrêts des 30 Juin & 19 Décembre 1671, pour juger si bien ou mal auroit été appellé, les dépens respectivement requis par les Parties, & amendes par Nous, joint les griefs, moyens de nullité, & productions nouvelles desdits Appellans, auxquels lesdits Jurés-Savetiers & Savinien Bourlet, Intimés, pourroient répondre, & contre lesdites productions nouvelles, bailler contredits aux dépens desdits Appellans : joint aussi l'Appellation verbale interjettée par lesdits Jurés Cordonniers, à l'égard desdits Jurés-Savetiers, de la Sentence donnée par notre Prevôt de Paris, ou son Lieutenant de Police, le 25 Novembre 1670, avec Isaac de Lestang, Maître Savetier, sur laquelle les Parties auroient été appointées au Conseil, à écrire par même griefs, réponses & produire, &c.

Vu icelui Procès, Conclusions de notre Procureur-Général. Tout joint & diligemment examiné :

Notredite Cour, par son Jugement & Arrêt ayant aucunement égard à la Requête desdits Jurés Cordonniers du 30 Janvier 1673, a mis & met les appellations, & ce dont a été appellé au néant ; émendant, déclare les faifies des bottes en queftion, faites fur lefdits Ifaac de Leftang & Savinien Bourlet, bonnes & valables : Ordonne que lefdites bottes demeureront confifquées au profit defdits Jurés Cordonniers, déboute lefdits Jurés Cordonniers de leur Requête du 15 Juillet 1672, & en conféquence ordonne que l'Arrêt du 11 Avril 1672 fera exécuté ; ce faifant, que lefdits Savetiers pourront faire bottes & autres ouvrages de leur métier, & mettre en iceux un tiers membre de cuir neuf feulement, & les deux autres tiers du cuir vieil, tel que bon leur femblera, eu égard non à la quantité du Cuir qu'ils employent auxdits ouvrages, mais aux parties & membres d'iceux, qui font à l'égard defdites bottes la genouilliere, & la tige pour un membre, l'empeigne ou avant-pied & pattons pour un autre membre, & les femelles, talons & trépointes pour un troifiéme membre ; leur fait défenfes de mettre aucun morceau de cuir neuf dans les deux membres qui feront vieux, à peine de confifcation des marchandifes où il s'en trouveroit, dépens, tant des caufes principales que d'Appel, compenfés. Fait en Parlement le 11 Février 1673. Collationné. *Signé*, DU TILLET.

SENTENCE DE LA PREVOTÉ DE L'HOTEL,

Servant de Réglement pour les Marchands & Artifans de la Garderobe du Roi ; ceux des Princes & Princeffes du Sang Royal, & les Privilégiés fuivant la Cour, & qui permet aux Maîtres Gardes & Jurés des Communautés de Paris, de faifir ceux qui feront en contravention à ladite Sentence.

A TOUS ceux qui ces préfentes Lettres verront : Jean de Bouchet, Chevalier, Seigneur, Marquis de Sourches & autres lieux, Chevalier des Ordres du Roi, fon Confeiller en fes Confeils, Prevôt de l'Hôtel de Sa Majefté, Grand Prevôt de France. Salut, fçavoir faifons :

Que fur ce qui nous a été remontré par le Procureur du Roi en cette Cour, que par Arrêt du Grand Confeil du 29 Dé-

1674.
30 Juin.

cembre 1650, portant homologation d'une Sentence rendue en cette Cour le 29 Novembre précédent, par laquelle il a été ordonné que les Marchands & Artisans de Sa Majesté, de la Reine & des Princes du Sang, même les Privilégiés suivant la Cour, ne pourroient jouir de l'effet de leurs Priviléges que du jour & date de l'enregistrement qui en seroit fait au Greffe de la Prevôté de l'Hôtel, afin d'obvier aux abus qui se commettent par plusieurs Particuliers, lesquels s'attribuent indûment la qualité de Marchands & Artisans de leurs Majestés, des Princes du Sang, ou Privilégiés suivant la Cour, ce qui fait naître journellement plusieurs Procès avec les Jurés des Corps des Métiers de cette Ville de Paris, causés pour la plûpart par le moyen de ce que lesdits Marchands & Artisans qui se qualifient Privilégiés, ne font ni enregistrer leurs Priviléges au Greffe de cette Cour, ainsi qu'ils y sont obligés, ni même signifier iceux auxdits Jurés, ce qui fait qu'ils les ignorent : à quoi étant nécessaire de remédier, comme aussi de faire une distinction desdits Privilégiés, par les marques qu'ils doivent avoir au-devant de leurs Boutiques, vû que les uns & les autres y mettent indifféremment des tapis semés de fleurs-de-lys aux armes de Sa Majesté, quoiqu'il y en ait grande quantité qui ne soient point Privilégiés :

Requéroit à cette fin ledit Procureur du Roi, commandement être fait à tous ceux qui se disent Marchands & Artisans Privilégiés, de représenter par-devant Nous leurs Lettres & Brevets en vertu desquels ils prétendent avoir droit de tenir Boutique ouverte, & jouir desdits Priviléges pour être vûs & examinés, & ceux qui se trouveront bons & valables regîtrés au Greffe de cette Cour, & les autres qui ne seront de la qualité requise, rejettés, avec défenses à tous ceux qui n'en seront pourvûs, de plus prendre la qualité de Marchands ou Artisans de leurs Majestés, des Princes du Sang ou Privilégiés suivant la Cour, à peine de 100 livres d'amende pour la premiere fois, & de confiscation des Marchandises pour la seconde.

Comme aussi que défenses seront faites auxdits Marchands & Artisans & tous autres de mettre au-devant de leurs Boutiques & à leurs étalages des tapis semés de fleurs-de-lys, s'ils ne sont véritablement Privilégiés, à peine de confiscation desdits tapis, & de 50 livres d'amende ; & pour faire la différence entre les Marchands & Artifans des Maifons Royales & des Princes du Sang, couchés & employés fur les Etats de la Cour des Aydes, & les Privilégiés fuivant la Cour, qu'il n'y aura que les premiers qui pourront mettre au-devant de leurs Boutiques & étalages, des tapis décorés des armes de leurs Majeftés ou des Princes qu'ils auront l'honneur de fervir : & à l'égard defdits Privilégiés, Marchands & Artifans fuivant la Cour, qu'ils mettront au-devant de leurs Boutiques une Banniere de France, chargée de la devife ordinaire de la Prevôté de l'Hôtel du Roi, enforte qu'il n'y ait plus d'abus à l'avenir, que les uns & les autres puiffent dorénavant être reconnus ce qu'ils font, pour éviter à toutes conteftations, & que chacun d'eux ne prenne autre qualité que celle qui lui eft attribuée par fes Lettres de Privilége ; fur quoi ayant aucunement égard à la remontrance du Procureur du Roi,

Nous ordonnons que tous ceux qui prennent la qualité de Marchands ou Artifans de leurs Majeftés, des Princes du Sang & Privilégiés fuivant la Cour, ne pourront jouir de leurs Priviléges que du jour de l'enrégiftrement qui en fera fait en notre Greffe ; & cependant pour faire la différence entre les Marchands & Artifans de leurs Majeftés & des Princes du Sang, & les Marchands Privilégiés fuivant la Cour, faifons défenfes auxdits Privilégiés qui font en notre nomination, de mettre au-devant de leurs Boutiques & étalages, autres tapis que ceux repréfentant la Banniere de France, chargée de la devife ordinaire de la Prevôté de l'Hôtel du Roi, ni de prendre autre qualité que celle qui leur eft attribuée par leurs Lettres de Provifions ; & à l'égard des autres Marchands & Artifans de leurfdites Majeftés & des Princes du Sang, ils prendront leur qualité ordinaire portée par leurs Lettres, & mettront au-devant de leurs Boutiques & étalages, des tapis décorés des armes du Roi, ou des Princes qu'ils auront l'honneur de fervir, & ce, pour éviter à l'avenir toutes conteftations entr'eux, & qu'ils puiffent être reconnus & diftingués les uns d'avec les autres, ce qui fera exécuté nonobftant oppofitions aux appellations quelconques. Donné par Nous, Louis Vaillant, Ecuyer, Confeiller du Roi, Lieutenant Civil & Criminel en la Prevôté de ſon Hôtel & grande Prevôté de France à Paris, le Conſeil du Roi y étant, le 30 Juin 1674. *Signé*, VAILLANT, & DE FONTENAY, Procureur du Roi.

Délivré par Nous Greffier en chef de ladite Prevôté de l'Hôtel, ce 18 Juin 1723. Signé, DU VOIGNE.

ARREST DU PARLEMENT,

Qui rétablit la Communauté des Maîtres Cordonniers dans la jouiſſance de dix-ſept Piliers, rue de la Tonnellerie.

1674, 7 Septemb.

ENtre Michel Bauge, Jacques Train, Louis Cuinier, Claude-Judas Veufin, Simon Gabé, Pierre Cuinier, pauvres Maîtres Fripiers de cette Ville de Paris, Demandeurs en Requête des 4 & 29 Janvier 1672, d'une part;

Et les pauvres Maîtres Cordonniers de ladite Ville de Paris, placés aux 17 piliers de la Tonnellerie des Halles, du côté de la rue Saint Honoré, Défendeurs d'autre;

Et entre les Syndic, Jurés & Communauté des Marchands Frippiers, prenant le fait & cauſe deſdits Maîtres Frippiers, Intervenans & Demandeurs en Requête dudit jour 28 Janvier 1672, d'une part; & leſdits pauvres Maîtres Cordonniers & Frippiers, Défendeurs d'autre;

Et encore entre Jean Caron, Antoine Pougron, Nicolas le Roux, Jean Rouſſet, Claude le Moine, & Robert Guinillon, auſſi pauvres Frippiers, & Demandeurs en Requête deſdits jours 29 Janvier & 4 Février audit an 1672, d'une part, & leſdits pauvres Maîtres Cordonniers, Défendeurs d'autre;

Et encore entre les Syndic, Jurés & Gardes de la Chambre, Jurés & Gardes de la Viſitation Royale deſdits Maîtres Cordonniers, prenant auſſi le fait & cauſe deſdits pauvres Maîtres de la Communauté, oppoſans à l'exécution de l'Arrêt du 12 Janvier 1669, & Appellans de la Sentence de Police du Châtelet du 12 Juin 1671, en ce que par icelle il a été ordonné que les Frippiers qui ſe trouveroient placés eſdits 17 piliers, y demeureroient, & que les pauvres Maîtres Cordonniers ne pourroient les dépoſſéder, ſuivant leur Requête du même jour

29 Janvier 1671, signifiée le 29 Avril suivant; & encore opposans à l'exécution de l'Arrêt du 29 Mai 1671, suivant l'Acte
du 22 Septembre 1673, d'autre part;

Et lesdits Jurés, Syndic de la Communauté des Frippiers, &
lesdits pauvres Frippiers, Défendeurs d'autre. Et entre lesdits
Syndic, Jurés & Communauté des Marchands Frippiers à Paris,
ayant pris le fait & cause desdits pauvres Maîtres de ladite
Communauté, Appellans desdites Sentences rendues au Châ-
telet de Paris le 22 Août 1603, & 13 Novembre 1668, sui-
vant leur Requête du 11 Août dernier, d'une part; & lesdits
Syndic, Jurés & Gardes de la Chambre de la Visitation desdits
Maîtres Cordonniers, prenant aussi le fait & cause des pauvres
Maîtres de la Communauté, Intimés, d'autre.

Vu par la Cour, &c. Conclusions du Procureur Général
du Roi, tout joint & considéré :

La Cour faisant droit sur le tout, entant que touche l'appel
de la Sentence du 12 Juin 1671, a mis & met l'appellation &
ce dont a été appellé au néant; émendant, a maintenu &
gardé les pauvres Maîtres Cordonniers en la possession & jouissance desdits 17 Piliers, commençant à celui adjacent à la rue
S. Honoré, jusques & compris le dix-septiéme ensuivant, pour
y exposer, vendre & débiter aux jours de marchés, leurs marchandises dans leurs paniers qu'ils pourront avoir & adosser
contre chacun desdits Piliers, & ordonne que ceux des pauvres Maîtres Frippiers qui les occupent, seront tenus de se retirer, pour y être placés les pauvres Maîtres Cordonniers qui
seront nommés incessamment par la Communauté desdits Maîtres Cordonniers, en remboursant toutefois par lesdits pauvres
Maîtres Cordonniers qui seront nommés, ou par leur Communauté, lesdits Frippiers qui occupent présentement partie desdits
Piliers, des sommes & deniers qu'ils ont déboursés pour l'achat
desdites places, suivant la liquidation qui en sera faite pardevant le Lieutenant de Police, & ce un mois après ladite liquidation; sinon & à faute de faire ledit remboursement par lesdits pauvres Maîtres ou Communauté desdits Cordonniers dans
ledit tems, & icelui passé, lesdits Frippiers qui sont présentement en possession, jouiront leur vie durant desdites places par
forme de dédommagement; & après leur décès, lesdits pau-

I

vres Maîtres Cordonniers fans aucun remboursement. Fait défenses auxdits pauvres Maîtres Cordonniers de vendre ni céder
lesdites places des dix-sept Piliers à aucune personne , sous
quelque prétexte que ce soit, à peine de nullité & d'amende,
& sur le surplus des demandes, fins & conclusions, met les
Parties hors de Cour & de Procès, tous dépens compensés.
Fait en Parlement le 7 Septembre 1674. Collationné. *Signé*,
JACQUES.

*Le 29 Décembre 1674, signifié & baillé copie à Maître Coupy ,
Procureur.* Signé MASSON.

SENTENCE DE POLICE,

*Qui défend d'ouvrir la Halle aux Cuirs le jour de Saint Crespin &
Saint Crespinien ; & qui ordonne qu'elle sera ouverte le jour de
Saint Thibault.*

1676,
24 Mars.

A Tous ceux qui ces préfentes Lettres verront : Charles
Denis de Bullion, Marquis de Gallardon, Conseiller du
Roi en ses Conseils, Prevôt de Paris : salut. Sçavoir faisons,
que sur la Requête faite en jugement devant Nous à l'audience
de la Chambre de Police du Châtelet de Paris, par Maître Julien Joucheray, Procureur des Syndic & Jurés de la Chambre,
& Jurés de la Visitation Royale de la Communauté des Maîtres Cordonniers de cette Ville de Paris, Demandeurs, suivant
leur Exploit du dernier Janvier 1676, contrôlé le 3 Février ensuivant, & en confirmation de l'avis rendu par le Procureur du
Roi le 7 du mois de Février, suivant l'assignation du 8 dudit
mois de Février, contrôlée à Paris le 11 ;

Contre Maître Jacques Gillet, Procureur de Maître Pierre
Marteau, Contrôleur & Fermier de la Halle aux Cuirs de
cette Ville de Paris, Défendeur. Parties ouïes en leurs Plai-
doyers & remontrances, lecture faite dudit Exploit susdaté &
autres Piéces des Parties :

Nous avons ledit avis confirmé, & suivant icelui, faisons
défenses audit Défendeur de ne plus à l'avenir ouvrir ladite Halle
aux Cuirs le jour & Fête de S. Crespin & de S. Crespinien, &

ordonnons qu'il fera tenu de faire ouverture d'icelle le jour de
S. Thibault, & néanmoins dépens compenfés entre les Parties;
ce qui fera exécuté fans préjudice de l'appel, en témoin de quoi
Nous avons fait fceller ces Préfentes. Ce fut fait & donné par
Meffire Gabriel-Nicolas de la Reinye, Confeiller du Roi en
fes Confeils, Lieutenant-Général de Police de la Ville, Prevôté & Vicomté de Paris, tenant le Siége le 24 Mars 1676,
& délivré pour feconde groffe le 11 Juillet 1713. Collationné.
Signé, DRURU.

Le 12 Juillet 1713. Signé, PILLON.

SENTENCE DE POLICE,

*Qui fait défenfes à tous Maîtres, femmes ou Veuves de Maîtres
Corroyeurs, & à tou sautres Artifans employans Cuirs, qui n'ont
point de Boutiques, & qui ne font point négoce d'aller à la
Halle mettre au lot.*

A Tous ceux qui ces préfentes Lettres verront : Achilles de
Harlay, Chevalier, Confeiller du Roi en tous fes Confeils,
fon Procureur-Général au Parlement, & Garde de la Prevôté
& Vicomté de Paris, le Siége vacant : Salut. Savoir faifons, que
fur la Requête faite en jugement devant Nous en la Chambre de
Police de l'ancien Châtelet de Paris, par Maître Henri Boireau,
Procureur des Jurés & Communauté des Maîtres Tanneurs, Cor-
donniers & Corroyeurs de cette Ville, Demandeurs aux fins des
Exploits faits à leur Requête de l'Ordonnance du Commiffaire
Poiret, par Cardin, Sergent à Verge, le 3 Septembre dernier,
contrôlés à Paris par Dufois le 4;

Contre Maître Euftache Taitbout, Procureur des Jurés Vendeurs de Cuirs;

Maître Nicolas Aulmont, Procureurde Jacques des Roziers;
Claude & Pierre Befnard, Claude Flamant, la Veuve Jourlet,
& la veuve Denife;

Maître Louis Boullenois, Procureur de Jacques le Liévre,

Et Maître de Bury, Procureur de la veuve Fleury, Défen
deurs.

1681, 17
Février.

I ij

Parties ouïes, & lecture faite de notre Jugement du 30 Décembre dernier, portant qu'aux fins du Réglement dont il s'agissoit, les piéces des Parties seroient mises sur le Bureau, & qu'elles ont été vûes: sçavoir de la Déclaration du Roi du 20 Juillet 1662, portant Réglement sur les fonctions des Vendeurs de Cuirs de la Ville & Fauxbourgs de Paris, vérifiée au Parlement le 21 Août ensuivant, par l'Article X duquel Réglement il est dit qu'à l'avenir lesdits Vendeurs distribueront eux-mêmes les lots après avoir été tirés au sort, & défenses à tous Artisans employans Cuir, de prêter leurs lots à qui que ce soit, ni d'y mettre pour autres que pour eux, à peine de trois cens livres d'amende pour la premiere fois, & d'être déchus de ne plus mettre à l'avenir au lot en cas de récidive. Une Sentence donnée en cette Chambre le 24 Mai 1672, en conformité & exécution du susdit Article X, contre la veuve Flamant, la veuve David, la femme de Pierre le Roi, la veuve du nommé Piquery & autres Maîtres, femmes & veuves de Maîtres Corroyeurs qui ne tiennent point de Boutiques. Une plainte rendue le 20 Février 1675 au Commissaire Poiret, par Guillaume Michelin & Etienne Bouillerot, Marchands Tanneurs lors Jurés en Charge de leur Communauté, contre Jean de Merigot, la femme de Denis Piquery, la femme de Robert de Launay & Etienne Gouelle, la femme d'André Neveu, la femme de Pierre le Roi, Nicolas Fleury & autres Maîtres Corroyeurs & Veuves qui n'ont ni Boutiques, ni meubles, ni marchandises susceptibles d'aucune exécution, & qui mettent au lot pour regratter sans payer sinon d'injures, d'excès & voyes de fait à l'endroit des Marchands. Une autre Plainte réitérée audit Commissaire le 12 Août 1681, par les Demandeurs, à cause de l'inexécution du susdit Réglement & des désordres qui résultent des regrats favorisés par lesdits Vendeurs. L'Acte du 4 Septembre ensuivant, par lequel les Demandeurs ont dénoncé auxdits Vendeurs, que la femme de Claude Flamand, la Veuve Nolan, Denis Piquery, Nicolas Guerin, la veuve Fleury & plusieurs autres y nommés, Maîtres ou Veuves de Maîtres Corroyeurs, n'ont aucunes Boutiques ouvertes, & ne font point d'autre négoce que de mettre au lot pour regratter, pourquoi ils empêchent que les Vendeurs reçoivent dorénavant les lots des susdits & de tous autres qui à l'avenir viendroient à la Halle faire la même chofe, & troubler le négoce, proteftant d'en rendre lefdits Vendeurs garans. Le Procès-verbal dudit Commiffaire Poiret du 10 dudit mois, contenant fon tranfport en la Halle aux Cuirs vers lefdits Vendeurs, femmes & Veuves de Maîtres Corroyeurs qui n'ont point de Boutiques, pour leur faire entendre les défenfes portées par les Réglemens, & la réfiftance faite par toutes lefdites femmes & veuves, notamment les nommés Piquery & Befnard. Autre Procès-verbal dudit Commiffaire du 17 du même mois, contenant qu'il s'eft encore tranfporté en ladite Halle à la requifition d'Étienne de la Croix, Marchand Tanneur à Bar-fur-Seine, pour faire ceffer le trouble à lui fait, & empêcher la perte de fes marchandifes qui étoient expofées au pillage par toutes lefdites femmes & gens fans domicile qui s'en rendoient les maîtres, & vouloient exiger de l'argent de lui pour avoir la liberté de les faire fortir, & plufieurs autres fujets de plainte, tant de la part dudit de la Croix, que de Baptifte Groffetefte Marchands Tanneurs, & des Demandeurs; ledit Commiffaire ayant été lui-même fpectateur des défordres & violences des fufdits. Deux autres Procès-verbaux faits par ledit Commiffaire les 19 & 24 Octobre enfuivans, en exécution de notre jugement du 17 dudit mois, contenant fon tranfport avec les Demandeurs ès maifons des Particuliers Maîtres, femmes & veuves de Maîtres Corroyeurs qui ne tiennent point de Boutiques, & ne font aucun négoce finon pour le regrat; les moyens fournis de la part defdits Vendeurs, le 5 du préfent mois de Février, enfemble la réponfe des Demandeurs du 18 dudit mois.

Il eft dit, après avoir examiné & délibéré fur les piéces des Parties, conformément à la Sentence par Nous rendue, en date du 30 Décembre dernier, que les Arrêts, Réglemens & Sentence ci-devant rendus feront exécutés; ce faifant, défenfes à tous Maîtres, femmes ou veuves de Maîtres Corroyeurs & à tous autres Artifans employant cuirs, qui n'ont & n'auront point de Boutiques & qui ne feront point de négoce, d'aller à la Halle, & mettre au lot, à peine de prifon, de confifcation defdites marchandifes & de cent livres d'amende, & à ceux qui ont Boutiques, de mettre au lot pour autre que pour eux, ni de regratter, à peine d'être déchus, d'y mettre à l'avenir, de

confifcation des marchandifes & de cent livres d'amende; &
pour avoir par lefdits le Liévre, Befnard & des Roziers, enfemble les autres dénommés aux procès-verbaux du Commiffaire
Poiret, contrevenus aux Sentences & Réglemens de Police, les
avons condamnés chacun à trois livres d'amende : enjoint à eux
d'obferver & garder lefdits Réglemens & condamnés aux dépens
chacun à leur égard, que nous avons liquidés à 40 fols chacun.

Et faifant droit fur la demande des Parties de Boireau contre les Jurés Vendeurs de Cuirs, difons que la préfente Sentence eft déclarée commune avec eux ; ce faifant, qu'à la diligence des Parties de Boireau, il fera fait un procès-verbal par le
Commiffaire Poiret; qu'à ce faire, commettons des noms de
tous ceux qui ne tiennent plus de Boutiques, & ne font plus de
négoce, pour être enfuite ledit procès-verbal fignifié auxdits Jurés Vendeurs de Cuirs; & en conféquence leur faifons défenfes
de recevoir au lot ceux qui n'ont point de Boutique, & qui n'en
auront point à l'avenir ; ou quitteront le négoce, & d'admettre
pareillement ceux qui regratteront ou qui abandonneront leurs
lots, le tout à peine contre lefdits Jurés Vendeurs de Cuirs de
demeurer garans & refponfables en leurs noms envers les Marchands Forains, des fommes qui leur pourront être dues par
ceux auxquels leurs marchandifes auront été délivrées au préjudice du préfent jugement, & même de plus grandes peines s'il
y échet; les Jurés Vendeurs de Cuirs condamnés aux dépens envers les Parties de Boireau, & fera la préfente Sentence exécutée nonobftant oppofitions & appellations quelconques, & fera
affichée aux Halles & par-tout où befoin fera, à la diligence
des Parties de Boireau, en témoin de quoi nous avons fait fceller
ces préfentes. Ce fut fait & donné par Meffire Michel Ferrand,
Seigneur de Villemillan, Confeiller du Roi en fes Confeils,
Lieutenant Particulier defdites Ville, Prévôté & Vicomté de
Paris, le Mardi 17 Février 1682.

Collationné. Signé, HENDERET.

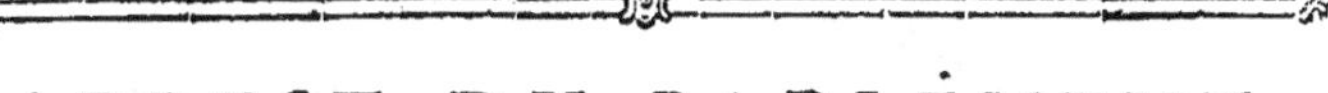

ARREST DU PARLEMENT,

QUI ordonne que Jean Pattin n'exercera la Charge de Maître des Maîtres (ou de Syndic) de la Communauté des Maîtres Cordonniers que deux années.

ENtre Etienne Duruble, l'un des Maîtres des Maîtres de la Communauté des Cordonniers de cette Ville de Paris en charge; Antoine de Lange, ancien Maître des Maîtres ; Henri Gerefme, Claude Babet, Jurés & Gardes de la Chambre de ladite Commnauté; Jacques Pierrin & Pierre Guillaume, Jurés & Gardes de la Vifitation Royale ; Simon le Gras, Pierre Allard, Baltazard Georget, Marte Picard, Jean Parent, Louis le Clerc, Jean le Clerc, Jean du Caftel, & autres, tous anciens Bacheliers des Maîtres Cordonniers, Appellans de la Sentence rendue par le Lieutenant de Police du Châtelet de Paris le 7 Juillet dernier, & Demandeurs en Requête inférée en l'Arrêt du 10 Juillet 1682 , à ce qu'en infirmant ladite Sentence, attendu l'élection & ferment pris par Jean Pattin pour Maître des Maîtres de ladite Communauté, ordonner que ledit Pattin exercera fa charge de Maître des Maîtres de ladite Communauté fa vie durant, d'une part;

Et Raymond Defortes, Nicolas Guichard, Jurés & Gardes de la Vifitation Royale de ladite Communauté ; François de Vaux, Jean Devinas, Gilles Huot, Edme le Comte, aufii Maîtres Cordonniers, Intimés & Défendeurs, d'autre ;

Et entre François Ferre, Jean Giroux, François Hode , Dimanche Guefton, Etienne le Boiteux,   Vilimets, Hugues Clément, François Gourdin, François de Ollier , Claude Davenne , Pierre Irouard, Charles des Jardins, Michel Gaillard, Jean Lamothe, Eloi le Moine, Jean Rife , Jean Laumonier,   Terrier, & Jean Davenne, tous petits Jurés de ladite Communauté, modernes defdits Maîtres Cordonniers, demandeurs en Requête du 22 dudit mois de Juillet, à ce qu'ils fuffent reçus Parties intervenantes en ladite Inftance ; faifant droit fur leur intervention, lever les défenfes portées par ledit Arrêt du 10

Juillet, & condamner le Maître des Maîtres de ladite Communauté aux dépens, d'une part ;

Et lesdits Etienne Duruble esdits noms, Antoine de Lange, ancien Maître des Maîtres ; Henri Geresme, Claude Babet, Jurés & Gardes de la Visitation Royale, & anciens Maîtres Bacheliers de ladite Communauté ; & encore entre lesdits Raymond Desortes, Nicolas Guichard, François de Vaux, Jean Devinas, Gilles Huot, Edme Delorme, aussi Maîtres Cordonniers, Défendeurs, d'autre ;

Après que Tuffier, Avocat des Appellans, Dumont pour les Intimés, & de la Barre pour les Intervenans, ont été ouis ; ensemble de Lamoignon pour le Procureur Général du Roi ;

La Cour a mis & met l'appellation & ce dont a été appellé au néant : émendant, évoquant le principal, & y faisant droit, ordonne que ledit Pattin continuera l'exercice de la Charge de Maître des Maîtres pendant deux années suivant son élection, sans qu'il puisse être continué. Ordonne qu'à l'avenir nul autre ne pourra être continué plus d'une fois, ni rentrer en ladite Charge que quinze années après la derniere de son exercice expirée, & sans autres droits que ceux portés par les Arrêts, dépens compensés. Fait en Parlement, le 5 Août 1682. *Signé* JACQUES.

ARREST DU PARLEMENT,

QUI permet aux Maîtres Cordonniers de mettre dans l'embouchoir & crier les vieilles Bottes, & ne pourront vendre celles qui leur restent qu'aux Savetiers ;

ET qui déboute lesdits Savetiers de leur demande d'aller en visite chez les Maîtres Cordonniers.

1684,
10 Fév.

LOuis, par la grace de Dieu, Roi de France & de Navarre: Au premier des Huissiers de notre Cour de Parlement, ou autre notre Huissier ou Sergent sur ce requis. Sçavoir faisons, que comme la Sentence donnée par notre Prévôt de Paris, ou son Lieutenant Civil de l'ancien Châtelet dudit lieu, le 11 Mars 1682. entre les Jurés Prud'hommes de la Communauté des Maîtres

tres Savetiers de notre bonne ville de Paris , Demandeurs en
faifie de cinq paires de Bottes vieilles & quatre paires de garnitures avec les éperons , fuivant l'Exploit du 16 Juillet 1681 , &
Demandeurs en renvoi de l'avis de notre Procureur audit Châtelet, du premier Septembre audit an, fuivant leur Requête
verbale fignifiée le dernier dudit mois, d'une part ;

Et Pierre Ferrier , Maître Cordonnier audit Paris , Défendeur
en ladite faifie & renvoi ;

Et les Jurés de la Chambre & Jurés de la Vifitation Royale
des Maîtres Cordonniers de ladite Ville de Paris , intervenans
avec ledit Ferrier , & Demandeurs fuivant leurs moyens des 16
Octobre , 19 & 20 Décembre audit an 1681 ;

Et lefdits Jurés Prud'hommes de ladite Communauté des
Maîtres Savetiers , Défendeurs en ladite intervention & moyens
defdits Maîtres Cordonniers ;

Et les Syndic & Jurés de la même Communauté des Maîtres
Savetiers , Demandeurs & intervenans fuivant leur Requête
verbale du 21 du mois d'Octobre 1681 , par laquelle auroit été
dit ; faifant droit tant fur la faifie faite à la Requête des Jurés
Prud'hommes de la Communauté defdits Maîtres Savetiers , fur
ledit Ferrier, intervention defdits Syndic & Jurés Cordonniers ,
Syndic & Jurés de ladite Communauté des Maîtres Savetiers ,
qu'en infirmant l'avis de notre Procureur audit Châtelet du premier Septembre 1681. La faifie faite à la Requête defdits Jurés
Prud'hommes fur ledit Ferrier , auroit été déclarée injurieufe,
tortionnaire & déraifonnable , main-levée pure & fimple lui
auroit été faite des cinq paires de Bottes, quatre paires de garnitures , avec les éperons fur lui faifis , lefquels lui feront rendus
& reftitués ; à ce faire Claude de la Motte , Marchand Verrier ,
établi gardien à ladite faifie , feroit contraint & par corps comme
dépofitaire de biens de Juftice ; ce faifant, déchargé :

Ordonné que fuivant & conformément aux Arrêts de notre
Cour de Parlement, rendus entre les Parties, les 6 Septembre
1631 , & 24 Janvier 1675 , défenfes feroient faites auxdits Jurés
Savetiers, Syndic & Prud'hommes de ladite Communauté d'entreprendre aucunes vifites fur les Maîtres Cordonniers de ladite
Ville de Paris & Fauxbourgs d'icelle, d'entrer dans leurs Boutiques, arriere-Boutiques & Maifons, ni fouiller dans leurs pa-

K

niers, fur les peines portées par lefdits Arrêts, pourroient néanmoins lefdits Jurés Savetiers paffans devant les Boutiques defdits Cordonniers, & appercevant à l'étalage defdites Boutiques
quelques ouvrages de cuir défendu par lefdits Arrêts, les faire
faifir par un Officier de Juftice qui en feroit Procès-verbal où
feroit fait mention des lieux où ils feroient trouvés, & les faire
marquer en la préfence de ceux fur lefquels lefdites faifies feroient faites, & les dépofer entre les mains de perfonnes qui le
repréfenteroient toutefois & quantes qu'il leur feroit ordonné,
le tout aux peines portées par lefdits Arrêts, nonobftant chofes
propofées au contraire par lefdits Jurés Prud'hommes, Syndic
& Jurés de ladite Communauté des Maîtres Savetiers, dont ils
feront déboutés & condamnés folidairement en tous les dépens,
tant envers ledit Ferrier que lefdits Syndic & Jurés Cordonniers, pour tous dommages & intérêts.

Eût été appellé en notre Cour de Parlement, en laquelle le
Procès par écrit conclu, & reçu pour juger par Arrêt du 13
Juin 1682.

Entre lefdits Jurés de la Communauté des Maîtres Savetiers
de Paris, Appellans de ladite Sentence d'une part;

Et lefdits Syndic & Jurés Cordonniers, intimés, d'autre;
fi bien ou mal auroit été appellé, les dépens refpectivement requis par les Parties, & l'amende pour Nous, & auroient été
icelles appointées à fournir griefs & réponfes dans le tems de
notre Ordonnance, icelui Procès vu, grief. Réponfes defdites
Parties.

Inftance entre lefdits Jurés Savetiers, Demandeurs en Requête
du 15, fignifiée le 16 Juin 1683, & lefdits Cordonniers Défendeurs; ladite Requête tendante à ce qu'en procédant au Jugement du Procès d'entre lefdites Parties, & infirmant ladite Sentence dont étoit Appel, il fût ordonné que les Sentences & Arrêts de Réglement intervenus entre lefdites Communautés les
19 Décembre 1631, 7 Septembre 1633, & autres rendus en
conféquence, feroient exécutés conformément à iceux & aux
Sentences & avis des 15 Janvier & 3 Mai 1675, & 26 Juillet
1680. Défenfes feroient faites auxdits Maîtres Cordonniers d'a-
voir aucunes vieilles Bottes en leurs Boutiques, fous quelque
prétexte que ce pût être pour les raccommoder, cirer & mettre

à l'embouchoir, fauf auxdits Maîtres Cordonniers en faifant marché avec les Particuliers de les chauffer à l'année, & reprendre leurs vieilles Bottes qu'ils leur auroient fournies neuves, à la charge de les revendre aux Maîtres Savetiers, lefquels Cordonniers feront tenus de faire tenir Regiftre defdites vieilles Bottes de ceux qu'ils chauffoient à l'année, defquels Regiftres ils feront tenus repréfenter aux Jurés de la Communauté des Maîtres Savetiers, & condamner lefdits Maîtres Cordonniers en tous les dépens, & actes de ce que pour écritures & production, ils emploient ce qu'ils avoient écrit & produit au Procès, ladite Sentence de Réglement & Arrêt confirmatif, rendus fur les conclufions de notre Procureur Général, les 19 Décembre 1731, & 7 Septembre 1633, lefdites Sentences & avis des 25 Janvier, 10 Avril & 10 Mai 1675, & 24 Juillet 1680.

Arrêt d'appointé en droit, du 19 Juin dernier. Productions des Parties. Production nouvelle defdits Maîtres Savetiers, par Requête du 21 Mai dernier. Requête defdits Maîtres Cordonniers, du 15 Juin auffi dernier, employée pour contredits. Conclufions de notre Procureur Général, tout joint & diligemment examiné.

Notre Cour, par fon Jugement & Arrêt, faifant droit tant fur le Procès par écrit qu'Inftance, a mis & met l'appellation au néant ; ordonne que la Sentence de laquelle a été appellé, fortira fon plein & entier effet, & que les Cordonniers feront tenus vendre aux Savetiers & non à autres les vieilles Bottes qui leur feront rendues par ceux à qui ils les auront faites neuves, lefquelles lefdits Cordonniers pourront en embouchoir, recirer & élargir quand elles fe trouveront étroites, lorfqu'ils les auront faites de neuf ; déboute lefdits Savetiers du furplus de leurs demandes, & les condamne en l'amende ordinaire de douze livres, & aux dépens defdites caufes d'appel & inftance. Fait en Parlement le 10 Février 1684, & de notre Regne le quarante-uniéme. Par Jugement & Arrêt de la Cour. Collationné.

Signé, JACQUES.

Le 24 Février 1684, fut fignifié le préfent à M. Bourgeois, Procureur. Signé, MASSON.

LETTRES PATENTES DU ROI,

QUI confirment les Droits dus aux Jurés de la Halle aux Cuirs, pour la Communauté des Maîtres Cordonniers.

1694.
11 Juin,

LOUIS, par la grace de Dieu, Roi de France & de Navarre : A tous ceux qui ces préfentes Lettres verront. Salut : Nos amés Jacques Noel, Pierre Simon, René Carré, Jean Perreau, Pierre Jeannet, & Louis le Clerc, Maîtres Cordonniers en notre Ville, Fauxbourgs & Banlieue de Paris, pourvus des Offices de Jurés héréditaires de leur Communauté.

Nous ayant fait remontrer qu'en exécution de notre Edit du mois de Mars 1691, ils ont levé lefdits Offices pour la finance de chacun defquels ils ont payé nos revenus cafuels la fomme de 10000 liv. pour en jouir aux fonctions, honneurs & droits qui feroient portés par les Réglemens qui feroient arrêtés en notre Confeil, fuivant qu'il eft arrêté par notredit Edit, pour maintenir le bon ordre, la difcipline & la Police que nous voulons être obfervée en ladite Communauté, par lequel Edit nous aurions fait défenfes aux Corps des Marchands & Communautés d'Arts & Métiers de plus faire payer aucuns droits fous prétexte de rachats, de feftins, buvettes & dépenfes de Confrairies, à l'effet de quoi auroient été dreffées des feuilles en détail, contenant les droits qui doivent être payés par chaque réception de Marchands & de Maîtres de Vifites, enregiftrement de Brevets, & autres; & fous prétexte que lefdites feuilles n'ont point été arrêtées en notre Confeil, les Expofans ont journellement été troublés en leurs fonctions & droits, ce qui leur auroit caufé des Procès & conteftations, pour auxquelles obvier & empêcher à l'avenir qu'ils ne foient inquiétés, tant en leurs fonctions qu'en la perception de leurs droits, Nous aurions, par Arrêt de notre Confeil, du 11 Mai 1694, ordonné que lefdits Expofans jouiroient de leurs Offices, conformément à notre Edit du mois de Mars 1691, & réglé leurs fonctions & droits, tant pour les Vifites qu'ils doivent faire ès Maifons, Boutiques & Magafins des Maîtres & Veuves de leur Communauté, réception de chaque particulier à la Maîtrife & enregiftremens de Brevets d'apprentiſſage, ſur lequel ils Nous ont très-humblement fait ſupplier de leur accorder nos Lettres ſur ce néceſſaires.

A ces cauſes, voulant favorablement traiter les Expoſans, après avoir fait voir en notre Conſeil notre Edit du mois de Mars 1691; l'Arrêt de notre Conſeil dudit jour 11 Mai 1694, ci-attaché ſous le contre-ſcel de notre Chancellerie;

Nous avons par ces préſentes ſignées de notre main, maintenu & maintenons, confirmé & confirmons leſdits Noel, Simon, Carré, Perreau, Jaunet, & le Clerc, dans l'exercice & fonctions de leurs Offices de Jurés héréditaires de ladite Communauté des Maîtres Cordonniers de la Ville, Fauxbourgs & Banlieue de Paris, conformément à notredit Edit du mois de Mars 1691 & à notredit Arrêt: Voulons que tous ceux qui ſeront reçus & admis à l'avenir à ladite Maîtriſe, ſoient tenus de faire Chef-d'œuvre en préſence deſdits Jurés, de quatre anciens Maîtres, & de deux des douze des petits Jurés à tour de rôle, & qu'il ſoit payé par chaque Aſpirant à la Maîtriſe par Chef-d'œuvre la ſomme de 210 liv. Sçavoir, pour notre Droit Royal 20 livres, à l'Hôpital Général, 3 liv. pour le droit de réception aux Officiers du Châtelet, 25 liv. pour le droit de préſence à chacun deſdits quatre anciens Maîtres & deux petits Jurés qui aſſiſteront au Chef-d'œuvre, 3 liv. au Clerc de la Communauté pour ſes ſalaires, 3 liv. pour les néceſſités de la Communauté, 20 liv. dont les Jurés rendront compte un mois après l'expiration de chaque année, & les 121 liv. reſtantes appartiendront auxdits Jurés.

Qu'il ſoit payé par chaque fils de Maître aſpirant à la Maîtriſe pour leur réception la ſomme de 80 liv. Sçavoir, pour notre Droit Royal, 13 liv. 6 ſ. 8 d. à l'Hôpital Général, 3 liv. pour le droit de réception aux Officiers du Châtelet, 25 liv. au Clerc de la Communauté pour ſes ſalaires, 30 ſols; pour les néceſſités de la Communauté, 10 liv. dont leſdits Jurés rendront compte, comme il eſt dit ci-deſſus, & les 27 liv. 3 ſ. 4 d. reſtantes, appartiendront auxdits Jurés.

Que leſdits Jurés ſoient tenus de faire quatre viſites par chacun an ès Maiſons, Boutiques & Magaſins des Maîtres de ladite Communauté & des Veuves qui continueront l'exercice dudit Métier, par chacune deſquelles Viſites il leur ſoit payé 10 ſ. par chacun deſdits Maîtres & Veuves ſur le pied de la troiſiéme claſſe.

Qu'il foit auffi payé auxdits Jurés pour l'enregiftrement de chaque Brevet d'apprentiffage & tranfport d'icelui 6 liv.

Voulons en outre que lefdits Jurés foient tenus d'aller tous les Mardi & Vendredi de chaque femaine dans les Halles du cuir tanné pour en faire la vifite, & les marquer du bon ou mauvais fer, de la même maniere que faifoient les Jurés électifs, auxquels Nous permettons faifir les cuirs de mauvaife qualité, & ceux qui fe trouveront en fraude, pour être procédé à la confifcation d'iceux. Sçavoir, un tiers à notre profit, un tiers à l'Hôpital Général, & l'autre tiers auxdits Jurés, lefquels ne pourront prendre pour raifon defdites vifites que vingt deniers par chaque douzaine de cuir tanné, ainfi qu'ils étoient perçus par les Jurés électifs.

Faifons très-expreffes défenfes aux Corroyeurs defdites Halles & tous autres, de faire aucunes vifites ni marque de Cuirs en ladite Halle, qu'ils n'ayent été vifités & marqués par les Expofans, à peine de 500 liv. d'amende contre chacun contrevenant; de tous lefquels droits attribués auxdits Jurés,

Voulons & ordonnons qu'ils en faffent bourfe commune entr'eux, & le partage de trois mois en trois mois, auxquels Nous faifons très-expreffes inhibitions & défenfes de prendre ni exiger plus-grands droits que ceux ci-deffus, fous prétexte de rachats & feftins de Confrairies ou autrement, à peine de 300 liv. d'amende contre chacun contrevenant; applicables; fçavoir, un tiers à notre profit, un tiers à l'Hôpital Général, & l'autre tiers au Dénonciateur, & d'interdiction defdits Jurés, auxquels Nous faifons pareillement défenfes de donner leur confentement à la réception d'aucun afpirant à la Maîtrife, & au Juge qu'il appartiendra de les recevoir, qu'il ne leur foit apparu du payement de notre droit Royal, à peine d'en répondre chacun à leur égard en leurs privés noms.

Faifons en outre défenfes à tous particuliers de s'entremettre dans l'exercice & fonction dudit métier, foit en leurs maifons, en celles des Bourgeois & autres lieux, qu'ils ne foient reçus Maîtres en ladite Communauté, à peine de 200 liv. d'amende contre chacun contrevenant, & de confifcation defdites Marchandifes qu'ils pourront faifir, affiftés d'un Huiffier, fi bon leur femble, applicable comme deffus, à l'effet de quoi enjoignons aux petits Jurés qui feront nommés par les Expofans, & quatre anciens & deux modernes qui feront appellés par lefdits Jurés pour ladite nomination, de faire les vifites en la maniere accoutumée.

Ordonnons que les Statuts & Réglemens faits pour raifon dudit Métier foient exécutés felon leur forme & teneur, en ce qu'ils ne feront point contraires à notre Edit du mois de Mars 1691, & à ces préfentes. Si donnons en Mandement à nos amés & féaux Confeillers, les Gens tenans notre Cour de Parlement de Paris, que ces Préfentes ils ayent à faire regiftrer, & du contenu en icelles faire jouir & ufer les Expofans pleinement, paifiblement & perpétuellement, ceffant & faifant ceffer tous troubles & empêchemens à ce contraires; car tel eft notre plaifir; en témoin de quoi Nous avons fait mettre notre fcel à ces Préfentes. Donné à Verfailles le 11 Juin, l'an de grace 1694, & de notre Régne le 52e. Par le Roi. *Signé*, LOUIS.

Et plus bas, PHELIPPEAUX.

***

SENTENCE DE POLICE,

Qui fait défenfes à Laurent Fiacre, Lotiffeur, de vendre des Cuirs comme Facteur à la Halle; & qui fait défenfes y acheter de relevée.

A Tous ceux qui ces préfentes Lettres verront, Charles-Denis de Bullion, Chevalier, Marquis de Gallardon, & autres lieux, Prevôt de Paris; Salut. Sçavoir faifons, que fur la Requête faite en Jugement devant Nous en la Chambre de Police, par Me Savinien Ravion, Procureur des Jurés de la Vifitation Royale de la Communauté des Maîtres Corroyeurs-Baudroyeurs en Suif, Graiffes, Huiles & Couleurs de cette Ville de Paris, Demandeurs aux fins de l'Exploit fait par Defmaze-rêts, Sergent à Verge, le 17 Janvier dernier, contrôlé à Paris par Guyot le 20 dudit mois, & préfenté le 27 dudit mois; tendant à ce que Pierre Philippe, Maître Corroyeur à Paris, & fa femme, foient condamnés aux peines & amendes portées par les Statuts, Arrêts, Sentences & Réglemens de ladite Communau-

1699, 27 Mars.

té, pour avoir au préjudice d'iceux, par ladite femme dudit Philippe, acheté le jour précédent, de relevée, en la Halle aux Cuirs, de Laurent Fiacre, Lotisseur, 42 Peaux de Vaches tannées, moyennant 100 livres la douzaine : & encore Demandeurs aux fins de l'Exploit fait ledit jour, contrôlé & présenté ledit jour, tendantes à ce que Laurent Fiacre, Lotisseur en la Halle aux Cuirs, soit condamné aux peines & amendes portées par lesdits Réglemens & Sentences de Police, pour avoir au préjudice d'iceux, vendu lesdits Cuirs à la femme dudit Pierre Philippe : Que défenses leur seront faites de récidiver sur plus grandes peines, dépens, dommages & intérêts; assistés de Maître Pillon leur Avocat.

Contre Maître Roch Hubert, Procureur desdits Philippe & sa femme, assistés de Maître Quillet, leur Avocat, Défendeurs.

Et Maître Louis Millet, Procureur dudit Fiacre, assisté de Maître Poulard son Avocat.

Parties ouïes, lecture faite des Sentences, Arrêts & Réglemens, & Exploits de demandes : & après avoir ouï Me Gouallard Conseiller, Avocat du Roi, en ses Conclusions, auquel le tout a été communiqué ;

Nous, en conséquence de la preuve résultante des Enquêtes, faisons défenses à la Partie de Poullard, de vendre comme Facteur des Tanneurs, aucunes marchandises de Cuir, & pour l'avoir fait, le condamnons en 25 liv. d'amende : faisons pareillement défenses à la femme dudit Pierre Philippe d'entrer dans la Halle aux Cuirs, & pour la contravention par elle faite, la condamnons en 3 liv. d'amende : au surplus ordonnons que les Arrêts & Réglemens seront exécutés selon leur forme & teneur; défenses de vendre pour les Tanneurs, & aux femmes d'entrer dans ladite Halle & de récidiver; & en cas de récidives par ledit Fiacre, sera chassé de la Halle aux Cuirs : les Parties de Poullard & Quillet condamnées aux dépens; & sera la présente Sentence affichée à la porte de ladite Halle & par-tout ailleurs où besoin sera ; ce qui sera exécuté, sans préjudice de l'appel : en témoin de ce Nous avons fait sceller ces Présentes. Ce fut fait & donné par Messire MARC-RENÉ DE VOYER DE PAULMY D'ARGENSON, Conseiller du Roi en ses Conseils, & Lieutenant-Général de Police, tenant le Siége le Vendredi 17 Mars 1699.

1699. *Signé*, TARDIVEAU : & fcellé le premier Avril 1699.
Signé, TARDIVEAU.

DÉCLARATION DU ROI,

Qui réunit à la Communauté des Maîtres Cordonniers, les Offices de Jurés en titre.

Regiftrée en Parlement le 17 Juillet 1699.

LOUIS, par la Grace de Dieu, Roi de France & de Navarre. A tous ceux qui ces Préfentes Lettres verront : Salut. Nous avons reçu l'humble fupplication de la Communauté des Maîtres Cordonniers de notre bonne Ville de Paris , contenant, que par notre Edit du mois de Mars 1691, les Gardes des Corps des Marchands, & les Jurés des Arts & Métiers ayant été par Nous érigés en titre d'Offices héréditaires, les Jurés pour lors en Charge, & plufieurs Anciens de leur Communauté auroient fait leur foumiffion de payer la fomme de 60000 liv. à laquelle la Finance des fix Offices de Jurés avoit été évaluée, & même auroient remis & payé à compte entre les mains du Tréforier de nos revenus cafuels, une fomme de 19000 liv. pour obtenir la réunion defdits Offices en faveur de ladite Communauté.

Mais pendant qu'ils cherchoient les deniers néceffaires pour achever le payement de ladite fomme de 60000 livres, fix Particuliers Maîtres les auroient prévenus, en payant cette même fomme moyennant laquelle ils auroient levé lefdites fix Charges, en auroient obtenu les provifions, y auroient été reçus, & en auroient exercé les fonctions depuis ledit tems.

Mais étant furvenu plufieurs conteftations entre lefdits Jurés en titre d'Office & les autres Maîtres de la Communauté, tant anciens que modernes & jeunes, foit à l'occafion des droits de vifites, dont partie appartient aux Jurés, & l'autre partie à la Communauté en conféquence de la réunion des Charges d'Auditeurs des Comptes, foit pour les affaires communes; lefdits Jurés en titre, pour terminer à l'amiable tous leurs Procès & différends, rétablir l'ancien ordre, & entretenir entr'eux une bonne

L

1699.
29 Juin.

police, ont bien voulu se démettre desdits six Offices de Jurés au profit de la Communauté, moyennant le remboursement de ladite somme de 60000 liv. qu'ils nous ont payée pour la Finance d'iceux, ensemble de leurs frais & loyaux coûts; ce qui ayant été accepté par la Communauté sous notre bon plaisir, & dans l'espérance d'obtenir de Nous la réunion desdits Offices de Jurés, ainsi que nous aurions eu la bonté de l'accorder aux autres Communautés de notre bonne Ville de Paris, au moyen de la Finance par elle payée ou remboursée.

Pour à quoi parvenir, plusieurs anciens, modernes & jeunes Maîtres, tant pour eux que pour toute la Communauté, auroient par un premier Acte du 8 Mai dernier, passé pardevant Taboué & Vatry, Notaires au Châtelet de Paris, donné pouvoir à huit Maîtres Cordonniers de convenir avec lesdits Jurés des clauses & conditions sous lesquelles ils devoient remettre lesdits Offices; d'emprunter les sommes nécessaires tant pour remboursement de ladite finance, que pour leurs frais & loyaux coûts; en faire le payement aux six Jurés en titre, examiner & arrêter leurs comptes, & généralement faire tout ce qui seroit convenable pour parvenir à la réunion desdits Offices de Jurés.

En exécution duquel premier Acte lesdits six Jurés en titre auroient sous notre bon plaisir par Contrat du 24 dudit mois de Mai, vendu, cédé & délaissé à ladite Communauté, ce acceptant par lesdits huit Maîtres par elle nommés, lesdits six Offices de Jurés, créés par ledit Edit du mois de Mars 1691, moyennant le prix & somme de 61764 liv. 10 sols, sçavoir 60000 liv. pour le remboursement de la Finance desdits Offices, & le surplus pour les frais de provisions, réceptions, & autres causes énoncées audit Contrat; lesquelles sommes leur auroient été payées, tant en deniers comptans, que par le moyen de la compensation des sommes dûes par lesdits Jurés, soit pour le reliquat de leur compte, soit pour le sort principal de la rente qu'ils avoient constituée au profit de la Communauté par Contrat en forme de Transaction du 21 Août 1692, au moyen desquels payemens & compensation ladite Communauté se seroit trouvée entierement quitte envers lesdits Jurés en titre d'Office, & lesdits Jurés envers ladite Communauté, même déchargés de toutes de-

mandes & prétentions, revifion de comptes, & de toutes recherches, généralement quelconques, foit pour reftitution de
droit de vifites & réceptions de Maîtres, foit pour quelque autre
caufe & fous quelque autre prétexte que ce puifle être.

Ledit Contrat portant aufli confentement que lefdits fix Jurés en titre qui font ladite démiffion, ayant la qualité d'anciens
Jurés-Syndics, & qu'ils jouiflent de tous les droits, émolumens,
honneurs & priviléges attribués aux Anciens de ladite Communauté; comme aufli que lefdits Jurés demeurent déchargés des
obligations. dans lefquelles ils éto.ent entrés pour & en fon nom.

En conféquence duquel Contrat de vente, & le même jour,
lefdits huit Maîtres chargés du pouvoir de la Communauté, auroient dépofé entre les mains defdits Notaires, un Acte de délibération des anciens, modernes & jeunes Maîtres, tant pour
eux que pour la Communauté, en date du deuxiéme dudit
mois de Mai, au défir de laquelle ils nous auroient très-humblement fupplié de leur accorder la réunion defdites Charges
de Jurés, pour & au profit de leur Communauté, de confirmer
les articles contenus en ladite délibération, même d'ordonner
l'exécution d'iceux; & voulant favorablement traiter ladite
Communauté, & lui donner des marques de notre protection:

A CES CAUSES, de l'avis de notre Confeil, qui a vû ladite
Procuration du huitiéme Mai dernier, le Contrat de vente fait
en conféquence de ladite Communauté de Cordonniers par lefdits Jurés en titre d'Office le 24 defdits mois & an, defdits fix
Offices de Jurés dont ils étoient pourvûs, moyennant ladite
fomme de 61764 liv. 10 fols; ledit Contrat contenant quittance
de ladite fomme par eux reçue, enfemble ledit Acte en forme
de délibération du 2 dudit mois de Mai, dépofé pour minute
entre les mains dudit Varry, Notaire, ledit jour 24 dud.t mois;
notre Edit du mois de Mars 1691 & nos Provifions expéd.ées
en conféquence, le tout attaché fous le contre-fcel de notre
Chancellerie, & de notre certaine fcience, pleine puiffance &
autorité Royale;

Nous avons dit & ordonné, & par ces préfentes figr.ées de
de notre main, difons & ordonnons, voulons & Nous p'aît,
que lefdits fix Offices de Jurés de ladite Communauté des Maîtres Cordonniers de Paris, créés par Edit du mois de Mars

1691, & dont les six Jurés en titre se sont démis & dévêtus sous notre bon plaisir, soient & demeurent à toujours réunis & incorporés à ladite Communauté desdits Maîtres Cordonniers ; même les avons réunis & incorporés, réunissons & incorporons par cesdites Présentes à ladite Communauté, pour jouir des droits de Visite & autres droits attribués auxdits Offices, à commencer du premier Avril dernier, & pour être lesdits Offices de Jurés exercés par ceux qui seront élus en vertu des Commissions qui leur seront délivrées par notre Procureur au Châtelet en la maniere accoutumée, sans être obligés de prendre de Nous aucune Provision, dont nous les avons dispensés, dérogeant à cet égard à notredit Edit du mois de Mars 1691.

Voulons que ceux des Maîtres qui ont prêté leurs deniers pour être employés au remboursement des Offices de Jurés, & au payement de la Finance des Offices d'Auditeurs des Comptes pareillement réunis à ladite Communauté, ayent un hypothèque égale & par concurrence avec privilége spécial sur tous les droits attribués auxdits Offices, tant par nos Edits de 1691 & 1694, que par l'Arrêt du Conseil du 28 Août 1696. Défendons très-expressément d'employer ni divertir le produit desdits droits à autre dépense, qu'au payement des arrérages & principaux des rentes créées pour la Finance desdits Offices de Jurés & Auditeurs des Comptes, sans que ledit emploi puisse être changé pour quelque prétexte & occasion que ce soit, à peine contre lesdits Syndics & Jurés qui seront élus ci-après, de payer deux fois, & d'en répondre en leurs propres & privés noms.

Ordonnons que conformément à ladite délibération dudit jour 2 Mai dernier, la Communauté à l'avenir, sera gouvernée par un Syndic seulement, deux Jurés de Cuir tanné, deux Jurés de la Chambre, & quatre Jurés de la Visitation Royale ; tous lesquels seront élus, & auront les mêmes droits qu'ils percevoient avant l'Edit du mois de Mars 1691, conformément aux Statuts de la Communauté, sans que le Syndic puisse être continué plus d'une fois pendant la seconde année.

Le plus ancien des Jurés de la Chambre fera la recette des deniers de la Communauté, rendra compte de ce qu'il aura reçu, & payera un mois après qu'il sera sorti de charge, les sommes dont il se trouvera redevable. Sera ledit compte rendu pardevant notre Procureur au Châtelet, en préfence du Syndic, des Jurés, des anciens, de deux Modernes, & de deux Jeuncs, le tout en la maniere accoutumée, & ainfi qu'il fe pratiquoit avant l'Edit du mois de Mars 1691. Lefquels Syndic & Jurés, tant de la Chambre que de la Vifitation Royale, feront folidairement refponfables de la recette, geftion & adminiftration dudit Juré de la Chambre, fans aucune exception ni diftinction.

Les élections du Syndic & des Jurés feront faites par le Syndic, les Jurés, les Anciens, vingt Modernes & vingt jeunes Maîtres, lefquels y feront mandés fucceffivement fuivant l'ordre du Tableau.

Aucuns Maîtres ne pourront néanmoins être élus Jurés, ni appellés aux élections des Syndics & Jurés pour y donner leur voix, ni être mandés à l'examen des comptes, finon ceux qui auront prêté à la Communauté la fomme de 500 livres pour le moins, ou qui n'ayant point prêté ladite fomme de 500 liv. donneront gratuitement à la Communauté la fomme de 250 liv. & les uns & les autres lorfqu'ils feront élus Jurés de la Vifitation Royale, payeront en outre à la Communauté chacun deux cens livres par forme de don, & ceux qui feront élus Jurés de la Chambre, chacun cent livres en la maniere accoutumée.

Il fera fait quatre vifites Royales par chacun an, & tous les trois mois chez tous Maîtres de la Ville & Fauxbourg de Paris, lefquels payeront chacun vingt fols aux Jurés pour chaque vifite & droit d'icelle, fuivant l'Edit du mois de Mars 1691, & Arrêt de notre Confeil du 28 Août 1696, defquels droits de vifite leur fera donné quittance pour & au nom de la Communauté, à qui le montant defdits droits appartient ; & fera payé aux Jurés pour tous frais, peines & falaires une fomme de cent livres pour chaque vifite.

Les Jurés de la Vifitation Royale feront tenus de prendre par compte des billets imprimés en forme de quittance, paraphés du Syndic, dont ils tiendront un Regiftre fidéle, enfemble de tous les Maîtres chez lefquels ils auront été en vifite, & à la fin de chaque vifite ils feront obligés de rapporter l'argent qu'ils auront reçu, même les billets qui leur refteront, defquels ils fourniront tous les trois mois un état au Syndic & aux Jurés de la Chambre, ainfi que des deniers qui proviendront, tant du droit Royal que des gages. Toutes lefquelles fommes feront mifes fans retardement dans le coffre de la Communauté, & fur les premiers deniers qui en proviendront, feront les rentes échues préalablement payées, & les quittances des créanciers remifes à l'inftant dans ledit coffre ; & à la fin de chaque année les deniers qui refteront après le payement des rentes, feront employés à rembourfer les fommes principales, à commencer par les créanciers qui ne font point Maîtres de la Communauté, puis au rembourfement des Veuves & des enfans Mineurs des Maîtres qui feront décédés; & enfuite à celui des Maîtres, en commençant par le plus ancien en réception.

Il y aura douze petits Jurés, dont fix feront élus tous les ans à la pluralité des voix par les Syndic, Jurés & Anciens en la maniere accoutumée ; lefquels petits Jurés feront obligés de faire les fonctions de leurs charges pendant deux années fans en pouvoir être difpenfés fous quelque prétexte que ce foit, à peine d'être déchus de la Maîtrife : & pourront faire leurs vifites chez les Savetiers, Colporteurs & Chambrelans, accompagnés d'un Juré de la Vifitation Royale, & non autrement, fans que les faifies qu'ils feront puiffent être par eux pourfuivies, finon de l'avis du Syndic & des Jurés de la Vifitation Royale.

Et pour récompenfer ceux des Maîtres qui à l'avenir exerceront ladite petite Jurande, ils pourront être élus Jurés de la Vifitation Royale, bien qu'ils n'aient point prêté à la Communauté la fomme de 500 livres, ni donné celle de 250 liv. en pur don, à condition néanmoins qu'ils donneront 250 liv. à la Communauté, au lieu de 200 que doivent donner les autres Maîtres, & 130 liv. lorfqu'ils feront élus Jurés de la Chambre, au lieu de 100 liv. que les autres Maîtres doivent donner.

Ne pourront être élus petits Jurés ceux des Maîtres qui auront prêté à la Communauté la fomme de 500 livres. Les Jurés en titre d'office qui ont vendu & remis leurs Charges à la Communauté, auront la qualité d'Anciens avec le rang, les fonctions, tous les droits, honneurs & émolumens qui appartiennent aux Anciens de ladite Communauté ; & comme tels ils feront employés dans les catalogues, & appellés tant aux réceptions qu'à toutes autres assemblées.

Seront censés & réputés Anciens tous les Maîtres qui auront prêté la somme de 3000 livres, avec semblables rangs, droits, fonctions, honneurs & émolumens que les Anciens Jurés, même seront employés en ladite qualité dans les Catalogues du jour de leurs Contrats, appellés à toutes réceptions & assemblées, & payés à leur tour dans le même ordre & dans la même forme que ceux qui auront été Jurés, sans que lesdites prérogatives puissent empêcher qu'ils ne soient payés de leurs rentes comme les autres Maîtres.

Il sera reçu par chacun an deux Maîtres sans qualité suivant l'Arrêt du Conseil du 28 Août 1696, lesquels payeront chacun 500 liv. Les fils de Maîtres payeront pour leur réception chacun 60 livres pour tous droits, & les Syndic & Jurés n'y auront qu'un demi-droit seulement.

Ceux qui épouseront des veuves ou filles de Maîtres, payeront pour leur réception 150 livres pour tous droits. A l'égard des apprentifs qui seront reçus par chef-d'œuvre, ils payeront la somme de 300 livres, & n'en sera reçu que huit par chacun an.

Il sera payé pour l'enregistrement de chaque Brevet d'Apprentissage la somme de six livres, dont trois appartiendront aux Jurés, & trois livres à la Communauté pour être employées au payement de ses dettes.

Tous les Maîtres seront tenus de payer chacun cinq sols par an pour l'entretien de la Confrairie.

Si pendant l'espace de six mois, à compter du jour de l'enregistrement de notre présente Déclaration, quelques Maîtres veulent payer à la Communauté la somme de 500 livres pour rembourser aucuns des Créanciers qui ne sont point Maîtres, qui ont prêté une pareille somme.

Voulons que tous les droits établis par augmentation tant par notre Edit du mois de Mars 1691, que par l'Arrêt de notre Conseil du 28 Août 1696, & par ces Présentes, soit à titre de Visite, d'Apprentissage, de Maîtrise, de Jurande ou autrement, demeurent éteints & supprimés, après que la Communauté sera entièrement acquittée ; qu'alors il ne soit plus reçu aucun Maître fans qualité ; & néanmoins voulons que le droit Royal dû à la Communauté pour chaque réception , enfemble les gages qui lui appartiennent en conféquence de l'Edit de création des Charges d'Auditeurs des Comptes , & de la réunion d'icelle à ladite Communauté , lui foient perpétuellement payés & acquittés , fans qu'elle en puiffe être privée ni dépoffédée en tout ni en partie pour quelque caufe & occafion que ce foit.

Si donnons en mandement à nos amés & féaux Confeillers , les Gens tenans notre Cour de Parlement à Paris , que ces Préfentes ils aient à faire enregiftrer , & le contenu en icelles garder & obferver felon fa forme & teneur ; car tel eft notre plaifir : en témoin de quoi Nous avons fait mettre notre fcel à cefdites Préfentes. Donné à Marli le 29e jour de Juin , l'an de grace 1699, & de notre Regne le cinquante-feptiéme.

Signé, LOUIS. Et plus bas, par le Roi, PHELIPPEAUX, *Regiftrées , ouï le Procureur Général du Roi , pour jouir par les Impétrans de leur effet & contenu , & être exécutées felon leur forme & teneur , fuivant l'Arrêt de ce jour. A Paris , en Parlement le 17 Juillet 1699.* Signé , LE MERCIER.

ARREST D'ENREGISTREMENT,

1699, 17 Juillet.

VU par la Cour les Lettres Patentes du Roi , données à Marli le 29 Juin dernier, *fignées* LOUIS, & plus bas, par le Roi, PHELYPPEAUX, & fcellées du grand Sceau de cire jaune, obtenues par la Communauté des Maîtres Cordonniers de cette Ville de Paris, par lefquelles ledit Seigneur auroit ordonné que les fix Offices de Jurés de la Communauté, créés par l'Edit du mois de Mars 1691, & dont les fix Jurés en titre fe font démis & dévêtus, foient & demeurent à toujours réunis & incorporés à ladite Communauté, pour jouir des droits de Vifite, & autres droits attribués auxdits Offices, à commencer du premier Avril dernier, & pour être lefdits Offices de Jurés exercés par ceux qui feront élus en la maniere accoutumée ;

Que conformément à la Délibération de ladite Communauté
du

du 2 Mai dernier , ladite Communauté sera gouvernée à l'a-
venir par un Syndic seulement, deux Jurés du cuir tanné, deux
Jurés de la Chambre, & quatre Jurés de la Visitation Royale :
tous lesquels seront élus, & auront les mêmes droits qu'ils percevoient avant l'Edit du mois de Mars 1691, conformément
aux Statuts , sans que ledit Syndic puisse être continué plus
d'une fois , & pendant la seconde année , que le plus ancien
des Jurés de la Chambre fera la recette des deniers de la Communauté , rendra compte de ce qu'il aura reçu, & payera le
reliquat , le tout en la maniere accoutumée , & ainsi qu'il se
pratiquoit avant ledit Edit ;

Que les Elections du Syndic & des Jurés seront faites par le
Syndic , les Jurés, les Anciens, vingt Modernes & vingt jeunes
Maîtres, lesquels seront mandés successivement suivant l'ordre
du tableau ;

Qu'aucuns Maîtres ne pourront néanmoins être élus Jurés ,
ni appellés aux Elections des Syndics & Jurés pour y donner
leurs voix , ni être mandés à l'examen des comptes , sinon ceux
qui auront prêté à la Communauté 500 liv. pour le moins , où
qui n'ayant point prêté ladite somme, donneront gratuitement
à la Communauté la somme de 250 livres , & les uns & les
autres lorsqu'ils seront élus Jurés de la Visitation Royale , payeront en outre à la Communauté chacun 200 liv. par forme de
don , & ceux qui seront élus Jurés de la Chambre chacun cent
livres en la maniere accoutumée ;

Qu'il sera fait quatre Visites Royales par chacun an ; & tous
les trois mois chez tous les Maîtres de la Ville & Fauxbourgs,
lesquels payeront chacun vingt sols aux Jurés pour chaque visite,
droit d'icelle , suivant ledit Edit : & sur les premiers deniers qui
en proviendront, seront les rentes échues préalablement payées,
& à la fin de chaque année les deniers qui resteront après le
payement des rentes , seront employés à rembourser les sommes
principales , à commencer par les Créanciers qui ne sont point
Maîtres de la Communauté , puis au remboursement des veuves
& des enfans mineurs des Maîtres qui seront décédés , & ensuite à celui des Maîtres , en commençant par les plus anciens
en réception ;

Qu'il y aura douze petits Jurés qui seront élus tous les ans

M

à la pluralité des voix par les Syndic, Jurés & anciens en la maniere accoutumée, lesquels petits Jurés seront obligés de faire les fonctions de leurs charges pendant deux années sans en pouvoir être dispensés, à peine d'être déchus de la Maîtrise, & pourront faire leurs visites chez les Savetiers, Colporteurs, & Chambrelans, accompagnés d'un Juré de la Visitation Royale & non autrement ;

Et pour récompenser ceux des Maîtres qui à l'avenir exerceront ladite petite Jurande, ils pourront être élus Jurés de la Visitation Royale, bien qu'ils n'aient point prêté à la Communauté la somme de 500 livres, ni donné celle de 250 livres en pur don, à condition néanmoins qu'ils donneront 250 livres à la Communauté, au lieu de deux cens livres que doivent donner les autres Maîtres, & 130 livres lorsqu'ils auront été élus de la Chambre, au lieu de cent livres que les autres Maîtres doivent donner.

Ne pourront être élus petits Jurés ceux des Maîtres qui auront prêté à la Communauté la somme de cinq cens livres.

Les Jurés en titre d'Office qui ont vendu & remis leurs Charges à la Communauté, auront la qualité d'Anciens, avec les rangs, les fonctions, honneurs & émolumens qui appartiennent aux Anciens de ladite Communauté.

Seront réputés Anciens tous les Maîtres qui auront prêté la somme de 3000 livres aux semblables rangs, droits, fonctions, honneurs & émolumens que les anciens Jurés ;

Qu'il sera reçu par chacun an deux Maîtres sans qualité suivant l'Arrêt du Conseil du 28 Août 1696, lesquels payeront chacun 500 liv. ; que les fils de Maîtres payeront pour leur réception chacun 60 liv. pour tous droits, & les Syndic & Jurés n'y auront qu'un demi-droit seulement.

Ceux qui épouseront les veuves ou filles de Maîtres, payeront pour leur réception 150 liv. pour tous droits.

A l'égard des Apprentifs qui seront reçus par chef-d'œuvres, ils payeront 300 liv. & n'en sera reçu que huit par chacun an. Qu'il sera payé pour chaque Brevet d'Apprentissage la somme de 6 livres, dont trois livres appartiendront aux Jurés, & trois livres à la Communauté, pour être employées au payement des dettes.

Que tous les Maîtres feront tenus de payer chacun cinq fols par an pour l'entretien de la Confrérie.

Veut ledit Seigneur Roi que tous les droits établis par augmentation, tant par l'Edit du mois de Mars 1691, que par l'Arrêt du Conseil du 28 Août 1696, & par lefdites Lettres, foit à titre de Visite, d'Apprentiffage, de Maîtrise, de Jurande, ou autrement, demeurent éteints & fupprimés après que la Communauté fera entiérement acquittée, & qu'alors il ne foit plus reçu aucun Maître fans qualité, & néanmoins que le droit Royal dû à la Communauté pour chaque réception, enfemble les gages qui lui appartiennent en conféquence de l'Edit de création des Charges d'Auditeurs des Comptes, & de la réunion d'icelle à ladite Communauté, lui foient perpétuellement payés & acquittés, fans qu'elle en puiffe être privée ni dépoffédée en tout ni en partie, pour quelque caufe & occafion que ce foit, ainfi que plus au long le contiennent lefdites Lettres à la Cour adreffantes.

Requête préfentée par les Impétrans à fin d'enregiftrement d'icelles. Conclufions du Procureur Général du Roi ; ouï le rapport de Me Claude Ledoux, Confeiller. Tout confidéré :

Ladite Cour ordonne que lefdites Lettres feront enregiftrées au Greffe d'icelle, pour jouir par les Impétrans de leur effet & contenu, & être exécutées felon leur forme & teneur. Fait en Parlement le 17 Juillet 1699. Collationné.

Signé, LE MERCIER.

Collationné aux Originaux par Nous Confeiller-Secrétaire du Roi, Maifon, Couronne de France, & de fes Finances.

SENTENCE DE POLICE,

Pour la Vente & Achats des Talons , & qui fait défenfes d'en faire commerce en regrat.

A Tous ceux qui ces préfentes Lettres verront, Charles-Denis de Bullion, Chevalier, Marquis de Galardon, Confeiller du Roi, Prevôt de Paris ; Salut. Sçavoir faifons, que fur la Requête faite en la Chambre de Police du Châtelet de

1700,
21 Mai.

Paris, par Me Pierre Jouvelin, Pocureur des Jurés-Gardes de la Visitation Royale des Maîtres Cordonniers à Paris, Demandeurs aux fins de la Requête à nous présentée le deuxiéme du présent mois, tendante à ce qu'il leur soit permis d'aller en Visite chez les particuliers y nommés : défenses à eux d'aller dans les Villages & autres endroits où se fabriquent les talons de bois, & au-devant de ceux qui les apportent en cette Ville de Paris, & d'en faire aucun Magasin & regrat en cette Ville, & que ceux qui seront apportés de la Campagne en cette Ville, seront déchargés au Bureau de ladite Communauté, & lotis entre tous les Maîtres d'icelle ; défenses auxdits particuliers ci-après nommés, de plus à l'avenir user de telles voies, à peine d'amende, dépens, dommages & intérêts, suivant leur Exploit fait par Dauffein, Huissier en cette Cour, le 17 dudit présent mois ; contrôlé à Paris par Pautaul le même jour, présenté au Greffe cejourd'hui, assistés de Me Porcheron leur Avocat.

Contre Me Louis Meny, Procureur de Mathurin Longarée, Louis Fournier, soi-disant Officier de Ville ; Simon Labruyere, sa femme, auparavant veuve de Nicolas Auger, & d'Anne le Sage, femme délaissée de Charles Coyereux, tous prenant qualité de Formiers & Talonniers à Paris, Défendeurs ; aussi assistés de Me   leur Avocat, Parties ouïes, lecture faite, la Requête & Exploit susdits & autres piéces :

Nous disons que les Statuts & Réglemens seront exécutés : permettons aux Parties de Meny de continuer à faire des Formes & Talons, même d'acheter ceux que les Forains apporteront, au cas qu'il y ait encore quelque façon à leur donner ; avec défenses de faire aucun commerce ni regrat de Talons & Formes entiérement perfectionnés, à peine d'amende, de tous dommages & intérêts, lesquels Talons & Formes entiérement perfectionnés, seront portés au Bureau de la Communauté des Cordonniers, pour y être lotis en la maniere accoutumée, dépens compensés, & permis aux Parties de Meny de se défaire des Talons qu'ils ont achetés des Forains pendant deux mois pour tous délais. Ce qui sera exécuté sans préjudice de l'appel : en témoin de quoi Nous avons fait sceller ces Présentes. Donné par Messire Marc-René de Voyer d'Argenson, Chevalier, Conseiller du Roi en ses Conseils, Lieutenant Général de Police, tenant le Siége le Vendredi vingt & uniéme jour de Mai mil sept cens.

LETTRES PATENTES OU DÉCLARATION DU ROI,

QUI confirme la Communauté des Maîtres Cordonniers dans l'hérédité des Offices d'Auditeurs des Comptes, & de Jurés en titre, & qui réunit à icelle Communauté l'Office de Tréforier de Bourfe commune.

Regiſtrée en Parlement le 4 Septembre 1705.

LOUIS, par la grace de Dieu, Roi de France & de Navarre : A tous ceux qui ces Préſentes Lettres verront : Salut. Par notre Edit du mois d'Août 1701, Nous avons ordonné que tous les Officiers de notre Royaume dont les Offices font héréditaires ou en ſurvivance, demeureroient maintenus & confirmés dans l'hérédité, à la charge de nous payer chacun d'eux les ſommes pour leſquelles ils feroient compris dans les rôles qui feroient arrêtés à cet effet, & les deux ſols pour livre d'icelles, qui leur tiendroient lieu d'augmentation de Finance ; & par Arrêt de notre Conſeil du 11 Juillet 1702, Nous avons ordonné que ledit Edit feroit exécuté à l'égard des Communautés & Officiers, tant de Judicature qu'autres, qui ont fait réunir à leurs Corps & Communautés des Offices, Droits ou Taxations héréditaires, nonobſtant la prétention où ils étoient de n'être point dans le cas de cette confirmation, en conféquence deſquels Edit & Arrêts, les Jurés, Corps & Communauté des Maîtres Codonniers de notre bonne Ville de Paris, ont été employés pour 33333 liv. 6 ſols 8 deniers, & deux ſols pour livre, à cauſe des Offices de Syndic, Jurés & Auditeurs des Comptes de leur Communauté, créés ès années 1691 & 1694, dont Nous leur avons ci-devant accordé la réunion ; & comme par un autre Edit du même mois de Juillet 1702, Nous avons créé pour chaque Corps des Marchands & Communautés d'arts & métiers de notre Royaume un Tréforier-Receveur & Payeur de leurs deniers communs, leſdits Cordonniers prenant occaſion de ladite taxe de confirmation d'hérédité, laquelle ils auroient prétendu toujours ne pas devoir.

1703, 14
Août.

Mais voulant en cela Nous marquer leur foumiffion, & confidérant qu'il ne pouvoit y avoir rien de plus avantageux pour leur Communauté, que d'y réunir pareillement ledit Office de Tréforier avec les taxations & droits qui y font attachés, & les gages tels qu'il Nous plairoit d'y attribuer; ils Nous auroient très-hublement fait fupplier de leur accorder ladite réunion, & de nous contenter d'une fomme de 54164 livres de principal, & de 5416 livres 8 fols pour les deux fols pour livre, tant pour la Finance dudit Office que pour ladite Taxe de confirmation d'hérédité, laquelle propofition & offre Nous avons bien voulu accepter, & en conféquence, avons ordonné par Arrêt de notre Confeil du 30 Janvier dernier, qu'en payant par eux lefdites fommes dans certains termes, ils jouiroient du bénéfice de ladite confirmation dudit Office de Tréforier, qui demeureroit uni & incorporé à leur Communauté, avec les Droits, Priviléges & Exemptions y attribués, 1000 livres de gages actuels & effectifs par chacun an, à commencer du premier du mois de Janvier de la préfente année, même leur avons permis d'emprunter lefdites fommes en tout, ou partie, & accordé aux Prêteurs le privilége & hypothéque fpécial fur ledit Office, droits & gages y attribués; pour l'exécution defquelles offres, & attendu qu'ils ne font pas affurés de trouver à emprunter dans le Public des deniers fuffifans pour les remplir, comme ils n'ont rien tant à cœur que de nous marquer leur zèle & leur obéiffance à nos volontés, ils croyent qu'ils feront obligés de lever par forme de prêt fur eux-mêmes & fur les Privilégiés de leur Profeffion, ce qui leur pourra manquer, laquelle levée ils ne peuvent faire fans notre permiffion.

D'ailleurs, jugeant néceffaire de pourvoir à ce que les arrérages ou intérêts des fommes qu'ils emprunteront du Public, ou qu'ils leveront par contribution foient exactement payés, & même faire en forte qu'il puiffe y avoir de tems à autre du revenant-bon pour l'employer à l'extinction du principal, ce qui ne fe peut qu'en impofant quelques Droits nouveaux fur les Vifites & fur les Réceptions, & en fe prefcrivant des Réglemens qui les maintiennent dans une exacte difcipline, & empêchent les abus qui détruifent ordinairement les Communautés les mieux établies; ils ont pris entr'eux, SOUS NOTRE BON PLAISIR,

le 13 Mai dernier, une Délibération contenant plufieurs difpofitions qu'ils défireroient qu'il nous plût autorifer en exécution
de notredit Edit du mois de Juillet 1702, qui porte qu'il fera
fait des Réglemens convenables à chaque Communauté & à
l'utilité publique ; & voulant favorablement traiter ladite Communauté des Maîtres Cordonniers de notre bonne Ville de
Paris, leur donner des témoignages de la fatisfaction de leur
obéiſſance, & leur faire reſſentir les effets de notre protection.

A CES CAUSES, & autres à ce nous mouvans, après avoir
fait examiner en notre Conſeil ladite Délibération du 13 Mai
dernier, reçue par Vatry, Notaire, qui en a la minute, & de
notre certaine ſcience, pleine puiſſance & autorité Royale :
Nous avons par ces préſentes ſignées de notre main, conformément à notre Edit du mois d'Août 1701, à l'Arrêt de notre
Conſeil du 11 Juillet 1702, & à celui du 30 Janvier dernier,
maintenu & confirmé, maintenons & confirmons, entant que
beſoin eſt ou ſeroit, ladite Communauté des Maîtres Cordonniers de notre bonne Ville de Paris, dans l'hérédité de leurs
Offices de Syndic, Jurés & d'Auditeurs de leurs Comptes,
dont Nous leur avons ci-devant accordé la réunion, &, de la
même autorité que deſſus, avons uni & incorporé, uniſſons &
incorporons à ladite Communauté l'Office de Tréſorier, Receveur & Payeur de leurs deniers communs, créé par notredit
Edit du mois de Juillet 1702, pour jouir par eux des Droits,
Priviléges & Exemptions y attribués, & en outre, 1000 liv. de
gages actuels & effectifs par chacun an, à commencer du premier Janvier de la préſente année, ſans que pour raiſon dudit
Office ils ſoient obligés de prendre aucunes Lettres de Provi-
ſions, ni qu'ils ſoient ci-après tenus d'aucune taxe de confirmation d'hérédité ni autres dont nous les déclarons exempts, à
la charge de payer par eux, tant pour ladite confirmation d'hérédité deſdits Syndic & Auditeur, que pour ledit Office de
Tréſorier, la ſomme de 54164 liv. de principal, ſur les quittances du Receveur de nos revenus caſuels, & en attendant l'expédition d'icelles, ſur les Récépiſſés de Me Jean Garnier, que
Nous avons chargé de ce recouvrement, ou de ſes Procureurs
& Commis portant promeſſe de les fournir ; & 5416 liv. 8 ſols
pour les deux ſols pour livre ſur les quittances dudit Garnier,

lefdites deux fommes faifant enfemble celle de 59580 liv. 8 fols, payables dans les termes portés par ledit Arrêt du 30 Janvier dernier; à l'effet de quoi, permettons aux Jurés actuellement en Charge d'emprunter conformément audit Arrêt, ou d'impofer fur tous les Maîtres de ladite Communauté, même fur les Privilégiés de leur Profeffion par forme de prêt, le plus équitablement que faire fe pourra, jufqu'à concurrence de ladite fomme de 59580 livres 8 fols.

Voulons que ceux qui prêteront, ayent privilége & hypothéque fpécial fur lefdits gages & Droits attribués auxdits Offices, & généralement fur tous les biens, effets & revenus de ladite Communauté, & que les arrérages leur en foient payés d'année en année à raifon du denier vingt, qui ne courront à l'égard defdits Maîtres Cordonniers, ou Privilégiés que du jour qu'ils auront achevé de fournir en entier les fommes qu'ils devront prêter, fuivant qu'ils feront employés dans l'état de contribution qui fera arrêté par lefdits Jurés, & vifé par le fieur d'Argenfon, Maître des Requêtes, Lieutenant-Général de Police de notre Ville & Fauxbourgs de Paris, lequel état Nous entendons être exécuté felon fa forme & teneur; & les Particuliers dénommés en icelui contraints par les voyes, & ainfi qu'il eft accoutumé pour nos deniers & affaires, & pour donner moyen à ladite Communauté, non-feulement de payer annuellement lefdits arrérages ou intérêts, mais encore d'acquitter de tems à autre, quelque chofe fur le principal; en forte qu'elle foit libérée le plus promptement qu'il fera poffible; comme auffi pour maintenir la difcipline qui doit être entr'eux, Nous avons par ces mêmes Préfentes, conformément à leurdite Délibération, dit, ftatué & ordonné, difons, ftatuons & ordonnons, voulons & nous plaît, ce qui enfuit.

A R T I C L E I.

Il fera fait dorénavant par les Jurés, fix vifites par chacun an, de deux mois en deux mois, au lieu de quatre vifites qui fe faifoient ci-devant, & fera payé pour chacune defdites vifites, par chaque Maître de ladite Communauté, 20 fols.

I I.

Chaque Maître qui prêtera la fomme de 3000 livres, pour aider au payement de ladite fomme de 59580 livres 8 fols ci-deffus, deſſus, aura la qualité d'Ancien, & ſera cenſé & réputé tel, ſans qu'il ſoit tenu de paſſer par les Charges dont nous l'avons diſpenſé & diſpenſons.

I I I.

Les Maîtres qui ſont exempts de la petite Jurande, au moyen des ſommes qu'ils ont prêtées ci-devant à ladite Communauté, & qui prêteront encore 500 livres en conſéquence de la préſente Déclaration, pourront parvenir à la grande Jurande ſans paſſer par la petite.

I V.

Les Modernes, (c'eſt-à-dire, ceux qui ont paſſé par la petite Jurande) & qui n'ayant rien prêté à ladite Communauté, ſe ſont ſoumis à donner & fournir à la Communauté la ſomme de 250 livres ſans répétition, pour être admis à la grande Jurande, ne ſeront obligés de payer que 100 livres, ainſi que ceux qui ont ci-devant prêté les ſommes preſcrites, pourvu néanmoins qu'ils prêtent à ladite Communauté chacun 500 livres pour la préſente confirmation & union.

V.

Chaque jeune Maître qui ſe trouvera n'avoir rien prêté & qui prêtera à ladite Communauté la ſomme de 500 livres, ſera exempt de la petite Jurande, & en cas qu'il prête juſqu'à 1000 livres, il pourra parvenir à la grande Jurande ſans paſſer par la petite.

V I.

Défendons aux Maîtres ou Veuves de Maîtres, de prêter leurs noms aux Compagnons, à peine d'être déchus de la Maîtriſe, & ſi aucun revendique des Ouvrages & Marchandiſes ſaiſies ſur un Compagnon, la revendication ſera nulle, ſi ce n'eſt que le Compagnon demeure actuellement dans la même maiſon du Revendiquant, lequel Maître ſera tenu de juſtifier de ſa demeure par Baux paſſés devant Notaires ou autres Actes publics.

V I I.

Défendons aux Cordonniers qui vendent des Souliers, des Bottes, & d'autres Ouvrages du Métier qu'ils n'ont pas faits, vulgairement appellés Halliers, comme auſſi à ceux qui travaillent en vertu d'un Privilége, d'acheter aucuns Ouvrages qu'ils n'ayent été faits par des Maîtres de ladite Communauté, ou autres ayant droit de travailler dudit Métier, à peine de 500 livres appliquables, un quart à Nous, un quart à l'Hôpital-Général, un quart au Dénonciateur, & l'autre quart à ladite Communauté.

V I I I.

Tous les Maîtres & Privilégiés qui vendront auxdits Halliers des Ouvrages, seront tenus de les marquer chacun de la marque des deux premieres lettres de son nom, laquelle sera appliquée sur le quartier du soulier en dedans, & des Bottes en dedans de la genouillere, & des mulles en dedans sur la premiere semelle au-dessus du talon.

I X.

Les Ouvrages qui se trouveront faits chez lesdits Halliers, seront marqués d'une marque particuliere que les Syndic & Jurés en Charge y apposeront dans la quinzaine du jour de la publication des Présentes.

X.

Défendons à tous Maîtres de faire aucunes avances aux Ouvriers-Compagnons, à peine de perdre leur dû, & de 30 livres d'amende, applicables, un tiers à Nous, un tiers au Dénonciateur, & l'autre à la Confrérie.

X I.

Tous les Maîtres à qui leurs Compagnons & Ouvriers doivent quelque chose du passé, seront tenus de le déclarer dans trois mois au Bureau de la Communauté, en présence des Jurés qui en tiendront un Regiſtre, à peine de perdre leur dû, & ne pourront lesdits Compagnons sortir de chez lesdits Maîtres, qu'en les avertissant huit jours auparavant.

X I I.

Il sera payé pour chaque Brevet d'apprentissage, 9 livres, au lieu de 6 livres qui se perçoivent.

X I I I.

Les fils de Maîtres parvenans à la Maîtrise, payeront 75 liv. au lieu de 60.

X I V.

Les fils de Maîtres qui se trouveront nés avant la Maîtrise de leurs Peres, payeront 90 l. pour leur réception à ladite Maîtrise.

X V.

Ceux qui fe feront recevoir Maîtres comme ayant époufé des Filles ou des Veuves de Maîtres, payeront 165 liv. pour leur réception, au lieu de 150 livres.

X V I.

Chaque Maître payera 15 fols pour le droit de Confrérie, au lieu de 5, & feront lefdits droits reçûs en la maniere accoutumée par les Jurés de la Chambre, qui rendront compte à la St Martin au plus tard, dans le Bureau de ladite Communauté, & faute par lefdits Jurés de rendre ledit compte, voulons que trois mois après ils foient déchûs de la Jurande & de la qualité d'Anciens.

X V I I.

Les Jurés de la Chambre auront 50 livres à partager entr'eux pour tous les frais de leur Recette de ladite Confrérie, & ne pourront délivrer auxdits Maîtres aucune Quittance dudit Droit de Confrérie qu'elle ne foit fignée du Syndic en Charge.

X V I I I.

Sera loifible à tous ceux qui font des Talons, de les apporter & vendre en notre bonne Ville de Paris, à la charge qu'ils ne les pourront vendre à d'autres qu'aux Cordonniers & aux Savetiers, chacun pour fa propre confommation ; permettons aux Maîtres de ladite Communauté de fe les remettre les uns aux autres pour le prix du premier achat.

X I X.

Permettons à ladite Communauté de recevoir fix Maîtres fans qualité, à raifon de 500 livres chacun, outre & par-deffus les deux qu'il lui eft permis de recevoir par chacun an, fans que les Syndic & Jurés puiffent prendre chacun plus de 3 liv. pour chaque réception.

X X.

Lui permettons pareillement de recevoir fix Maîtres par Brevets d'apprentiffage, s'il s'en trouve au par-deffus des huit qui fe reçoivent par chacun an.

X X I & dernier.

Voulons que tous les droits établis par augmentation par ces Préfentes, foit à titre de Vifite, d'Apprentiffage, de Maîtrife, de Jurande ou autrement, demeurent éteints & fupprimés après que ladite Communauté sera entierement acquittée, tant du principal que des arrérages, ou intérêts des sommes qu'elle aura empruntées pour le payement desdits 59580 liv. 8 sols ci-dessus.

Et d'autant qu'il est du bien public que la Police de notre bonne Ville de Paris & des Fauxbourgs soit uniforme & observée également, permettons aux Jurés de ladite Communauté de faire quatre Visites par an dans les maisons des Cordonniers du Fauxbourg S. Antoine & autres lieux & endroits privilégiés de la Profession à titre de Privilége du Prevôt de notre Hôtel ou autrement, même en cas que lesdits Jurés ayent des avis de quelque contravention aux Réglemens de Police, de faire d'autres Visites surabondantes au par-dessus des quatre, en prenant sur cela permission du Lieutenant-Général de Police de notredite Ville. Ne pourront néanmoins lesdits Jurés prétendre aucun droit de Visite desdits Cordonniers à titre de Privilége, ni de ceux qui exercent la Profession dans les lieux Privilégiés, à moins que lesdits Cordonniers à titre de Privilége local ou personnel ne fussent aussi Maîtres de ladite Communauté.

Voulons au surplus, que les Statuts dudit Métier, Déclarations, Arrêts & Réglemens rendus en conséquence en faveur de ladite Communauté soient exécutés selon leur forme & teneur, en ce qu'ils ne seront contraires à ces Présentes. Si donnons en mandement à nos amés & féaux Conseillers, les Gens tenans notre Cour de Parlement à Paris, que ces Présentes ils aient à faire lire, publier & registrer, & le contenu en icelles garder, observer & exécuter selon leur forme & teneur, nonobstant tous Edits, Déclarations, Réglemens & autres choses à ce contraires, auxquels nous avons dérogé & dérogeons par ces Présentes; car tel est notre plaisir : en témoin de quoi Nous avons fait mettre notre scel à cesdites Présentes. Donné à Versailles le 14e jour d'Août, l'an de grace 1703, & de notre Regne le soixante-uniéme. *Signé*, LOUIS. Et plus bas, par le Roi, PHELIPPEAUX. Vû au Conseil, CHAMILLARD.

Regiſtrées, oüi ce requérant le Procureur Général du Roi, pour jouir par les Impétrans de leur effet & contenu, & étre exécutées selon leur forme & teneur, suivant & aux charges portées par l'Arrêt de ce jour. A Paris, en Parlement le 4 Septembre 1703. Signé, DU TILLET.

ARREST D'ENREGISTREMENT.

VU par la Cour les Lettres Patentes du Roi, données à Verſailles le 14 Août 1703, *ſignées* LOUIS, & plus bas, par le Roi, PHELYPPEAUX, & ſcellées du grand Sceau de cire jaune, obtenues par les Syndic, Jurés & Communauté des Maîtres Cordonniers de cette Ville de Paris :

Par leſquelles pour les cauſes y contenues, ledit Seigneur Roi les a maintenus & confirmés dans l'hérédité de leurs Of-fices de Syndic, Jurés & d'Auditeurs de leurs Comptes ; a uni à ladite Communauté l'Office de Tréſorier-Receveur & Payeur de leurs deniers communs, créés par Edit du mois de Juillet 1702, pour jouir par eux des Droits, Priviléges & exemptions y attri-bués, & outre ce de 1000 liv. de gages, à la charge de payer par eux la ſomme 54164 livres de principal, & les deux ſols pour livre, à l'effet de quoi ledit Seigneur a permis auxdits Jurés en charge d'emprunter ou d'impoſer ſur tous les Maîtres de ladite Communauté, même ſur les Privilégiés de leur Profeſſion par forme de prêt, le plus équitablement que faire ſe pourra, juſ-qu'à concurrence deſdites ſommes.

Veut que ceux qui prêteront aient privilége & hypothéque ſpécial ſur leſdits Gages & Droits attribués auxdits Offices, & généralement ſur tous les biens, effets & revenus de ladite Communauté, & que les arrérages leur en ſoient payés d'an-née en année, à raiſon du denier vingt, qui ne courront à l'égard deſdits Maîtres Cordonniers ou Privilégiés que du jour qu'ils auront achevé de fournir en entier les ſommes qu'ils de-vront prêter ſuivant qu'ils ſeront employés dans l'état de con-tribution qui ſera arrêté par leſdits Jurés, & viſé par le Lieute-nant Général de Police de cette Ville de Paris.

Et pour donner moyen à ladite Communauté non-ſeulement de payer annuellement les arrérages ou intérêts [1], mais en-core d'acquitter de tems à autre quelque choſe ſur le prin-cipal, en ſorte qu'elle ſoit libérée le plus promptement qu'il ſera poſſible ; comme auſſi pour maintenir la diſcipline qui doit être entr'eux.

1705,
4 Sept.

Ledit Seigneur Roi a confirmé la Délibération par eux faite en forme de Statuts & Réglemens, contenant XXI Articles, ainfi que plus au long le contiennent lefdites Lettres à la Cour adreffantes.

Vu auffi l'Arrêt du 23 Novembre audit an, par lequel la Cour avant de procéder à l'enregiftrement defdites Lettres, a ordonné qu'elles feront communiquées au Lieutenant Général de Police, & au Subftitut du Procureur Général du Roi au Châtelet, pour donner leur avis fur icelles ; pour ce fait, rapporté & communiqué au Procureur Général du Roi, être ordonné ce que de raifon : l'avis dudit Lieutenant Général de Police, & dudit Subftitut du Procureur Général du Roi, du 31 Juillet dernier.

Requête préfentée par lefdits Impétrans, à fin d'enregiftrement defdites Lettres. Conclufions du Procureur Général du Roi : ouï le rapport de Mc René le Meufnier, Confeiller. Tout confidéré :

La Cour ordonne que lefdites Lettres feront enregiftrées au Greffe d'icelle, pour jouir par ladite Communauté de l'effet & contenu en icelles, & être exécutées felon leur forme & teneur, à la charge par ladite Communauté de rendre compte tous les ans de l'emploi defdits deniers pardevant le Lieutenant Général de Police, & le Subftitut du Procureur Général du Roi au Châtelet, & fans que l'Article XVIII puiffe préjudicier aux droits refpectivement prétendus par les Marchands Merciers & les Cordonniers de cette Ville, & fera l'inftance pendante en ladite Cour pour raifon de ce jugée, comme elle auroit pu l'être avant lefdites Lettres. Fait en Parlement le 4 Septembre 1705. Collationné. *Signé*, Dutillet.

SENTENCE DE POLICE,

QUI ordonne à Jean Bonnet , Maître Cordonnier Privilégié , de payer les droits de Visites ; de souffrir les Visites desdits Jurés , & ce, conformément à l'Article XXI des Lettres Patentes ou Déclaration du Roi du mois d'Août 1703 ; & ce , parce qu'il étoit aussi Maître Cordonnier.

A Tous ceux qui ces présentes Lettres verront : Charles-Denis de Bullion, Chevalier, Marquis de Galardon , Seigneur de Bonnelles & autres lieux , Conseiller du Roi en ses Conseils , Prévôt de Paris, Salut. Sçavoir faisons , que sur la Requête faite devant Nous en la Chambre de Police par Mᵉ Bourlet , Procureur des Syndic & Jurés de la Communauté des Maîtres Cordonniers de cette Ville de Paris, Demandeurs aux fins de la Requête à nous présentée le 16 Juillet 1707. Exploit du 18 dudit mois , fait par Gillet, Huissier en cette Cour ; contrôlé à Paris le 20 Juillet par Faucillot. Autre Exploit fait par Debury le 5 Août ensuivant, contrôlé à Paris le 6 par Brodard , & autre fait par Bertrix , aussi Huissier en cette Cour , le premier Décembre dernier , contrôlé à Paris le même jour par Gaudissart, & présentés, tendant à ce que conformément à l'Article XXI de la Déclaration du Roi du mois d'Août 1703, le Défendeur ci-après nommé soit tenu de souffrir les Visites qui seront faites chez lui par les Jurés de la Visitation Royale ; que défenses lui seront faites de ne plus à l'avenir les scandaliser , ni faire, ni médire , ni user des voies mentionnées en la Plainte rendue au Commissaire Dubois, le 14 Juillet 1705 ; & outre qu'il soit condamné en telle amende , aumône , dommages & intérêts que de raison , avec dépens, assistés de Mᵉ Forestier leur Avocat.

Contre Mᵉ Foyneau , Procureur de Jean Bonnet , Maître Cordonnier à Paris, & Privilégié suivant la Cour , Défendeur; assisté de Mᵉ Lepoupet son Avocat. Parties ouïes , lecture faite de leurs piéces :

Nous condamnons la Partie de Lepoupet à payer les droits

1709, 1. Février.

de Viſite en deniers ou quittances avec dépens ; enjoint à elle de ſouffrir les Viſites de ſes Jurés, ce qui ſera exécuté nonobſtant & ſans préjudice de l'appel. En témoin de ce, Nous avons fait ſceller ces Préſentes. Ce fut fait & donné audit Châtelet de Paris par Meſſire Marc-René & Voyer d'Argenſon, Chevalier, Conſeiller du Roi en ſes Conſeils, Lieutenant Général de Police, tenant le Siége, le Vendredi premier Février 1709. Collationné & ſcellé. *Signé*, DELARUE.

SENTENCE DE POLICE,

QUI défend aux petits Jurés de la Communauté des Maîtres Cordonniers de prendre la qualité de Bacheliers ;
Et qui ſurſit ſur la demande deſdits petits Jurés, afin d'être aſſiſtés d'un grand Juré dans leurs Viſites chez les Chambrelans & Colporteurs.

1710, 28 Février.

A Tous ceux qui ces préſentes Lettres verront, Charles-Denis de Bullion, Chevalier, Conſeiller du Roi en ſes Conſeils, Prevôt de Paris ; Salut. Sçavoir faiſons, que ſur la Requête faite en jugement devant Nous à l'Audience de la Chambre de Police du Châtelet de Paris, par Maître Jouvelin le jeune, Procureur des grands Jurés de la Communauté des Maîtres Cordonniers de Paris, Demandeurs aux fins de rapport & réformation de notre Sentence du 20 Décembre dernier, ſuivant leur Requête verbale, ſignifiée par Cartaut, Audiencier, le 2 Janvier dernier, & aſſignés par l'Exploit de Bertault, Huiſſier à Cheval, du 22 dudit mois, aſſiſtés de Maître Foreſtier leur Avocat.

Contre Maître Roch Hubert, Procureur des douze petits Jurés de ladite Communauté, Défendeurs & Demandeurs aux fins de leur Exploit ci-deſſus daté, tendant à fin d'exécution de ladite Sentence, & que faute par les grands Jurés de les avoir accompagnés dans les marches & viſites qu'ils ont voulu faire chez les Chambrelans, Colporteurs & Savetiers, qu'ils ſeront condamnés en leurs dépens, dommages, intérêts, & qu'à l'avenir eux & ceux qui leur ſuccéderont à la grande Jurande, ſeront

ront tenus fe députer & trouver un d'entr'eux dans le Bureau
de la Communauté aux jours & heures qui leur feront indiqués
par les petits Jurés pour les accompagner dans lefdites marches,
affiftés de Maître Pothouin leur Avocat.

Et encore lefdits grands Jurés Cordonniers, Défendeurs à
la Requête verbale fignifiée par Arnould Audiencier, le 6 du
préfent mois de Février, affiftés dudit Maître Foreftier, leur
Avocat.

Contre Maître Jean Goeffard, Procureur des Syndic & Communauté defdits Maîtres Cordonniers, Demandeurs aux fins de
la Requête verbale fufdatée, tendante afin d'être reçus Parties
intervenantes en l'inftance d'entre les grands & petits Jurés de
ladite Communauté; ce faifant, que la Sentence du 16 Novembre 1709 fera exécutée, lefdits petits Jurés & ceux qui leur
fuccéderont à la petite Jurande, tenus de vaquer aux fonctions
de leurs commiffions, conformément aux Statuts de la Communauté, & que lorfqu'il s'agira de faire des faifies fur les
Chambrelans & Maîtres Savetiers, ils feront tenus, conformément à la Sentence du 16 Novembre dernier, fe retirer audit
Bureau pour requerir un grand Juré de les y affifter, défenfes à
eux de prendre la qualité de petits Jurés-Bacheliers, mais feulement celle de petits Jurés, conformément à leurs commiffions; que les Elections & Chefs-d'œuvres feront faits en la maniere accoutumée, fans qu'aucun des petits Jurés puiffe prétendre y être appellé : lefdits Syndic & Communauté affiftés
de Maître Barbier leur Avocat. Parties ouies, lecture faite de
leurs piéces,

Nous avons les Parties de Barbier reçues Parties intervenantes; & faifant droit fur leur intervention, entant que touche la demande faite par les Parties de Pothouin, pour les Vifites,
avons furfis d'un mois, & ne pourront prendre lefdites Parties
de Pothouin la qualité de Bacheliers, laquelle qualité fera rayée
de tous Regiftres & Sentences, & ne feront mandés pour affifter à aucunes Réceptions & Elections, & ne pourront prétendre aucuns droits pour raifon d'icelles; condamnons lefdites
Parties de Pothouin en la moitié des dépens, l'autre moitié réfervée, ce qui fera exécuté nonobftant & fans préjudice de l'appel.
En témoin de ce Nous avons fait fceller ces préfentes. Ce fut

fait & donné audit Châtelet, par Messire Marc-René de Paulmi d'Argenson, Chevalier, Conseiller d'Etat ordinaire, & Lieutenant Général de Police de la Ville, Prévôté & Vicomté de Paris, tenant le Siége, le Vendredi 28 Février 1710. Collationné. *Signé*, Tardiveau : scellé le 6 Mars 1710. *Signé*, Dechambault. Contrôlé. *Signé*, Pillon.

LETTRES PATENTES OU DÉCLARATION DU ROI,

QUI réunit à la Communauté des Maîtres Cordonniers les Offices de Contrôleurs-Visiteurs de Poids & Mesures, & de Greffier, pour insinuer & regiftrer les Brevets d'Apprentiffage, Lettres de Maîtrise, les Elections des Syndics & Jurés, & tous autres Actes concernant ladite Communauté.

Regiftrée en Parlement le 2 Août fuivant.

1710.
13 Juin.

LOUIS, par la grace de Dieu, Roi de France & de Navarre : A tous ceux qui ces Préfentes Lettres verront : Salut. Les Syndic, Jurés, Anciens & Maîtres de la Communauté des Cordonniers de notre bonne Ville & Fauxbourgs de Paris nous ont très-humblement fait remontrer, qu'ayant par notre Edit du mois de Janvier 1704, créé des Offices de Contrôleurs-Vifiteurs des Poids & Mefures dans les Corps des Marchands, Communautés & Profeffions d'Arts & Métiers.

Et par autre notre Edit du mois d'Août de la même année, des Greffiers pour infinuer & regiftrer les Brevets d'Apprentiffages, Lettres de Maîtrise, les Elections de Syndics & Jurés, & tous autres Actes concernant la police & difcipline des mêmes Corps & Communautés, ils ont un notable intérêt que les fonctions defdits Offices, en ce qui concerne leur Communauté, ne foient exercées que par des gens de probité & d'expérience dans leur Commerce, pour éviter les Procès & autres inconvéniens qui pourroient arriver, perfonne n'étant d'ailleurs en état de remplir lefdites fonctions plus dignement & avec plus d'exactitude que les Syndic & Jurés de ladite Communauté, joint que fi Nous voulions bien leur accorder quelque modération de la finance, tant pour le rachat du droit des trois livres

que chacun d'eux eft tenu de payer annuellement pour la redevance defdits Poids & Mefures, que des droits attribués audit
Office de Greffier, conformément à nos Edits de création ; tarif
arrêté en notre Confeil le 15 Janvier 1704, & notre Déclaration du 10 Février 1705 ; il eft plus jufte que les Pauvres de leur
Communauté en profitent que des Etrangers, pour raifon de
quoi, & attendu que par l'Arrêt de notre Confeil du 28 Octobre 1704, & par notre Déclaration du 19 Mai 1705, Nous
avons réuni auxdits Corps & Communautés lefdites fonctions
& droits, les Syndic, Jurés, Anciens & Maîtres de ladite
Communauté, qui n'ont pu jufqu'à préfent profiter de cette
grace, ne fe trouvant pas en état de payer en entier les fommes que nous leur demandons pour la finance defdits Offices,
nous auroient très-humblement fait fupplier de Nous contenter
pour la réunion d'iceux à leur Communauté, de la fomme de
52000 liv. & de 5200 liv. pour les deux fols pour livre, laquelle propofition & offre Nous avons bien voulu accepter, &
en conféquence avons ordonné par l'Arrêt de notre Confeil
du 19 Octobre 1706, qu'en payant par eux lefdites fommes
dans certains tems, lefdits Offices demeureroient unis & incorporés à leur Communauté avec les droits y attribués, &
12000 livres de gages actuels & effectifs par chacun an, dont
le fonds fera employé dans les Etats des Finances de la Généralité de Paris pour en jouir conformément à leur foumiffion
du 10 Octobre 1706 : & pour les mettre en état d'y fatisfaire,
qu'il Nous plût leur permettre d'emprunter, non-feulement
ladite fomme de 52000 livres & les deux fols pour livre, mais
encore celle de 2600 liv. pour les aider à fupporter les frais qu'il
conviendra faire au fujet de l'emprunt & recouvrement defdites fommes ; & pareillement attendu qu'ils ne font pas affurés
de la trouver à emprunter dans le Public, leur permettre de les
impofer en tout ou partie fur les Maîtres & Veuves qui compofent ladite Communauté, même fur ceux & celles qui ont
fait fignifier leur renonciation à la Maîtrife depuis le mois de
Mars 1691, fuivant l'état de répartition qui en a été ou fera
arrêté par le Sr d'Argenfon, Confeiller d'Etat, Lieutenant Général de Police de notredite Ville & Fauxbourg, dont il eft
jufte auffi que les intérêts foient payés à chacun d'eux du jour

O ij

qu'ils auront achevé de payer leur cotte-part en entier. D'ailleurs jugeant néceffaire de pourvoir à ce que les arrérages des fommes qu'ils emprunteront du Public, ou qu'ils leveront par répartition, foient exactement payés, & même qu'il puiffe y avoir de tems à autre du revenant-bon pour l'employer à l'extinction du principal, ce qui ne fe peut qu'en impofant quelques droits nouveaux fur les Vifites & fur les Réceptions, & en fe prefcrivant des Réglemens qui les maintiennent dans une exacte difcipline, & empêchent les abus qui détruifent ordinairement les Communautés les mieux établies ; ils ont pris entr'eux, fous notre bon plaifir, une Délibération contenant quelques difpofitions qu'ils défireroient qu'il Nous plût autorifer ; & voulant favorablement traiter ladite Communauté des Maîtres Cordonniers, leur donner des marques de la fatisfaction que nous avons de leur obéiffance, & leur faire reffentir les effets de notre protection.

A CES CAUSES, & autres à ce nous mouvans, après avoir fait examiner en notre Confeil la Délibération defdits Maîtres Cordonniers, & ledit Arrêt du 19 Octobre 1706, de notre certaine fcience, pleine puiffance & autorité Royale, Nous avons par ces préfentes fignées de notre main, dit, ftatué & ordonné, difons, ftatuons & ordonnons, voulons & Nous plaît,

Qu'en payant par les Syndic, Jurés, Anciens & Maîtres de ladite Communauté, à Maîtres Elie Bieft & Simon Miger, au lieu & place de Nicolas Cartier, chargés du recouvrement de la finance qui doit provenir de l'exécution defdits Edits des mois de Janvier & Août 1704, la fomme de 52000 livres & celle de 5200 liv. pour les deux fols pour livre, dans les termes dont ils conviendront par l'Avis dudit fieur d'Argenfon ; fçavoir, le principal fur les récépiffés defdits Bieft & Méger, leurs Procureurs ou Commis, portant promeffes de fournir la Quittance du Tréforier de nos revenus cafuels, & les deux fols pour livre d'icelle fur leurs fimples quittances, l'Office de Contrôleur-Vifiteur des poids & mefures, & celui de Greffier des Enregiftremens des Brevets d'Apprentiffages, Lettres de Maîtrife, & autres Actes en ce qui concerne ladite Communauté, enfemble les fonctions & droits y attribués, demeureront réunis & appartiendront à ladite Communauté, conformément à la foumiffion dudit jour 10 Octobre audit an, aux gages actuels & effectifs par chacun an, de 1200 liv. dont le fonds fera fait dans les Etats de nos Finances de la Généralité de Paris, conformément audit Arrêt, pour en jouir fuivant ladite foumiffion.

Permettons à ladite Communauté, pour faciliter le payement defdites fommes, d'en emprunter les deniers en tout ou partie, comme auffi celle de 2600 liv. pour les aider à fupporter les frais néceffaires au fujet de l'emprunt & recouvrement defdites fommes.

Voulons que ceux qui les prêteront, ayent une hypothéque fur lefdits droits & gages, qui y demeureront affectés & hypothéqués.

Permettons en outre auxdits Syndic & Jurés d'impofer, fi befoin eft, lefdites fommes en tout ou en partie fur les Maîtres & Veuves de ladite Communauté, même fur ceux & celles qui ont fait fignifier leur renonciation à la Maîtrife depuis le mois de Mars 1691, & à cet effet, de faire un état de répartition de ce que chacun devra fournir, lequel état fera arrêté par ledit fieur d'Argenfon, & les dénommés en icelui contraints comme pour nos propres deniers & affaires, à condition que lefdits Maîtres & Veuves feront payés des intérêts defdites fommes par ladite Communauté fur le pied du denier vingt, lefquels néanmoins ne commenceront à courir à l'égard de chacun d'eux, que du jour qu'ils auront achevé de payer leur cotte-part en entier, & ils feront payés defdits intérêts jufqu'à leur actuel rembourfement, à la charge par lefdits Syndic & Jurés de rendre compte toutefois & quantes defdites fommes, ainfi qu'il eft accoutumé.

Et pour donner moyen à ladite Communauté de payer nonfeulement lefdits arrérages annuellement, mais encore d'acquitter de tems à autre quelque chofe fur le principal, enforte qu'elle foit libérée le plus promptement qu'il fera poffible, comme auffi pour maintenir la difcipline qui doit être entr'eux, & empêcher les entreprifes qui fe font fur leur Proffeffion, Nous avons par les mêmes Préfentes auffi dit, ftatué & ordonné; difons, ftatuons & ordonnons, voulons & nous plaît ce qui fuit:

A R T I C L E I.

Les Maîtres qui ont prêté ou prêteront la somme de 3000 liv.
feront réputés Anciens de ladite Communauté.

I I.

Les Maîtres qui prêteront 1000 liv. feront reconnus modernes, & pourront parvenir à la grande Jurande, en donnant
chacun la somme de 200 liv. au profit de ladite Communauté,
sans répétition.

I I I.

Les Maîtres qui auront passé la petite Jurande, en prêtant la
somme de 500 liv. pourront parvenir à la grande Jurande, en
donnant seulement celle de 200 livres au profit de ladite Communauté, sans répétition.

I V.

Les Maîtres qui voudront s'exempter de la petite Jurande,
donneront au profit de ladite Communauté la somme de 250 liv.
sans répétition.

V.

Les Maîtres qui ont prêté la somme de 500 liv. pour s'exempter de la petite Jurande, & qui prêteront encore celle de 500
livres, pourront parvenir à la grande Jurande en donnant 200
livres au profit de ladite Communauté, sans répétition.

V I.

Les Maîtres & Veuves de Maîtres qui prêteront au-dessous
de la somme de 100 livres, n'auront point d'intérêt, mais ils
feront remboursés les premiers, à commencer par ceux qui
les premiers auront prêté leurs deniers, & en cas de concurrence de dates par les Veuves, & ensuite par les Anciens en réception.

V I I.

Aucun Ancien ne pourra être élû Syndic, Juré de Cuir tanné, ni Juré de la Chambre, qu'il ne soit actuellement créancier
de ladite Communauté pour la somme de 1000 liv. au moins;
& aucun Maître ne pourra être Juré de la Visitation Royale
qu'il ne soit créancier de ladite Communauté pour la somme de
500 liv. véritablement & de bonne foi : & ne pourront ni les
uns ni les autres vendre leurs Contrats, accepter ni s'en procurer le remboursement, jusqu'à ce que les sommes à Nous

dûes soient entiérement acquittées, & que les comptes ayent été rendus, clos & apurés après la Jurande finie.

VIII.

Lorsqu'on ne payera plus la Capitation, les six Visites qui se font par chacun an seront augmentées de 10 sols chacune, pour aider à faire le remboursement des dettes de ladite Communauté.

IX.

Les Jurés de la Visitation Royale rendront compte tous les ans aux Syndic & Anciens de ladite Communauté de ladite recette des six visites qu'ils auront faites pendant l'année de leur exercice, & ils donneront l'état des noms & demeures des payans & non payans, dont ils tiendront un fidéle Registre qu'ils leur communiqueront, & ne pourront être passés ou réputés comme non-valeurs aucuns Maîtres, sans une Délibération expresse de la Communauté.

X.

Il sera payé 12 liv. pour chaque enregistrement de Brevet d'Apprentissage, au lieu de 9 livres, dont les Jurés qui les auront signés, tiendront bon & fidéle Registre, qui sera cotté & paraphé par le Substitut de notre Procureur-Général au Châtelet; & faute par lesdits Jurés de le faire, ils seront déchus de la qualité d'Anciens.

XI.

Les Syndic & Jurés ne pourront recevoir aucuns Maîtres à plus bas prix qu'il est porté par les Réglemens de ladite Communauté, sans un consentement par écrit des Anciens qui ont prêté leurs deniers à ladite Communauté, en exécution de nos Edits, s'il n'en est autrement ordonné par le Lieutenant-Général de Police.

XII.

Les petits Jurés seront tenus de faire la recherche des Colporteurs & Chambrelans deux fois la semaine, assistés d'un Huissier seulement.

XIII.

Les Jurés qui seront reçus à l'avenir donneront à chacun des Syndic, Jurés & Anciens, quatre jettons d'argent, comme il s'est pratiqué de toute ancienneté.

X I V.

Défendons à toutes perfonnes, même aux Soldats de notre Hôtel des Invalides, de vendre ni colporter aucuns Souliers dans les rues de notre bonne Ville & Fauxbourgs de Paris, au préjudice des Maîtres Cordonniers de ladite Communauté.

X V.

Défendons à tous les Maîtres de ladite Communauté de payer plus haut prix les uns que les autres à leurs Garçons, & aux Garçons de fortir de chez leurs Maîtres, trois femaines avant les Fêtes de Noël, Pâques, Pentecôte & de tous les Saints; & ils feront tenus pendant le cours de l'année d'avertir leurs Maîtres le Dimanche, & n'en pourront fortir que le Dimanche fuivant, à peine de 10 liv. d'amende, conformément à l'Article XXI des Statuts de ladite Communauté.

X V I.

Les Garçons qui feront trois jours hors de chez leurs Maîtres fans travailler, feront arrêtés & conduits dans les Prifons, fuivant l'Article XXIV des Statuts de ladite Communauté.

X V I I.

Les Garçons qui quitteront leurs Maîtres pour aller travailler chez les Chambrelans, ne pourront parvenir à la Maîtrife, s'ils n'époufent des Veuves ou Filles de Maîtres.

X V I I I.

Les Garçons qui fortiront de chez leurs Maîtres pour prendre Boutiques, ne pourront s'établir dans le quartier de leurfdits Maîtres.

X I X & dernier.

Voulons au furplus que les Statuts, Articles, Ordonnances, Déclarations, Arrêts & Réglemens rendus en faveur de ladite Communauté foient exécutés felon leur forme & teneur.

Si donnons en mandement à nos amés & féaux Confeillers les Gens tenans notre Cour de Parlement à Paris, que les Préfentes ils ayent à faire lire, publier & enregiftrer, & le contenu en icelles garder & obferver felon leur forme & teneur, nonobftant tous Edits, Déclarations, Arrêts & autres chofes à ce contraires, auxquels nous avons dérogé & dérogeons par ces Préfentes, aux copies defquelles collationnées par l'un de nos amés & féaux Confeillers-Secrétaires, voulons

que

que foi foit ajoutée comme à l'original ; car tel eft notre plaifir : en témoin de quoi Nous avons fait mettre notre fcel à cefdites Préfentes. Donné à Marli le 13 Juin, l'an de grace 1710, & de notre Regne le foixante-huitiéme. *Signé*, LOUIS. Et plus bas, par le Roi, PHELIPPEAUX. Vû au Confeil, DESMARETZ.

Regiftrées, ouï le Procureur Général du Roi, pour jouir par ladite Communauté de l'effet & contenu en icelles, & être exécutées felon leur forme & teneur, fuivant & conformément à l'Arrêt de ce jour. A Paris, en Parlement le 2 Août 1710. Signé, GUYHOU.

ARREST D'ENREGISTREMENT.

VU par la Cour les Lettres Patentes du Roi, données à Marly le 13 Juin 1710, *fignées* LOUIS, & plus bas, par le Roi, PHELYPPEAUX, & fcellées du grand Sceau de cire jaune, obtenues par les Syndic, Jurés, Anciens & Maîtres de la Communauté des Maîtres Cordonniers de la Ville & Fauxbourgs de Paris :

Par lefquelles pour les caufes y contenues, ledit Seigneur a uni à ladite Communauté l'Office de Contrôleur-Vifiteur des Poids & Mefures, & celui de Greffier des Enregiftremens des Brevets d'Apprentiffage avec les gages qui y font attribués ; & pour maintenir la difcipline dans ladite Communauté, ledit Seigneur a approuvé 19 Articles de nouveaux Statuts énoncés efdites Lettres, & ainfi que plus au long elles le contiennent à la Cour adreffantes.

L'Arrêt du 3 Juillet dernier, par lequel avant de procéder à l'enregiftrement defdites Lettres, il a été ordonné qu'elles feront communiquées au Lieutenant Général de Police, & au Subftitut du Procureur Général du Roi au Châtelet de cette Ville de Paris, pour donner leur avis fur icelles.

L'avis dudit Lieutenant Général de Police, & dudit Subftitut du Procureur Général du Roi, du 8 du mois de Juillet dernier.

Et la Requête préfentée par lefdits Impétrans, à fin d'enregiftrement defdites Lettres. Conclufions du Procureur Général du

P

1710, 2
Août.

Roi : ouï le rapport dudit M. Thomas Dreux, Conseiller. Tout considéré :

La Cour ordonne que lesdites Lettres seront enregistrées au Greffe d'icelle, pour jouir par ladite Communauté de l'effet & contenu en icelles, & être exécutées selon leur forme & teneur, sans que la prohibition portée par l'Article 18 desdits nouveaux Statuts puisse avoir lieu, sinon à l'égard des Maîtres qui étant nouvellement reçus, s'établiront dans la même rue, dans laquelle demeureront les Maîtres chez lesquels ils travailloient comme Compagnons lorsqu'ils ont été reçus Maîtres. Fait en Parlement le 2 Août 1705. Collationné. *Signé*, GUYHOU.

SENTENCE DE POLICE,

Pour saisies faites des Talons de Cuir & de Bois ; qui ordonne la confiscation desdits Talons de Cuir, & les Talons de Bois vendus, & les deniers en provenans rendus.

1712,
30 Août.

A Tous ceux qui ces présentes Lettres verront, Charles-Denis de Bullion, Marquis de Galardon, Conseiller du Roi en ses Conseils, Prevôt de Paris ; Salut. Sçavoir faisons, que sur la Requête faite en jugement devant Nous à l'Audience de la Chambre de Police du Châtelet de Paris, par Me Pierre Tetart, Procureur des Syndic & Jurés de la Communauté des Maîtres Cordonniers de Paris, Demandeurs aux fins de sa Requête à Nous présentée le 21 Mai dernier. Procès-verbaux du Commissaire le François, & Exploit de saisie de Talons de Cuir & de Bois, faite par Bietrix, Huissier à Verge, le 17 Juin dernier, contrôlé à Paris par le Camus le 19, Défendeurs à la Requête d'intervention signifiée par Cartault, Audiencier, le 28 dudit mois de Juin, Demandeurs & Défendeurs incidemment, assistés de Me Pillon leur Avocat.

Contre Me Ollivier, Procureur de Pierre de Seine, Charles Cachereux & Vincent Thibault, Parties saisies, Défendeurs & Demandeurs en main-levée desdites saisies sur eux faites à la Requête des Cordonniers & des Tourneurs, suivant leurs défenses du 30 Juin dernier, & assistés de Me le Poupet leur Avocat.

Et contre Me Dufour, Procureur des Jurés de la Communauté des Maîtres Tourneurs à Paris, saisissans pareillement lesdits Talons de Bois seulement sur lesdits Cachereux, de Seine & Thibault, par Exploit du 20 dudit mois de Juin, Demandeurs & intervenans suivant ladite Requête du 28 Juin, & aussi Défendeurs incidemment, assistés de Me Forestier leur Avocat, contre lesdits Jurés Cordonniers & lesdits Cachereux, de Seine & Thibault, Défendeurs à l'intervention. Parties ouïes, ensemble noble homme M.   de Lizonet, Avocat du Roi en ses Conclusions.

Nous, après avoir ouï les Gens du Roi en leurs Conclusions, avons les saisies déclarées valables, ordonnons que les Talons de Cuir demeureront confisqués au Profit des Parties de Pillon & les autres Talons de Bois seront vendus à leur diligence, & les deniers en provenans rendus aux Parties de le Poupet; à cet effet, seront lesdits Talons de Bois portés au Bureau des Parties de Pillon. Avons permis aux Parties de Forestier de faire des Talons de Bois suivant leurs Statuts & Réglemens, sauf auxdites Parties de le Poupet de se retirer pardevers le Roi, pour être érigés en Communauté, s'il est ainsi ordonné par Sa Majesté. Condamnons les Parties de le Poupet aux tiers des dépens, & les deux autres tiers compensés. Faisons défenses aux Parties de faire des Magasins de Talons de bois, ni d'aller au-devant des Marchands Forains, sous les peines portées par les Réglemens, qui seront exécutés selon leur forme & teneur; ce qui sera exécuté sans préjudice de l'appel. En témoin de quoi nous avons fait sceller ces Présentes; ce fut fait & donné par Messire MARC - RENÉ DE VOYER DE PAULMY D'ARGENSON, Chevalier, Conseiller d'Etat ordinaire & Lieutenant-Général de Police, tenant le Siége le Mardi 30 Août 1712. *Signé*, TARDIVEAU. Collationné, contrôlé & scellé.

SENTENCE DE POLICE,

QUI confirme l'avis de M. le Procureur du Roi du 15 Novembre 1712, obtenu par Simon le Gras, Maître Cordonnier;
CONTRE Pierre Gardere, aussi Maître Cordonnier; par laquelle pour la contravention par lui faite aux Statuts & Réglemens de la Communauté des Maîtres Cordonniers, ayant pris un des Garçons dudit le Gras sans avoir été averti, il est condamné en trois livres d'amende, dix livres de dommages & intérêts, & aux dépens, & les Statuts & Réglemens executés.

1713.
10 Janv.

A Tous ceux qui ces présentes Lettres verront: Charles-Denis de Bullion, Chevalier, Marquis de Galardon, Seigneur de Bonnelles & autres lieux, Prévôt de Paris, Salut. Sçavoir faisons, que sur la Requête faite en jugement devant Nous en la Chambre de Police du Châtelet de Paris, par Me Louis le Masson, Procureur de Simon le Gras, Maître Cordonnier à Paris, Demandeur en confirmation de l'avis de M. le Procureur du Roi, du 15 Novembre dernier, suivant l'Exploit fait à sa Requête le 18, par Bertaut, Huissier à Cheval; lequel avis porte entr'autres choses que les Statuts & Réglemens de la Communauté des Maîtres Cordonniers seront exécutés, & condamne le ci-après nommé en quarante sols d'amende, & aux dépens, assisté de Me Favrel son Avocat.

Contre Me Tricot, Procureur du nommé Gardere, aussi Maître Cordonnier à Paris, Défendeur audit Exploit, assisté de Me Barbier son Avocat: Parties ouies;

Nous avons la Partie de Barbier condamnée en trois livres d'amende, dix livres de dommages & intérêts, & aux dépens. Ce qui sera exécuté nonobstant & sans préjudice de l'appel. En témoin de ce, Nous avons fait sceller ces présentes. Ce fut fait & donné par Messire Marc-René de Voyer de Paulmy, Chevalier, Marquis d'Argenson, Conseiller d'Etat ordinaire, Lieutenant Général de Police, tenant le Siége, le Mardi 10 Janvier 1713. *Signé*, TARDIVEAU. Collationné, contrôlé & scellé.

SENTENCE DE POLICE,

RENDUE au profit de Michel de la Grange, Maître Cordon-
nier, Juré en Charge de la Communauté des Maîtres Cordonniers
de la Ville & Fauxbourgs de Paris, Demandeurs ;
Les Syndic & Jurés de la Communauté des Maîtres Cordonniers,
Intervenans.
Contre Dominique Caſtin, Maître Cordonnier, ancien Juré de la
Communauté des Maîtres Cordonniers ;
Et Jean Pichon, Compagnon Cordonnier, Défendeur. Par laquelle
ledit Pichon eſt condamné de retourner travailler chez ledit ſieur
de la Grange, & ledit ſieur Caſtin de le mettre dehors, & en
chacun quarante ſols d'amende, & pareille ſomme de dommages
& intérêts.
Ordonne que les Statuts, Déclarations du Roi & Réglemens de la
Communauté ſeront exécutés ; fait défenſes audit Caſtin & à tous
autres Maîtres Cordonniers, de recevoir & faire travailler aucun
Compagnon, ſans auparavant ſçavoir ſi le Maître d'où il ſort
en eſt content, & ſi il l'a averti huit jours auparavant ; con-
damne ledit ſieur Caſtin & ledit Pichon aux dépens.

A Tous ceux qui ces préſentes Lettres verront : Charles-
Denis de Bullion, Chevalier, Marquis de Galardon, Seigneur de Bonnelles, & autres lieux, Conſeiller du Roi en ſes
Conſeils, Prévôt de Paris, Salut. Sçavoir faiſons, que ſur la Requête faite en Jugement devant Nous à l'audience de la Chambre
de Police du Châtelet de Paris, par Me Pierre Tetart, Procureur de Michel de la Grange, Maître Cordonnier à Paris, &
Juré en Charge de la Communauté, Demandeur à fin de confirmation de l'avis de M. le Procureur du Roi, du 26 Mai dernier, ſuivant la Requête verbale ſignifiée par Poiſeau, Audiencier, le 31 Mai dernier, & encore ledit Tetart, Procureur
des Syndic & Jurés de ladite Communauté des Maîtres Cordonniers, Demandeurs aux fins de la Requête verbale d'intervention ſignifiée par Poiſeau, Audiencier, le 10 du préſent mois.
Contre Me Faverel, Procureur de Dominique Caſtin, Maître

1713.
16 Juin.

Cordonnier à Paris, & ancien Juré de ladite Communauté;

Et Me de Jouy, Procureur de Jean Pichon, Compagnon Cordonnier, Défendeurs: Parties ouies, lecture faite de leurs piéces & préfentations,

Nous avons l'avis du Procureur du Roi confirmé, & en conféquence condamné la Partie de Jouy à retourner travailler chez celle de Tetart, & lui payer 4 liv. 19 fols pour fa Capitation, & 2 liv. pour deux paires de fouliers, & la Partie de Faverel à mettre hors de chez lui ledit Pichon Compagnon, & en chacun 2 liv. d'amende, & 2 liv. de dommages & intérêts.

Et faifant droit fur l'intervention defdits Syndic & Jurés Cordonniers que Nous avons reçus Parties intervenantes, difons que les Statuts, Déclarations du Roi & Réglemens de la Communauté, enfemble notre Sentence du 10 Janvier dernier feront exécutés, & en conféquence faifons défenfes audit Caftin, & aux autres Maîtres Cordonniers de retenir & faire travailler aucun Compagnon, fans auparavant avoir parlé & fçu fi le Maître de chez lequel le Compagnon eft forti, a demandé fon congé huit jours avant la fortie, conformément à l'article XI de la Déclaration du Roi du 14 Août 1703, fur telles peines qu'il appartiendra: condamnons les Parties de Faverel & de Jouy aux dépens envers les Parties de Tetart, & fera notre préfente Sentence inférée dans le Regiftre du Bureau des Maîtres Cordonniers, après que lecture en aura été faite en la Chambre affemblée, ce qui fera exécuté fans préjudice de l'appel : en témoin de ce, Nous avons fait fceller ces Préfentes, faites & données par Meffire Marc-René de Voyer de Paulmy d'Argenfon, Chevalier, Confeiller d'Etat ordinaire, & Lieutenant Général de Police audit Châtelet, tenant le Siége, le Vendredi 16 Juin 1713.

Collationné, *figné* Tardiveau. Scellé le 19 Juin 1713. *Signé*, Pillon. Contrôlé lefdits jour & an. *Signé*, Guzon.

Signifié & baillé copie auxdits de Faverel & de Jouy, à domicile, le 20 Juin 1713. Signé, MARENE.

SENTENCE DE POLICE,

QUI maintient & garde la Communauté des Maîtres Cordonniers dans la possession où ils sont de faire fermer la Halle aux Cuirs le jour des SS. Crespin & Crespinien, & qui enjoint de l'ouvrir le jour de S. Thibault.

A Tous ceux qui ces présentes Lettres verront : Charles-Denis de Bullion, Chevalier, Marquis de Galardon, Seigneur de Bonnelles, Bullion, Esclimont, Monlouet & autres lieux, Conseiller du Roi en ses Conseils, Prévôt de la Ville, Prévôté & Vicomté de Paris, Salut. Sçavoir faisons, que sur la Requête faite en Jugement devant Nous en la Chambre de Police du Châtelet de Paris, par Me Pierre Tetart, Procureur des Syndic & Jurés de la Communauté des Maîtres Cordonniers de Paris, Demandeurs aux fins de la plainte par eux rendue au Commissaire Duplessis le premier Juillet dernier, & de l'Exploit fait en conséquence de son Ordonnance, par Biétrix, Huissier-Sergent à verge au Châtelet de Paris, le 7 dudit mois, contrôlé à Paris par le Camus le 8 ; tendante à ce qu'ils fussent maintenus dans le droit & possession de tems immémorial, de faire fermer la Halle aux Cuirs le jour & Fête des SS. Crespin & Crespinien leurs Patrons, & que défenses fussent faites au Concierge de ladite Halle de l'ouvrir ledit jour, & de la fermer le premier Juillet, fête de S. Thibault ; à l'effet de quoi que la Sentence du 24 Mars 1676, rendue entre lesdits Cordonniers & le nommé Marteau, alors Concierge de ladite Halle, seroit exécutée & déclarée commune avec les Jurés Corroyeurs, avec dommages, intérêts & dépens, & Défendeurs à la Requête verbale ci-après datée, assistés de Maître Pillon leur Avocat.

Contre Me Roch Hubert l'aîné, Procureur du sieur Paul Piffre, Commis à la Recette des droits du Contrôle des Cuirs, Concierge de ladite Halle, Défendeur ; assisté de Maître Forestier son Avocat.

Et contre Me Royer I. L. Procureur des Jurés de la Communauté des Maîtres Corroyeurs-Baudroyeurs à Paris, Défendeurs à la Plainte & Exploit, & incidemment Demandeurs aux fins de leur Requête verbale, signifiée par Ducerf, Audiencier, le 18 Juillet dernier, tendante à ce qu'il fût permis auxdits Corroyeurs de faire fermer ladite Halle aux Cuirs le premier Juillet, jour & Fête de S. Thibault leur Patron, attendu que ce jour-là il leur est défendu d'ouvrir leurs Boutiques, ni aller à la Halle pour y faire la visite & marquer des Cuirs avec les Jurés Cordonniers, comme les Cordonniers la font fermer le jour & Fête de saint Crespin & saint Crespinien leurs Patrons, & où nous ferions difficulté de l'ordonner ainsi, qu'il nous plût faire défenses auxdits Cordonniers de plus à l'avenir faire fermer ladite Halle le jour & Fête de S. Crespin & de S. Crespinien, & encore Demandeurs aux fins de leurs moyens, signifiés le 28 Juillet dernier, assistés de M° Forestier leur Avocat. Parties ouies, lecture faite de leurs piéces & présentations, sans que les qualités puissent nuire ni préjudicier,

Nous avons maintenu & gardé les Parties de Pillon dans la possession où ils sont de faire fermer la Halle aux Cuirs le jour des SS. Crespin & Crespinien. Faisons défenses à Paul Piffre d'ouvrir ladite Halle ledit jour de S. Crespin ; lui enjoignons de l'ouvrir le jour de S. Thibault, sans s'arrêter à la Requête des Corroyeurs dont nous les avons déboutés ; & en conséquence ordonnons que ladite Halle continuera d'être ouverte ledit jour de S. Thibault ; à l'effet de quoi déclarons la Sentence du 24 Mars 1676, exécutoire contre la Partie de Forestier. Ce faisant, ordonnons que ledit jour de S. Thibault, les Corroyeurs seront tenus de se trouver à la Halle & d'y apporter les clefs pour ouvrir les coffres qui enferment les marteaux servant à marquer les Cuirs, sinon permettons aux Cordonniers d'en faire faire l'ouverture aux frais & dépens des Jurés Corroyeurs pour lors en Charge, lesquels audit cas seront privés & interdits pour deux mois de tout lotissement.

Faisant droit sur les Conclusions du Procureur du Roi, faisons défenses de multiplier les frais dans les affaires qui concernent la Police : condamnons lesdits Corroyeurs en tous les dépens ; & sera la présente Sentence regiftrée dans le Registre des deux Communautés, & affichée à la Halle aux Cuirs. Ce qui sera exécuté, nonobstant & sans préjudice de l'appel. En témoin de quoi de quoi Nous avons fait fceller ces Préfentes , qui furent faites & données par Meffire Marc-René de Voyer de Paulmy, Chevalier, Marquis d'Argenfon, Confeiller d'Etat ordinaire, Lieutenant Général de Police au Châtelet de Paris, tenant le Siége le Mardi 19 Décembre de l'année 1713. *Signé*, Tardiveau. Collationné avec paraphe. *Et au bas eft écrit:* Scellé le 10 Janvier 1714. *Signé*, PILLON.

Et au dos eft écrit: Signifié & baillé copie à domicile à Maîtres Hubert L. & Royer I. L. à domicile le 10 Janvier 1740. *Signé* CARTAULT, avec paraphe.

L'Arrêt du Parlement du 20 Mars 1715 , qui confirme la préfente Sentence, eft ci-après , page 128.

DÉLIBÉRATION

DE LA COMMUNAUTÉ DES MAI^{TRES} CORDONNIERS,

Par laquelle elle donne pouvoir aux Jurés de la Vifitation Royale de ladite Communauté de payer des deniers revenans à ladite Communauté, les rétributions de l'Huiffier, du Clerc , & du Secrétaire qui les accompagnent dans les Vifites.

NOus Syndic & Jurés en Charge , anciens Syndics , & anciens Jurés de la Communauté des Maîtres Cordonniers de la Ville & Fauxbourgs de Paris, affemblés en notre Bureau, fis Place de Grève , cejourd'hui 8 Janvier 1714 , en vertu de l'Ordonnance de M. le Procureur du Roi au Châtelet, en date de ce jour , figné Moreau , pour délibérer fur plufieurs affaires concernant notredite Communauté , entr'autres fur ce qui Nous a été préfenté par les Jurés de la Vifitation Royale en Charge de notredite Communauté, que par la Déclaration du Roi , rendue en faveur de ladite Communauté le 29 Juin 1699 , vérifiée en Parlement le 17 Juillet audit an.

Par laquelle il leur eft accordé cent livres de chaque Vifite qu'ils font chez les Maîtres & Veuves de Maîtres de ladite Communauté, laquelle Déclaration ne dit rien des rétributions payées à l'Officier, Clerc de la Communauté , & au Secré-

1714.
8 Janvier.

Q

taire qui les accompagnent dans lefdites Vifites ; que jufqu'à préfent ces rétributions ont été prifes fur la maffe de la recette defdites Vifites ; que cependant on prétend à l'avenir s'y oppofer, & que ces rétributions montent à 42 livres 10 fols ; fçavoir, pour les Livres, 7 livres 10 fols ; à l'Officier 15 livres ; au Clerc de la Communauté 10 livres ; & au Secrétaire pareille fomme de 10 livres ; de forte qu'il ne leur refteroit plus que 57 livres 10 fols pour la dépenfe de bouche de 7 hommes pendant fix jours, quoiqu'elle monte, quelque ménagement qu'ils puiffent faire, à plus du double ; ainfi en travaillant pour l'intérêt de la Communauté, ils confommeroient leur bien, ce qui ne feroit pas jufte, & qu'à tout le moins ils n'y foient point lézés, & que la Communauté continue lefdites rétributions par chaque Vifite montant, comme dit eft, à 42 livres 10 fols, ainfi qu'il s'eft pratiqué de tout tems, fans quoi ils ne pourroient faire lefdites Vifites avec l'exactitude qu'ils ont eue jufqu'à préfent :

Après en avoir communiqué entre nous, & que nous avons trouvé la demande defdits Jurés de la Vifitation Royale jufte, nous confentons que les rétributions payées à l'Officier, Clerc de Communauté, & Secrétaire, foient prifes fur les deniers appartenans à ladite Communauté, provenans de la recette de Vifites par eux faites, outre & au par-deffus des cent livres qui leur font accordées par ladite Déclaration du Roi, fans qu'ils puiffent être recherchés ni inquiétés en notre particulier. Fait & délibéré ledit jour & an fufdit.

Signés, C. Davefne, Mongin, le Clerc, Lenfant, Robillard, Dambrun, N. Guichard, J. Faucil, Ferriere, Simon Gardere, Declin, Lambert, Campoint, Claude Perot, Millot, Muffet, Tertreau, Lagrange, C. Boyaval, le Blanc, Raftoul, Gardien, Henri Plé, Defpaze, J. Darrigrand, Carré, René Carré, Billouard l'aîné, J. Gaboky, J. Noel, Balleux, Bigarré, la Borde, Chevalier, Beffon, Sacathon, J. Richard, de la Morthe, Schenq, Lau, Picard, Royer, Wagon, Etienval, Baffet, Uché, J. Langlois, Mouchet, Sebe, Dedé, C. Billouard, Saugé, Defmedt, Caftin, C. Lieutard, A. Jaubert, Campagne.

SENTENCE DE POLICE,

Qui condamne Pierre Guidou, Maître Cordonnier, en 15 livres d'amende & aux dépens, pour avoir avancé de l'argent à un de ses Compagnons.

A Tous ceux qui ces Préfentes Lettres verront : Charles-Denis de Bullion, Chevalier, Marquis de Galardon, & autres lieux, Confeiller du Roi en fes Confeils, Garde de la Prevôté & Vicomté de la Ville de Paris, Salut. Sçavoir faifons, que fur la Requête faite en Jugement devant Nous en la Chambre de Police du Châtelet de Paris, par Maître Pierre Tetart, Procureur de Nicolas Muffet, Syndic de la Communauté des Maîtres Cordonniers à Paris, Demandeur aux fins de l'exploit fait par Bietrix, Huiffier à Verge, le 7 Juillet dernier, contrôlé à Paris par le Camus le 8, & de la Requête verbale fignifiée par de Corcy, Audiencier, le 12 Septembre auffi dernier, tendante à ce qu'attendu la contravention faite par le ci-après nommé à la Déclaration du Roi du 14 Août 1703, en avançant, comme il a fait, de l'argent au nommé Lavignon fon Compagnon, il feroit condamné aux 30 livres d'amende portées par l'article 10 de ladite Déclaration, applicable un tiers au Roi, un tiers au Dénonciateur & un tiers à la Confrérie, avec dépens, affifté de Maître Pillon fon Avocat.

Contre Me Douceur, Procureur de Pierre Guidou, Maître Cordonnier à Paris, Défendeur.

Affifté de Maître Foreftier fon Avocat : Parties ouïes, enfemble noble homme Maître HERAULT, Avocat du Roi ; lecture faite de ladite Déclaration, de l'Enquête faite contre ledit Guidou,

Nous, après avoir ouï les Gens du Roi en leurs Conclufions, & fans avoir égard à l'Enquête de la Partie de Foreftier, & ayant égard aux preuves réfultantes de l'Enquête faite à la Requête de la Partie de Pillon, attendu la contravention faite par la Partie de Foreftier à la Déclaration du Roi du 14 Août 1703, en avençant de l'argent au nommé Lavignon son Compagnon, l'avons condamné en 15 liv. d'amende, applicable ainsi qu'il est porté par ladite Déclaration, & aux dépens.

Ordonnons que ladite Déclaration sera exécutée. Faisons défenses d'y contrevenir sur les peines y portées, & sera la présente Sentence insérée dans le Registre de ladite Communauté, ce qui sera exécuté nonobstant & sans préjudice de l'appel. Ce fut fait & donné par Messire Marc-René de Voyer d'Argenson, Chevalier, Conseiller d'Etat ordinaire, Lieutenant-Général de Police de la Ville, Prevôté & Vicomté de Paris, tenant le Siége le Mardi 6 Mars 1714. Collationné, *signé* TAUXIER L. *Signé*, DELARUE, & scellé le 4 Mars. *Signé*, PASQUIER.

Signifié & baillé copie à Maître Douceur, à domicile le 14 Mars 1714. Signé, DESSOUBLEMOUTIER.

SENTENCE DE POLICE,

Qui condamne Gilles Blot, Compagnon Cordonnier, en 50 liv. d'intérêts civils & aux dépens, pour avoir insulté Michel de la Grange, l'un des Jurés de la Visitation Royale.

Et qui enjoint à tous les Compagnons Cordonniers de porter honneur & respect à tous les Syndic & Jurés dans leurs Visites ou autrement, & qui leur fait défenses de méfaire ni médire d'eux, à peine de punition corporelle.

A Tous ceux qui ces Présentes Lettres verront : Charles-Denis de Bullion, Chevalier, Conseiller du Roi en ses Conseils, Garde de la Prevôté & Vicomté de Paris, Salut. Sçavoir faisons, que sur la Requête faite en jugement devant Nous en la Chambre de Police du Châtelet, par Maître Pierre Tetart, Procureur de Michel de la Grange, Maître Cordonnier à Paris, Juré en Charge de la Visitation Royale de ladite Communauté, Défendeur à la Requête verbale signifiée par Poiseau, Audiencier, le 22 Juillet dernier, Demandeur & Plaignant suivant la plainte rendue au Commissaire Duplessis le 26 dudit mois, & de l'exploit fait par Bietrix, Huissier à Verge, le 27, contrôlé à Paris le 29, & encore Demandeur à fin de réparation d'injures, dommages & intérêts, fuivant la Requête verbale fignifiée par de Corcy, Audiencier, le 20 Septembre dernier, & Défendeur à la Requête verbale fignifiée par du Cerf le 19 dudit mois, & encore ledit Tetart, Procureur des Syndic & Jurés de la Communauté des Maîtres Cordonniers à Paris, intervenans fuivant la Requête verbale fignifiée par Pitton, Audiencier, le 18 Septembre dernier, tendante à ce qu'il Nous plût les recevoir Parties intervenantes dans l'inftance; ce faifant, ordonner que ledit Guidou mettroit hors de fa maifon ledit Blot fon Compagnon, & défenfes à lui de le reprendre, & à tous autres Maîtres dudit Métier, jufqu'à ce qu'il eût fait réparation d'honneur audit de la Grange; que ledit Blot & les autres Compagnons feront tenus de porter honneur & refpect auxdits Jurés fans les troubler, & aux Maîtres de les contenir fur telles peines qu'il Nous plairoit impofer, affiftés de Maître Pillon leur Avocat.

Contre Maître Douceur, Procureur de Pierre Guidou, Maître Cordonnier à Paris, Demandeur aux fins des Requêtes des 22 Juillet & 19 Septembre, tendantes à ce que ledit de la Grange fût condamné à l'amende de 30 livres, portée par la Déclaration du Roi du 14 Août 1703, pour prétendues avances faites audit Blot.

Et encore ledit Maître Douceur, Procureur de Gilles Blot, dit Lauvergnac, Compagnon dudit Guidou, Défendeur & accufé, affiftés de Maître Foreftier leur Avocat: Parties ouïes, lecture faite des Enquêtes des Parties, ouï Noble homme Maître Herault, Avocat du Roi, en fes Conclufions.

Nous, fans avoir égard à l'Enquête faite par ledit Guidou, & en conféquence de la preuve réfultante, & l'Enquête faite à la Requête dudit de la Grange, avons ledit de la Grange déchargé de la plainte & demande dudit Guidou avec dépens; faifons défenfes audit Blot de ne plus à l'avenir méfaire, ni médire audit de la Grange, & pour l'avoir fait, le condamnons en 50 livres de dommages & intérêts & 10 livres d'amende, & aux dépens; & ayant égard à la Requête des Syndic & Jurés de ladite Communauté, Nous les avons reçus Parties intervenantes dans l'inftance & y faifant droit, ordonnons que ledit

Blot & les autres Compagnons dudit Métier porteront refpect aux Syndic & Jurés de ladite Communauté, foit dans le Bureau, foit dans les vifites, & ailleurs.

Faifons défenfes auxdits Compagnons de les injurier, méfaire ni médire, à peine de punition corporelle : enjoignons à tous Maîtres de les contenir dans leurs devoirs, & condamnons les Parties de Foreftier aux dépens de ladite intervention. Et fera notre Sentence inférée au Regiftre de ladite Communauté, ce qui fera exécuté nonobftant & fans préjudice de l'appel. En témoin de quoi nous avons fait fceller ces Préfentes, qui furent faites & données au Châtelet par Meffire Marc-René de Voyer de Paulmy d'Argenfon, Chevalier, Confeiller d'Etat ordinaire, & Lieutenant-Général de Police, tenant le Siége le Mardi 6 Mars 1714. Contrôlé. *Signé*, TARDIVEAU, & fcellé le 12 Mars par DESCHAMBAULT.

Signifié & baillé copie à Me Douceur à domicile le 15 Mars 1714. Signé, DESSOUBLEMOUTIER.

ARREST DU PARLEMENT,

*SUR la réception des Afpirans à la Maîtrife.
Et qui fait défenfes aux Jurés du Cuir tanné d'affifter aux Chefs-d'œuvre & Réceptions defdits Afpirans, & de recevoir aucuns Droits.*

1714, 6 Juin.

LOUIS, par la grace de Dieu, Roi de France & de Navarre : Au premier Huiffier ou Sergent fur ce requis. Sçavoir faifons, qu'entre Nicolas Muffet, Syndic, Michel de Lagrange, Charles Boyaval, Touffaint le Blanc, & Dominique Raftoul, Jurés-Gardes de la Vifitation Royale : Charles Davefne, Doyen de la Communauté, & ladite Communauté des Maîtres Cordonniers de cette Ville de Paris, Appellans de la Sentence rendue par le Lieutenant-Général de Police du Châtelet de Paris, le 14 Novembre 1713, & Demandeurs en trois Requêtes des 19 Mars, 7 & 28 Mai dernier, à ce qu'il plût à ladite Cour mettre l'appellation & çe au néant : émendant entant que de befoin eft ou feroit, de déclarer commun avec les Défendeurs ci-après nommés, l'Arrêt du 9 Mai 1639. * Ce faifant, fans s'arrêter à la demande defdits Défendeurs, dont ils feroient déboutés, ordonner que conformément audit Arrêt, les réceptions des Afpirans à ladite Maîtrife des Cordonniers, feront faites fuivant & au defir des Statuts & Ordonnances dudit Métier en la maniere accoutumée, par le Syndic, les Jurés de la Chambre & les Jurés de la Vifitation Royale, & fix Anciens Bacheliers qui auront paffé les Charges; lefquels feront appellés & nommés en leurs rangs & ordres; auxquels fera payé par le Receveur de la Communauté, chacun 3 livres pour leurs falaires. Faire défenfes aux Défendeurs de s'immifcer en qualité de Jurés du Cuir tanné, d'affifter aux Chefs-d'œuvre & Réceptions des Afpirans à la Maîtrife dudit Métier de Cordonnier, & au Receveur de ladite Communauté de les y mander, ni leur payer aucuns defdits prétendus droits, à peine de tous dépens, dommages & intérêts, & les Défendeurs condamnés aux dépens des caufes principales & d'appel; & que l'Arrêt fera regiftré fur le Livre de la Communauté. La feconde, à ce que les Défendeurs fuffent condamnés aux dépens réfervés par l'Arrêt du 19 Avril dernier; & la troifiéme, à ce qu'Acte leur fût donné de ce qu'ils articuloient & mettoient en fait que les Jurés du Cuir tanné & les Défendeurs ont perçû & perçoivent actuellement en ladite qualité de Jurés du Cuir tanné, les droits fur les Cuirs de la Halle, qui leur font attribués par les Statuts des Appellans & par les Réglemens; & en cas de dénégation, permettre aux Appellans d'en faire preuve pardevant un des Meffieurs qu'il plaira à la Cour de commettre, & Défendeur d'une part;

Et Grégoire Campoint, & Jean-Baptifte Saugé, Maîtres Cordonniers à Paris, Jurés en Charge du Cuir tanné, Intimés, Défendeurs & Demandeurs en Requête du 14 Mai dernier, à ce qu'il plût à ladite Cour, en confirmant la Sentence dont eft Appel avec amende & dépens, condamner les Appellans folidairement en 500 livres de dommages & intérêts, pour la contravention par eux commife & rébellion à Juftice, réful-

* Voir l'Arrêt du 9 Mai 1639, ci-devant page 37.

tans des Affemblées & Réceptions clandeftines, & du défaut de les y voir appellés, avec dépens, d'autre part. Aprèsque Guyot de Chefne, Avocat des Syndic, Jurés, Anciens & Communauté des Cordonniers, & Defroches, Avocat de Campoint & Saugé, ont été ouïs, enfemble JOLY pour le Procureur-Général du Roi,

LA COUR a mis & met l'appellation & ce dont eft Appel, au néant, en ce que par la Sentence l'on a permis aux Parties de Defroches d'affifter aux Chefs-d'œuvre & Réceptions, & de recevoir 3 livres pour le Droit d'affiftance; émendant quant à ce, fait défenfes aux Parties de Defroches d'affifter aux Chefs-d'œuvre & Réceptions & de recevoir aucuns droits; la Sentence au réfidu fortiffant effet, dépens néanmoins compenfés. Donné à Paris en Parlement, le fixiéme Juin, l'an de grace 1714, & de notre Régne le foixante-douziéme. Collationné. *Signé*, MANGOT. Par la Chambre. *Signé*, LORNE.

Le 15 Juin 1714 laiffé copie à Maître Duval, Procureur. *Signé*, GAROT.

ARREST DU PARLEMENT,

POUR les Syndic, Jurés & Communauté des Maîtres Cordonniers de la Ville & Fauxbourgs de Paris, Intimés, Défendeurs & Demandeurs.

Contre les Jurés de la Communauté des Maîtres Corroyeurs, Appellans d'une Sentence de Police rendue le 19 Décembre 1713.

Qui maintient & garde la Communauté des Maîtres Cordonniers dans la poffeffion de faire fermer la Halle aux Cuirs le jour de S. Crefpin, & qui ordonne à Paul Piffre, Commis à la recette des Droits de Contrôle des Cuirs, Concierge de ladite Halle, de fermer ladite Halle le jour de S. Crefpin, & à lui enjoint de l'ouvrir le jour de S. Thibault, &c.

Et les Anciens, Modernes & Jurés de ladite Communauté des Maîtres Corroyeurs, Intervenans.

La

La Cour a débouté & mis les appellations au néant, ordonné que ce dont a été appellé sortira son plein effet, condamné les Corroyeurs ès amendes, & aux dépens des causes d'Appel & d'Intervention.

LOUIS, par la grace de Dieu, Roi de France & de Navarre : au premier des Huissiers de notre Cour de Parlement ou autre, notre Huissier ou Sergent sur ce requis : sçavoir faisons, qu'entre les Jurés de la Visitation Royale de la Communauté des Maîtres Corroyeurs & Baudroyeurs de la Ville & Fauxbourgs de Paris, Appellans de la Sentence rendue par le Lieutenant-Général de Police du Châtelet du 19 Décembre 1713, & Demandeurs en Requête du 19 Avril 1714, d'une part ;

Et les Syndic & Jurés de la Visitation Royale des Cordonniers de cette Ville de Paris, & ladite Communauté, Intimés & Défendeurs d'autre part ;

Et entre les Anciens, Modernes & Jurés de la Communauté desdits Maîtres Corroyeurs & Baudroyeurs de cette Ville de Paris, Demandeurs aux fins de la Requête d'intervention du 27 Juillet 1714, & Appellans en adhérant des Sentences du Lieutenant-Général de Police des 24 Mars 1676, & 19 Décembre 1713 * d'une part ;

Et les Syndic, Jurés & Communauté des Maîtres Cordonniers de cette Ville de Paris, Défendeurs & Intimés ;

Et les Jurés de la Visitation Royale de la Communauté des Maîtres Corroyeurs & Baudroyers de cette Ville de Paris, Défendeurs en l'intervention seulement, d'autre part.

Vû par notredite Cour, &c.

Conclusions de notre Procureur-Général : tout joint & considéré,

NOTREDITE COUR, sans s'arrêter à la Requête des Jurés Corroyeurs du 19 Avril 1714, à l'intervention & Requête des Anciens, Jurés & Modernes desdits Corroyeurs du 27 Juillet audit an, dont ils sont déboutés, a mis & met les appellations au néant. Ordonne que ce dont a été appellé, sortira son plein

---

* Les Sentences confirmées par le présent Arrêt sont ci-devant, pages 66 & 119.

R

& entier effet, les condamne ès amendes de 12 livres, & aux
dépens des caufes d'appel & d'intervention. Si te mandons à la
Requête defdits Jurés Cordonniers de cette Ville de Paris,
mettre le préfent Arrêt à dûe & entiere exécution, & en conféquence d'icelui faire tous Exploits requis & néceffaires. De
ce faire te donnons pouvoir. Donné en notredite Cour de Parlement le vingtiéme Mars, l'an de grace 1715, & de notre
Régne le 72. Par la Chambre. Collationné. *Signé*, LORNE.

Le 9 Avril 1715, fignifié à Maître Pallu. Signé, DU
PIGNET.

SENTENCE DE POLICE,

*Qui fait défenfes à Gervais, Aubergifte, & fa femme, & à tous au-
tres, de s'immifcer à faire aucunes fonctions pour les Marchands
Forains pour la vente de leurs Cuirs & déclarations defdites
Marchandifes, & à ladite femme Gervais d'entrer en la Halle;
& pour l'avoir fait, la condamne en 30 livres d'amende & aux
dépens.*

1715,
28 Mai. A Tous ceux qui ces préfentes Lettres verront, Charles-
Denis de Bullion, Chevalier, Marquis de Galardon, Seigneur de Bonnelles & autres lieux, Confeiller du Roi en fes
Confeils, Garde de la Prevôté & Vicomté de Paris; Salut.
Sçavoir faifons, que fur la Requête faite en jugement devant
Nous à l'Audience de la Chambre de Police du Châtelet de
Paris, par Maître Pierre Tetart, Procureur des Syndic & Jurés de la Communauté des Maîtres Cordonniers à Paris, Demandeurs en exécution de la Déclaration du Roi du 10 Juillet
1662, des Statuts & Réglemens, & des Sentences de Police
du 27 Mars 1699 * & 15 Juin 1700, & aux fins de la Plainte
rendue au Commiffaire Dupleffis le 26 Avril dernier, & de l'Exploit fait par Bietrix, Huiffier à Verge, le 10 du préfent mois,
contrôlé & préfenté, & Défendeurs à l'intervention du ci-après
nommé, affiftés de Maître Pillon leur Avocat.

* Ci-devant pages 43 & 79.

Contre Maître Hubert l'aîné, Procureur de Léonard Gervais, Aubergiste à Paris, & sa femme, Défendeurs.

Et contre Maître Lemée, Procureur de François Lagot, Corroyeur à Paris, & Marguerite Firon sa femme, Demandeurs aux fins de la Plainte par eux rendue au Commissaire Duplessis le 10 Février dernier, & de l'Exploit & Actes faits & signifiés par ledit Bietrix & par Desbois, Huissiers à Verge, les 27 Février dernier & 21 du présent mois, contrôlés à Paris par le Camus & Pontame le même jour.

Et encore Demandeurs aux fins de la Requête verbale d'intervention signifiée par Pillon, Audiencier, le 21 du présent mois, assistés de Maître Forestier leur Avocat.

Contre ledit Maître Hubert, Procureur desdits Gervais & sa femme, Défendeurs, assistés de Maître Pothouin, leur Avocat, & contre ledit Maître Tetart, Procureur des Syndic & Jurés-Cordonniers. Parties ouïes, lecture faite des Déclaration, Sentences, Plaintes & Piéces ci-dessus énoncées,

Nous avons les Parties de Forestier reçues Parties intervenantes dans l'instance, faisant droit sur leur intervention, & sur les Plaintes & demandes des Parties; ordonnons que les Statuts & Réglemens & nos Sentences seront exécutés, & en conséquence faisons défenses aux Parties de Pothouin & à tous autres, de s'immiscer à faire aucunes fonctions pour les Marchands Forains, pour la vente de leurs Cuirs & déclarations desdites Marchandises, & à ladite femme Gervais d'entrer dans la Halle aux Cuirs, à peine pour la premiere contravention, de 100 livres d'amende, même de plus grande peine si le cas y échet; & pour l'avoir fait, la condamnons en 30 livres d'amende, sauf lors que les Marchands Forains vendront leurs Marchandises de Cuirs, & feront la déclaration d'icelles en personnes, y faire recevoir le prix d'icelles par ladite Partie de Pothouin, si elle en a la commission, ou par telle autre personne qu'ils jugeront à propos, sur les Extraits qui leur en feront délivrés suivant la Déclaration du Roi; condamnons les Parties de Pothouin en tous les dépens envers les Parties de Lagot & Forestier, ce qui sera exécuté nonobstant & sans préjudice de l'appel : & sera notre présente Sentence affichée aux portes de la Halle aux Cuirs. En témoin de ce,

Nous avons fait sceller ces Présentes. Ce fut fait & donné par Messire Marc-René de Voyer de Paulmy, Chevalier, Marquis d'Argenson, Conseiller d'Etat ordinaire, Lieutenant Général de Police, tenant le siége le Mardi 28 Mai 1715. Collationné. *Signé*, TARDIVEAU.

SENTENCE DE POLICE,

QUI défend aux Marchands Forains de vendre des Talons à d'autres qu'aux Maîtres Cordonniers & Savetiers.

1722, 20 Février.

A Tous ceux qui ces Présentes Lettres verront : Guillaume-François Jolly, Chevalier, Seigneur de Fleury & autres lieux, Conseiller du Roi en ses Conseils, Procureur Général au Parlement, Garde de la Prévôté & Vicomté de Paris, le Siége vacant, Salut. Sçavoir faisons, que sur la Requête faite en la Chambre de Police par Me Bechu, Procureur des Syndic & Jurés en Charge de la Communauté des Maîtres Cordonniers à Paris, Demandeurs aux fins de l'Exploit de saisie du 23 Décembre dernier, suivant leur Requête verbale du 5 Février présent mois, tendante à ce que l'avis de M. le Procureur du Roi, du 30 Janvier dernier, qui ordonne que les Statuts & Réglemens seront exécutés ; fait défenses au ci-après nommé de vendre des marchandises de Talons à d'autres qu'aux Maîtres Cordonniers , & pour la contravention, déclare la saisie bonne & valable : ordonne que les marchandises seront vendues au Bureau de la Communauté des Maîtres Cordonniers, les deniers en provenans rendus , sur iceux pris vingt livres de dommages-intérêts & les dépens ; seroit infirmé, & Défendeurs à la demande incidente portée par les moyens signifiés le 6 dudit présent mois, assisté de Me Duret son Avocat ;

Contre Me Olivier le Jeune, Procureur de Pierre Ancelin, Marchand de Talons, Partie saisie, Défendeur , & incidemment Demandeur, assisté de Me de Saint-Etienne , ▆▆▆ Avocat, Parties ouies :

Nous avons l'avis du Procureur du Roi confirmé, & cependant avons modéré les dommages-intérêts y portés à dix livres , avec dépens.

Faisons défenses à l'avenir à la Partie de Saint-Etienne de vendre ses marchandises de Talons à d'autres personnes qu'aux Maîtres Cordonniers & Savetiers de cette Ville, ce qui sera exécuté sans préjudice de l'appel. En témoin de ce Nous avons fait sceller ces Présentes. Ce fut fait & donné par Messire Gabriel Taschereau de Baudry, Chevalier, Conseiller du Roi en ses Conseils, Lieutenant Général de Police, tenant le Siége le Vendredi 20 Février 1722. *Signé*, Tardiveau.

REQUÊTE

Présentée à M. le Lieutenant Général de Police par les Syndic & Jurés en Charge de la Communauté des Maîtres Cordonniers, à fin de permission de faire imprimer la Sentence du 20 Février 1722 ci-dessus.

SUpplient humblement les Syndic & Jurés en Charge de la Communauté des Maîtres Cordonniers de la Ville & Faux-bourgs de Paris, qu'il vous plaise leur permettre de faire imprimer, lire, publier & afficher par-tout où besoin sera, votre Sentence contradictoirement rendue entr'eux, & Pierre Ancelin, Marchand Forain de Talons, qui confirme l'avis de M. le Procureur du Roi, en date des 30 Janvier & 20 Février 1722.

Qui fait défenses à tous Marchands Forains de vendre des Talons à d'autres qu'aux Maîtres Cordonniers & Savetiers, conformément à l'Article XVIII de la Déclaration du Roi, du 14 Août 1703, enregistrée au Parlement, qui porte permission auxdits Maîtres de se les remettre les uns aux autres pour le prix du premier achat, & vous ferez bien. *Signé*, Billouard, Syndic, & Bechu, Procureur.

Et au-dessous est écrit : Permis aux Supplians de faire imprimer, lire, publier & afficher la Sentence en question. Fait ce 28 Mars 1722. *Signé*, Tachereau de Baudry.

SENTENCE DE LA PREVOTÉ DE L'HOTEL,

Servant de Réglement pour les Marchands & Artifans de la Garde-robe du Roi ; ceux des Princes & Princeffes du Sang Royal, & les Privilégiés fuivant la Cour , & qui permet aux Maîtres , Gardes & Jurés des Communautés de Paris , de faifir ceux qui feront en contravention à ladite Sentence.

1723.
18 Juin.

A Tous ceux qui ces préfentes Lettres verront : Louis de Bouchet, Chevalier, Comte de Montforeau, Marquis de Sourches & du Bellay, Seigneur d'Abondant & autres lieux , Lieutenant-Général des Armées du Roi, Confeiller d'Etat, Prevôt de l'Hôtel de Sa Majefté , Grand Prevôt de France, Salut, Sçavoir faifons:

Que fur ce qui nous a été repréfenté par le Procureur du Roi, que par plufieurs Sentences de cette Cour, dont l'exécution a été ordonnée par Arrêt du Confeil, pour obvier aux abus y mentionnés, il auroit été fait défenfes aux Marchands & Artifans de la Garde-robe de Sa Majefté, à ceux des Princes & Princeffes de la Maifon Royale, & aux Privilégiés fuivant la Cour, d'ouvrir Boutiques en vertu de leurs Charges ou Priviléges, qu'au préalable ils ne fe fuffent fait enregiftrer au Greffe de cette Cour, & fignifier l'enregiftrement aux Bureaux des Maîtres, Gardes & Jurés de Paris, & que pour donner une plus parfaite connoiffance de leur droit, ils feroient tenus de décorer leurs Boutiques & établis de tapis fleurdelifés, & qui feroient chargés ; fçavoir, ceux des Officiers du Roi & des Princes, des Armes du Roi, & des Princes dont ils font Officiers, & ceux des Privilégiés, de la devife ordinaire de la Prévôté de l'Hôtel. Mais comme le défaut d'obfervation de ces Réglemens donne lieu à plufieurs Particuliers fans qualité, d'ufurper celle d'Officier ou de Privilégié fuivant la Cour, & fait naître différentes conteftations entre les véritables Officiers ou Privilégiés, & les Communautés de Paris, par des recherches auxquelles ces fuppofitions de titres donnent lieu:

A ces causes , requerant qu'il nous plût ordonner l'exécu-

tion defdits Réglemens, même en faire renouveller la publication. Sur quoi, Nous ayant égard aux Conclusions & Requi-
fitoire du Procureur du Roi,

Ordonnons que nos Sentences fervant de Réglemens & Arrêts confirmatifs d'icelles, feront exécutées felon leur forme &
teneur; en conféquence faifons défenfes aux Officiers du Roi,
des Princes & Princeffes du Sang Royal, & aux Privilégiés
fuivant la Cour, ou leurs ayans caufes, d'avoir Boutiques ouvertes, ni faire aucun ufage de leurs Charges ou Priviléges,
qu'au préalable ils n'aient fait enregiftrer leurs provifions ou Lettres au Greffe de cette Cour, & fait fignifier leur enregiftrement
aux Bureaux des Maîtres, Gardes & Jurés des Communautés
de Paris ou autres, des lieux où ils entendront faire leur réfidence ordinaire; à l'effet de quoi

Ordonnons qu'à la Requête du Procureur du Roi, ces préfentes feront fignifiées aux Syndics généraux & particuliers
defdits Officiers & Privilégiés fuivant la Cour, & aux Maîtres,
Gardes & Jurés des Communautés de Paris, même au Bureau
des Aydes pour ce qui concerne les Douze & Vingt-cinq Marchands de Vin, les Bouchers & Charcutiers Privilégiés fuivant
la Cour, à ce qu'ils aient à tenir la main au préfent Réglement,
& à ne laiffer ufer & jouir des Priviléges que ceux qui y auront
fatisfait.

Permettons aux Maîtres, Gardes & Jurés des Communautés de Paris, de faifir ceux qu'ils trouveront en contravention au préfent Réglement, ayant préalablement pris notre Ordonnance, & fe faifant affifter d'un Huiffier de cette Cour, &
du Syndic du Privilégié.

Enjoignons aux Officiers, Marchands & Artifans de la Garde-
robe du Roi, à ceux des Princes & Princeffes de la Maifon
Royale, & aux Privilégiés fuivant la Cour, de décorer leurs
Boutiques & établis de tapis fleurdelifés qui feront chargés; fça-
voir, ceux des Officiers du Roi & des Princes & Princeffes, des
Armes du Roi, & des Princes & Princeffes dont ils font Officiers,
& les Privilégiés fuivant la Cour, de la devife ordinaire de la
Prévôté de l'Hôtel : ce qui fera exécuté nonobftant oppofitions
ou appellations quelconques, comme Réglement de Police.
Donné par Nous Jacques-Gabriel de Noyon, Ecuyer, Confeiller

du Roi, Lieutenant Général, Civil, Criminel & de Police de la Prévôté de l'Hôtel de Sa Majesté, grande Prévôté de France. A Meudon, le Roi y étant, le 18 Juin 1723. *Signé*, de Noyon. *Signé*, Bourdon, Procureur du Roi. *Signé*, du Voigne, Greffier.

Voyez ci-devant page 61, autre Sentence de la Prévôté de l'Hôtel du 30 Juin 1674.

***

SENTENCE DE POLICE,

QUI homologue la Délibération des Maîtres Cordonniers du 13 Septembre 1717, touchant la convocation des Assemblées, & qui prononce des peines contre ceux qui s'y doivent trouver, & qui n'y viennent pas.

1725, 18 Avril.

A Tous ceux qui ces présentes Lettres verront : Gabriel-Hicrofme de Bullion, Chevalier, Comte d'Esclimont, Prévôt de Paris, Salut. Sçavoir faisons, que vu par Nous René Herault, Chevalier, Seigneur de Fontaine-Labbé, & autres lieux, Conseiller du Roi en ses Conseils, Maître des Requêtes ordinaire de son Hôtel, Lieutenant Général de Police de la Ville, Prévôté & Vicomté de Paris ; la Requête à Nous présentée par les Syndic & Jurés en Charge de la Communauté des Maîtres Cordonniers de la Ville de Paris, expositive, que pour engager les Anciens de leurdite Communauté à se trouver aux heures indiquées par Avertissemens qui leur sont envoyés pour assister aux Chefs-d'œuvre à tour de rôle, & aux assemblées générales qui sont convoquées dans le Bureau de ladite Communauté pour affaires concernant icelle ; il fût d'une commune voix par Acte transcrit sur le Livre des Délibérations de ladite Communauté, cotté, intitulé & paraphé par M. le Procureur du Roi, *folio 15 verso*, du 13 Septembre 1717, contrôlé le 26 Février dernier. Ce qui fait que plusieurs des Anciens qui sont mandés aux Chefs-d'œuvre & assemblées, quoiqu'ils soient mandés à une heure fixe ; cependant le plus souvent il ne se trouve personne aux Chefs-d'œuvre & assemblées ; qu'il est nécessaire de statuer, attendu le droit de présence, que ceux qui
ne

ne fe trouveront pas deux heures après celle marquée pour les Chefs-d'œuvre, feront déchus de la moitié de leurs droits de préfence qu'ils ont aux Chefs-d'œuvre, qui feront délivrés aux pauvres Maîtres ou Veuves de Maîtres, à moins de juftifier d'abfence ou pour caufe de maladie, ce qui a été exécuté pendant quelque tems.

Mais comme les Prédéceffeurs des Supplians ont négligé à la faire homologuer, cette Loi fi néceffaire pour le bien de ladite Communauté, fe trouve anéantie; que pour la faire renaître, il feroit à propos de la faire homologuer, & d'y ajouter que les Anciens qui manqueront d'affifter aux Services que la Communauté fait faire aux Chapelles de faint Crefpin & faint Crefpinien en l'Eglife de Paris, après le décès d'un Ancien qui a paffé les Charges, fuivant les Avertiffemens du jour nommé, & de l'heure qui leur feront envoyés, fuivant la même peine que ci-deffus; & fi un Syndic ou Juré en Charge manquoient de s'y trouver, la peine fera double pour eux du jour & date de ladite homolgation, tant pour eux que pour leurs fucceffeurs, qui eft le droit entier de chaque Chef-d'œuvre, qui fera retenu autant de fois qu'il fe trouvera d'abfences, fans pouvoir en être fait aucune remife, fous quelque prétexte que ce foit; & la diftribution en fera faite par les Syndic & Jurés en Charge aux plus néceffiteux des Maîtres ou Veuves de Maîtres de ladite Communauté, & fi aucuns des Syndic, Jurés en Charge, & Anciens manquoient de fe trouver aux Chefs-d'œuvre, Affemblées générales, aux Services des Trépaffés, fur le prétexte de la rétention de fon droit, il lui fera retenu autant de fois qu'il y aura d'abfences.

Par laquelle Requête ils ont conclu à ce qu'il nous plût ordonner que ladite Délibération ci-deffus datée, fera & demeurera homologuée pour être exécutée felon fa forme & teneur; & que les Anciens qui manqueront d'affifter aux Services qui fe feront en l'Eglife de Paris, aux Chapelles de Saint Crefpin & Saint Crefpinien, fuivant les peines ci-deffus portées, nonobftant oppofition ou appellation quelconque, & notre Ordonnance lue & publiée, imprimée & affichée dans le Bureau de ladite Communauté, & par-tout où befoin fera; & en cas de conteftation, condamner les conteftans aux dépens. Ladite Re-

S

quête *signé* Tetart, Procureur au Châtelet. Notre Ordonnance de soit montré au Procureur du Roi, du 7 Mars dernier. Conclusions définitives du Procureur du Roi : vu aussi ledit Acte de Délibération susdaté, demeuré annexé à la minute des présentes. Tout vu & considéré :

Nous, du consentement du Procureur du Roi, ordonnons que la Délibération ci-dessus datée de la Communauté des Maîtres Cordonniers de cette Ville & Fauxbourgs de Paris, est & demeurera homologuée, pour être exécutée selon sa forme & teneur ; suivant icelle, que les Anciens qui manqueront d'assister aux Services qui se feront en l'Eglise de Paris, aux Chapelles de saint Crespin & saint Crespinien, seront déchus de la moitié de leurs droits de présence, & du droit entier envers les Syndic & Jurés en Charge qui y manqueront. Comme aussi, que ceux qui ne se trouveront pas deux heures après celle marquée pour les Assemblées générales, & une heure après celle marquée pour les Chefs-d'œuvre, seront pareillement déchus de la moitié de leurs droits de présence, qui seront délivrés aux pauvres Maîtres ou Veuves de Maîtres, à moins de justifier d'absence, ou pour cause de maladie, sans pouvoir en être fait remise sous quelque prétexte que ce soit, le tout à compter de ce jour, laquelle rétention se fera autant de fois qu'il y aura d'absence. Ce qui sera exécuté nonobstant & sans préjudice de l'appel : en témoin de quoi Nous avons fait sceller ces Présentes, qui furent faites & données par Nous Juge susdit, le 18 Avril 1726. Collationné. CUYRET. Scellé le 26 Avril 1726.

Signé, DOYARD.

ARREST DU PARLEMENT,

ENTRE la Communauté des Maîtres Cordonniers, & celle des Maîtres Corroyeurs, concernant les Visites chez les Maîtres des deux Communautés, & qui fixe le tems auquel elles doivent se faire.

1733.
16 Juin.

LOUIS, par la grace de Dieu, Roi de France & de Navarre : Au premier des Huissiers de notre Cour de Parlement de

Paris, ou autre notre Huissier ou Sergent sur ce requis. Sçavoir faisons, qu'entre les Jurés en Charge & Communauté des Maîtres Cordonniers de la Ville & Fauxbourgs de Paris, Appellans d'une Sentence contr'eux rendue au Châtelet de la même Ville le 18 Mars 1729, & de tout ce qui a suivi, & Défendeurs d'une part ; & les Jurés en Charge de la Visitation Royale des Maîtres Corroyeurs & Baudroyeurs de la même Ville & Fauxbourgs, Intimés & Demandeurs en Requête du 2 Septembre de ladite année 1729, d'autre : & entre lesdits Syndic, & Jurés en Charge & Communauté des Maîtres Cordonniers, Demandeurs en Requête du premier Juin 1733, d'une part ; & la Communauté des Corroyeurs, Défendeurs, d'autre.

Vu par Notredite Cour la Sentence dont est appel, rendue par défaut par le Lieutenant - Général de Police au Châtelet de Paris, le 18 Mars 1729, par laquelle auroit été dit que les Statuts, Arrêts & Réglemens de la Communauté des Maîtres Corroyeurs seront exécutés selon leur forme & teneur : en conséquence seroient tenus les Jurés Cordonniers de faire leurs Visites conjointement avec les Jurés Corroyeurs. A cet effet, de s'assembler au Parvis Notre-Dame, suivant la Sentence du 21 Mars 1711, aux jours & heures qui leur seront indiqués par lesdits Corroyeurs, & que la Visite ordinaire seroit commencée & continuée sans interruption, à la réserve des Mercredis & Samedis ; & pour leur contravention & leur mauvais procédé, lesdits Jurés de la Communauté des Cordonniers auroient été condamnés en dix livres de dommages & intérêts envers la Communauté des Corroyeurs, applicables à leur Confrérie ; défenses à eux de récidiver sous peine de 500 liv. d'amende, avec dépens. Requête & demande desdits Corroyeurs, du 2 Septembre 1729, à ce que lesdits Jurés en Charge de la Communauté des Cordonniers fussent déclarés non-recevables & mal-fondés dans leur appel, ou en tout cas l'appellation fût mise au néant. Ordonné que ce dont étoit appel sortiroit son plein & entier effet, ils fussent condamnés en l'amende ordinaire & aux dépens, le tout sans préjudice d'autres moyens, droits & actions. Arrêt du 2 Mars 1730, par lequel sur ledit appel les Parties auroient été appointées au Conseil, & sur la demande en droit & joint, les fins de non-recevoir, défenses au contraire & dépens réfervés. **Requête defdits Cordonniers du 30 Août fuivant, em-**ployée pour caufes & moyens d'appel, productions refpectives des Parties, &c.

Requête defdits Jurés de la Communauté des Maîtres Cordonniers du premier Juin préfent mois, contenant demande à ce que l'appellation & ce dont étoit appel, fuffent mis au néant. Emendant, les difpofitions portées par ladite Sentence, fuffent déclarées nulles, faute d'avoir été requifes & demandées par aucunes des Paties, & comme contraires aux Statuts, Arrêts, Sentences & Réglemens des deux Communautés, en tout cas ledit appel, ladite Sentence & ce qui auroit fuivi, fuffent mis au néant : émendant, lefdits Jurés Corroyeurs fuffent déclarés non-recevables dans leurs demandes par eux formées au Châtelet de Paris, par Requête & Exploit du 28 Janvier 1729, & par Requête verbale du 7 Février audit an, ils en fuffent déboutés, & condamnés en tous les dépens, tant des caufes principales que d'appel & demandes ; Acte fut donné auxdits Cordonniers de la Déclaration par eux faite, par leur Sommation du 17 Janvier 1729 de faire les Vifites en la maniere accoutumée, & à ce qu'ils fe rapportoient à la prudence de notredite Cour, de fixer le lieu pour l'Affemblée defdites Vifites, foit devant le Grand Couvent des Auguftins, lieu convenable, fuivant qu'il fe pratiquoit depuis nombre d'années, foit au Parvis de Notre-Dame. Au bas de laquelle Requête auffi employée pour écritures & production fur ladite demande, eft l'Ordonnance de notredite Cour qui l'a réglée en droit & joint, & donné Acte de l'emploi. Sommation faite auxdits Corroyeurs de produire & fatisfaire de leur part à ladite Ordonnance : autres Sommations générales de fatisfaire à tous les Réglemens de l'Inftance. Conclufions de notre Procureur Général. Tout joint & confidéré :

Notredite Cour faifant droit fur le tout, fans s'arrêter aux fins de non-recevoir, a mis & met l'appellation & ce dont a été appellé au néant :

Emendant, ordonne que les Statuts, Arrêts & Réglemens concernant les Jurés de la Vifitation Royale, tant des Maîtres Cordonniers, que des Maîtres Corroyeurs de cette Ville de Paris, feront exécutés felon leur forme & teneur :

En conséquence, que les huit Jurés : sçavoir, quatre de chacune desdites deux Communautés de Cordonniers & Corroyeurs, feront ensemble & conjointement par chacun an de deux mois en deux mois, à commencer du mois de Juillet prochain, les six Visites ordonnées être faites dans la Ville & Fauxbourgs de Paris, par notre Déclaration du 14 Août 1703, enregistrée en notredite Cour le 4 Septembre 1705, chez tous les Maîtres desdites deux Communautés de ladite Ville & Fauxbourgs de Paris.

Lesquelles Visites feront faites par lesdits huit Jurés, assistés par l'Huissier de la Communauté des Maîtres Cordonniers, à la premiere sommation qui sera faite à la diligence de l'une ou l'autre desdites deux Communautés, à leur Bureau, parlant à leur Clerc dans les premiers jours du mois où ladite Visite devra être faite, à peine de dix livres d'amende contre les refusans de satisfaire à ladite sommation, applicable à la Confrérie de celle desdites Communautés qui n'aura satisfait ladite sommation.

Et feront lesdits huit Jurés & ledit Huissier tenus de se rendre & se trouver au jour convenu entre lesdites deux Communautés, au-devant de la grande porte de l'Eglise des Grands-Augustins de cette Ville de Paris, pour aller ensemble & conjointement en Visite chez lesdits Maîtres de l'une & l'autre Communauté :

Sçavoir, pour les trois Visites des mois de Novembre, Janvier & Mars, à commencer depuis huit heures du matin jusqu'à midi, & depuis deux heures de relevée jusqu'à quatre :

Et pour les trois autres Visites des mois de Mai, Juillet & Septembre, à commencer à six heures du matin jusqu'à midi, & depuis deux heures de relevée jusqu'à sept, lesquelles Visites se feront sans interruption, à l'exception des jours de Dimanches & Fêtes, Mercredis & Samedis de chaque semaine seulement, jusqu'à l'entiere perfection d'icelles :

Et en cas que lesdits Jurés, dans le cours de leurs Visites, trouvent les Maîtres de l'une ou l'autre desdites deux Communautés en contravention auxdits Statuts, Arrêts & Réglemens, ils en feront dresser Procès-verbal par ledit Huissier qui les assistera, à l'effet d'être pourvu auxdites contraventions par le Lieutenant-Général de Police au Châtelet de Paris, ainsi qu'il appartiendra par raison.

Les frais defquelles vifites feront fupportés : fçavoir , les deux tiers par la Communauté defdits Maîtres Cordonniers , comme plus nombreux, & l'autre tiers par celle defdits Maîtres Corroyeurs.

Sur le furplus des demandes, fins & conclufions refpectives des Partics, les a mis hors de Cour , tous dépens des caufes principales, d'appel & demandes entr'elles compenfés.

Si Mandons mettre le préfent Arrêt à exécution ; de ce faire te donnons pouvoir.

Donné en Parlement le 16 Juin, l'an de grace 1733, & de notre Regne le 18. Collationné. *Signé* , GUENAR. Par la Chambre. *Signé* DUFRANC , & fcellé.

SENTENCE DE POLICE,

Servant de Réglement dans la Communauté des Maîtres Cordonniers à Paris , touchant les Marches des Petits Jurés , les Procès-Verbaux qu'ils font obligés de remettre au Bureau de la Communauté , le Loyer de leur Chambre d'Affemblées & les Vifites des Grands Jurés.

Et qui enjoint en outre aux Petits Jurés & autres Maîtres de la Communauté, de porter honneur & refpect à leurs Syndic, Jurés & Anciens en toutes occafions, & notamment dans le cours de leurs Vifites.

1734, 12 Fév.

A Tous ceux qui ces Préfentes Lettres verront : Gabriel-Jerôme de Bullion, Chevalier, Comte d'Efclimont, Meître de Camp du Régiment de Provence, Infanterie, Prévôt de Paris , Salut. Sçavoir faifons, que fur la Requête faite en jugement devant Nous à l'Audience de la Chambre de Police du Châtelet de Paris, par Maître Euftache Leger, Procureur des Syndic & Jurés de la Communauté des Maîtres Cordonniers à Paris , Demandeurs en exécution de nos Sentences des premier Avril 1732, 6, 13 & 20 Février, 27 Mars & 20 Novembre 1733, & aux fins des Requêtes, Défenfes & Ecritures fignifiées les 30 Mai & premier Octobre 1731, 14 Mai 1732, 5 Février, 26 Mars, 2 Mai, 4, 17 & 23 Juillet 1733, & 13 Janvier der-

nier : le tout à ce que faisant droit sur toutes les demandes &
contestations des Parties, les Conclusions prises par lesdits
Syndic & Jurés par leurs Requêtes dudit jour 5 Février & 4
Juillet 1733, leur soient adjugées avec dommages, intérêts &
dépens, & Défendeurs aux Exploits, Requêtes, Défenses &
Ecritures signifiées les 3 Avril & 4 Mai 1731, 23 Avril 1732,
3, 4, 26 Février & 5 Mai 1733, & 12 Janvier dernier, assistés
de Maître Frouard leur Avocat.

Contre Maître Maubert, Procureur du nommé Regnault,
ci-devant petit Juré, dénommé dans les informations faites
pardevant le Commissaire de Launay, & l'un des Accusés & des
Contestans, Défendeur.

Contre Maître le Fort, Procureur du nommé Magny & au‑
tres, tant anciens que nouveaux petits Jurés de ladite Com‑
munauté, Contestans, ainsi qu'il a été réglé lors de la Sentence
contradictoire qui a converti les informations en Enquêtes;
Défendeurs aux demandes desdits Syndic & Jurés susdatées,
Demandeurs en exécution de la Sentence par défaut du 13 Fé‑
vrier dernier, signifiée le 20 Mars, & aux fins des Exploits,
Requêtes, Défenses & Ecritures desdits jours 3 Avril & 4 Mai
1731, 23 Avril 1732, 3, 4, 26 Février & 5 Mai 1733, & 12
Janvier dernier.

Et encore Procureur des nouveaux petits Jurés en Charge,
Demandeurs aux fins de leur requête dudit jour 12 Janvier
dernier, assistés de Maître de la Brosse, leur Avocat.

Contre Maître Courlesvaux, Procureur des petits Jurés,
Désistans, Demandeurs en exécution de notre Sentence rendue
sur Conclusions de M. Savalette, Avocat du Roi, le 13 Fé‑
vrier 1733, & aux fins de leur Requête du 26 Mars 1733, as‑
sistés de Maître Chartier leur Avocat. Parties ouies, ensemble
noble homme M. Savalette, Avocat du Roi, en ses Conclu‑
sions; lecture faite de toutes les demandes & Sentences susda‑
tées, de la Délibération de la Communauté des Maîtres Cor‑
donniers du 13 Janvier 1719, & de la Sentence du 23 Avril
1733, ensemble de l'Exploit d'offres du 5 Février 1733, faites
à la Requête des Syndic & Jurés, de 125 livres par an, pour le
loyer de la Chambre d'Assemblées des petits Jurés, en satisfai‑
sant par eux aux conditions de ladite Délibération, & de la Dé‑

claration du Roi du 29 Juin 1699, & de l'Article 11 de la Déclaration du Roi du 13 Juin 1710, fans que les qualités puiffent nuire ni préjudicier.

Nous, après qu'il en a été délibéré fur les Doffiers de Leger, le Fort & Courlefvaux, & que Maubert n'a produit : difons que toutes les Inftances mifes en délibéré entre les Parties par nos Sentences des 13 Septembre, 20 Novembre 1732 & 29 Janvier dernier, demeureront jointes pour être jugées par une feule & même Sentence.

Faifant droit fur le tout, recevons les Parties de Leger & Courlefvaux, oppofantes à la Sentence par défaut, obtenue par les Parties de le Fort le 13 Février 1733, au principal en ce qui touche les demandes & conteftations concernant la réduction des vingt-quatre petits Jurés à douze; avons infirmé l'avis du Procureur du Roi du 22 Septembre 1731. Ordonnons que l'Arrêt du Confeil du 15 Avril 1732 fera exécuté felon fa forme & teneur; fur le furplus des demandes à cet égard, les Parties fe pourvoiront ainfi qu'elles aviferont.

Difons que ladite Délibération de la Communauté du 23 Février 1719, homologuée par nos Sentences des 21 Avril 1723 & 13 Février 1733, fera auffi exécutée felon fa forme & teneur: tenus les petits Jurés de préfent en Charge, & leurs fucceffeurs, de s'y conformer fous les peines y portées, & d'en juftifier à la Communauté par Procès-verbaux qui contiendront les Marches qu'ils font obligés de faire deux fois la femaine, lefquels Pocès-verbaux ils remettront feulement le premier Lundi de chaque mois au Bureau de la Communauté entre les mains du Syndic en Charge, qui en donnera fa reconnoiffance par écrit, laquelle fera mife dans le coffre étant dans la Chambre d'Affemblée des petits Jurés.

En conféquence, les Syndic & Jurés en Charge feront tenus, fuivant leurs offres, de faire payer dans huitaine, à compter du jour de la fignification des préfentes dans ledit Bureau par leur Receveur en Charge, aux petits Jurés entre les mains de leur Comptable, la fomme de 270 liv. offerte par les Parties de Leger, pour tous les loyers de ladite Chambre échûs au dernier Décembre 1732, enfemble celle de 120 liv. pour une année defdits loyers échûs le dernier Décembre 1733, à

raifon

raifon de 120 liv. par an, fuivant & conformément à ladite Délibération, & pareillement eux & leurs Succeffeurs, de faire continuer à l'avenir, & de la même maniere, le payement de ladite fomme de 120 liv. par an, de quartier en quartier, tous lefquels payemens faits & à faire, feront alloués en dépenfe aux Receveurs de ladite Communauté, dans les comptes qu'ils rendront fur les demandes refpectives.

Au fujet des injures & prétendus termes injurieux & répandus dans les écritures & fur les autres demandes, fins & conclufions des Parties, les mettons hors de Cour & de Procès; & néanmoins enjoignons aux petits Jurés & autres Maîtres de ladite Communauté, de porter honneur & refpect à leurs Syndic, Jurés & Anciens, en toutes occafions, & notamment dans le cours de leurs Vifites, fous les peines portées par les Réglemens, tous dépens entre les Parties compenfés, que les Parties de Leger à leur égard, pourront employer dans leurs comptes; & fera notre préfente Sentence tranfcrite fur les Regiftres des Délibérations de ladite Communauté, imprimées & mifes dans un Tableau qui fera expofé dans la Chambre d'Affemblée des petits Jurés; le tout à la diligence des Parties de Leger : ce qui fera exécuté nonobftant & fans préjudice de l'appel : en témoin de ce, Nous avons fait fceller ces préfentes. Ce fut fait & donné par Meffire René Herault, Chevalier, Seigneur de Fontaine-l'Abbé, Vaucreffon & autres Lieux, Confeiller d'Etat, Lieutenant-Général de Police de la Ville, Prevôté & Vicomté de Paris, y tenant le Siége le Vendredi 12 Février 1734. Collationné. *Signé*, TARDIEVEAU. Scellé, *Signé*, SAUVAGE, avec paraphe.

SENTENCE DE POLICE,

Qui déclare la faifie de cinquante-neuf douzaines & trois Peaux, tant de Veaux que de Chévres en croûtes non corroyées, faite fur les fieurs Chenu, Corroyeur à Paris, & Millon, Marchand Forain à Verfailles, bonne & valable ; les condamne chacun en 60 liv. de dommages-intérêts au profit de la Communauté des Maîtres Cordonniers, en 5 livres d'amende & aux dépens :

T

Et ordonne en outre par grace, que lefdits Cuirs feront rendus aux-dites Parties, & portés au Bureau des Cuirs pour y être lotis, conformément aux Arrêts du Parlement de 1662 & 1728, & Sentences rendues en conféquence.

1736, 17 Février.

A TOUS ceux qui ces Préfentes Lettres verront : Gabriel-Jérôme de Bullion, Chevalier, Comte d'Efclimont, Meftre de Camp du Régiment de Provence, Infanterie, Prevôt de Paris, Salut. Sçavoir faifons, que fur la Requête faite en jugement devant Nous à l'Audience de la Chambre de Police du Châtelet de Paris, par Maître Leger, Procureur des Syndic & Jurés de la Communauté des Maîtres Cordonniers à Paris, ayant fait faifir en contravention 59 douzaines & 3 Peaux, tant de Veaux que de Chévres, en croûtes non corroyées, achetées par le fieur Chenu à Verfailles du fieur Millon, Marchand Forain, y demeurant, & non loties, fuivant les Procès-verbaux de Doucet, Huiffier à Cheval, & du Commiffaire de Courcy, du 10 Décembre dernier ; lefdites Marchandifes entrées à la Halle le 9 dudit mois, retirées le 10 huit heures du matin, à l'ouverture de la Halle ; Demandeurs fuivant les Exploits des 12 & 13 Décembre dernier ; Requêtes verbales & défenfes des 9 & 26 Janvier dernier & premier du préfent mois de Février, à fin de validité de ladite faifie faite à la feule Requête defdits Syndic & Jurés Cordonniers, & de confifcation à leur profit des Marchandifes faifies ; défenfes de récidiver, 1000 livres de dommages-intérêts folidairement, 100 livres d'amende, & en outre ordonner que les Réglemens concernant les Marchandifes de la Halle aux Cuirs, & le Lotiffage qui s'en doit faire, & notamment l'Arrêt du Parlement du 21 Août 1662, feront exécutés, & que la Sentence qui interviendra fera imprimée, publiée & affichée ; les fieurs Chenu & Millon condamnés folidairement en tous les dépens envers toutes les Parties, & lefdits Syndic & Jurés Cordonniers affiftés de Maître Frouard leur Avocat, contre Maître Soucanye, Procureur du Sr Quentin Chenu, Maître Corroyeur à Paris, Acheteur, Partie faifie, Défendeur & Demandeur à fin de main-levée, fuivant fes défenfes & Requêtes des 24 Décembre & 16 Janvier dernier, & encore fuivant celle du 28 dudit mois de Janvier, affifté de

Maître Duret son Avocat. Maître Olivier le jeune, Procureur de René Millon, Marchand Forain, demeurant à Versailles Défendeur & Demandeur, suivant les défenses signifiées le 7 Janvier dernier, assisté de Maître   son Avocat, & encore contre Maître Bourdin, Procureur des Jurés en charge de la Communauté des Maîtres Corroyeurs à Paris, Intervenans & Demandeurs, suivant leurs Requêtes & Moyens des 25 & 31 Janvier dernier, assistés de Maître Sandrier, leur Avocat; Parties ouïes, ensemble noble homme M. d'Aguesseau de Plaintmont, Avocat du Roi, en ses Conclusions, lecture faite des piéces, sans que les qualités puissent nuire ni préjudicier;

Nous ordonnons que les Arrêts de 1662 & 1728, ensemble nos Sentences, seront exécutés selon leur forme & teneur; en conséquence avons les saisies déclarées bonnes & valables; ordonnons néanmoins par grace, que les choses saisies seront rendues aux Parties d'Olivier & de Duret, pour être portées au Bureau des Cuirs & loties; condamnons lesdites Parties de Duret & d'Olivier, chacun en 60 liv. de dommages & intérêts, 5 liv. d'amende & aux dépens.

Disons que notre présente Sentence sera imprimée, lûe, publiée & affichée, & inscrite notamment sur le Regiftre de la Communauté des Maîtres Cordonniers, ce qui sera exécuté nonobstant & sans préjudice de l'appel : en témoin de ce Nous avons fait sceller ces Présentes, qui furent faites & données par Messire René Herault, Chevalier, Seigenur de Fontaine-Labbé, Vaucresson & autres Lieux, Conseiller d'Etat, Lieutenant-Général de Police du Châtelet de Paris, tenant le Siége le Vendredi 17 Février 1736. *Signé*, Cuiret. Collationné. *Signé* Menard. Scellé le 27 Février 1736. *Signé*, Sauvage. Contrôle le 29 Février 1736. *Signé*, LEMAIRE.

Signifié & baillé copie auxdits Soucanye, Olivier le jeune, & Bourdin, Procureurs, à domicile, le 29 Février 1736, sans approbation de la Sentence, & aux protestations de se pourvoir aux Chefs qui sont griefs. Signé, P. PICQUE.

SENTENCE DE POLICE,

Qui ordonne la main-levée des Saisies faites des Marchandises de Veaux corroyées, par les Jurés Corroyeurs sur les nommés Bertrand de la Haye, Antoine Ernest, Maîtres Cordonniers à Paris, & Philippe-Joseph Collier, Cordonnier Privilégié, & confirmée par Arrêt du Parlement du 11 Août suivant ; lequel condamne lesdits Jurés Corroyeurs en l'amende & aux dépens.

1736,
17 Fév.

A Tous ceux qui ces présentes Lettres verront : Gabriel-Jerôme de Bullion, Chevalier, Comte d'Esclimont, Meſtre de Camp du Régiment de Provence, Infanterie, Conſeiller du Roi en ſes Conſeils, Prevôt de Paris, Salut. Sçavoir faiſons, que ſur la Requête faite en jugement devant Nous à l'Audience de la Chambre de Police du Châtelet de Paris, par Maître Marc-Antoine le Coq, Procureur de Claude-Nicolas de Vaux, & de Grégoire Coniam, Marchands Merciers à Paris, Demandeurs en exécution de notre Sentence du 2 Décembre dernier, Défendeurs à l'oppoſition formée à l'exécution d'icelle par Requête verbale du 12 dudit mois; & encore ledit Maître le Coq, Procureur d'Antoine Augis, Marchand Tanneur à Nemours, & du ſieur Lombard, Corroyeur en la Paroiſſe de Pomponne près Lagny, tous deux Défendeurs & ledit Lombard incidemment Demandeur ; ledit Maître le Coq aſſiſté de Maître Duret ſon Avocat, pour leſdits de Vaux & Coniam, & de Maître Frouard, Avocat pour ledit Augier.

Contre Maître Bourdin, Procureur des nommés Fouquet, Cuëllet, le Blanc & Guimier, Jurés en Charge de la Communauté des Maîtres Corroyeurs à Paris, Défendeurs & Demandeurs, ſaiſiſſans & demandans, ſuivant les différens Procès-verbaux faits à leur requête ; Exploit, Requête & Moyens des 19 & 26 Novembre & 10 Décembre derniers & autres jours, aſſiſtés de Maître Sandrier leur Avocat.

Contre Maître Leger, Procureur des ſuſdits Bertrand de la Haye, & Antoine Erneſt, Maîtres Cordonniers à Paris; & de

Philippe-Joseph Collier, Cordonnier Privilégié, Parties saifies, Demandeurs suivant leurs Exploits & Requêtes des 22 Octobre, 24 & 29 Novembre 1735, & judiciairement le tout, à ce que main-levée pure & simple soit faite auxdits Cordonniers des vingt douzaines de Peaux de Veaux corroyées, pesant 727 liv. par eux achetées, pesées & partagées au Bureau de la rue du Bouloy, & payées comptant, le tout suivant l'usage ancien, & de tout tems pratiqué audit Bureau ; requérant défenses de récidiver, dommages, intérêts, amende & dépens ; les Défendeurs afsistés de Maître Alouart leur Avocat.

Contre Maître Danchille, Procureur de Jean Delon l'aîné, Maître Tanneur & Corroyeur à Nemours, Demandeur aux fins de la Requête à Nous préfentée le 4 Novembre dernier ; Exploits faits en conféquence les 4 & 7 du même mois, du procès-verbal de renvoi à l'Audience du 8, Défendeur à la Requête verbale du 12, à ce que la faifie faite par lefdits Corroyeurs fur le Delon de trente-fix douzaines de Peaux de Veaux corroyées, foit déclarée valable, attendu que les Corroyeurs de Province n'ont pas droit d'amener des marchandifes corroyées dans Paris, ni au petit Bureau des Cuirs, & que tous Cuirs doivent être menés à la Halle ; ce faifant, les Marchandifes faifies, confifquées, & condamnés en leurs dommages-intérêts. Ledit Delon, Demandeur incidemment, fuivant fes moyens fignifiés le 16 du même mois de Novembre, à ce que fans avoir égard à la demande & prétention defdits Corroyeurs, main-levée fera faite de ladite faifie, les Marchandifes rendues, à ce faire les Gardiens & Dépofitaires contraints par corps, ce faifant déchargés ; comme aufsi à ce qu'il foit maintenu dans le droit & liberté d'emmener des Marchandifes & Peaux de Veaux & autres corroyées, au petit Bureau des Cuirs, rue du Bouloy, pour y être marquées & vendues ainfi que de coutume, avec défenfes aux Corroyeurs & à tous autres de l'y troubler, & pour l'avoir fait, condamnés en 50 liv. de dommages-intérêts, afsifté de Maître de la Brofse fon Avocat ; contre ledit Maître Bourdin, Procureur des Jurés en Charge de ladite Communauté des Maîtres Corroyeurs de Paris, faififsans, Demandeurs & Défendeurs, afsiftés de Maître Sandrier leur Avocat.

Et contre Maître Letourneau, Procureur des Révérends Peres,

Prieur, Procureur, Religieux & Couvent des Petits-Auguftins Réformés, établis en cette Ville, Demandeurs aux fins de la Requête & Exploit des 23 Novembre & 17 Décembre derniers; & en exécution des Ordonnances rendues au Châtelet les 20 Décembre & 10 Janvier derniers, fuivant leurs Moyens du 19 dudit mois de Janvier & Défendeurs, affiftés de Maître Beviere leur Avocat. Parties ouïes, enfemble noble homme M. d'Aguelfeau de Plaintmont, Avocat du Roi, en fes conclufions; lecture faite des Piéces, enfemble de tous les Procès-verbaux de faifies faites à la Requête des Jurés Corroyeurs, fans que les qualités puiffent nuire ni préjudicier;

Nous avons les Parties de Sandrier reçues oppofantes à l'exécution de nos précédentes Sentences; & faifant droit fur toutes les demandes & conteftations des Parties, avons les faifies dont eft queftion, déclarées nulles; ordonnons que lefdites chofes faifies feront rendues; à ce faire tous Gardiens & Dépofitaires contraints par corps; ce faifant déchargés; condamnons les Parties de Sandrier en 50 liv. de dommages-intérêts envers les Parties de Duret, 30 liv. envers celles de Alouart, & 60 livres auffi de dommages-intérêts envers celles de la Broffe. Difons que la main-levée provifoire eft & demeurera définitive envers la Partie de Beviere, & fur le furplus des demandes & conteftations des Parties, les avons mifes hors de Cour & de Procès. Condamnons les Parties de Sandrier aux dépens envers toutes les Parties, ce qui fera exécuté fans préjudice de l'appel; en témoin de ce nous avons fait fceller ces préfentes. Ce fut fait & donné par Meffire René Herault, Chevalier, Seigneur de Fontaine-l'Abbé, Vaucreffon & autres lieux, Confeiller d'Etat, Lieutenant-Général de Police de la Ville, Prevôté & Vicomté de Paris, tenant le Siége le Vendredi 17 Février 1736. *Signé*, Cuiret. Collationné. *Signé*, MENARD.

Signifié & baillé copie à Maîtres le Coq, Baurdin, Dauthuille & Letourneau, le 28 Février 1736. Signé, CAMOT.

ARREST DU PARLEMENT,

1736, 11 Août.

LOUIS, par la grace de Dieu, Roi de France & de Navarre : Au premier des Huissiers de notre Cour de Parlement, ou autres Huissiers ou Sergens sur ce requis. Sçavoir faisons : Qu'entre les Jurés en Charge de la Communauté des Corroyeurs-Baudroyeurs en Cuirs de la Ville & Fauxbourgs de Paris, Appellans de la Sentence du Lieutenant Général de Police du Châtelet de Paris, du 17 Février 1736, & Demandeurs en Requête énoncée en l'Arrêt du 28 Février dernier, à ce que défenses fussent faites d'exécuter ladite Sentence, & faire poursuite ailleurs qu'en la Cour, à peine de nullité, mille livres d'amende, & de tous dépens, dommages & intérêts, d'une part ;

Et Philippe Collier, Bertrand de la Haye, & Antoine Ernest, Maîtres Cordonniers à Paris, Intimés, Défendeurs, d'autre part, &c. Après que Dubois, Avocat de la Communauté des Corroyeurs, & Milley, Avocat de Philippe Collier & autres, ont été ouïs : ensemble d'Aguesseau pour le Procureur Général du Roi ;

NOTREDITE COUR reçoit les Parties de Dubois opposantes aux Arrêts par défaut ; faisant droit au principal, sans s'arrêter à leur Requête dont ils sont déboutés, a mis & met l'appellation au néant. Ordonne que ce dont est appel sortira son plein & entier effet, condamne les Appellans en l'amende de douze livres : & ayant aucunement égard à la Requête des Parties de Milley, condamne les Parties de Dubois en 50 liv. de dommages & intérêts envers chacune desdites Parties de Milley, outre & par-dessus ceux adjugés par la Sentence ; & cependant ordonne qu'il sera dressé Procès-verbal de l'état des Marchandises saisies, & dont est question, par Gobellard, Expert, à l'effet de connoître & d'estimer le dépérissement, si aucun y a sur lesdites Marchandises ; condamne les Parties de Dubois en tous les dépens, & aux frais mises d'exécution. Te mandons de mettre le présent Arrêt à exécution. Donné en Parlement le 11 Août 1736, & de notre regne le 21. Collationné. *Signé*, DAY. Par la Chambre. *Signé*, DUFRANC.

SENTENCE DE POLICE,

ET Arrêt confirmatif du premier Septembre 1736, le tout rendu sur les Conclusions de Messieurs les Gens du Roi, portant Réglement pour les Syndic Jurés en Charge & Communauté des Maîtres Cordonniers de la Ville & Fauxbourgs de Paris ;
CONTRE les Petits Jurés de ladite Communauté, & plusieurs Modernes & jeunes Maîtres de la même Communauté, au nombre de douze cens.

1736, 1 Sept.

PAr Délibération générale des Syndic, Jurés en Charge & Communauté des Maîtres Cordonniers de la Ville & Fauxbourgs de Paris, du 23 Novembre 1730. Appert avoir été donné pouvoir aux Syndic & Jurés de ladite Communauté lors en charge, de prendre le fait & cause de Joseph Desciences, reçu Maître Cordonnier en ladite Communauté, demeurant à Saint Germain en Laye, contre les petits Jurés de ladite Communauté, au sujet d'une saisie par eux faite sur ledit Desciences de cent-cinquante paires de Souliers, attendu que lesdits petits Jurés n'ont aucun droit ni pouvoir de saisir sur les Maîtres de leur Communauté.

1730, 1 Décemb.

Par avis de M. le Procureur du Roi au Siége de la Police du Châtelet de Paris, du premier Décembre 1730, rendu entre Joseph Desciences, les petits Jurés en charge de la Communauté des Maîtres Cordonniets de Paris en charge en 1730 & 1731, au nombre de dix-sept, les autres s'étant désistés ; & les Syndic & Jurés lors en charge de la Communauté des Maîtres Cordonniers ; appert la saisie faite sur Desciences avoir été déclarée nulle ; main-levée des Souliers saisis sur ledit Desciences, à la restitution les petits Jurés condamnés & contraints par corps ; défenses à eux de faire pareilles saisies, à eux enjoint de se conformer à la Déclaration du Roi du 29 Juin 1699, lesdits petits Jurés non désistans condamnés aux dépens envers toutes les parties.

1731, 19 Janv.

Par Sentence rendue par M. le Lieutenant Général de Police, du 19 Janvier 1731, ledit avis a été confirmé avec lesdits petits Jurés non désistans, lesquels ont été condamnés aux dépens envers toutes les parties,

Par

Par autre Sentence rendue par M. le Lieutenant Général de Police, fur conclufions des Gens du Roi, du 31 Août 1731, au fujet d'une feconde faifie faite par lefdits petits Jurés fur ledit Defciences de quatre-vingt-une paires de fouliers. Appert ladite faifie avoir été déclarée nulle, lefdits petits Jurés condamnés à reftituer lefdits Souliers, en 40 liv. de dommages & intérêts folidairement, en dix livres d'amende, & en tous les dépens.

1731,
31 Août.

ARREST DU PARLEMENT,

Confirmatif defdits Avis & Sentences des premier Décembre 1730, 19 Janvier & 31 Août 1731.

CONTRE Guillaume Letellier, Etienne Thibault, Antoine Valette, Dominique Dulac, Leonard Colas, Georges Joffo, Jean Siry, François Fabre, Nicolas Desjardins, Honoré Viart, Jean Gratio, Charles Janvier, dit Vendôme, Denis Thomaffin, François Coquelle, Charles-Gilles Arnault, Jacques-Louis Dolbeau & Pierre Lizon, tous Maîtres Cordonniers, anciens petits Jurés au nombre de dix-fept non défiftans, & autres Maîtres, Jeunes & Modernes au nombre de douze cens.

ENtre les petits Jurés, Maîtres Cordonniers de cette Ville & Fauxbourgs de Paris, au nombre de dix-fept des vingt-quatre ordinaires, dont douze fortis de charge le premier Juillet 1731, & les douze autres le 2 Août 1732, Appellans de l'avis du Procureur du Roi au Châtelet de Paris, & de la Sentence du Lieutenant Général de Police audit Châtelet de Paris, des premier Décembre 1730, & 19 Janvier 1731 ; enfemble de tout ce qui s'en eft enfuivi & pourroit s'enfuivre, & Demandeurs fuivant leur commiffion. Arrêt & Exploit des 14, 16 & 19 Février audit an 1731, par lequel Arrêt en date dudit jour 19 Février 1741, a été ordonné par provifion que Dominique Dulac, l'un defdits dix-fept petits Jurés feroit élargi & mis hors des prifons du petit Châtelet, fous les offres defdits dix-fept

1736.
1 Sept.

V

petits Jurés de faire remettre à Joseph Desciences, l'un des Maîtres Cordonniers de la Communauté de cette Ville & Fauxbourgs de Paris, les cent cinquante paires de souliers sur lui saisis par lesdits petits Jurés, dont ladite saisie a été déclarée nulle par ladite Sentence, avec restitution & dépens d'une part; & Joseph Desciences, l'un des Maîtres Cordonniers de la Communauté des Maîtres Cordonniers de la Ville & Fauxbourgs de Paris, ledit Desciences demeurant en la Ville de S. Germain en Laye, Intimé & Défendeur d'autre part:

Et entre lesdits petits Jurés, Maîtres Cordonniers au nombre de dix-sept, Demandeurs suivant leur Requête & Exploit du 3 Mars 1731, tendante à ce que les Syndic, Jurés lors en Charge & Communauté des Maîtres Cordonniers de cette Ville & Fauxbourgs de Paris soient tenus voir déclarer commun avec eux l'Arrêt qui interviendroit sur ledit appel desdits avis & Sentence, en conséquence que la réception & Lettre de Maîtrise dudit Desciences, du 3 Octobre 1730, seroit déclarée nulle, comme faite contre la disposition de l'article XXXV des Statuts de ladite Communauté desdits Maîtres Cordonniers de Paris; qu'il seroit fait défenses auxdits Syndic & Jurés en charge & Communauté de recevoir à l'avenir aucuns Maîtres qu'ils n'aient quatre années d'apprentissage, en conséquence que la saisie faite par lesdits petits Jurés sur ledit Desciences, le 21 dudit mois d'Octobre 1730, seroit déclarée bonne & valable, & les cent cinquante paires de souliers saisis par le même procès verbal dudit jour 21 Octobre 1730, déclarés confisqués au profit de ladite Communauté. Qu'il seroit ordonné que les articles 16 & 25 desdits Statuts de ladite Communauté desdits Maîtres Cordonniers seroient exécutés, en conséquence qu'il seroit fait défenses à tous Maîtres Cordonniers de colporter leurs ouvrages; qu'ils ne pourroient faire travailler hors leurs maisons, à l'exception des pauvres Maîtres demeurans en cette Ville de Paris, & que lesdits Syndic & Jurés lors en charge, seroient condamnés en leurs propres & privés noms aux dépens, même en ceux faits p. r lesdits petits Jurés contre ledit Desciences, tant des causes principales que d'appel & demandes d'une part;

Et lesdits Syndic & Jurés lors en charge & Communauté des Maîtres Cordonniers de ladite Ville & Fauxbourgs de Paris, Défendeurs d'autre part;

Et entre lesdits petits Jurés de ladite Communauté des Maîtres Cordonniers au nombre de dix-sept des vingt-quatre ordinaires, dont douze sortis de charge le premier Juillet 1731, &
les douze autres le premier Août 1732, Demandeurs suivant
leur Requête & Exploit des 7 & 15 Avril 1731, tendans à ce
qu'en conséquence dudit appel par eux interjetté desdits avis &
Sentence des premiers Décembre 1730 & 19 Janvier 1731,
il leur soit permis de faire assigner en la Cour Jean-Joseph
Tournelle, Martin Blin, Charles Basset, Thomas le
Bourgeois, Jean Castra, Jean-François Vidal, & François
Fondrier, Maîtres Cordonniers de ladite Communauté des Maîtres Cordonniers à Paris, anciens petits Jurés, leurs camarades
en exercice avec lesdits dix-sept & sortis de charge en 1731
& 1732, pour y voir dire & ordonner que l'Arrêt qui interviendra sur ledit appel & sur ladite demande formée contre les
Syndic & grands Jurés en charge, sera déclaré commun avec
lesdits Blin, Basset & Consorts. Ce faisant, que conformément
aux Réglemens faits entre les ci-devant petits Jurés de ladite
Communauté des Maîtres Cordonniers le premier Janvier 1647,
énoncés en celui du 27 Février 1685, ledit Réglement dudit
jour 27 Février homologué au Châtelet par Sentence du 16
Juillet 1686, après avoir été communiqué aux Syndic & Jurés
de ladite Communauté des Maîtres Cordonniers lors en charge
& de leur consentement, ensemble le Réglement du 19 Avril
1723, & l'Acte du 23 Août 1730, par lequel Acte tous lesdits
petits Jurés se sont soumis d'exécuter lesdits Réglemens, iceux
Réglemens seroient exécutés selon leur forme & teneur.

Ce faisant, que pour s'être lesdits Blin, Tournelle, Basset, le
Bourgeois, Castra, Vidal & Fondrier désistés de ladite saisie
faite à la Requête desdits vingt-quatre petits Jurés Cordonniers,
ledit jour 21 Octobre 1730, ils seroient condamnés chacun en
cinquante liv. d'amende conformément auxdits Réglemens,
pour être lesdites sommes employées aux affaires que lesdits
petits Jurés sont obligés d'avoir & soutenir, & que lesdits
Tournelle, Blin, Basset, le Bourgeois, Castra, Vidal & Fondrier seroient condamnés en tous les dépens d'une part ;

Et lesdits Jean-Joseph Tournelle & Martin Blin, Charles
Basset, Thomas Bourgeois, Jean Castra, Jean-François Vidal,

& François Fondrier, tous Maîtres Cordonniers, anciens petits Jurés, du nombre de vingt-quatre ordinaires des années 1730 & 1731, s'étant défistés de ladite faisie faite fur ledit Defciences & de toutes pourfuites faites à ce fujet, tous Défendeurs d'autre part ;

Et entre lefdits dix-fept petits Jurés du nombre des 24 ordinaires non défiftés de ladite faifie & pourfuites contre ledit Defciences, Maître Cordondicr, Demandeurs en Requête du 4 Juin 1731, tendante à ce qu'il plaife à la Cour avant de pourfuivre fur leur appel & fur leur demande formée contre lefdits Baffet, Fondrier & Conforts, au nombre de fept qui fe font défiftés, il foit ordonné que les Parties viendroient plaider fur les Chefs de demande formée par leurdite Requête & Exploit des 13 Mars & 7 Avril 1731.

Ce faifant, & conformément auxdits traités en forme de Réglement fait entre lefdits petits Jurés, dûment homologués, lefdits Baffet, le Bourgeois, Caftra, Blin, Tournelle, Vidal & Fondrier, petits Jurés défiftans, feroient condamnés de payer chacun cinquante livres auxdits petits Jurés non défiftans, pour être par eux employées à leurs affaires, au payement de laquelle fomme ils feroient chacun contraints par toutes voies dues & raifonnables, & qu'ils feroient condamnés aux dépens d'une part ; & lefdits Baffet, le Bourgeois, Caftra, Blin, Tournelle, Vidal & Fondrier, anciens petits Jurés défiftans, Défendeurs d'autre part.

Et entre ledit Jofeph Defciences, Maître Cordonnier à Paris, demeurant en la Ville de S. Germain en Laye, Demandeur en Requête du 28 Juin 1731, tendante à ce qu'en venant plaider la caufe d'entre lui & lefdits dix-fept petits Jurés, Maîtres Cordonniers non défiftans, fur l'appel par eux interjetté defdits avis & Sentence du Châtelet de Paris, il plaife à la Cour déclarer lefdits 17 petits Jurés non-recevables dans l'appel par eux interjetté defdits avis & Sentence, comme étant lefdits dix-fept petits Jurés fans pouvoir, fans qualité & fans aucun droit pour agir ; les condamner en l'amende & aux dépens des caufes d'appel & demande, fans préjudice de tous fes droits & actions d'une part, & les dix-fept petits Jurés non défiftans, Défendeurs d'autre part ;

Et entre les Syndic, Jurés en charge & Communauté des Maîtres Cordonniers de la Ville & Fauxbourgs de Paris, Demandeurs en Requête du 6 Juillet 1731, tendante à ce qu'il plaise à la Cour les recevoir entant que de befoin étoit ou feroit, parties intervenantes en la caufe d'appel, pendante en la Cour entre ledit Jofeph Defciences & lefdits petits Jurés Cordonniers fur l'appel par eux interjetté par lefdits petits Jurés de la Sentence rendue entre les Parties par le fieur Lieutenant Général de Police au Châtelet, le 19 Janvier 1732 ; donner acte auxdits Syndic, Jurés & Communauté, de ce que pour moyens d'intervention ils emploient le contenu en leur Requête ; qu'il leur foit donné acte de ce qu'ils avoient pris & prenoient d'abondant le fait & caufe dudit Defciences comme Maître Cordonnier fur ledit appel ; faifant droit fur ladite intervention & prife de fait & caufe, déclarer lefdits petits Jurés non-recevables dans ledit appel de ladite Sentence, comme étant lefdits petits Jurés fans qualités, fans aucun pouvoir pour agir ou procéder en Juftice, & que l'Arrêt qui interviendroit fera déclaré commun avec lefdits Baffet, le Bourgeois, & autres au nombre de fept petits Jurés défiftans ; condamner lefdits petits Jurés appellans folidairement en l'amende, & en tous les dépens des caufes d'appel & demande envers toutes les Parties, tant en demandant, défendant que de la fommation & dénonciation, fans préjudice auxdits Syndic & grands Jurés à requerir la nullité des prétendus articles des prétendus Réglemens faits entre lefdits petits Jurés, & fans préjudice de tous leurs droits & actions d'une part :

Et lefdits petits Jurés au nombre de dix-fept non défiftans, Défendeurs d'autre part, & les autres petits Jurés défiftans au nombre de fept, Défendeurs encore d'autre part :

Et entre lefdits petits Jurés de la Communauté des Maîtres Cordonniers de Paris au nombre de dix-fept des vingt-quatre ordinaires, appellans en adhérant à leur appel de la Sentence du 19 Janvier 1731, de la Sentence rendue par le fieur Lieunant Général de Police au Châtelet de Paris, entr'eux, Jofeph Defciences & fa femme, le 31 Août 1731, & Demandeurs fuivant l'Arrêt & Exploit du 26 Septembre 1731 d'une part, & Jofeph Defciences, l'un des Maîtres Cordonniers de la Communauté des Maîtres Cordonniers de la Ville & Fauxbourgs de Paris, demeurant à Saint-Germain en Laye, & Marie-Anne Durand fa femme, Intimés & Défendeurs d'autre part ;

Et entre les petits Jurés Maîtres Cordonniers de cette Ville de Paris, au nombre de dix-fept des vingt-quatre petits Jurés ordinaires, dont douze fortis de charge le premier Juillet 1731, & les douze autres le 12 Août 1732, Demandeurs fuivant leur Requête préfentée en la Cour, & Exploit fait en conféquence le 18 Mars 1733, tendante ladite Requête à ce qu'il plaife à la Cour en conféquence de la caufe pendante en icelle fur ledit appel & demandes entr'eux petits Jurés, lefdits Defciences & fa femme, lefdits Syndic & grands Jurés de ladite Communauté des Maîtres Cordonniers, il foit permis auxdits petits Jurés de faire affigner en la Cour … Hachette, l'un des Maîtres Cordonniers de ladite Communauté de Paris, pour voir déclarer commun avec lui l'Arrêt qui interviendroit fur lefdits appel & demandes : ce faifant, qu'il feroit tenu de déclarer s'il eft vrai qu'il a été Maître d'apprentiffage dudit Jofeph Defciences, que ledit Defciences a demeuré quatre ans chez lui, y réfidant comme apprentif, & qu'au bout des quatre années, il lui a quittancé fon Brevet ; en quel tems ledit apprentiffage a été fait, & faute de faire par ledit Hachette les déclarations qui lui font demandées, & les affirmer véritables, attendu qu'il fe trouve un Brevet d'apprentiffage, ce ne peut être que par fraude ; condamner ledit Hachette aux dommages - intérêts defdits petits Jurés & en tous les dépens, fans préjudice auxdits petits Jurés à prendre par la fuite plus amples conclufions, ni à tous leurs droits & actions d'une part ;

Et ledit Hachette, Maître Cordonnier à Paris, Défendeur d'autre part.

Et entre Jacques Regnault, l'un des petits Jurés actuels en charge ; Etienne de la Porte & Jacques Foreftier, jeunes Maîtres Cordonniers à Paris, Demandeurs en Requête du 27 Mars 1735, tendante à ce qu'il plaife à la Cour les recevoir Parties intervenantes en la caufe d'entre les dix-fept petits Jurés, & non défiftans d'une part, lefdits 7 petits Jurés, qui fe font défiftés d'autre part, & les Syndic & grands Jurés des Maîtres Cordonniers à Paris, encore d'autre part ; leur donner acte de ce que pour moyens d'intervention ils employent le contenu en leur Requête ; leur donner pareillement Acte de ce qu'ils fe joignent auxdits 17 petits Jurés non défiftans, & adhérent

aux conclusions prises par lesdits dix-sept petits Jurés. Ce faisant, condamner lesdits sept petits Jurés qui se font désistés, au
payement de chacun 50 livres, pour être employées aux affaires poursuivies par lesdits petits Jurés ainsi qu'ils l'ont demandé, le tout sans s'arrêter à la Requête desdits Syndic & grands
Jurés du 6 Juillet 1731, en ce qui concerne la cause d'entre lesdits petits Jurés, & condamner lesdits 7 petits Jurés & lesdits
Syndic & grands Jurés en tous les dépens, sans qu'ils puissent
les employer en leur compte, d'une part, lesdits dix-sept petits
Jurés non désistans, Défendeurs d'autre part ;

Et encore lesdits Syndic & grands Jurés de la Communauté
des Maîtres Cordonniers, Défendeurs encore d'autre part.

Et entre les dix-sept petits Jurés, Demandeurs en Requête du
4 Septembre 1734, à fin d'opposition à l'Arrêt du 18 Août précédent d'une part, & ledit Joseph Desciences, Maître Cordonnier, Défendeur d'autre part ;

Et entre Michel Louveau, Etienne de la Porte, Leonard
Galand, Jean-François le Brun, Alexis Cheneville, se disans
Maîtres Cordonniers, modernes & jeunes de leur Communauté
au nombre de plus de 1200 dénommés dans les Actes passés devant Dupuis & son Confrere, Notaires à Paris, le 6 & autres
jours du mois d'Août, 3 Septembre, 26 & autres jours du mois
d'Octobre 1732 ; Demandeurs en Requête présentée à la Cour
le 14 Mars 1735, tendante à ce qu'ils soient reçus Parties intervenantes en la cause pendante en la Cour entre lesdits dix-
sept petits Jurés Maîtres Cordonniers, ledit Desciences, & lesdits Syndic & grands Jurés de ladite Communauté des Maîtres
Cordonniers, ledit Hachette & lesdits sept petits Jurés désistans
sur lesdites appellations & demandes ; leur donner acte de ce
que pour moyens d'intervention ils employent le contenu en
leur Requête. Ce faisant, en plaidant sur le tout, leur donner
acte de ce qu'ils se joignent & adhérent aux conclusions qui
ont été prises par lesdits 17 petits Jurés contre ledit Desciences,
lesdits Syndic & grands Jurés, Maîtres Cordonniers, & contre lesdits 7 petits Jurés désistans & ledit Jean Hachette : en conséquence adjuger auxdits Louveau, de la Porte, Galand, le
Brun & autres, & auxdits dix-sept petits Jurés, leurs conclusions avec dépens d'une part.

Et les dix-sept petits Jurés non défiſtans, leſdits Syndic &
grands Jurés de la Communauté des Maîtres Cordonniers, les
ſept petits Jurés défiſtans, & ledit Hachette Maître Cordonnier, tous Défendeurs d'autre part.

Après que Boucot, Avocat des petits Jurés ; Regnault, Avocat de Deſciences, Paillet des Brunieres, Avocat des ſept petits
Jurés ; Milley, Avocat de 1200 Maîtres, & Pecouleau, Avocat
des grands Jurés, ont été ouïs, enſemble d'Agueſſeau, pour le
Procureur Général du Roi :

La Cour reçoit les Parties de Pecouleau, Parties intervenantes, leur donne acte de leur priſe de fait & cauſe, ſans s'arrêter à l'intervention des Parties de Milley, a mis & met l'appellation au néant ; ordonne que ce dont eſt appel ſortira effet ;
condamne les Appellans en l'amende de 12 livres, déboute
les Parties de Boucot de toutes leurs demandes, & les condamne en leurs propres & privés noms en tous les dépens envers toutes les Parties. Fait en Parlement le premier Septembre 1736. Collationné, Mirebeau. *Signé*, DUFRANC.

ARREST DU CONSEIL D'ÉTAT DU ROI,

*Qui réduit toutes les Rentes dûes par la Communauté des Maîtres
Cordonniers, ſans diſtinction de Créanciers, au denier 50.*

1735, 30
Août.

VU par le Roi étant en ſon Conſeil, les Arrêts rendus en
icelui les 21 Février & 16 Décembre 1721, au ſujet des
Rentes dûes par la Communauté des Maîtres Cordonniers de
la Ville de Paris, qui, aux termes de ces Arrêts, ont dû être
réduites au denier 50 ; & étant informé qu'à cette occaſion il eſt
ſurvenu pluſieurs conteſtations, & que quelques-uns d'entre
leſdits Maîtres, Créanciers de leur Communauté, avoient
même obtenu, ſous prétexte de la diſtinction d'entre ceux qui
étoient parvenus aux différentes Jurandes, au moyen de certaines ſommes prêtées à leur Communauté & ceux qui y étoient
parvenus par Election, un Arrêt le 25 Février 1727, dont ils
tiroient avantage, pour ſe ſouſtraire à cette réduction & en arrêter l'effet ; mais après un grand examen, ayant reconnu l'il-
luſion

lufion de cette diftinction, & que toutes les Rentes de ladite Communauté font dans le cas de la réduction au denier 50 ; & voulant arrêter le défordre qui régne dans cette Communauté, à faire ceffer l'inégalité de condition qu'on veut mettre entre ces Créanciers : ouï le rapport du fieur Orry, Confeiller d'Etat au Confeil Royal, Contrôleur-Général des Finances ; & tout confidéré :

Le Roi étant en fon Confeil, a ordonné & ordonne, que nonobftant la difpofition de l'Arrêt du 27 Février 1727, lequel fera, entant que de befoin, regardé comme non-avenu, toutes les rentes conftituées par ladite Communauté des Maîtres Cordonniers, feront & demeureront réduites, à compter du premier Janvier 1722, au denier 50 fans aucune diftinction entre lefdits Créanciers, & que la liquidation des dettes de ladite Communauté fera faite fur ce pied par les fieurs Commiffaires à ce députés. Ordonne que le préfent Arrêt fera exécuté, nonobftant toutes oppofitions ou empêchemens quelconques, pour lefquels ne fera différé. Fait au Confeil d'Etat du Roi, Sa Majefté y étant, tenu à Verfailles le 30 Août 1735. *Signé*, PHELIPPEAUX.

Le préfent Arrêt a été lû & enregiftré au Greffe de la Commiffion ; ce requérant le Procureur-Général du Roi en icelle, en exécution du Jugement du Bureau de cejourd'hui, pour être exécuté felon fa forme & teneur. A Paris, le feptiéme jour de Décembre 1735. Signé, GROSMENIL.

JUGEMENT SOUVERAIN,

Rendu par Meffieurs les Commiffaires nommés pour la liquidation des dettes des Comunautés d'Arts & Métiers de la Ville & Fauxbourgs de Paris ;
Et qui réduit toutes les Rentes dûes par la Communauté des Maîtres Cordonniers au denier 50, à compter du premier Janvier 1722.

LES Commiffaires Généraux du Confeil, députés par Sa Majefté par Arrêts de fon Confeil des 3 Mars & 16 Mai

1716, & autres subséquens, pour procéder à la liquidation des dettes, & à l'examen & révision des Comptes des Communautés d'Arts & Métiers de la Ville & Fauxbourgs de Paris.

Vû par Nous l'Arrêt du Conseil d'Etat du Roi du 30 Août 1735, qui ordonne que nonobstant la disposition de l'Arrêt du 27 Février 1727, lequel sera, entant que de besoin, regardé comme non avenu, toutes les Rentes constituées par la Communauté des Maîtres Cordonniers de la Ville de Paris, seront & demeureront réduites, à compter du premier Janvier 1722, au denier 50 sans aucune distinction, & que la liquidation des dettes de ladite Communauté sera par Nous faite sur ce pied, & que ledit Arrêt sera exécuté nonobstant toutes oppositions ou empêchemens quelconques, pour lesquels ne sera différé : les Conclusions du Procureur Général du Roi en la Commission. Ouï le rapport du sieur Maboul, Chevalier, Conseiller du Roi en ses Conseils, Maître des Requêtes ordinaire de son Hôtel, l'un de Nous, & tout considéré :

Nous Commissaires Généraux susdits, en vertu du pouvoir à Nous donné par Sa Majesté, avons ordonné & ordonnons que ledit Arrêt du Conseil d'Etat du 30 Août dernier sera enregistré au Greffe de notre Commission, pour être exécuté selon sa forme & teneur. Fait en l'assemblée desdits sieurs Commissaires Généraux, tenue à Paris le septiéme jour de Décembre 1735. Collationné. *Signé*, GROSMENIL.

ARREST DU CONSEIL D'ÉTAT DU ROI,

Qui ordonne l'exécution de celui du 30 Août 1735.

1736, 9 Octobre.

VU par le Roi étant en son Conseil, l'Arrêt rendu en icelui le 30 Août 1735, par lequel Sa Majesté auroit ordonné, que nonobstant la disposition de l'Arrêt du 27 Février 1727, lequel seroit entant que de besoin, regardé comme non avenu, toutes les rentes constituées par la Communauté des Maîtres Cordonniers de la Ville de Paris, seroient & demeureroient réduites, à compter du premier Janvier 1722, au denier 50, sans aucune distinction entre lesdits Créanciers, & que

la liquidation des dettes de ladite Communauté feroit faite fur
ce pied par les fieurs Commiffaires à ce députés, & ordonné
que ledit Arrêt feroit exécuté nonobftant toutes oppofitions ou
empêchemens quelconques, pour lefquels ne feroit différé.

La Requête préfentée à Sa Majefté par Michel Schuren de
la Grange, Cordonnier de la Reine & ancien Syndic de la
Communauté des Maîtres Cordonniers de Paris; Jean Croizat,
Maître Cordonnier & ancien Syndic de fa Communauté; De-
nis Gautier, Maître Cordonnier; Nicolas Varin, Maître Cor-
donnier, ancien de fa Communauté; Jean Tierce, Maître Cor-
donnier, ancien Juré de fa Communauté; Jofeph Cottineau,
Maître Cordonnier; Charles Baffet, Maître Cordonnier;
Pierre Duval, Bourgeois de Paris; François Felix, Marchand
Mercier; Philippes Garel, Maître Cordonnier; Jerôme le
Roux, Maître Paumier; Antoine Vallet, Maître Cordonnier;
Henri - Alexandre Heutdefeu, Maître Perruquier; Médard
Bouillerot, Marchand Tanneur; Pierre Bonnet, Maître Cor-
donnier; Jean le Coq, Marchand de Vin; Vaft Velon, Maî-
tre Cordonnier, tant en fon nom que comme ayant charge des
Héritiers du feu fieur Baftide, Maître Cordonnier, & comme
étant aux droits de Claude Grefnon, auffi Cordonnier; Jean-
Baptifte Defneux, Maître Cordonnier, & François Thibault,
auffi Maître Cordonnier, à caufe de leurs Femmes, héritiers de
Touffaint le Blanc, Maître Cordonnier, leur Pere; Anne
Froiffard, Veuve de Jacques de Launay, Maître Cordonnier;
Hugues Frequin, Maître Cordonnier; Sebaftien Jacquinel fils,
Maître Cordonnier; Jacques Noël, Maître Cordonnier & con-
fors; Jean Cofté, Maître Cordonnier; Catherine Petit, veuve
de Jean Perrot, Maître Cordonnier; Catherine Baffet, veuve
de Charles Mongein; Jeanne Bonnet, veuve de Charles de
Boyenval, Maîtres Cordonniers, & Marie Salmon, veuve de
Jofeph Houard, Vigneron, comme Mere & Tutrice d'Etienne
Houard, légataire de Marguerite Houard, Femme de Jean
Bezian, Cordonnier à Paris, tous Créanciers à titre de Confti-
tution de rente de la Communauté des Maîtres Cordonniers
de Paris. Tendante ladite Requête à ce qu'il plût à Sa Majefté,
ayant égard aux très-humbles remontrances des Supplians, ordonner que ledit Arrêt de fon Confeil du 30 Août 1735, &

tout ce qui pouvoit s'en être enſuivi, demeureroit révoqué &
comme non avenu; que la liquidation de leurs créances ſur la
Communauté des Maîtres Cordonniers, ſeroit faite conformément à leurs Contrats, & qu'ils ſeroient payés des arrérages de
leurs rentes échues & à écheoir ſur le pied & au denier porté
par ces mêmes Contrats.

Ladite Requête ſignée de Schuren de la Grange, Prevôt &
Felix, tant pour eux que pour les autres Créanciers ci-devant
dénommés; les piéces jointes à ladite Requête. Ouï le rapport
du ſieur Orry, Conſeiller d'Etat & ordinaire au Conſeil Royal,
Contrôleur Général des Finances.

Le Roi étant en ſon Conſeil, ſans s'arrêter à la Requête deſdits Créanciers de la Communauté des Maîtres Cordonniers,
a ordonné & ordonne que l'Arrêt de ſon Conſeil du 30 Août
1735 ſera exécuté ſelon ſa forme & teneur. Fait au Conſeil
d'Etat du Roi, Sa Majeſté y étant, tenu à Verſailles le neuviéme jour d'Octobre 1736. *Signé*, PHELIPPEAUX.

AVIS

DE M. LE PROCUREUR DU ROI DU CHATELET,

Qui fait défenſes aux Savetiers d'employer plus d'un tiers de Cuir
neuf en leurs ouvrages, & auſſi de croter des ouvrages neufs pour
les vendre pour des vieux ;
Et caſſe un Acte ſurpris par pluſieurs Savetiers à quelques Maîtres
Cordonniers au nombre 11.

1737.
8 Mars.

ENtre les Syndic & Jurés de la Communauté des Maîtres
Cordonniers à Paris, Demandeurs aux fins de l'Exploit fait
par Doucet, Huiſſier à Cheval en cette Cour, & de la Requête
verbale des 16 & 20 Février dernier, le tout tendant à ce
qu'ayant égard à la Délibération faite en l'Aſſemblée générale
convoquée & tenue au Bureau de ladite Communauté, le 18
Février dernier, contrôlée le 19 & ſignée le 20, il ſoit donné
Lettres auxdits Syndic & Jurés Cordonniers, des Déclarations
faites par les Défendeurs, que c'eſt à la ſollicitation des nom-

més Bardault, Ferry, Martin, & autres Maîtres Savetiers, qu'ils ont signé l'Acte reçu par Brelu de la Grange qui en a la minute, & son Confrere, Notaires à Paris, le 11 Février dernier, & comme ayant été surpris, & de ce qu'ils s'en défiftent, attendu que le Certificat y contenu eft contraire aux Réglemens de Police & aux usages de tout tems pratiqués, suivant lesquels il eft défendu aux Maîtres Savetiers d'employer dans leurs ouvrages plus d'un tiers de Cuir neuf ; & en conféquence adjuger auxdits Syndic & Jurés Cordonniers les autres Conclusions par eux prises, tant par ledit Exploit qui eft dûment contrôlé & préfenté, que par ladite Requête verbale, affiftés de Maître Leger leur Procureur, d'une part.

Nicolas de la Porte, Maître Cordonnier, affifté de Maître Oblin son Procureur, d'autre part.

Gilles le Duc & Mathurin Petit, Maîtres Cordonniers, affiftés de Maître Perrot leur Procureur, d'autre part ;

Nicolas Dubois, Maître Cordonnier, & Defprez, veuve de Pierre Hardouin, Maître Cordonnier, affiftés de Maître Mauger le jeune, leur Procureur, d'autre part.

Jean-Baptifte de Paris & autres, tous Maîtres Cordonniers, procédant par Maître Daminois l'aîné leur Procureur, encore d'autre part : au nombre de 11 Maîtres Cordonniers, ayant figné ledit Acte dudit jour 11 Février dernier, Défendeurs auxdits Exploits & Requêtes. Parties ouïes entre lefdits Maîtres Leger, Oblin, Perrot & Mauger le jeune, & par vertu du défaut de Nous donné contre ledit Maître Daminois l'aîné, non comparant, dûment appellé. Lecture faite de l'Acte du 11 Février dernier, de la Délibération du 18 dudit mois, des déclarations faites par écrit par aucuns des Défendeurs fufnommés & des autres piéces des Parties.

Nous donnons Lettres aux Parties de Léger des déclarations faites par les Parties d'Oblin, Perrot & Mauger le jeune, tant par écrit qu'à l'Audience, qu'elles ont été furprifes par le nommé Bardault & autres Maîtres Savetiers, dans la fignature de l'Acte du 11 Février dernier, qu'ils ont trouvé tout dreffé.

Donnons pareillement Lettres au nommé Nicolas de la Porte, autre Partie d'Oblin, de fa déclaration, qu'il n'a pas figné ledit Acte, quoique son nom y foit employé. Ce faifant, déclarons ledit Acte nul & de nul effet ; ordonnons que l'expédition en sera rayée & biffée par notre Greffier, & que mention sera faite du présent Jugement sur la minute dudit Acte ; à ce faire le Notaire contraint, quoi faisant, déchargé.

Ordonnons que les Statuts, Arrêts & Réglemens de Police concernant les Communautés des Maîtres Cordonniers & des Maîtres Savetiers de cette Ville, portant que les Maîtres Savetiers n'employeront dans leurs ouvrages qu'un tiers de cuir neuf, feront exécutés ; enjoignons à tous les Maîtres desdites Communautés de s'y conformer ; leur faisons défenses d'y contrevenir, & aux Savetiers d'entreprendre sur la profession des Maîtres Cordonniers.

Défendons pareillement de croter à l'avenir les ouvrages de cuir neuf en plein, à l'effet de les faire passer pour marchandises vieilles & de hazard, à peine de confiscation, déchéance de Maîtrise, & sous telles autres peines qu'il appartiendra.

Donnons défaut contre les Parties de Daminois l'aîné, & pour le profit déclarons le présent Jugement commun avec eux. Et pour la contravention commise auxdits Réglemens par lesdites Parties d'Oblin, Perrot, Mauger & Daminois, les condamnons chacun en 6 livres de dommages & intérêts envers les Parties de Leger, & aux dépens ; & sera notre présent Jugement imprimé, lû, publié & affiché par-tout où besoin sera, même enregistré sur les Registres des deux Communautés. Ce fut fait & donné par Messire François Moreau, Chevalier, Conseiller du Roi en ses Conseils d'Etat & privé, Honoraire en sa Cour de Parlement & Procureur de Sa Majesté au Châtelet de Paris, le 8 Mars 1737.

Dans le cours de l'Instance, onze Maîtres Cordonniers ayant voulu, pour donner de la force aux Maîtres Savetiers, d'entreprendre sur le métier des Cordonniers, passerent un Acte chez Maître Brelu de la Grange, Notaire, qui a été par la Sentence ci-après, rayé & biffé ; & la Communauté des Maîtres Cordonniers ayant appris ce mauvais procédé, les a attaqués tous les onze, dont est intervenue ladite Sentence qui suit.

SENTENCE CONFIRMATIVE
DE L'AVIS CI-DESSUS.

A Tous ceux qui ces préfentes Lettres verront : Gabriel Jerôme de Bullion, Chevalier, Comte d'Efclimont, Prevôt de Paris ; Salut. Sçavoir faifons, que fur la Requête faite en Jugement devant Nous à l'Audience de la Chambre de Police du Châtelet de Paris, par Maître Euftache Leger, Procureur des Syndic & Jurés de la Communauté des Maîtres Cordonniers à Paris, autorifés par une Délibération du 18 Février dernier, Demandeurs fuivant leur Requête verbale du 14 Mars dernier, tendante à ce que l'Avis contradictoire rendu par M. le Procureur du Roi le 8 dudit mois de Mars dernier, foit confirmé avec dépens, affiftés de Maître Frouard leur Avocat.

Contre Mᵉ Oblin, Procureur de Nicolas de la Porte.

Mᵉ Perrot, Procureur de Gilles-Edme & Mathurin Petit.

Mᵉ Maugerle jeune, Procureur de Nicolas Dubois, & Blanche Defprez, veuve de Pierre Hardouin, tous Maîtres Cordonniers à Paris, Défendeurs & Demandeurs à fin d'infirmation dudit avis, affiftés de Mᵉ Dieres leur Avocat.

Et encore contre Mᵉ Daminois l'aîné, Procureur de Jean-Baptifte de Paris, & autres, tous Maîtres Cordonniers & Défendeurs : Parties ouies entre lefdits Mᵉ Leger, affifté de Frouard Avocat, & Mauger affifté de Mᵉ Dieres, Avocat, & par vertu du défaut de Nous donné contre ledit Mᵉ Daminois l'aîné efdits noms, non comparant dûment appellé. Lecture faite des Piéces ; enfemble de l'avis du Procureur Roi, du 8 Mars dernier, portant Lettres des déclarations des Parties, & défenfes de faire le crotage, & que ledit avis fera imprimé, affiché & enregiftré fur le Regiftre des deux Communautés, fans avoir égard à l'acte du 11 Février 1737, paffé devant Brelu de la Grange, qui eft déclaré nul & de nul effet.

Nous avons l'avis du Procureur du Roi, du 8 Mars dernier, confirmé pour être exécuté felon fa forme & teneur ; donnons défaut contre les Parties de Daminois l'aîné, & pour

le profit déclarons le préſent Jugement commun avec eux. Condamnons les Parties de Dieres & de Daminois aux dépens. Ce
qui ſera exécuté nonobſtant & ſans préjudice de l'appel, &
ſoit ſignifié ; en témoin de quoiN ous avons fait ſceller ces Préſentes. Ce fut fait & donné par Meſſire René Herault, Chevalier, Seigneur de Fontaine-l'Abbé, Vaucreſſon & autres lieux,
Conſeiller d'Etat & Lieutenant-Général de Police au Châtelet
de Paris, tenant le Siége le Mardi 7 Mai 1737. Signé & ſcellé.

SENTENCE DE POLICE,

*QUI infirme l'Avis du Procureur du Roi, ſurpris par défaut, en
faveur de la Communauté des Maîtres Savetiers. Laquelle Sentence fait défenſes aux nommés Jacques Cochegrue, Hubert
Leblanc, Houaſſe, Louis Flamant pere, François le Maire,
François Huché, Jean Martin pere, Jean Ferry, Jean Ludet,
Charles Bardault, & Nicolas le François, tous Maîtres Savetiers de cette Ville, & à tous autres de leur Communauté, de
croter les Souliers de cuir neuf, & d'en percer les courroyes pour
faire accroire au Public qu'ils ſont des Souliers de hazard.*

1737,
7 Mai.

A Tous ceux qui ces préſentes Lettres verront : Gabriel-
Jerôme de Bullion, Chevalier, Comte d'Eſclimont,
Prevôt de Paris, Salut. Sur la Requête faite en jugement devant Nous à l'Audience de la Chambre de Police du Châtelet
de Paris, par Me Leger, Procureur des Syndic & Jurés de la
Communauté des Maîtres Cordonniers à Paris, autoriſés par
une Délibération de ladite Communauté du 18 Février dernier, ſaiſiſſans ſur les ci-après nommés en vertu de notre Ordonnance, & aſſiſtés des Commiſſaires de cette Cour, certaine
quantité de Souliers, Mulles & autres ouvrages de Cuir neuf
en plein, crotés exprès & percés aux courroies ſervant aux
boucles, avec une marmite & uſtenſiles ſervant au crotage,
& Demandeurs ſuivant les Procès-verbaux & Exploits de Saiſi-
ſies, Requêtes verbales & défenſes des 8 Octobre, 3 & 30 Décembre & 4 Janvier dernier, le tout tendant à ce que ſans
s'arrêter

s'arrêter à l'intervention des Jurés Savetiers, ni aux demandes des ci-après nommés, ni à l'avis par défaut surpris du Procureur du Roi, lequel fera infirmé, toutes les faifies foient déclarées valables; & que les chofes faifies foient confifquées; faire très-exprefles défenfes aux Maîtres Savetiers de plus récidiver & faire faire le crotage pour vendre comme de hazard des ouvrages de cuir neuf en plein, à peine de trois cens livres à chaque contravention envers la Communauté des Maîtres Cordonniers, de cent livres d'amende, & attendu la nature de la contravention commife au mépris des Réglemens, que les ci-après nommés feront folidairement condamnés en tels dommages-intérêts qu'il appartiendra, & aux dépens; que la Sentence fera à leurs frais imprimée & affichée, même enregiftrée ès Regiftrés des deux Communautés, afin de fervir de Réglement, & de réprimer un abus fi confidérable, qui tend à confondre les deux Communautés au préjudice du Public & defdits Maîtres Cordonniers, & autres conclufions portées auxdites Requêtes, & Défendeurs, affiftés de Me Frouard leur Avocat;

Contre Me Olivier le jeune, Procureur des nommés Jacques Cochegrue, Hubert le Blanc, Jean-Baptifte Houaffe, Louis Flamand pere, & François le Maire, tous Maîtres Savetiers, Parties faifies; Défendeurs fuivant les Requêtes & Exploit, défenfes & Requêtes verbales de 20 & 22 Octobre, 11 & 29 Décembre derniers, le tout tendant à fin de nullité defdites faifies & main-levée des chofes faifies, attendu qu'elles ne peuvent être vendues que comme marchandifes de hazard, affiftés de Me de la Broffe leur Avocat.

Contre Me Bernier, Procureur des nommés François Huché, Jean Martin pere, Jean Ferry, Jean Ludet, Charles Bardault, & Nicolas le François, tous Maîtres Savetiers, Parties faifies, Défendeurs & Demandeurs fuivant leurs défenfes & Requêtes des 11 & 24 Décembre dernier, tendantes à la confirmation de l'avis du Procureur du Roi, rendu par défaut le 14 Décembre dernier, portant nullité des faifies, & que les marchandifes feront rendues, affiftés de Me Duret leur Avocat.

Et Me Lemoine, Procureur des Syndic & Jurés de la Communauté des Maîtres Savetiers à Paris, Intervenans dans lefdites Inſtances, & Demandeurs aux fins de leur Requête verbale du 21 Janvier, dernier, & Défendeurs aſſiſtés de Me Sandrier leur Avocat ; Parties ouies, enſemble noble homme M. Gilbert de Voiſins, Avocat du Roi en ſes Concluſions. Lecture faite des piéces & rapport des Experts, ſans que les qualités puiſſent nuire ni préjudicier.

Nous, ouis les Gens du Roi en leurs concluſions, ſans s'arrêter à l'intervention des Parties de Sandrier, ni aux demandes en nullité & autres des Parties de la Broſſe & Duret dont nous les déboutons, ni à l'avis du Procureur du Roi que nous avons infirmé ;

Ordonnons que les Statuts, Arrêts & Réglemens concernant la Communauté des Maîtres Cordonniers & celle des Maîtres Savetiers de cette Ville, ſeront exécutés ſelon leur forme & teneur. Ce faiſant, diſons que nos Ordonnances proviſoires demeureront définitives ; entérinons le rapport de nos Experts, déclarons bonnes & valables les ſaiſies faites à la Requête des Parties de Frouard ſur les Parties de la Broſſe & Duret : ordonnons que les marchandiſes ſaiſies ſeront vendues au Bureau de ladite Communauté des Parties de Frouard, & néanmoins pour cette fois ſeulement, par grace, & ſans tirer à conſéquence, que les deniers qui en proviendront feront remis aux Parties de la Broſſe & Duret, les frais de ventes & autres légitimement faits préalablement prélévés. Faiſons très-expreſſes inhibitions & défenſes aux Parties de la Broſſe & Duret & à tous autres Maîtres Savetiers de ſe ſervir de crotes & autres matieres, ni de percer les oreilles des ſouliers pour faire accroire au Public que les ſouliers qu'ils vendent ſont ſouliers vieux & d'hazard, & pour la contravention commiſe, condamnons les Parties de la Broſſe & Duret ſolidairement en trente livres de dommages & intérêts envers les Parties de Frouard.

Ordonnons que la préſente Sentence ſera imprimée & affichée, même enregiſtrée ſur les Regiſtres des deux Communautés aux frais des Parties de la Broſſe, Duret & Sandrier, que nous condamnons en tous les dépens ; deſquels dépens, enſemble des dommages, intérêts & frais ci-deſſus adjugés, les Parties de Frouard ſeront rembourſées par privilége & préférence ſur les deniers de ladite vente, ce qui ſera exécuté nonobſtant & ſans préjudice de l'appel : en témoin de quoi nous avons fait ſceller ces préſentes. Ce fut fait & donné par Meſſire René Herault, Chevalier, Seigneur de Fontaine-l'Abbé, Vaucreſſon & autres lieux, Conſeiller d'Etat, & Lieutenant Général de Police de la Ville, Prévôté & Vicomté de Paris, tenant le ſiége le Mardi 7 Mai 1736. Collationné, ſigné & ſcellé.

ARREST DU PARLEMENT,

QUI homologue la Délibération générale faite par les Syndic, Jurés en Charge, & autres Maîtres de la Communauté des Maîtres Cordonniers, le 11 Janvier 1740, touchant la convocation des aſſemblées de ladite Communauté, & qui prononce des peines contre ceux qui s'y doivent trouver, & qui n'y viennent pas, & auſſi pour la diſtribution des jettons.

LOUIS, par la grace de Dieu, Roi de France & de Navarre : au premier des Huiſſiers de notre Cour de Parlement ou autre, Huiſſier ou Sergent ſur ce requis : ſçavoir faiſons : que vu par notredite Cour la Requête préſentée par les Syndic, Jurés en Charge & Communauté des Maîtres Cordonniers de la Ville & Fauxbourgs & Banlicue de Paris, à ce qu'il plût à notredite Cour, en conſéquence de l'Arrêt d'icelle du 23 Janvier dernier, & de l'avis donné en vertu d'icelui par le Lieutenant Général de Police, & du Subſtitut de notre Procureur Général au Châtelet de Paris du 6 Avril 1740, homologuer la Délibération générale faite par les Supplians & les autres Maîtres de leur Communauté, le 11 Janvier dernier, pour être ladite Délibération ſuivie & exécutée dans tous ſes articles ſelon ſa forme & teneur, & permettre aux Supplians de faire imprimer & afficher ladite Délibération & l'Arrêt qui interviendra. Vu les Piéces attachées à ladite Requête. *Signé,* Guerin, Procureur ; au nombre deſquelles Piéces eſt la Délibération dont la teneur enſuit :

1740, 28 Avril.

Y ij

Extrait du Regiſtre des Délibérations de la Communauté des Maîtres Cordonniers de Paris , dont la premiere en date du 19 Septembre 1735 , eſt celle dont la teneur ſuit du 11 Janvier 1740.

Nous Syndic & Jurés en charge, anciens Syndics, anciens Jurés du Cuir tanné, anciens Modernes & Jeunes, tous Maîtres de la Communauté des Cordonniers à Paris, aſſemblés en notre Bureau ſis Quai de la Mégiſſerie , Paroiſſe Saint Germain l'Auxerrois, pour ce mandés par billets en la maniere accoutumée, en vertu de l'Ordonnance de M. le Procureur du Roi au Châtelet de Paris, en date du 9 du préſent mois , pour délibérer ſur pluſieurs affaires concernant notredite Communauté ; & entr'autres choſes ſur ce qui nous a été repréſenté par leſdits Syndic & Jurés en Charge, que quoique par réſultat de ladite Communauté , homologué par M. Dreux d'Aubry , Lieutenant Général de Police , au mois d'Août 1664 , & une Délibération homologuée par M. Hérault , auſſi Lieutenant Général de Police, le 18 Avril 1726 *, il ſoit expreſſément enjoint à tous les Anciens & Bacheliers de notre Communauté de ſe trouver aux Services pour le repos des Ames des Anciens décédés, même de ſe rendre aux aſſemblées qui ſe tiennent dans la Chambre de ladite Communauté pour raiſon des affaires communes , & encore de ſe trouver aux Chefs-d'œuvre à tour de rôle aux heures fixées ; néanmoins leſdits Syndic & Jurés s'apperçoivent que le réſultat ni cette Délibération ne ſont point ſuivis, & qu'au contraire leſdits anciens Maîtres ſe ralentiſſent, non-ſeulement de ſe rendre auxdits Services , mais même n'aſſiſtent point aux Services & Fêtes de ſaint Barthelemi, ſaint Creſpin & ſaint Creſpinien nos Patrons , & encore ne s'empreſſent point de ſe rendre en la Chambre de ladite Communauté dans les aſſemblées qui ſe tiennent pour les affaires communes, quoique très-ſouvent urgentes & néceſſaires , ce qui fait que ce qu'il y a à délibérer devient infructueux, & fait un tort conſidérable aux intérêts de notre Communauté , lui ſuſcitant même différens procès, & la met dans la néceſſité de faire des dépenſes pour les ſoutenir & défendre, où elle ſuccombe quel-

* Voyez ci-devant, pages 54 & 136.

quefois par rapport à ce défaut de Conférence & de Délibération, & même ne se rendent point ponctuels à venir être présens aux Chefs-d'œuvre aux heures fixes. Pourquoi lesdits Syndic & Jurés en charge nous requierent que pour le bon ordre & l'arrangement de notre Communauté, Nous aïons sur le présent exposé à délibérer pour constater sur ce qui sera dit, & que le tout soit suivi dorénavant, & exécuté de point en point, à peine ...

Sur quoi, après avoir conféré ensemble, & avoir recueilli les voix les unes après les autres, il a été délibéré qu'en corroborant & fortifiant le résultat homologué au mois d'Août 1664, & la Délibération homologuée au mois d'Août 1726, lesdits Actes feront exécutés selon leur forme & teneur ; & en conféquence que chaque ancien Bachelier & autres, feront tenus de fe trouver aux Services qui fe feront pour chaque Défunt, même aux Services des jours & fêtes de faint Barthelemi, S. Crefpin & S. Crefpinien nos Patrons, à peine pour chaque contrevenant de quatre livres d'amende, applicable à la Confrérie de S. Crefpin & S. Crepinien, à moins qu'ils ne juftifient de maladie ou d'abfence pour caufes légitimes par bons certificats en forme.

Que tous les Anciens de notre Communauté, les deux Modernes, & les deux Jeunes Maîtres qui doivent être mandés par chaque affemblée, & aux Elections fuivant l'ordre du Catalogue, feront tenus de fe rendre en notre Bureau à chaque Affemblée & aux Elections aux endroits ordinaires & accoutumés, lorfqu'ils y feront mandés par billets, en conféquence des Ordonnances de M. le Procureur du Roi du Châtelet, pour conférer & délibérer fur les affaires urgentes & néceffaires de notre Communauté, & donner leurs voix aux Elections.

Et faute par lefdits Anciens, Modernes & Jeunes de comparoir à l'heure indiquée & donner leurs voix délibératives, ils feront tenus de payer quatre livres d'amende, auffi applicable à la Confrérie de faint Crefpin ; & pour obvier à certaines difficultés & empêcher les plaintes des Modernes & Jeunes qui cauferoient des procès, lefdits Modernes & Jeunes feront appellés & mandés fucceffivement fuivant l'ordre du Catalogue.

A commencer dorénavant par les premiers de la tête dudit Catalogue ; comme auffi les Anciens qui ne fe trouveront pas une heure après celle marquée pour aſſiſter aux Chefs-d'ouvre, feront déchus de la moitié de leurs droits de préſence, qui feront délivrés aux pauvres Maîtres ou veuves de Maîtres, à moins qu'ils ne juſtifient de leur abſence ou cauſe de maladie.

Comme pareillement feront déchus de leurs droits en entier les Syndic & Jurés lors en charge, s'ils manquent à l'heure, une après celle marquée, à moins, comme il eſt ci-deſſus dit, de juſtifier de leur abſence, ou pour cauſe de maladie, fans pouvoir en être fait remiſe ou aux uns ou aux autres fous quelque prétexte que ce foit, le tout à compter du jour de l'homologation des préſentes ; laquelle rétention fe fera autant de fois qu'il y aura d'abſence : & enfin d'engager à être plus ponctuel & exact à comparoître auxdites Aſſemblées & Elections, il a été délibéré qu'il fera délivré dorénavant à chacun des mandés par billets pour leurs droits de préſence, un jetton d'argent du poids de quarante au marc pour chaque Aſſemblée, dont les Délibérations feront écrites fur le Regiſtre de la Communauté. Que fi dans le cours de l'année les affaires de la Communauté obligeoient les Syndic & Jurés de faire plus grand nombre d'Aſſemblées que celui de cinq, leſdits Convoqués ne pourront prétendre de jetton pour les autres Aſſemblées qui feront faites au pardeſſus du nombre de cinq, à moins que leſdits Syndic, Jurés & Receveurs n'y foient autoriſés par une Ordonnance particuliere de M. le Lieutenant Général de Police, donnée fur les Concluſions de M. le Procureur du Roi ; leſquels jettons feront diſtribués par le Receveur en Charge, & par lui achetés des deniers de notre Communauté, & en rapportant les quittances de l'Orfévre, elles leur feront paſſées & allouées dans leur compte : a été auſſi délibéré que celui de nous qui n'aura pas comparu auxdites Aſſemblées & Délibérations fera privé dudit jetton, lequel tournera au profit de la Confrérie de S. Creſpin & S. Crepinien ; & pour connoître les Défaillans, il fera fait un état exact par les Jurés en Charge, & le Receveur en fera un Chapitre particulier dans fon compte ; & pour que la préſente Délibération foit exécutée, donnons pouvoir auxdits Syndic & Jurés en Charge de la faire homologuer en toutes Cours & Juriſdictions ; les frais & débourfés leur feront paſſés & alloués dans leurs comptes fans difficulté. Fait & délibéré lesdits jour & an , & avons signé , Maréchal, Mazuriez, Mozac, Guiraudon , Denizot, Billouard , Robillard , Crozat, Lagrange , Aubert, Minjolet, Billouard l'aîné , Nelle , Pillet, Rastoul , Ferry , Buisson , Garrissou , Marcandier , Duguet, Perot, F. Labreteque, Jubert, Gautier , David , le Lorrain, Boudoresque , P. Carrogis , Peschon , Grollier, le Tellier, Cordier, Maumelat, Dufoulloy, Lettu, Castra, Dubret, Tournelle , Bernard, Varin, Coquelle, Bourgeois ; & en marge est écrit, contrôlé à Paris le 14 Janvier 1740 , reçu douze sols. *Signé*, Pipereau. Extrait & Collationné par les Conseillers du Roi, Notaires au Châtelet de Paris, soussignés sur ledit Registre, représenté & rendu cejourd'hui 15 Janvier 1740. *Signés*, Thierty, avec paraphe ; Durnel, avec paraphe.

Conclusions de notre Procureur Général : ouï le rapport de M. Jean Macé , Conseiller. Tout considéré :

Notredite Cour a homologué & homologue ladite Délibération, pour être exécutée selon sa forme & teneur ; sans néanmoins qu'il puisse y avoir plus de deux Assemblées par an , dans lesquelles il soit permis à ladite Communauté des Maîtres Cordonniers de distribuer un Jetton d'argent du poids de quarante au marc à chacun de ceux qui s'y trouveront appellés. Mandons mettre le présent Arrêt à exécution. Donné en Parlement , le 28 Avril, l'an de grace 1740 , & de notre Regne le vingt-cinquième. Collationné. *Signé* , Langelé. Par la Chambre.

Signé , DUFRANC.

SENTENCE DE LA PREVOTÉ DE L'HOTEL DU ROI,

QUI fait défenses aux Syndic , grands & petits Jurés de la Communauté des Maîtres Savetiers de la Ville & Fauxbourgs de Paris, d'aller en visite, & d'entrer dans les Maisons & Boutiques des Maîtres Cordonniers des Maisons Royales, de ceux qui auront droit d'eux, & des Maîtres Cordonniers Privilégiés suivant la Cour ; les condamne aux dépens pour dommages & intérêts.

A Tous ceux qui ces Présentes Lettres verront : Louis de Bouchet, Chevalier, Comte de Montforrau, Marquis de 

Sourches, Conseiller d'Etat, Prévôt de l'Hôtel de Sa Majesté, & Grand-Prévôt de France, Salut. Sçavoir faisons, qu'en l'instance meue & pendante pardevant nous, entre Nicolas Baillet, Locataire, Cordonnier privilégié des Pages de feu M. le Duc d'Orléans, frere unique de Louis XIV, duquel Pierre Boucher est propriétaire, Demandeur aux fins de sa Requête : Ordonnance & Exploit d'assignation des premier & 4 Juillet 1739, scellés & contrôlés, à ce qu'il lui fût permis de faire assigner en cette Cour les Syndic, grands & petits Jurés de la Communauté des Maîtres Savetiers de Paris, pour voir dire qu'il leur seroit fait défenses de ne plus à l'avenir, sous quelque prétexte que ce soit, d'aller en visite chez ledit Baillet, & pour y avoir été sans droit & sans qualité le 27 Juin 1739, & pour le trouble & l'insulte par eux faits audit Baillet, & le scandale par eux commis, qu'ils seroient condamnés envers lui en 1000 liv. de dommages & intérêts, ou telle autre somme qu'il plairoit à la Cour arbitre, en telle amende qu'il plairoit à M. le Procureur du Roi, duquel ledit Baillet a requis la jonction & aux dépens ; & cependant qu'il fût fait défenses auxdits Savetiers, grands & petits Jurés Savetiers, de faire aucunes poursuites, pour raison du fait dont il s'agit ailleurs qu'en la Cour, à peine de nullité, cassation de procédure, cinq cens livres d'amende, de tous dépens, dommages & intérêts d'une part ;

Et les grands & petits Jurés en charge de la Communauté des Maîtres Savetiers de Paris, Défendeurs & Demandeurs aux fins de leur Requête du 2 Septembre 1739, tendante à ce qu'il leur soit donné Acte, de ce que pour défenses aux demandes & prétentions dudit Baillet, ils employoient le contenu en leur Requête.

Ce faisant, sans s'arrêter ni avoir égard auxdites demandes, dont ledit Baillet seroit débouté, ordonner que l'Arrêt du Grand Conseil, du 2 Mai 1690, ensemble la Sentence rendue en la présente Jurisdiction conformément audit Arrêt, le 31 Août dudit an, seront exécutés selon leur forme & teneur, & déclarés communs avec ledit Baillet.

En conséquence, qu'il soit fait défenses de troubler lesdits grands & petits Jurés Savetiers dans le cours de leur visite, sous telles peines qu'il appartiendra, & que ledit Baillet soit condamné en tous les dépens, d'autre part ;   Et

Et entre ledit Pierre Boucher, propriétaire du Privilége de Cordonnier des Pages de feu Son Alteffe Royale M. le Duc d'Orléans, frere unique de feue Louis XIV.   Boucher le fils, & Michel Paris, Syndic des Cordonniers des Maifons Royales.

Frere le Roi & Louis Sourdet, Syndics des Cordonniers privilégiés fuivant la Cour & Confeils de Sa Majefté, intervenans dans la fufdite inftance d'entre ledit Baillet, & les grands & petits Jurés des Maîtres Savetiers de Paris, fuivant leur Requête du 25 Novembre 1739, & encore Demandeurs aux fins de ladite Requête, tendante à ce qui leur fût donné Acte de ce qu'ils fe joignoient & adhéroient aux conclufions prifes par ledit fieur Baillet, par fa Requête du premier Juillet 1739, & y augmentant, fans avoir égard aux demandes des grands & petits Jurés des Maîtres Savetiers de Paris, portées par leur Requête du mois de Septembre 1739, defquelles ils feront déboutés ; ordonner que l'Article VIII des Statuts des Maîtres Savetiers de Paris, l'Article XL des Statuts des Maîtres Cordonniers de la Ville de Paris ; enfemble la Déclaration du Roi du 3 Mai 1603, l'Arrêt du Confeil Privé du Roi, du 22 Août 1707, ceux du Parlement de Paris des 12 Mars 1611, 4 Janvier 1675 & 10 Février 1684, & les Sentences contradictoires de cette Cour des premier Septembre 1674, & premier Octobre 1677 ; enfemble l'Arrêt du Confeil d'Etat du 23 Juin 1739, feront exécutés felon leur forme & teneur.

En conféquence, faire défenfes aux grands & petits Jurés de la Communauté des Maîtres Savetiers de Paris, de plus à l'avenir, fous quelque prétexte que ce foit, aller en vifite dans les maifons, boutiques & lieux occupés par les Cordonniers privilégiés fuivant la Cour, & des Maifons Royales ou de ceux qui les repréfentent, & que lefdits grands & petits Jurés de la Communauté des Maîtres Savetiers, fuffent condamnés aux dépens d'une part, &c.

Conclufions du Procureur du Roi, & fur ce Confeil : Nous, vu les requêtes, demandes & piéces des Parties ; enfemble les Conclufions du Procureur du Roi, avons reçu les Syndics des Cordonniers privilégiés & Nicolas Baillet, Parties de le Vaffeur, oppofantes à notre Ordonnance fur Requête du 21 Mars dernier. Ordonnons que l'Article XL des Statuts des Maîtres Cordonniers, & l'Article VIII des Statuts des Jurés Savetiers ; la Déclaration du Roi du 3 Mai 1603, l'Arrêt du Conseil du 22 Août 1707 ; Sentences contradictoires de cette Cour des premier Septembre 1674, premier Octobre 1677 ; ensemble l'Arrêt du Conseil d'Etat du 23 Juin 1739, seront exécutés selon leur forme & teneur.

En conséquence, faisons défenses aux Syndic & grands Jurés de la Communauté des Maîtres Savetiers, Parties de Dejean, de ne plus à l'avenir aller en visite chez ledit Baillet, tant qu'il sera Locataire du Privilége en question, en faisant néanmoins par ledit Baillet regiſtrer son bail en cette Cour, si fait n'a été, ni dans aucunes autres maisons, boutiques & lieux occupés par les Cordonniers privilégiés suivant la Cour, & des Maisons Royales.

Leur permettons néanmoins, en paſſant devant les boutiques des Cordonniers Privilégiés, de ceux des Princes & Princeſſes, & ceux qui auront droit d'eux, de saisir par un Huiſſier de cette Cour les ouvrages de cuirs défendus ; & ce, en se conformant aux Lettres Patentes du mois d'Octobre 1725, sans que pour cela, & sous quelque prétexte que ce soit, ils puiſſent prétendre entrer dans leurs boutiques & lieux par eux occupés ; sur le surplus des demandes avons mis les Parties hors de Cour.

Condamnons la Partie de Déjean aux dépens, pour tous dépens, dommages & intérêts.

Si Mandons au premier notre Huiſſier, ou autre Huiſſier ou Sergent Royal sur ce requis, mettre ces Préſentes à dûe & entiere exécution selon leur forme & teneur, en témoin de quoi les avons fait sceller. Donné & jugé par nous Pierre-Ovide de Noyon, Lieutenant-Général, Civil, Criminel & de Police de la Prévôté de l'Hôtel du Roi, & Grande-Prévôté de France. A Paris, le 14 Septembre, le Roi étant à Versailles, l'an 1744.

Signé, DUVOIGNE.

ARREST DU GRAND-CONSEIL,

Qui confirme la Sentence de la Prevôté de l'Hôtel du Roi, & grande Prevôté de France, du 14 Septembre 1740 ; & qui fait défenses aux Syndic, grands & petits Jurés de la Communauté des Maîtres Savetiers de la Ville & Fauxbourgs de Paris, d'aller en visite, & d'entrer dans les Maisons & Boutiques des Maîtres Cordonniers des Maisons Royales, de ceux qui auront droit d'eux, & des Maîtres Cordonniers Privilégiés suivant la Cour, & les condamne en l'amende & aux dépens.

LOUIS, par la grace de Dieu, Roi de France & de Navarre : à tous ceux qui ces présentes Lettres verront : Salut. Sçavoir faisons, comme par Arrêt cejourd'hui donné en notre Grand Conseil, entre nos bien-amés les Syndic, grands & petits Jurés en charge de la Communauté des Maîtres Savetiers de la Ville & Fauxbourgs de Paris, Appellans d'une Sentence intervenue en la Prevôté de l'Hôtel, au profit des Intimés ci-après nommés, le 14 Septembre 1740, & de tout ce qui s'en est ensuivi, suivant leur Acte d'appel du 26 Novembre suivant & anticipé à notredit Conseil, d'une part ;

1741,
13 Juin.

Et Pierre Paris, Syndic en charge de la Communauté des Cordonniers des Maisons Royales ; Louis François Leclerc, à présent Syndic des Cordonniers Privilégiés suivant la Cour ; Nicolas Baillet, sous-Locataire de la charge de Cordonnier des Pages de feu Monsieur le Duc d'Orléans, de laquelle est pourvû Pierre Boucher, & ledit Pierre Boucher, Intimés, & anticipans à notre Conseil, suivant la Requête présentée à notredit Conseil ; Ordonnance & Exploit du 2 Décembre 1740, contrôlé à Paris le lendemain, d'autre part, &c.

Conclusions de notre Procureur Général.

Icelui notredit Grand-Conseil, faisant droit sur le tout, a mis & met l'Appellation interjettée par lesdits Syndic, grands & petits Jurés en charge de la Communauté des Maîtres Savetiers de la Ville & Fauxbourgs de Paris, de ladite Sentence de la Prevôté de l'Hôtel du 14 Septembre 1740 au néant ; ordonne

Z ij

que ce dont eſt appel, ſortira ſon plein & entier effet; condamne leſdits Syndic & Jurés de la Communauté en l'amende
de 12 livres & aux dépens.

Si donnons en mandement au premier des Huiſſiers de notredit Grand Conſeil, en ce qui eſt exécutoire en notre Cour,
& ſuite, & hors d'icelle au premier notredit Huiſſier ou autre,
notre Huiſſier ou Sergent ſur ce requis, qu'à la requête deſdits
Syndic des Cordonniers Privilégiés ſuivant la Cour, le préſent
Arrêt, il mette à exécution de point en point, ſelon ſa forme
& teneur. Donné en notredit Conſeil, à Paris le 13ᵉ jour de
Juin, l'an de grace 1741; & de notre régne le 26. Collationné
& ſigné par le Roi, à la relation des Gens de ſon Grand-Con-
ſeil. *Signé*, VERDUC.

SENTENCE DE POLICE,

Servant de Réglement pour les Commandemens des petits Jurés,
intervenue ſur l'intervention de la Communauté des Maîtres Cor-
donniers, ſur le refus fait par 23 deſdits petits Jurés, de re-
mettre le Livre & les Clefs de leur Bureau à Charles Bardeaux,
l'un des 24, & en tour d'être Commandant, du mois de Juin
1741; & qui fait défenſes aux petits Jurés & leurs Succeſſeurs,
de troubler le Commandant dans ſes fonctions, & les condam-
ne aux dépens envers toutes les Parties; & qui ordonne que
ladite Sentence ſera tranſcrite ſur le Livre des Délibérations de
ladite Communauté.

1741, 1
Septemb.

A Tous ceux qui ces préſentes Lettres verront : Gabriel-Jerôme de Bullion, Chevalier, Comte d'Eſclimont, Prevôt de Paris : Salut. Sçavoir faiſons, que ſur la Requête faite
en Jugement devant Nous à l'Audience de la Chambre de Police du Châtelet de Paris par Maître Pinſon l'aîné, Procureur
de Charles Bardeaux, Maître Cordonnier à Paris, l'un des 24
petits Jurés de ſa Communauté, Demandeur au principal, &
en conſéquence du renvoi à l'Audience, porté par le Procès-
verbal fait en notre Hôtel le 10 Juin dernier, ſigné & ſcellé;

Demandeur aux fins de la Requête verbale du 15 Juillet dernier, Défendeur à celle du 16; encore Demandeur en exécution de notre Sentence du 28 Juillet dernier.

Contre Maître le Fort, Procureur des 23 petits Jurés de la même Communauté.

Et contre Me Leger, Procureur des Syndic & Jurés de la Communauté des Maîtres Cordonniers, Défendeurs, Parties ouïes.

Nous, fans que les qualités puiffent nuire ni préjudicier, en conféquence de notre Sentence du 20 Juillet dernier, qui a renvoyé pour en paffer par l'Avis des Gens du Roi; & après avoir ouï les Gens du Roi en leur Avis, recevons les Parties de Leger Parties intervenantes en l'Inftance, faifant droit fur leur Intervention.

Difons que les Statuts, Arrêts, Sentences de Police & Réglemens de la Communauté des Maîtres Cordonniers, feront exécutés felon leur forme & teneur; en conféquence faifons défenfes aux Parties de le Fort, de ne plus à l'avenir troubler le Commandant & fes Succeffeurs dans leurs fonctions; & pour l'avoir fait, les condamnons pour tous dommages-intérêts aux dépens envers toutes les Parties; & fera notre préfente Sentence tranfcrite fur le Regiftre des Délibérations de ladite Communauté; ce qui fera exécuté nonobftant & fans préjudice de l'Appel; en témoin de ce, Nous avons fait fceller ces Préfentes, faites & données par Meffire Claude-Henri Feydeau de Marville, Maître des Requêtes ordinaires de fon Hôtel, Lieutenant-Général de Police de la Ville, Prevôté & Vicomté de Paris, tenant le Siége le Vendredi premier Septembre 1741. *Collationné & figné*, DE BEAUVAIS.

ARREST DU CONSEIL D'ÉTAT DU ROI,

Concernant le Privilége qu'ont les Maîtres reçûs dans les Communautés de Paris, de s'établir dans les autres Villes du Royaume, & ce en vertu de leurs Lettres de Maîtrifes.

VU par le Roi en fon Confeil, les Requêtes & Mémoires refpectivement préfentés par Louis-Benjamin Vimont du Taillis, Maître Coutelier de Paris, établi à Falaize, d'une part;

1742, 23 Janvier.

Et les Maîtres Couteliers de ladite Ville de Falaize, d'autre part ; par lesquels ils auroient conclu, fçavoir ledit Vimont du Taillis, à ce qu'il plût à Sa Majefté, fans avoir égard aux Arrêts & Exécutoires du Parlement de Rouen, des 10 Juin 1739, 10 Février, 29 Mars, 22 & 27 Juin 1740, qui feront caffés & annullés ; ordonner que l'Edit du mois de Décembre 1581 ; Déclarations, Statuts & Réglemens, & Arrêts rendus en conféquence, & vifés dans l'Arrêt du Confeil du 28 Août 1719, enfemble la Sentence rendue par le Lieutenant de Police de Falaize le 12 Mai 1739, qui autorife le Suppliant à ouvrir Boutique dans ladite Ville & exercer fa profeffion de Coutelier, feront exécutés felon leur forme & teneur.

En conféquence, attendu qu'il eft reçu Maître Coutelier de la Ville de Paris, lui permettre de travailler tant dans ladite Ville de Falaize, que par-tout ailleurs qu'il voudra s'établir, en qualité de Maître Coutelier ; faire défenfes aux Maîtres Couteliers de Falaize, & à tous autres de l'en empêcher ; & pour l'avoir fait, les condamner en 3000 livres de dommages & intérêts. Ordonner que les fommes par lui payées en exécution defdits Arrêts & exécutoires dudit Parlement, comme contraint & forcé, lui feront rendues & reftituées ; à ce faire ladite Communauté & ceux qui ont reçu lefdites fommes, contraints par toutes voyes dûes & raifonnables, quoi faifant déchargés ; leur faire défenfes de récidiver, & les condamner aux dépens.

Et lefdits Maîtres Couteliers de Falaize, à ce qu'il plût à Sa Majefté débouter ledit Vimont du Taillis de fes demandes & conclufions ; en conféquence ordonner que les Arrêts & exécutoires du Parlement de Rouen dont ils demandent la confirmation, feront exécutés felon leur forme & teneur.

Edit portant établiffement des Arts & Métiers, Maîtrifes & Communautés dans les Villes du Royaume, du mois de Décembre |1581, par l'Article VI duquel il auroit été ordonné que tous les Artifans qui auroient été reçus Maîtres dans la Ville de Paris, pourroient aller demeurer & exercer lefdites Maîtrifes en toutes les Villes, Fauxbourgs, Bourgs, Bourgades & autres lieux du Royaume, fans pour ce tenus faire un nouveau ferment dans lefdites Villes & lieux, mais feulement faire apparoir de l'Acte de leur réception à la Maîtrife, & faire enregiftrer ledit Acte au Greffe de la Jurifdiction ordinaire du lieu où ils iront demeurer.

Arrêt du Parlement de Rouen du 18 Juin 1584, portant regiftrement du très-exprès commandement du Roi, dudit Edit du mois de Décembre 1581, à l'exception de l'Article VI, attendu la diverfité des Ordonnances & Priviléges des Artifans en chacune Province & reffort des Parlemens.

Autre Arrêt du Parlement de Rouen du dernier Janvier 1598, portant enregiftrement de l'exprès commandement du Roi, tant dudit Edit du mois de Décembre 1581, que d'un Edit poftérieur du mois d'Avril 1597, qui ordonne que celui de 1581 feroit gardé, obfervé & entretenu felon fa forme & teneur par tous les lieux du Royaume, par lequel Arrêt il auroit été ordonné que dans le fixiéme Article dudit Edit de 1581, attendu la diverfité des Ordonnances & Priviléges des Artifans en chacune Province & reffort des Parlemens, il en feroit ufé comme il avoit été fait ci-devant, fans qu'aucuns puffent exercer leur métier dans la Province de Normandie, s'ils n'avoient été reçus en icelle.

Arrêt du Confeil du 28 Août 1719, rendu contradictoirement entre les Marchands Merciers de la Ville d'Amiens, d'une part ; Pierre-Fontaine, René Godard, & André Ranjard, reçus Marchands Merciers de Paris, d'autre part.

Et les Maîtres & Gardes du Corps des Marchands Merciers de ladite Ville de Paris, intervenans auffi d'autre part, fur la prétention defdits Fontaine, Godard & Ranjard, s'établir à Amiens, pour y faire & exercer leur commerce de Mercerie, en vertu de leurs Lettres de Maîtrifes de Marchands Merciers de Paris ; par lequel Arrêt il auroit été ordonné que l'Edit du mois de Decembre 1581 feroit exécuté felon fa forme & teneur ; en conféquence permis auxdits Godard, Ranjard & Fontaine, d'aller s'établir dans la Ville d'Amiens, ou dans telles autres Villes, Bourgs & Lieux du Royaume que bon leur fembleroit, pour y tenir Boutique ouverte & exercer leur commerce de Mercerie, ainfi que les autres Marchands defdites Villes, en faifant enregiftrer leurs Lettres de Maîtrifes au Greffe de la Jurifdiction ordinaire. Ce faifant, que la Communauté des Marchands Merciers d'Amiens, & ceux des autres Villes où lefdits Godard, Ranjard & Fontaine pourroient aller s'établir, feront tenus, fur la repréſentation qu'ils leur feroient de leurſdites Lettres de Maîtriſe, de les recevoir, enregiſtrer &inſcrire dans leurs Communautés, en payant par eux les droits accoutumés.

Autre Arrêt du Conſeil, du 30 Juillet 1738, rendu contradictoirement entre les ſix Corps des Marchands de Paris, & les différentes Communautés des Marchands & Artiſans de la Ville de Rouen, par lequel il auroit été ordonné que les Satuts & Réglemens des Marchands Drapiers-Merciers unis, de la Communauté des Orfévres, des Maîtres Chirurgiens de la Ville de Rouen, & des autres Corps & Communautés d'Arts & Métiers de la même Ville, feroient exécutés ſelon leur forme & teneur; en conféquence, qu'aucuns Marchands ou Artiſans de la Ville de Paris ne pourroient s'établir dans ladite Ville de Rouen, ſans auparavant y avoir fait apprentiſſage, de s'être conformés aux Statuts & Réglemens de la Communauté dans laquelle ils voudroient entrer; &il auroit été dérogé en ta tque de beſoin, aux Edits & Déclarations des mois de Décembre 1581, Avril 1597 & Mars 1673.

Lettre de Maîtriſe de Louis-Benjamin de Vimont du Taillis, dans la Communauté des Maîtres Couteliers de Paris, du 29 Avril 1739.

Ordonnance du Lieutenant de Police de Fala ze, du 12 Mai ſuivant, rendue ſur la Requête dudit Vimont du Taillis, portant, que ladite Lettre de Maîtriſe de Coutelier de Paris, feroit enregiſtrée au Greffe, pour y avoir recours entant que beſoin feroit. Ce faiſant, ledit du Taillis autoriſé à tenir boutique ouverte, & faire ſa profeſſion de Maître Coutelier, ainſi que les autres Maîtres de ladite Ville de Falaize. Acte de l'enregiſtrement fait en conféquence de ladite Ordonnance, de ladite Lettre de Maîtriſe au Greffe du Siége de Police de Falaize, du 20 Mai 1739.

Arrêt du Parlement de Rouen du 10 Juin ſuivant, rendu ſur la Requête des Maîtres Couteliers de ladite Ville de Falaize, par lequel ils ont été reçus Appellans de ladite Ordonnance du Lieutenant de Police de Falaize, du 12 Mai précédent; & cependant par proviſion il a été ordonné que ledit Louis-Benjamin Vimont du Taillis feroit tenu de fermer ſa boutique, juſqu'à ce qu'autrement il en eût été ordonné.

Acte

Acte signifié le 10 Novembre 1739 , à la Requête dudit du Taillis auxdits Maîtres Couteliers, par lequel il leur auroit déclaré, que par l'Edit de 1581, le Roi s'étant réservé & à son Conseil la connoissance des contestations qui naîtroient à l'occasion des différentes dispositions contenues audit Edit, il s'étoit pourvu au Conseil, & qu'il protestoit de nullité de toutes les procédures qui seroient faites contre lui au Parlement.

Autre Arrêt du Parlement de Rouen, rendu par défaut contre ledit du Taillis, le 4 Février 1740, par lequel il auroit été ordonné que celui du 10 Juin précédent, seroit définitivement exécuté.

Exécutoire obtenu par lesdits Maîtres Couteliers, le 29 Mars 1740, de la somme de cent soixante-quatorze livres sept sols quatre den. pour dépens à eux adjugés, & auxquels ledit du Taillis avoit été condamné par ledit Arrêt du 4 Février précédent ; au dos duquel est la quittance du payement fait de ladite somme par ledit du Taillis auxdits Maîtres Couteliers, du 22 Juillet suivant.

Les Moyens, Réponses & Répliques, tant dudit Vimont du Taillis, que desdits Maîtres Couteliers, contenues dans leurs Requêtes & Mémoires.

Vu pareillement l'avis du sieur de Levignen, Intendant & Commissaire départi dans la Généralité d'Alençon , & celui des Députés du Commerce. Ouï le rapport du sieur Orry , Conseiller d'Etat ordinaire au Conseil Royal , Contrôleur Général des Finances.

Le Roi en son Conseil, a ordonné & ordonne que l'Edit du mois de Décembre 1581, & l'Arrêt du Conseil du 28 Août 1719, ensemble l'Ordonnance du Lieutenant de Police de Falaize, du 12 Mai 1739, seront exécutés selon leur forme & teneur. En conséquence, permet Sa Majesté audit Louis-Benjamin Vimont du Taillis, Maître Coutelier de la Ville de Paris , de s'établir , tant dans ladite Ville de Falaize , que dans telles autres Villes & lieux du Royaume que bon lui semblera, à l'exception de la Ville de Rouen , pour y tenir boutique ouverte, & exercer la profession de Maître Coutelier, ainsi que les autres Maîtres desdites Villes, sans être tenu de faire de chef-d'œuvre, ni de payer aucuns droits de réception ; faisant Sa

A a

Majefté défenfes, tant auxdits Maîtres Couteliers de la Ville de Falaize qu'à tous autres, de l'y troubler, à peine de trois cens livres d'amende, & de tous dépens, dommages & intérêts. Fait au Confeil d'Etat du Roi, tenu à Verfailles le 23e jour du mois de Janvier 1742. Collationné. *Signé*, DE VOUGNY.

LETTRES PATENTES DU ROI,

Sur l'Arrêt ci - deffus.

1742.
23 Juin.

LOUIS, par la grace de Dieu, Roi de France & de Navarre, Dauphin de Viennois, Comte de Valentinois & Dyois, Provence, Forcalquier & terres adjacentes : Au premier notre Huiffier ou Sergent fur ce requis : Nous te mandons & commandons que l'Arrêt dont l'Extrait eft ci-attaché fous le contre-fcel de notre Chancellerie, cejourd'hui rendu en notre Confeil d'Etat pour les caufes y contenues, tu fignifies à tous qu'il appartiendra, à ce qu'aucuns n'en ignorent ; & fais en outre pour fon entiere exécution, à le Requête de Louis-Benjamin Vimont du Taillis, Maître Coutelier de Paris, établi à Falaize, y dénommé, tous Commandemens, Sommations, défenfes y portées fur les peines y contenues, & autres Actes & Exploits néceffaires, fans autres permiffions, nonobftant Clameur de Haro, Chartre - Normande & autres Lettres à ce contraires. Voulons qu'aux Copies dudit Arrêt & des Préfentes collationnées par l'un de nos amés & féaux Confeillers-Secrétaires, foi foit ajoutée comme aux originaux : car tel eft notre plaifir. Donné à Verfailles, le vingt-troifiéme jour de Janvier, l'an de grace 1742, & de notre Régne le vingt-feptiéme. Par le Roi, Dauphin, Comte de Provence en fon Confeil. Scellé le 3 Février 1742.

Signé, DE VOUGNY.

SENTENCE DE POLICE,

QUI homologue la Délibération de la Communauté des Maîtres Cordonniers, du 24 Décembre 1742 ; qui fait défenses aux Compagnons de faire aucunes cabales, & se débaucher les uns & les autres ; & aux Maîtres de les prendre, sans préalablement que lesdits Compagnons n'aient présenté leur congé, & qui fixe le prix des ouvrages qu'on doit leur payer ; & fait défenses aux-dits Compagnons d'aller travailler chez les Chambrelans & Ouvriers sans qualités, & chez les Savetiers ; & leur enjoint de porter honneur & respect aux Syndic & Jurés, le tout sous les peines y portées.

A Tous ceux qui ces Présentes Lettres verront : Gabriel-Jérôme de Bullion, Chevalier, Comte d'Esclimont, Seigneur de Videville, & autres lieux, Maréchal des Camps & Armées du Roi, son Conseiller en ses Conseils, Prévôt de Paris : Salut. Sçavoir faisons : vu par Nous, Claude-Henri Feydeau de Marville, Chevalier, Conseiller du Roi en ses Conseils, Maître des Requêtes ordinaire de son Hôtel, Lieutenant Général de Police de la Ville, Prévôté & Vicomté de Paris, les Statuts de la Communauté des Maîtres Cordonniers à Paris, enregistrés au Parlement le 23 Juillet 1614, la Déclaration du Roi du 13 Juin 1710 *, aussi enregistrée au Parlement le 2 Août suivant ; la Sentence de Police rendue sur les Conclusions du Procureur du Roi, le 30 Décembre 1719 ; la Délibération de la Communauté du 24 Décembre dernier.

Et la Requête à nous présentée par les Syndic & Jurés en Charge de ladite Communauté, à ce qu'il nous plût homologuer la Délibération dudit jour 24 Décembre dernier ; ce faisant, ordonner que les Statuts, Arrêts & Réglemens de Police, notamment les Statuts, Déclaration du Roi & Sentence susdatés seront exécutés.

En conséquence, que défenses seront faites à tous Maîtres Cordonniers de recevoir chez eux aucuns Compagnons sans

* Voyez ci-devant pages 106 & 113.

A aij

s'être informés des Maîtres d'où ils fortent, s'ils en font contens, & de leur donner un plus haut prix pour leur travail que celui porté par lefdits Réglemens, ni aux uns plus qu'aux autres, & de leur faire aucunes avances fous quelque prétexte que ce foit, & auxdits Compagnons de fortir de chez leurs Maîtres fans congé ni permiffion, & fans les avoir avertis dans le tems, & felon qu'il eft ordonné par lefdits Réglemens, à peine de dix livres d'amende contre chaque contrevenant ; faire pareillement défenfes auxdits Compagnons de fe débaucher les uns & les autres, & de s'attrouper en plus grand nombre que trois, à peine de prifon, & même d'être bannis & chaffés de cette Ville & Fauxbourgs.

Ordonner que lefdits Compagnons ne pourront exiger des Maîtres pour les ouvrages qui leur feront commandés ;

Sçavoir, que vingt fols pour chaque paire de fouliers communs pour hommes ; pareils vingt fols pour chaque paire de fouliers pour femmes ; vingt-cinq fols pour chaque paire de fouliers à talons couverts pour hommes ; trois livres pour chaque paire de bottes, & vingt fols pour chaque paire de bottines, tout compris. Que défenfes à eux d'exiger aucunes avances à peine d'emprifonnement, & en cas de contravention de la part des Maîtres des délinquans, trois livres d'amende contre chaque contrevenant.

Comme auffi de faire défenfes auxdits Compagnons d'aller travailler chez les Chambrelans, ouvriers fans qualités, & Maîtres Savetiers, ni de commettre aucun défordre ; & de manquer de refpect pour les Maîtres & pour les Syndic & Jurés lors de leurs vifites & procès-verbaux, ni pour les Officiers par eux employés, & ce, fous les peines ci-deffus.

Ordonner que la Sentence qui interviendra fur ladite Requête, fur les Conclufions de M. le Procureur du Roi, fera imprimée, lue, publiée & affichée par-tout où befoin fera.

Ladite Requête, fignée Leger, Procureur ; au bas de laquelle eft notre Ordonnance de foit montré au Procureur du Roi, fes Conclufions étant enfuite, & le tout vu & confidéré :

Nous, ouï fur ce le Procureur du Roi en fes Conclufions, difons, que ladite Débération eft & demeurera homologuée pour icelle ; enfemble lefdits Statuts, Déclaration, Arrêts,

Sentences & Réglemens de ladite Communauté être exécutés selon leur forme & teneur.

En conséquence, faisons défenses à tous Compagnons Cordonniers de faire aucune cabale, se débaucher les uns les autres, de s'attrouper & s'assembler dans les cabarets & ailleurs en plus grand nombre que trois, à peine de prison contre les contrevenans, même d'être procédé extraordinairement contr'eux s'il y échet.

Leur faisons pareillement défenses de sortir de chez les Maîtres chez lesquels ils travaillent, sans avoir obtenu d'eux préalablement leur congé & consentement par écrit trois semaines avant les Fêtes de Noel, Pâques, Pentecôte, & de tous les Saints. Ordonnons que lesdits Compagnons seront tenus pendant le cours de l'année d'avertir leurs Maîtres de leur sortie le Dimanche, sans qu'ils puissent sortir de chez eux que le Dimanche suivant.

Faisons défenses aux Maîtres de ladite Communauté de les prendre & recevoir chez eux pour travailler, que lesdits Compagnons ne leur ayent représenté le consentement & le congé du dernier Maître de chez lequel ils sont sortis, le tout à peine de 10 livres d'amende contre chacun des contrevenans.

Faisons pareillement défenses auxdits Maîtres de payer à leurs Garçons & Compagnons, plus haut prix les uns qu'aux autres, ni de leur faire aucune avance, & auxdits Garçons & Compagnons d'exiger desdits Maîtres pour les ouvrages qui leur seront commandés, plus de 20 sols pour chaque paire de souliers communs pour hommes, pareils 20 sols pour chaque paire de soulier pour femmes, 25 sols pour chaque paire de souliers à talons couverts pour hommes, 3 livres pour chaque paire de bottes, & 20 sols pour chaque paire de bottines, à peine de 50 livres d'amende contre chacun des contrevenans.

Leur faisons aussi pareillement défenses sous les mêmes peines d'aller travailler chez les Chambrelans & Ouvriers sans qualités, & chez les Maîtres Savetiers.

Leur enjoignons de porter honneur & respect à leurs Maîtres, & aux Syndic & Jurés lors de leurs Visites, & aux Officiers qui les y accompagneront.

Ordonnons que notre présente Sentence sera, à la diligence

des Supplians, enregiftrée fur le Livre de la Communauté, imprimée, lûe, publiée & affichée dans le Bureau d'icelle, & dans
tous les lieux & Carrefours accoutumés de la Ville & Fauxbourgs de Paris, & par-tout où befoin fera, & qu'il en fera
diftribué un exemplaire imprimé à chacun des Maîtres & Veuves de Maîtres de ladite Communauté, à ce qu'ils n'en prétendent caufe d'ignorance, & ayent à s'y conformer fous les
peines y portées, ce qui fera exécuté nonobftant & fans préjudice de l'appel ; en témoin de ce Nous avons fait fceller ces
Préfentes. Ce fut fait & donné par Nous Juge fufdit le 5 Avril
1743. Collationné. *Signé*, LAMBERT.

SENTENCE DE POLICE,

POUR les Jurés en charge de la Communauté des Maîtres
Corroyeurs de Paris, Demandeurs.
Les Syndic & Jurés en Charge de la Communauté des Maîtres
Cordonniers, Intervenans.

*CONTRE Marie Picard, fille majeure, Regratiere, & fai-
fant la Commiffion de Cuirs, Défendereffe ; & Pierre Perille,
Tanneur à Joigny, Intervenant,*

*Qui déclare la faifie faite fur ladite Marie Picard, des Cuirs ven-
dus par regrat, bonne & valable, la condamne en 10 livres d'a-
mende, dommages, intérêts & dépens, fans avoir égard à l'intervention dudit Perille, dont il eft débouté.*

1745,
3 Sept.

A Tous ceux qui ces préfentes Lettres verront : Gabriel
Jerôme de Bullion, Chevalier, Comte d'Efclimont, Prevôt de Paris ; Salut. Sçavoir faifons, que fur la Requête faite en
Jugement devant Nous à l'Audience de la Chambre de Police
du Châtelet de Paris, par Maître Pinfon l'aîné, Procureur des
Jurés en Charge de la Communauté des Maîtres Corroyeurs-
Baudroyeurs à Paris, Demandeurs & faififfans, fuivant le Procès-verbal de Mᶜ Merlin, Commiffaire, du 6 Mai dernier, &
des Exploits faits par Doucet, ledit jour 6 Mai, contrôlés, &

encore aux fins de quatre autres Exploits du même jour 7 Mai, contrôlés, Défendeurs, aux Requêtes à nous préfentées les 7 & 11 Mai, à l'intervention des Jurés Cordonniers, portée en leurs moyens fignifiés le 14 du mois de Mai.

Contre Me Regnard, Procureur de Matthieu Langlois, Défendeur, l'une des Parties faifies.

Et encore ledit Me Regnard, Procureur de Jean-Baptifte-André Gricourt, Entrepreneur pour le Roi de la fourniture des fouliers pour les troupes, Demandeur aux fins des Requêtes & Exploit du même jour 7 Mai dernier, & Défendeur.

Me de la Fleche, Procureur de Marie Picard, fille majeure, Défenderefle.

Me Leger, Procureur des Jurés en Charge de la Communauté des Maîtres Cordonniers, Intervenans.

Et Me de la Foreft, Procureur de Pierre Perille, Marchand Tanneur en la Ville de Joigny, Demandeur aux fins de la Requête à Nous préfentée le 11 Mai & de l'Exploit pour procéder en conféquence le 13, & Défendeur : Parties ouïes.

Nous, après qu'il en a été déliberé fur les piéces & doffiers des Parties, recevons les Parties de Leger Parties intervenantes en l'inftance. Ce faifant, ordonnons que les Statuts & Réglemens concernant le commerce des Cuirs, feront exécutés felon leur forme & teneur ; ce faifant, fans avoir égard à la demande de la Partie de la Fléche, dont nous l'avons déboutée,

Déclarons la faifie faite à la Requête des Parties de Pinfon, fur celle de de la Foreft par Procès-verbal du 6 Mai 1745, des peaux y mentionnées, bonne & valable.

Difons néanmoins que par grace, & fans tirer à conféquence, le prix defdites peaux faifies & dépofées ès mains du Receveur de la Halle aux Cuirs en vertu de notre Sentence du 14 Mai dernier, fera rendu à ladite Partie de de la Foreft, à ce faire tout gardien contraint, quoi faifant déchargé.

Faifons défenfes à ladite Partie de de la Foreft de faire le commerce des Cuirs en regrat par commiffion ; & pour fa contravention, la condamnons en 10 livres d'amende, 30 livres de dommages-intérêts envers les Parties de Pinfon, & en 15 livres envers celles de Leger, & en tous les dépens, lefquels dépens, dommages & intérêts feront payés fur le prix defdites peaux, étant ès mains du Receveur de la Halle aux Cuirs ; condamnons pareillement ladite Partie de de la Fleche aux dépens ; & sera la présente Sentence imprimée, lûe, publiée & affichée par-tout où besoin sera, aux frais de ladite Picard, & exécutée nonobstant opposition ou appellation quelconques, & sans préjudice d'icelles ; en témoin de ce, nous avons fait sceller ces Présentes. Fait & donné par Messire Claude-Henri Feydeau de Marville, Chevalier, Maître des Requêtes ordinaire de son Hôtel, Lieutenant-Général de Police de la Ville de Paris, y tenant le Siége le Vendredi 3 Septembre 1745. Collationné. *Signé*, DE BEAUVAIS.

* Autre Sentence du 16 Juin 1747, ci-après, page 200, contre le dit Matthieu Langlois.

SENTENCE DE POLICE,

PORTANT Réglement pour la Marque & Visite des Cuirs & Veaux, ordonnée être faite à la Halle aux Cuirs & non ailleurs, à peine de 500 livres d'amende, &c.

1745. 24 Nov.

A Tous ceux qui ces Présentes Lettres verront : Gabriel-Jerôme de Bullion, Chevalier, Comte d'Esclimont, Prevôt de Paris ; Salut. Sçavoir faisons, que vû par Nous Claude-Henri Feydeau de Marville, Chevalier, Conseiller du Roi en ses Conseils, Maître des Requêtes ordinaire de son Hôtel, Lieutenant-Général de Police de la Ville, Prevôté & Vicomté de Paris, l'Arrêt du Parlement du 21 Août 1662, * & la Requête à Nous présentée par les Jurés des deux Communautés des Maîtres Cordonniers & Corroyeurs de cette Ville & Fauxbourgs de Paris, tendante à ce que pour les causes y contenues, & vû les Articles dudit Arrêt, portant Réglement de l'endroit & destination pour la marque des Cuirs, en ordonner l'exécution.

En conséquence faire très-expresses inhibitions & défenses à tous Particuliers faisant la Profession des Tanneurs & Corroyeurs, & autres résidens à Paris, de s'immiscer dorénavant

* Voyez ci-devant, page 43.

de

de perfectionner & corroyer aucun Veau & autres marchandises, qu'elles n'ayent été au préalable conduites & amenées à la
Halle aux Cuirs, pour y être vûes & visitées par les Jurés préposés, & ensuite marquées, tant par le Marteau du Contrôleur
de la Halle, les Jurés Vendeurs de Cuirs, que par les Jurés des
deux Communautés des Supplians, à peine de 500 liv. d'amende contre chaque contrevenant, conformément à l'Article VII
dudit Arrêt.

Comme aussi que défenses leur seront faites de faire conduire
& porter aucunes Marchandises de Veau, tannées, corroyées
& perfectionnées en cette Ville, au petit Bureau de la rue du
Boulloy, à peine de 3000 livres d'amende contre les contrevenans, & de saisie & confiscation des marchandises; & en
outre que l'Ordonnance qui interviendra sur les Conclusions
de M. le Procureur du Roi, sera imprimée & affichée dans
tous les endroits nécessaires, & notamment dans les Fauxbourgs
S. Antoine, S. Marcel & endroits Privilégiés, & icelle exécutée nonobstant oppositions on appellations quelconques; ladite
Requête, signé Pinson, Procureur.

Au bas de laquelle est notre Ordonnance du 10 des présens
mois & an, de soit communiqué au Procureur du Roi, ses conclusions étant ensuite du 18, & le tout vû & consideré.

Nous, ouï sur ce le Procureur du Roi en ses Conclusions,
ordonnons que l'Arrêt du Parlement du 21 Août 1662, sera
exécuté selon sa forme & teneur; & en conséquence faisons
défenses à tous Particuliers faisans la Profession de Tanneur &
Corroyeur dans la Ville & Fauxbourgs de Paris & autres, de
s'immiscer à l'avenir de perfectionner & corroyer aucun Veau
& autres Marchandises, qu'elles n'ayent été au préalable conduites & amenées à la Halle aux Cuirs, pour y être vûes &
visitées par les Jurés préposés, & ensuite marquées tant du Marteau du Contrôleur de ladite Halle que par les Jurés-Vendeurs
de Cuirs, & par ceux des deux Communautés des Maîtres Cordonniers & Corroyeurs, à peine de 500 livres d'amende contre
chacun des contrevenans, conformément à l'Article VII dudit
Arrêt.

Faisons pareillement défenses de faire conduire & porter au
petit Bureau de la rue du Boulloy aucunes marchandises de

B b

Veau, tannées, corroyées & perfectionnées en cette Ville, à peine de saisie & confiscation desdites marchandises, & de 100 livres d'amende contre chacun des contrevenans.

Ordonnons que notre présente Sentence sera à la diligence des Supplians imprimée, lûe, publiée & affichée à la Halle aux Cuirs, dans le petit Bureau de la rue du Boulloy, ceux des Officiers, Contrôleurs, Marqueurs & Vendeurs de Cuirs, & dans tous les lieux & carrefours accoutumés de la Ville & Fauxbourgs de Paris, notamment dans les Fauxbourgs S. Antoine & S. Marcel, & par-tout où besoin sera ; ce qui sera exécuté nonobstant & sans préjudice de l'appel. En témoin de ce, Nous avons fait sceller ces Présentes, faites & données par Nous Juge susdit le 24 Novembre 1745. *Signé*, MENARD.

SENTENCE DE POLICE,

Qui déclare la Saisie faite de 34 Cuirs sur le nommé Gorgerot, Corroyeur à S. Denis, bonne & valable, le condamne en 30 livres de dommages-intérêts envers la Communauté des Corroyeurs ; & en pareille somme envers la Communauté des Cordonniers, & 5 livres d'amende, avec défenses de récidiver, &c.

1746, 22 Avril.

A Tous ceux qui ces Présentes Lettres verront : Gabriel-Jerôme de Bullion, Chevalier, Comte d'Esclimont Prevôt de Paris ; Salut. Sçavoir faisons, que sur la Requête faite en Jugement devant Nous à l'Audience de la Chambre de Police du Châtelet de Paris par Mᵉ Pinson L. Procureur des Jurés en Charge de la Communauté des Maîtres Corroyeurs-Baudroyeurs de cette Ville.

Et des Syndic & Jurés de la Communauté des Maîtres Cordonniers de cette Ville, Demandeurs en validité de la saisie faite à leur Requête par Procès-verbal du 26 Mars dernier, aux fins de l'Exploit du 28 du même mois par Doucet, Huissier à Cheval, dûment contrôlé, & encore Demandeurs en confirmation de l'Avis du Procureur du Roi du premier du présent mois, aux fins de la Requête verbale du 9 du présent mois.

Contre Mᵉ Traveau, Procureur du sieur Gorgerot, Corroyeur, demeurant à Saint Denis en France, Partie saisie, Défendeur : Parties ouïes.

Nous avons l'Avis du Procureur du Roi confirmé, en conséquence déclarons la saisie faite sur la Partie de Traveau des 34 Cuirs dont est question, bonne & valable : disons néanmoins que par grace & sans tirer à conséquence pour cette fois seulement, lesdits 34 Cuirs seront rendus.

Faisons défenses à la Partie de Traveau de récidiver, & pour l'avoir fait le condamnons en 30 livres de dommages-intérêts envers les Corroyeurs, & en pareille somme envers les Jurés Cordonniers, en 5 livres d'amende & aux dépens ; ce qui sera exécuté, nonobstant & sans préjudice de l'appel : en témo n de ce nous avons fait sceller ces Présentes, faites & données par M. de Marville, Lieutenant-Général de Police de la Ville de Paris, y tenant le Siége le Vendredi 22 Avril 1746. *Signé*, LAMBERT.

SENTENCE DE POLICE,

Portant Réglement pour les Assemblées de la Communauté des Maîtres Cordonniers, avec défenses d'y troubler l'ordre desdites Assemblées ; & enjoint de porter honneur & respect aux Syndic & Jurés.

NOus faisons défenses aux Jurés, Anciens, Modernes & Jeunes Maîtres de la Communauté des Cordonniers, de troubler les Assemblées générales & particuliéres qui se tiennent dans le Bureau de ladite Communauté, & de faire aucun bruit ni désordre dans ledit Bureau lors desdites Assemblées & des Chefs-d'œuvre qui s'y font.

1722, 2 Décemb.

Leur enjoignons de porter honneur aux Syndic & Jurés, à peine de 10 liv. d'amende contre chacun des contrevenans, applicable au profit de la Confrérie de ladite Communauté, pour la premiere fois, & en cas de récidive, sous telle autre peine qu'il appartiendra, ce qui sera exécuté, &c. Ce fut fait & donné au Châtelet de Paris par nous Marc-Pierre de Voyer de Paul-

my, Chevalier, Comte d'Argenfon, Confeiller du Roi en fes
Confeils d'Etat & Privé, Maître des Requêtes ordinaire de fon
Hôtel, Lieutenant Général de Police de la Ville, Prevôté &
Viconité de Paris, le 2 Décembre 1722. *Signé*, TARDIVEAU,
& fcellé.

SENTENCE DE POLICE,

Qui homologue la Délibération de la Communauté du 6 Juillet 1746.

1746,
23 Juillet.

A Tous ceux qui ces Préfentes Lettres verront : Gabriel-
Jérôme de Bullion, Chevalier, Comte d'Efclimont, Prévôt
de Paris, Salut. Sçavoir faifons ; que vu par Nous, Claude-
Henri Feydeau de Marville, Chevalier, Maître des Requêtes
ordinaire de fon Hôtel, Lieutenant-Général de Police de la
Ville, Prévôté & Vicomté de Paris, la Sentence de Police
rendue fur les Conclufions de M. le Procureur du Roi, le 2
Décembre 1722.

Expédition de la Délibération de la Communauté des Maîtres Cordonniers de cette Ville de Paris, du 6 du préfent mois de
Juillet, la Requête à nous préfentée par les Syndic & Jurés en
charge de la Communauté defdits Maîtres Cordonniers, tendante à ce que pour les caufes y contenues, il nous plût ordonner que la Sentence fufdatée feroit exécutée felon fa forme
& teneur, & en conféquence homologuer ladite Délibération,
& fuivant icelle, ordonner que les Maîtres, tant Anciens que
Modernes & Jeunes de ladite Communauté, feront tenus de
s'y conformer, finon que l'amende de dix livres portée par
ladite Sentence fera encourue contre chaque contrevenant au
profit de la Confrérie de ladite Communauté, & fous d'autres
peines en cas de récidive, & en outre qu'ils feront tenus de
porter honneur aux Syndic & Jurés, & que la Sentence qui
interviendra fur ladite Requête, & fur les Conclufions de M. le
Procureur du Roi, fera imprimée, publiée & affichée partout
où befoin fera, & infcrite fur le Regiftre des Délibérations de
ladite Communauté, aux frais & dépens d'icelle, dont les débourfés feront alloués dans les comptes des Receveurs.

Ladite Requête fignée Leger, Procureur, au bas de laquelle eft notre Ordonnance de foit communiqué au Procureur du Roi, en date du 13 Juillet du préfent mois, fes conclufions étant enfuite, & le tout vu & confidéré.

Nous oui, fur ce, le Procureur du Roi en fes Conclufions: Difons que ladite Délibération eft & demeurera homologuée, pour être exécutée felon fa forme & teneur, & en conféquence ordonnons que tous Maîtres tant Anciens que Modernes & Jeunes de ladite Communauté, feront tenus de s'y conformer, finon que l'amende de dix livres portée par la Sentence fufdatée, laquelle fera exécutée, fera encourue contre chaque contrevant au profit de la Confrérie de ladite Communauté, & fous plus grandes peines en cas de récidive. Qu'ils feront en outre tenus de porter honneur aux Syndic & Jurés, & fera notre préfente Sentence, à la diligence defdits Syndic & Jurés, imprimée, lue, publiée & affichée dans le Bureau de ladite Communauté, & tranfcrite fur le Regiftre des Délibérations d'icelle, ce qui fera exécuté nonobftant & fans préjudice de l'appel ; en témoin de ce nous avons fait fceller ces Préfentes, faites & données par nous Juge fufdit, le 23 Juillet 1746. *Signé*, Lafontaine. Collationné. *Signé*, MENARD.

SENTENCE DE POLICE,

Servant de Réglement pour la Communauté des Maîtres Cordonniers à Paris, au fujet des Enfans fils des Maîtres, reçus en bas âge, & qui feront reçus à la Maîtrife, lefquels, quoique Maîtres, ne pourront faire aucun commerce du métier, ni tenir boutiques ouvertes, qu'ils n'aient atteint l'âge de quatorze ans, à peine contre les Peres & Meres d'être garans de tous événemens. Ordonne en outre, que tous Maîtres & veuves de Maîtres feront tenus d'écrire leurs noms apparens fur leurs boutiques & appartemens, à peine contre chacun des Maîtres & veuves des Maîtres contrevenans, de faifie & confifcation des Marchandifes & Outils, &c.

A Tous ceux qui ces préfentes Lettres verront : Gabriel-Jerôme de Bullion, Chevalier, Comte d'Efclimont, Prevôt de Paris : Salut. Sçavoir faifons, que vu par nous Claude-Henri Feydeau de Marville, Maître des Requêtes ordinaire de fon Hôtel, Lieutenant-Général de Police de la Ville, Prévôté & Vicomté de Paris, la Délibération de la Communauté des Maîtres Cordonniers à Paris, du 12 des préfens mois & an, dûment contrôlée, & la Requête à nous préfentée par les Syndic & Jurés en charge de ladite Communauté.

Tendante à ce qu'il nous plût ordonner l'homologation de ladite Délibération ; ce faifant, que les enfans des Maîtres & autres ci-devant reçus à la Maîtrife, & qui le feront à l'avenir, ne pourront tenir Boutique ouverte, ni faire ufage de leur Maîtrife avant l'âge de 14 ans, à peine de confifcation des Marchandifes & Outils concernant le métier de Cordonnier, & de dommages & intérêts, dont les peres & meres demeureront folidairement garans.

Ordonner que pour connoître les noms & demeures des Maîtres & veuves de Maîtres de ladite Communauté, & pouvoir plus facilement affeoir la Capitation & les autres deniers Royaux, ils feront tenus dans quinzaine, à compter du jour de la publication de la Sentence qui interviendra, de mettre audevant de leurs Boutiques, Appartemens ou Chambres, un Ecriteau à l'extérieur defdits lieux, contenant leurs noms ; & qu'en cas de changement de demeure, ils feront obligés dans la huitaine de leur déménagement, de fe tranfporter au Bureau de ladite Communauté pour en faire leur Déclaration, qui fera infcrite fur le Regiftre qui fera à cette fin tenu, à peine contre les Contrevenans de déchéance de Maîtrife, & d'être faifis comme Ouvriers fans qualité, & que notre Sentence fera imprimée, lue, publiée & affichée par-tout où befoin fera. Ladite Requête fignée Mazuriez, Lebrun, Guiraud, Legardere, Choify, Maillot, Cauvigny & Leger, Procureur ; au bas de laquelle eft notre Ordonnance de foit communiquée au Procureur du Roi, en date du 16 defdits préfens mois & an, fes conclufions étant enfuite du 20 du préfent mois, & le tout vu & confidéré.

Nous, ouï fur ce le Procureur du Roi en fes Conclufions, ordonnons que ladite Délibération eft & demeurera homologuée pour être exécutée felon fa forme & teneur : & en conséquence que les fils de Maîtres qui ont été reçus & admis à la Maîtrise en bas âge dans ladite Communauté, & ceux qui le feront à l'avenir, ne pourront tenir boutique ouverte dans la Ville & Fauxbourgs de Paris, ni faire aucun usage de leur Maîtrise avant l'âge de 14 ans accomplis, à peine contre chacun des contrevenans de saisie & confiscation des marchandises & outils servans audit métier, & de tels dommages & intérêts qu'il appartiendra, dont les peres & meres desdits Maîtres demeureront civilement garants & responsables.

Et que pour connoître les noms & demeures des Maîtres & veuve de Maîtres qui composent ladite Communauté, & pouvoir plus facilement asseoir la Capitation & les autres impositions, & en faire le recouvrement, que lesdits Maîtres & veuves de Maîtres seront tenus dans quinzaine pour toute préfixion & délai, à compter de la publication des Présentes, de mettre au-devant de leurs boutiques, appartemens ou chambres, un écriteau apparent à l'extérieur desdits lieux, lequel contiendra leurs noms & surnoms ; & en cas de changement de demeure, ils seront tenus dans la huitaine de leur déménagement, d'aller en faire leur déclaration au Bureau de ladite Communauté, laquelle sera inscrite sur un Regiftre qui sera tenu à cet effet par les Syndic & Jurés, à peine contre chacun des Maîtres & veuves de Maîtres contrevenans, de saisie & confiscation des marchandises & outils.

Et sera notre présente Sentence à la diligence des Suppliants, imprimée, lue, publiée & affichée dans tous les lieux & carrefours accoutumés de la Ville & Fauxbourgs de Paris, même à la Halle aux Cuirs, dans le Bureau de ladite Communauté, & par-tout où besoin sera, & qu'il en sera distribué un Exemplaire à chacun des Maîtres & veuves de Maîtres de ladite Communauté, à ce qu'ils n'en prétendent cause d'ignorance, & aient à s'y conformer sous les peines y portées, ce qui sera exécuté nonobstant & sans préjudice de l'appel. En témoin de ce, nous avons fait sceller ces présentes, faites & données par nous Juge susdit, le 23 Décembre 1746. Collationné. *Signé*, MENARD.

SENTENCE DE POLICE,

POUR les Syndic & Jurés en Charge de la Communauté des Maîtres Cordonniers, Demandeurs Saisissans.
ET les Jurés en Charge des Maîtres Corroyeurs-Baudroyeurs, aussi Saisissans.
CONTRE Thomas Bergeron, Marchand Mercier à Paris, Défendeur, Partie saisie.
QUI ordonne la saisie valable, avec dommages-intérêts, amende & dépens.

1747, 7 Juin.

A Tous ceux qui ces présentes Lettres verront : Gabriel Jérôme de Bullion, Prévôt de Paris, Salut. Sçavoir faisons, que sur la Requête faite en Jugement devant Nous à l'Audience de la Chambre de Police du Châtelet de Paris, par Me Leger, Procureur des Syndic, Jurés en charge de la Communauté des Maîtres Cordonniers de Paris, & des Jurés en charge de la Communauté des Maîtres Corroyeurs, ayant fait saisir à la Halle aux Cuirs par Procès-verbal du 28 Avril 1746, la quantité de cent quarante-huit Cuirs de Vaches, amenés d'en-deçà des vingt lieues, en contravention & au préjudice des Réglemens, lesquels Cuirs ont été voiturés par Matthieu Miron, Voiturier par terre, domicilié à Paris, reclamés par Thomas Bergeron, ci-après nommé, Prête-nom de Matthieu Langlois, contre lequel nous avons dejà rendu Sentence de Police en forme de Réglement pour fait de regrat, lesdites Marchandises marquées des lettres C. P. M. & d'une fleur de lys.

Lesdits Syndic & Jurés Demandeurs, à ce que l'Article V. du Réglement du 21 Août 1662, * & la Sentence de Police rendue contre ledit Langlois, le 3 Septembre 1745 **, soient exécutés, & aux fins dudit procès-verbal : saisie & Exploit d'assignation du 28 Avril 1746, dûment contrôlé & présenté par Me d'Hiris, Procureur, le 21 Mai dernier, des Requêtes verbales des 19 Octobre 1746, & 17 Mars 1747, & Défendeurs.

* Voyez ci-devant page 43, & page 190.

Contre

Contre Me Regnard, Procureur de Thomas Bergeron Marchand Mercier à Paris, Défendeur & Demandeur aux fins des Requêtes & Exploit du 29 Avril 1746, fur quoi il y a eu Ordonnance rendue en notre Hôtel le 30 dudit mois, qui a ordonné la vente des Cuirs, & le dépôt des deniers; & encore Demandeur aux fins de fa Requête verbale, du 4 Mai 1746, & Défendeur; Parties ouies, lecture des piéces, enfemble du procès-verbal de Doucet, Huiffier, portant fommation au nommé Miron, Voiturier.

Nous, après qu'il en a été délibéré fur les piéces & doffiers des Parties, ordonnons que la Déclaration du Roi, Arrêts & Réglemens concernans le commerce des Cuirs, & notamment l'Article V. de l'Arrêt du Parlement du 21 Août 1662, feront exécutés.

En conféquence, fans s'arrêter aux demandes de la Partie de Regnard, dont nous l'avons débouté, déclarons la faifie fur elle faite à la Requête des Parties de Leger par procès-verbal du 28 Avril 1746, des douze douzaines de peaux de Vaches y mentionnées, bonne & valable.

Ce faifant, difons que les deniers provenans de la vente d'icelle, en exécution de notre Ordonnance du 30 du même mois d'Avril, leur feront baillés & délivrés, dont néanmoins par grace & fans tirer à conféquence, les deux tiers feront rendus à ladite Partie de Regnard; à ce faire, le Dépofitaire fera contraint par toutes voies & ainfi qu'il y eft obligé; quoi faifant, en demeurera valablement déchargé : condamnons ladite Partie de Regnard en dix livres d'amende, dix livres de dommages & intérêts, & aux dépens, ce qui fera exécuté nonobftant & fans préjudice de l'Appel; en témoin de quoi, Nous avons fait fceller ces Préfentes, qui furent faites, données, jugées & prononcées par Nous Nicolas Berryer, Maître des Requêtes ordinaire de fon Hôtel & Lieutenant-Général de Police au Châtelet de Paris, tenant le Siége le Vendredi 16 Juin 1747. *Signé*, le Gras. Contrôlé, collationné, fcellé & fignifié à Me Regnard, Procureur, le 27 Juin 1747.

SENTENCE DE POLICE,

AU profit des Jurés en Charge des deux Communautés des Maîtres Corroyeurs-Baudroyeurs, & des Maîtres Cordonniers de Paris;

CONTRE le nommé LAVERTU, faisant la profession de Corroyeur à Mouy, près de Beaumont.

Qui déclare la saisie valable sur lui faite de dix-sept douzaines de Peaux de Vaches en croute non corroyées; lui fait défenses, & à tous autres d'amener à la Halle aux Cuirs de pareilles peaux pour les revendre par regrat, & pour la contravention par lui commise, ordonne la confiscation desdites Marchandises.

Et néanmoins par grace, le prix de la vente qui en est provenu, remis audit Lavertu; le condamne en 20 livres de dommages & intérêts, 10 liv. d'amende, & aux dépens, &c.

1748,
12 Janv.

A Tous ceux qui ces présentes Lettres verront : Gabriel-Jerôme de Bullion, Chevalier, Comte d'Esclimont, Prevôt de Paris; Salut. Sçavoir faisons, que sur la Requête faite en Jugement devant Nous à l'Audience de la Chambre de Police du Châtelet de Paris, par Me Leger, Procureur des Jurés & Conservateurs en Charge de la Communauté des Maîtres Corroyeurs à Paris; & encore Procureur des Syndic & Jurés en charge de la Communauté des Maîtres Cordonniers à Paris, tous saisissans & Demandeurs aux fins de l'Exploit fait par Doucet, Huissier à Cheval en cette Cour, le 29 Décembre dernier, contrôlé; le tout tendant entr'autres choses, à la validité de ladite saisie & confiscation de la quantité de dix-sept douzaines de peaux de Vaches en croute, que le nommé Lavertu, Corroyeur, demeurant audit Village de Mouy, près Beaumont-sur-Oise, lesquelles Marchandises ne sont point travaillées du métier de Corroyeurs, & néanmoins ont été par ledit Lavertu fait venir à la Halle pour y être vendues, ce qui est faire le regrat & la revente des peaux pour en augmenter le prix au préjudice des Réglemens & défenses, assistés de Me Thiebard, leur Avocat.

Contre Me Gelhay, Procureur dudit Lavertu, Corroyeur, demeurant au Village de Mouy, Défendeur & Demandeur, suivant ses défenses du 2 Janvier du présent mois, tendantes à la main-levée de ladite saisie, & à la restitution desdites Marchandises avec dépens, assisté de Me Dumontet, son Avocat : Parties ouies, lecture faite des Piéces :

Nous, sans s'arrêter à la demande de la Partie de Dumontet, dont nous la déboutons, déclarons la saisie faite sur elle à la Halle aux Cuirs, de dix-sept douzaines de peaux de Vaches en croute non travaillées du métier de Corroyeur, bonne & valable. Ordonnons que les Marchandises demeureront confisquées, & que sur le prix de la vente qui en sera faite en la maniere accoutumée, il sera pris & prélevé par forme de dommages & intérêts, au profit des Parties de Thiebard, la somme de 20 liv. & 10 liv. d'amende.

Attendu la contravention aux Réglemens, & à l'égard du surplus dudit prix, qu'il sera remis à ladite Partie de Dumontet, par grace seulement, & sans tirer à conséquence.

Ordonnons que les Statuts, Arrêts & Réglemens de Police concernans les deux Communautés des Maîtres Corroyeurs & Cordonniers à la Halle aux Cuirs, seront exécutés selon leur forme & teneur ; en conséquence, faisons défenses à ladite Partie de Dumontet, & à tous autres Corroyeurs, tant de cette Ville que des Provinces, de s'ingérer de faire le regrat, ni de faire apporter à la Halle, ou au petit Bureau rue du Boulloy, des Cuirs non travaillés de leur métier, à peine de confiscation, & sous les autres peines portées par les Réglemens, & condamnons ladite Partie de Dumontet aux dépens. Ce qui sera exécuté nonobstant & sans préjudice de l'appel : en témoin de ce, Nous avons fait sceller ces Présentes, faites & données par M. Berryer, Lieutenant Général de Police de la Ville de Paris, y tenant le Siége, le Vendredi 12 Janvier 1748.

Signé, LAMBERT.

ARREST DU PARLEMENT,

QUI ordonne que par provifion les Cuirs tannés, Vaches, Veaux, & tous autres Cuirs qui font au Bureau de la rue du Boulloy, feront marqués & vifités par les Jurés des Communautés des Maîtres Cordonniers & Corroyeurs.

1748, 21 Mars. LOUIS, par la grace de Dieu, Roi de France & de Navarre, &c. Sçavoir faifons, qu'entre les Officiers, Vendeurs & Contrôleurs de Cuirs, Demandeurs en Requête du 10 Janvier 1748, d'une part;

Et les Syndic & Jurés en charge des Communautés des Maîtres Cordonniers & Corroyeurs de la Ville & Fauxbourgs de Paris, Défendeurs d'autre part, & Demandeurs en Requête inférée en l'Arrêt du 19 Décembre 1747 :

Et les nommés Prevoft & Regnault (Commis audit Bureau de la rue du Boulloy) & lefdits Officiers Vendeurs de Cuirs de Paris, Défendeurs d'autre part.

Vu par notredite Cour, &c. Conclufions du Procureur Général du Roi. Ouï le rapport de M. Anne-Louis Pinon, Confeiller,

Notredite Cour . . . . au principal, fans préjudice des droits refpectifs des Parties, fans s'arrêter à l'oppofition defdits Regnault & Prevoft, dont ils font déboutés,

Ordonne que l'Arrêt du 4 Décembre 1747 fera exécuté par provifion, felon fa forme & teneur; & en conféquence qu'il fera paffé outre par lefdits Syndics & Jurés des Communautés des Maîtres Cordonniers & Corroyeurs, à la vifite des Marchandifes de Cuirs & de Peaux dont eft queftion, conformément aux Réglemens.

Fait défenfes auxdits Officiers, Vendeurs & Contrôleurs de les y troubler, fous telles peines qu'il appartiendra, dépens réfervés. Fait en Parlement, le 21 Mars 1748.

Signé, DUFRANC.

ARREST DU CONSEIL D'ÉTAT DU ROI,

Portant Réglement pour l'adminiſtration des deniers communs de la Communauté des Maîtres Cordonniers de Paris, & pour la reddition des comptes de Jurande.

VU par le Roi en ſon Conſeil, l'Arrêt rendu en icelui le 24 Juin 1747, par lequel Sa Majeſté auroit ordonné que dans un mois, à compter de la notification qui ſeroit faite dudit Arrêt à chacune des Communautés d'Arts & Métiers de la Ville & Fauxbourgs de Paris, en leurs Bureaux, les Syndics & Jurés de chacune d'icelles ſeroient tenus de remettre entre les mains du ſieur Berryer, Procureur Général de la commiſſion établie pour la liquidation des dettes & la réviſion des comptes deſdites Communautés, un état, tant de leurs revenus que de leurs dettes & dépenſes annuelles; pour leſdits états vûs & examinés, être par Sa Majeſté pourvû de tel Réglement qu'il appartiendra.

1749.
4 Fév.

Vû auſſi les états des recettes & dépenſes produits par les Jurés & Anciens de la Communauté des Maîtres Cordonniers, tout conſideré. Ouï le rapport du ſieur de Machault, Conſeiller ordinaire au Conſeil Royal, Contrôleur Général des Finances, Sa Majeſté étant en ſon Conſeil, a ordonné & ordonne:

ARTICLE I.

Que tout Syndic, Juré ou Receveur Comptable, entrant en charge dans la Communauté des Maîtres Cordonniers, ſera tenu d'avoir un Regiſtre journal, qui ſera coté & paraphé par le ſieur Lieutenant Général de Police à Paris, dans lequel il écrira de ſuite & ſans aucun blanc ni interligne, les recettes & dépenſes qu'il fera, au fur & à meſure qu'elles ſeront faites, ſans aucun délai ni remiſe; mettant d'abord la ſomme reçue ou dépenſée en toutes lettres, & la tirant enſuite à la colonne des chiffres; & aura ſoin à la fin de chaque page, de faire l'addition de tous les articles de chaque colonne, dont il rapportera le montant à la tête de la page ſuivante.

I I.

Dans le cas où le Syndic, Juré ou Receveur Comptable fortant d'exercice, fe trouveroit Reliquataire envers fa Communauté par l'arrêté de fon compte, le Juré ou Receveur Comptable fon fucceffeur, fera tenu de pourfuivre le payement dudit débet par toutes voyes dûes & raifonnables, & de juftifier defdites pourfuites par piéces & procédures, fuppofé qu'il ne puiffe en faire le recouvrement, à peine d'en répondre en fon propre & privé nom, & d'être forcé du montant dudit débet dans la recette de fon compte.

I I I.

Le produit des confifcations & amendes prononcées au profit de la Communauté, fera employé dans la recette des comptes & juftifié par le rapport des Sentences & Arrêts qui les auront prononcées; & au cas que le recouvrement defdites amendes ne puiffe être fait par l'infolvabilité de ceux qui y feront condamnés, ledit Comptable en fera reprife qui lui fera allouée en juftifiant de fes diligences. N'entendant Sa Majefté interdire les voyes d'accommodemens à l'amiable entre les Parties, pourvu toutefois que lefdits accommodemens foient autorifés par le fieur Lieutenant Général de Police, auquel cas le Comptable fera tenu d'en rapporter la preuve par écrit.

I V.

Il ne pourra être employé aucuns deniers de la Communauté pour les dépenfes de la Confrérie, de quelque nature qu'elles puiffent être, au moyen de quoi la recette & la dépenfe concernant ladite Confrérie, ne pourra entrer dans les comptes de la Communauté, fauf aux Maîtres de la Confrérie, ou à ceux à qui l'adminiftration en eft confiée, à rendre un compte particulier à la Communauté, de ce qu'ils auront reçu & dépenfé pour raifon de leur exercice, fans que ledit compte puiffe être cumulé avec celui des deniers de la Communauté, ni en faire partie.

V.

Ne pourront les Jurés délivrer aucunes Lettres ou Certificats d'apprentiffage, ou de réception à la Maîtrife, qu'au préalable ils n'ayent perçus en deniers comptans les droits attribués à la Communauté pour raifon defdits Brevets ou réceptions, fans qu'il leur ſoit permis de faire aucune modération , remiſe ni crédit deſdits droits, à peine d'en répondre en leur propre & privé nom.

V I.

Ne pourront pareillement leſdits Syndics , Jurés ou Reec-veurs, ſe charger en recette dans leurs comptes, des droits qui leur ſont perſonnellement attribués, ainſi qu'aux Anciens, ſur les réceptions des Maîtres ou confections de chefs-d'œuvre , & les cumuler avec les droits appartenans à la Communauté, pour les porter enſuite en dépenſe ou repriſe; mais ils ſe chargeront ſeulement en recette des deniers de la Communauté.

V I I.

Il ſera fait tous les ans par les Jurés & Anciens de la Com-munauté un rôle de tous les Maîtres & Veuves, diviſé en trois claſſes.

La premiere contenant les Maîtres & Veuves qui tiendront Boutique lors de la confection dudit rôle, & qui ſeront en état de payer les droits de viſite.

La ſeconde contenant les fils de Maîtres reçus à la Maîtriſe, & qui demeureront chez leurs peres, ou chez d'autres Maîtres, en qualité de Garçons de Boutique ou Compagnons.

Et la troiſiéme contenant les noms de ceux qui ſeront ré-putés hors d'état de payer leſdits droits, ou à qui il conviendra d'en faire remiſe d'une partie; lequel rôle ſera remis tous les ans entre les mains du Juré Comptable qui entrera en charge, après avoir été affirmé par tous les autres Jurés & Anciens ; & ſera tenu ledit Juré Comptable, de tenir compte à la Communauté du montant de la premiere claſſe, à moins qu'il ne juſtifie du décès des Maîtres, arrivé pendant ſon année de Comptabilité, par un état ſigné de tous les Jurés & de quatre Anciens , & de compter pareillement des ſommes qu'il aura pû recouvrer ſur les Maîtres de la troiſiéme claſſe, le montant deſquelles ſera alloué dans la recette de ſon compte, ſur le certificat des Jurés en Charge.

V I I I.

Ne pourront les Jurés faire aucun emprunt, même par voie de reconſtitution, ſans l'approbation par écrit du ſieur Lieute-nant Général de Police.

I X.

Les frais de faisie ne feront alloués dans la dépenfe des comptes, qu'en repréfentant les Procès-verbaux dreffés à l'occafion defdites faifies, les quittances des fommes qui auront été payées aux Officiers de Juftice pour leurs vacations & droits d'affiftance, & en juftifiant par les Comptables, de l'événement defdites faifies, à peine de radiation.

Et dans le cas où lefdits Procès-verbaux feroient produits dans quelques inftances, enforte que le Comptable ne pût les repréfenter, il fera tenu d'y fuppléer par des copies certifiées de l'Avocat ou du Procureur chargé de l'Inftance.

X.

Ne pourront les Jurés interjetter appel des Sentences du Châtelet, foit pour fait de faifie ou autres cas tels qu'ils puiffent être, fans s'être fait préalablement autorifer par une Délibération expreffe de la Communauté convoquée à cet effet, à peine de radiation de tous les frais qu'auroient occafionnés lefdits appels.

X I.

Les à compte qui pourront être payés aux Procureurs ou autres Officiers de juftice fur les frais des Procès exiftans, ne feront alloués que fur le vû des mémoires ou quittances détaillés qui faffent connoître la nature des affaires & les Tribunaux où elles feront pendantes; & lorfque lefdits Procès feront terminés, le Juré Comptable qui fera le dernier payement aux Procureurs ou autres Officiers de juftice, fera tenu de faire énoncer dans la quittance finale qui lui fera délivrée, les fommes qui auront été payées à compte fur lefdits frais, avec la date des payemens, & les noms de ceux par qui ils ont été faits, & de rapporter toutes les piéces dudit Procès : quant aux frais de confultations, aux honoraires d'Avocats, à ceux des Secrétaires des Rapporteurs & autres de cette nature, qui ne peuvent être juftifiés par des quittances, il y fera fuppléé par des Mandemens ou Certificats, fignés de tous les Jurés & de fix Anciens au moins, à peine de radiation.

X II.

Les frais de Bureau, confiftans dans le loyer du Bureau d'affemblée, les gages du Clerc, la fourniture de bois, chandelles,

papier,

papier, plumes, cire, encre, impreſſion & autres menues dépenſes, feront détaillées & juſtifiées par des quittances, ou par
des Mandemens ſignés des Jurés & de ſix Anciens, & ne pourront, ſous quelque prétexte que ce ſoit, excéder la ſomme de
1860 livres.

X I I I.

Ne pourront les Jurés, conformément à l'Article V du préfent Réglement, porter dans la dépenſe de leurs comptes, aucuns droits ni attributions ſur les réceptions des Maîtres.

X I V.

Les frais de carroſſes & follicitations ne feront alloués dans
la dépenſe des comptes, que lorſqu'ils auront été faits dans des
cas urgens & indiſpenſables, & qu'ils ſe trouveront détaillés &
juſtifiés par des Mandemens ou Certificats ſignés de tous les
Jurés & de ſix Anciens au moins, & ne pourront excéder la
ſomme de 100 livres.

X V.

Les étrennes & autres faux frais ne feront pareillement alloués qu'autant qu'ils feront détaillés & juſtifiés par des Mandemens ou Certificats, tels que ceux énoncés dans l'article ci-deſſus, & ne pourront excéder la ſomme de 150 livres.

X V I.

Les Jurés ſortans de Charge feront tenus de préſenter leurs
comptes à la fin de leur exercice, aux Jurés en Charge, & aux
anciens Auditeurs & Examinateurs nommés ſuivant l'uſage ; à
l'effet d'être leſdits comptes par eux vûs, examinés & contredits
ſi le cas y échet, & arrêtés en la maniere accoutumée, au plus
tard trois mois après l'exercice du Comptable fini, & ce nonobſtant tous uſages, diſpoſitions des Statuts ou Réglemens à ce
contraires, auxquels Sa Majeſté a dérogé & déroge expreſſément par le préſent Arrêt ; & feront leſdits comptes, enſemble
les piéces juſtificatives remis aux Jurés en Charge, qui feront tenus de leur part de les remettre dans un mois au plus tard, au
Greffe du Bureau de la réviſion, après laquelle leſdits comptes
& piéces feront rendus auxdits Jurés en Charge, pour les dépo-
ſer dans leurs Archives.

X V I I.

Dans le cas où le Comptable feroit réputé en avance par

l'arrêté de la **Communauté**, il ne pourra cependant être remboursé par son successeur, qu'après la révision de son compte, & que lesdites avances auront été constatées & arrêtées par les sieurs Commissaires du Conseil à ce députés, à peine contre le Syndic, Juré ou Receveur qui auroit fait ledit remboursement, d'en répondre en son propre & privé nom.

XVIII.

Et d'autant qu'il pourroit se trouver des Syndics ou Jurés qui ne seroient pas en état de dresser & transcrire eux-mêmes leurs comptes en la forme & maniere qu'ils doivent être, sans le secours de personnes capables, à qui il est juste d'accorder un salaire raisonnable ; permet Sa Majesté à chacun desdits Comptables d'employer chaque année dans la dépense de son compte, la somme de 60 livres pour la façon & expédition d'icelui.

XIX.

Enjoint Sa Majesté aux Sieurs Commissaires du Bureau établi pour la liquidation des dettes des Corps & Communautés & révision de leurs comptes, & au sieur Lieutenant Général de Police de tenir la main, chacun en droit soi, à l'exécution du présent Réglement qui sera enregistré à ladite Commission & transcrit sur le Regiftre de la Communauté des Cordonniers, pour être exécuté suivant sa forme & teneur. Fait au Conseil d'Etat du Roi, Sa Majesté y étant, tenu à Versailles, le 4 Février 1749. *Signé*, PHELIPPEAUX.

Enregiftré au Greffe de la Commiffion, en exécution du Jugement du 7 Mars 1749. Signé, DE SOUCANIE.

JUGEMENT D'ENREGISTREMENT DUDIT ARREST.

Les Commissaires Généraux du Conseil, députés par Sa Majesté, par Arrêts de son Conseil d'Etat des 3 Mars & 16 Mai 1716 & autres subséquens, pour procéder à la liquidation des dettes, & à la révision des comptes des Marchands & des Communautés d'Arts & Métiers de la Ville & Fauxbourgs de Paris, & notamment par autre Arrêt du Conseil d'Etat du 24 Juin 1747.

Vu par nous l'Arrêt du Conseil d'Etat du 4 Février 1749, contenant Réglement pour la Communauté des Cordonniers: les Conclusions du sieur Berryer, Procureur Général de notre Commission. Ouï le rapport du sieur Maboul, Chevalier, Conseiller du Roi en ses Conseils, Maître des Requêtes ordinaire de son Hôtel, l'un de nous, Commissaire à ce député.

Nous Commissaires Généraux, en vertu du pouvoir à nous donné par Sa Majesté, avons ordonné & ordonnons que ledit Arrêt du Conseil, du 4 Février 1749, sera enregistré au Greffe de notre Commission pour être exécuté selon sa forme & teneur. Fait à l'Assemblée desdits sieurs Commissaires, tenue à Paris le 7 Mars 1749.

SIGNIFICATION.

Le 14 Août 1749, à la Requête de mondit sieur le Procureur Général du Bureau des Arts & Métiers, qui a élu son domicile en son Hôtel sis à Paris rue S. Honoré, Paroisse S. Roch, signifié & laissé la présente copie, aux fins y contenues, aux Jurés de présent en Charge de la Communauté des Maîtres Cordonniers de la Ville & Fauxbourgs de Paris, tant pour eux que pour leurs successeurs à l'avenir, en leur Bureau sis à Paris, Place de Grève, en parlant à leurs personnes, étant assemblés avec les sieurs Maîtres de ladite Communauté, & auxquels nous Huissier ordinaire du Roi en ses Conseils soussigné, avons, en vertu de l'Arrêt des autres parts, fait commandement de présentement nous représenter le Regiftre des Délibérations pour transcrire les susdits Arrêt, jugement d'enregistrement & le présent, pour par eux & leurs successeurs esdites charges, s'y conformer à l'avenir; à quoi obéissant, nous ont remis un registre relié, couvert de   contenant   feuillets, sur lequel & à la page   en tête d'une Délibération du   avons fait ledit transcrit; ce fait, leur avons remis leur Regiftre & un cahier de deux grandes feuilles de papier imprimé, sur lequel est en tête : Modèle de Compte pour servir & dresser ceux que doivent rendre les Jurés des Communautés d'Arts & Métiers de Paris, ayant un reste de compte, & composé de différens Chapitres de Recettes & Dépenses, avec des Notes en marge contenant différentes instructions pour les Compta-

D d ij

bles, pour par eux, & leurs Succeſſeurs eſdites Charges, s'y conformer à l'avenir ſous les peines y portées, & laiſſé la préſente copie par nous ſuſdit ſouſſigné. De Brye.

AVIS DE M. LE PROCUREUR DU ROI
du Châtelet de Paris, concernant la Police,

RENDU en faveur de la Communauté des Maîtres Cordonniers de Paris, Demandeurs en exécution des Arrêts contradictoires du Parlement, en date des 7 Septembre 1674, & 24 Juillet 1741, pour la jouiſſance des dix-ſept Piliers de la Tonnellerie aux Halles.

ET encore de Marc Lettu, Maître Cordonnier établi pour la jouiſſance d'un deſdits dix-ſept Piliers de la Tonnellerie, Défendeur & incidemment Demandeur.

CONTRE Claude Lambert Vantin, Maître & Marchand Frippier à Paris, Défendeur.

1749,
14 Mars.

ENtre les Jurés en Charge de la Communauté des Maîtres Cordonniers à Paris, Plaignans, ſuivant le Procès-verbal de tranſport du Commiſſaire de Courſy du 31 Juillet dernier, Demandeurs aux fins de l'Exploit fait par Delanois, Huiſſier à cheval, du 23 Août auſſi dernier, aſſiſtés de Me Leger leur Procureur, d'une part;

Et Marc Lettu, Maître Cordonnier, établi pour la jouiſſance de l'un des Piliers de la Tonnellerie, Défendeur & incidemment Demandeur, ſuivant ſes défenſes du 18 Septembre dernier, aſſiſté dudit Me Leger ſon Procureur, d'autre part;

Claude-Lambert Vantin, Marchand Frippier à Paris, Défendeur & Demandeur aux fins des défenſes, demandes & Exploits des 2 & 4 Septembre dernier, aſſiſté de Me Courleſvaux l'aîné ſon Procureur, encore d'autre part; Parties ouies, lecture faite des Piéces, enſemble des Réglemens concernant les dix-ſept Piliers, faiſant partie de ceux de la Tonnellerie aux Halles, appartenans à la Communauté des Maîtres Cordonniers, & des conclusions defdits Syndic & Jurés Cordonniers, entr'autres chofes, à ce que les Maîtres de leur Communauté placés auxdits Piliers ne foient plus à l'avenir troublés en leur jouiffance par ledit Vantin, Marchand Frippier & autres.

Nous, après qu'il en a été délibéré fur les piéces des Parties, ordonnons que les Arrêts du Parlement des 7 Septembre 1674* & 24 Juillet 1741, feront exécutés felon leur forme & teneur, & ayant égard à la demande des Syndic & Jurés de la Communauté des Maîtres Cordonniers, avons maintenus & gardés les pauvres Maîtres de ladite Communauté dans la poffeffion & jouiffance où ils font d'étaler leurs Marchandifes les jours de Marchés contre les dix-fept Piliers de la Tonnellerie aux Halles, à prendre par le premier Pilier du côté de la rue S. Honoré. En conféquence, faifons défenfes audit Vantin, à tous Marchands Frippiers, Maîtreffes Lingeres & autres de les y troubler, d'étaler à l'avenir leurs Marchandifes & autres effets lefdits jours de Marchés contre lefdits Piliers, & dans l'intervalle des arcades d'iceux, & audit Vantin de récidiver & ufer de pareilles voies fous telles peines qu'il appartiendra ; déchargeons ledit Marc Lettu de la demande contre lui formée par ledit Vantin, que nous condamnons aux dépens pour tous dommages & intérêts, tant envers lefdits Syndic & Jurés Cordonniers, qu'envers ledit Lettu, lefquels nous avons liquidés à la fomme de quarante livres ; permettons auxdits Syndic & Jurés Cordonniers de faire imprimer, publier & afficher notre préfent Jugement dans la Halle fous les Piliers de la Tonnellerie, & par-tout où befoin fera, & foit fignifié. Ce fut fait & donné par Meffire François Moreau, Chevalier, Confeiller du Roi en fa Cour de Parlement & Grand'Chambre d'icelle, Procureur de Sa Majefté au Châtelet de Paris, tenant le Siége le Vendredi 14 Mars 1749. *Signé*, MENARD.

* Voyez ci-devant page 64.

SENTENCE DE POLICE,

*QUI confirme l'Avis rendu par M. le Procureur du Roi,
du 14 Mars 1749.*

A Tous ceux qui ces Préſentes Lettres verront : Gabriel-Jérôme de Bullion, Chevalier, Comte d'Eſclimont, Prévôt de Paris : Salut. Sçavoir faiſons, que ſur la Requête faite en Jugement devant Nous, à l'Audience de la Chambre de Police du Châtelet de Paris, par Me Leger, Procureur des Syndic & Jurés en Charge de la Communauté des Maîtres Cordonniers à Paris : ladite Requête tendante à ce que l'Avis du Procureur du Roi, du 14 Mars dernier, ſoit confirmé avec dépens de l'incident, aſſiſtés de Me Thiebard leur Avocat.

Et encore ledit Me Leger, Procureur de Marc Lettu, Maître Cordonnier, établi par ladite Communauté pour la jouiſſance de l'un des 17 Piliers de la Tonnellerie aux Halles, en la poſſeſſion & jouiſſance deſquels ladite Communauté a été maintenue par les Arrêts formels des 7 Septembre 1674, & 24 Juillet 1741, auſſi Demandeur aux fins de ladite Requête, du 18 Avril dernier, pareillement aſſiſté dudit Me Thiebard ſon Avocat.

Contre Me Courleſvaux l'aîné, Procureur de Claude Lambert Vautin, Marchand Frippier à Paris, Défendeur & Demandeur, à ce que les Maîtres Cordonniers ſoient déclarés non-recevables en leurs prétentions, en ce qui concerne les interventions deſdites Parties, ſuivant leurs défenſes du 2 Septembre dernier, & à ce que ledit Avis ſoit infirmé, aſſiſté de Me de la Martiniere ſon Avocat. Parties ouies, lecture faite des piéces, enſemble du Réglement de Police du 5 Mai 1671 *, des Arrêts du Parlement ci-deſſus datés, & de l'Avis contradictoire rendu ſur Délibéré par le Procureur du Roi, portant enrt'autres choſes des défenſes conformes auxdits Arrêts & Réglemens.

Nous avons l'Avis du Procureur du Roi, du 14 Mars dernier, confirmé avec dépens de l'incident. Ce qui ſera exécuté nonobſtant & ſans préjudice de l'appel ; en témoin de ce Nous avons fait ſceller ces Préſentes. Ce fut fait & donné par Meſſire Nico-

---

* Voyez ci-devant, page 58.

las-René Berryer, Chevalier, Confeiller du Roi en fes Confeils, Maître des Requêtes ordinaire de fon Hôtel, Lieutenant Général de Police de la Ville de Paris, tenant le Siége le 16 Mai 1749. Collationné. *Signé*, LAMBERT.

ARREST DU PARLEMENT,

RENDU pour les Maîtres Corroyeurs de Paris, Saififfans & Intimés, & la Communauté des Maîtres Cordonniers, Partie intervenante, auffi Intimée ;

CONTRE le nommé Colard, Tanneur au Fauxbourg S. Antoine, & Corroyeur, fe difant Privilégié ; & encore contre les nommés Craffou, Capitain pere, & le nommé Defgardes, auffi Tanneurs & Corroyeurs audit Fauxbourg S. Antoine, Appellans des Sentences de Police des 24 Novembre 1745, 7 Janvier 1746, & premier Septembre 1747; & encore contre les Officiers Vendeurs & Contrôleurs de Cuirs à la Halle & au petit Bureau de la rue du Boulloy, Parties intervenantes en l'Inftance appointée.

LOUIS, par la grace de Dieu, Roi de France & de Navarre, &c. Sçavoir faifons, qu'entre Jean-Baptifte Colard, Pierre Defgardes, Jacques Craffou, & Claude-Louis Capitain, Tanneurs & Corroyeurs, Appellans de Sentence rendue par le Lieutenant-Général de Police de la Ville de Paris, le 24 Novembre 1745, d'une part ;

1749, 26 Avril.

Et les Syndic & Communautés des Maîtres Corroyeurs, & des Maîtres Cordonniers de Paris, Intimés d'autre part ;

Entre Jean-Báptifte Colard, Tanneur & Corroyeur du Fauxbourg S. Antoine, Marie-Anne Vaudenet fa femme, Appellans tant comme de Juges incompétens qu'autrement, d'une Sentence rendue par le Lieutenant-Général de Police de la Ville de Paris, le 7 Janvier 1746 d'une part ;

Et les Jurés & Communautés des Maîtres Corroyeurs & Cordonniers de la Ville & Fauxbourgs de Paris, Intimés & Demandeurs en Requête du 12 Décembre 1746, d'autre part ;

Et lefdits Colard & fa femme, Craffou, Capitain & Defgardes, Tanneurs & Corroyeurs du Fauxbourg S. Antoine, Appellans de Sentence rendue en la Chambre de Police du

Châtelet de Paris, du premier Septembre 1747, d'autre part &c.

Et les Officiers Vendeurs & Contrôleurs de Cuirs de la Ville & Fauxbourgs de Paris, Intimés, d'autre part ; & entre les Officiers Contrôleurs & Vendeurs de Cuirs, Demandeurs en Requête du 21 Février 1748 , d'une part.

Vu par notredite Cour la Sentence du Lieutenant-Général de Police du Châtelet de Paris, du 24 Novembre 1745 * , dont est appel , obtenue sur Requête par les Jurés des deux Communautés des Maîtres Cordonniers & Corroyeurs de la Ville & Fauxbourgs de Paris , sur les Conclusions du Subftitut de notre Procurexr Général, par laquelle il auroit été ordonné que l'Arrêt de notredite Cour du 21 Août 1662 , ** feroit exécuté felon fa forme & teneur; & en conféquence il auroit été fait défenfes à tous Particuliers faifant la profession de Tanneurs & Corroyeurs de la Ville & Fauxbourgs de Paris & autres , de s'immifcer à l'avenir de perfectionner & corroyer aucunes peaux de Veau & autres marchandifes , qu'elles n'aient été au préalable conduites & amenées à la Halle aux Cuirs, pour y être vues & vifitées par les Jurés prépofés , & enfuite marquées du marteau du Contrôleur de ladite Halle , que par les Jurés Vendeurs de Cuirs & par ceux des deux dites Communautés des Maîtres Cordonniers & Corroyeurs , à peine de 500 liv. d'amende contre chacun des contrevenans , conformément à l'Art. VII dudit Arrêt.

Il auroit pareillement été fait défenfes de faire conduire & porter audit Bureau de la rue du Boulloy, aucunes marchandifes de peaux de Veau tannées & corroyées en cette Ville , à peine de faifie & confifcation defdites marchandifes, & de 100 livres d'amende contre chacun des contrevenans.

Il auroit été ordonné que ladite Sentence feroit, à la diligence des Jurés defdites Communautés des Cordonniers & Corroyeurs, imprimée , lûe , publiée & affichée à la Halle aux Cuirs, dans le petit Bureau de la rue du Boulloy, dans ceux des Officiers, Contrôleurs, Marqueurs & Vendeurs de Cuirs, & dans tous les lieux & carrefours accoutumés de la Ville & Fauxbourgs de Paris, notamment dans les Fauxbourgs S. Antoine & Saint Marcel , & par-tout où befoin feroit. Conclufions de notre Procureur Général : tout joint & confidéré,

* Voyez ci-devant, pag. 192. ** Ci-devant , pag. 43.

Notredite

Notredite Cour, faifant droit fur le tout , donne Acte aux Syndics , Jurés des Communautés des Maîtres Corroyeurs & Cordonniers de Paris du défiftement defdits Craffou , Defgardes & Capitain , que par Colard, de la Sentence du 24 Novembre 1745 ; a mis & met l'appellation au néant ; ordonne que ce dont a été appellé , fortira fon plein & entier effet; les condamne en l'amende de 12 livres.

Sur l'appel interjetté par lefdits Colard & fa femme de la Sentence du 7 Janvier 1746, fans s'arrêter à leur demande portée par Requête du 10 Janvier 1748 , dont ils font déboutés.

Ayant égard à la Requête defdits Cordonniers & Corroyeurs du 12 Mars 1746 , & fans qu'il foit befoin de s'arrêter à leurs fins de non-recevoir, jointes par l'Arrêt du 14 Juin 1747, a mis & met aulli l'appellation au néant; ordonne que ce dont a été appellé, fortira fon plein & entier effet; les condamne en l'amende de 12 livres, déclare à cet égard le préfent Arrêt commun avec lefdits Craffou, Defgardes & Capitain.

Et fur l'appel interjetté par ledit Colard feul, de la Sentence du premier Septembre 1747, fans s'arrêter à fes demandes portées par Requêtes des 6 & 8 Février 1749, dont il eft débouté.

Ayant aucunement égard à l'intervention & demande des Officiers Vendeurs & Contrôleurs de Cuirs, portée par Requête du 21 Février 1748, & à la Requête defdits Jurés & Communautés des Maîtres Cordonniers & Corroyeurs, & fans qu'il foit befoin de s'arrêter aux fins de non-recevoir, jointes par Arrêt du premier Avril 1748, a mis & met pareillement l'appellation au néant; ordonne que ce dont a été appellé, fortira fon plein & entier effet, & néanmoins a moderé à 30 liv. la condamnation de l'amende de 500 liv. portée par les Réglemens ; condamne ledit Colard en l'amende de 12 livres dudit appel.

Sur le furplus de toutes les autres demandes, fins & conclufions, met les Parties hors de Cour ; condamne lefdits Craffou, Defgardes & Capitain aux dépens faits à leur égard jufques & compris le 29 Mars 1746 ; condamne ledit Colard & fa femme aux dépens faits fur l'appel de ladite Sentence du 7 Janvier 1746 ; même en ceux faits à cet égard contre lefdits Craffou, Defgardes & Capitain, aux réfervés par l'Arrêt du 8 Février 1746 ; condamne en outre ledit Colard en tous les autres dépens des

E e

caufes d'appel , intervention & demandes. Mandons mettre le préfent Arrêt à dûe, pleine & entiere exécution felon fa forme & teneur ; de ce faire te donnons plein pouvoir. Donné en notredite Cour de Parlement le 26 Avril , l'an de grace 1749, & de notre Regne le 34ᵉ. Collationné. *Signé*, LE SEIGNEUR, par la Chambre. *Signé* , DUFRANC.

SENTENCE DE POLICE,

Rendue en faveur des Communautés des Maîtres Corroyeurs & Cordonniers de Paris.

Qui ordonne l'exécution des Edits, Déclarations, Arrêts & Ré-glemens de Police, concernant l'apport & le débit des Cuirs dans cette Ville de Paris, & notamment de l'Arrêt de Réglement du 21 Août 1662.

Et pour y être contrevenu par les nommés Gourdin, Marchand Tanneur à Vitry-le-François, & Eflancelin, Aubergifte à la Grand'-Pinte de Bercy.

Sçavoir, par ledit Gourdin, en envoyant des Cuirs pour les faire entrer en fraude.

Et ledit Eflancelin en favorifant chez lui l'Entrepôt des Mar-chandifes.

Déclare valable la faifie faite fur Gourdin de 30 Cuirs forts , or-donne qu'ils feront confifqués au profit des Jurés des deux Com-munautés ; leur fait défenfes de récidiver fous peine de punition exemplaire , les condamne chacun en 50 livres d'amende, & fo-lidairement en tous les dépens.

1749, 11 Juillet.

A Tous ceux qui ces préfentes Lettres verront : Gabriel-Jérôme de Bullion, Chevalier, Comte d'Efclimont, Pre-vôt de Paris, Salut. Sçavoir faifons, que fur la Requête faite en Jugement devant Nous à l'Audience de la Chambre de Po-lice du Châtelet de Paris, par Mᵉ Pinfon l'aîné, Procureur de Nicolas Noblet, Nicolas Befnard & autres Jurés de préfent en charge de la Communauté des Maîtres Corroyeurs-Baudroyeurs de cette Ville, ayant fait faifir 30 Cuirs de Bœufs forts à la barriere Saint Victor, par Procès-verbaux faits par Me Regnaudet, Commiſſaire, & par Delanois, Huiſſier à Cheval, le même jour 10 Juillet 1748, ſur un Particulier Charretier inconnu, qui avoit amené leſdits 30 Cuirs forts à ladite barriere Saint Victor, le Dimanche 7 dudit mois de Juillet, pour les faire entrer dans Paris ſans payer les droits, pour les ſouſtraire à la viſite, & les mettre en entrepôt, au lieu de les apporter ſur le carreau de la Halle, Demandeurs en validité de ladite ſaiſie, &c.

Me Leger, Procureur des Syndic & Jurés en charge de la Communauté des Maîtres Cordonniers de cette Ville, Intervenans & Demandeurs aux fins de leurs Requêtes des 13 & 18 Juillet 1748 & 20 Mai dernier, Défendeurs.

Me Allongé, Procureur de Ourſelle, Voiturier à la grande-Pinte de Bercy, & Demandeur aux fins de ſes Requêtes verbales des premier Août 1748 & 21 Mai dernier.

Me Oudin, Procureur de Eſtancelin, Voiturier à ladite grand'Pinte de Bercy, Défendeur à la Requête & Exploit des 29 & 30 Juillet 1748.

Et encore ledit Me Oudin, Procureur de Jean-Louis Hautefeuille, Contrôleur de la Volaille, tenant Hôtellerie, oppoſant à la vente des Cuirs dont eſt queſtion, Défendeur.

Me Cornuau, Procureur de Gourdin, Marchand Tanneur à Vitry-le-François, Demandeur aux fins des Requêtes verbales des 2 Août & 29 Novembre 1748, & Défendeur.

M^e le Canu, Procureur de Bouillerot, Contrôleur de la Halle aux Cuirs.

Me Fougerou, Procureur de François Royer, Voiturier par terre, demeurant à Luiſtre-ſur-Aube en Champagne, Demandeur aux fins de ſa Requête verbale du 21 Août 1748, & Défendeur.

Me Regnard, Procureur des Officiers Contrôleurs, Viſiteurs, Vendeurs & Marqueurs des Cuirs de la Ville & Fauxbourgs de Paris, Demandeurs aux fins de leur Requête du 26 Août 1748, & Défendeurs, Parties ouïes.

Nous, après en avoir délibéré enſemble, ouï M. Moreau, premier Avocat du Roi en ſes Concluſions ſur les pièces & doſſiers des Parties, faiſant droit ſur leurs demandes & conteſtations, recevons leſdits Officiers & Contrôleurs de Cuirs, Parties intervenantes, & ayant aucunement égard à leur Intervention, recevons les Jurés Corroyeurs, Parties de Pinfon, & les Jurés Cordonniers, Parties de Leger, oppofans à notre Sentence des 26 Juillet 1748 ; & fans nous arrêter à l'oppofition des Parties de Regnard, à notre autre Sentence du 19 dudit mois de Juillet, difons qu'elle fera exécutée felon fa forme & teneur ; en conféquence, fans avoir égard à la faifie defdites Parties de Regnard, ni à l'oppofition du nommé Louis Hautefeuille, l'une des Parties d'Oudin ;

Déclarons la faifie des 30 Cuirs forts dont eft queftion, faite à la Requête des Parties de Pinfon, bonne & valable ; ordonnons que fi fait n'a été aux termes de notre Ordonnance provifoire du 13 Juillet 1748, lefdits 30 Cuirs feront vendus & lotis à la Halle aux Cuirs en la maniere accoutumée, pour fur le prix provenant de ladite vente, la fomme à laquelle fe trouveront monter les droits dûs à Sa Majefté & ceux dûs aux Parties de Regnard, être prélevée d'abord, & reftituée à ceux qui en ont fait les avances ; quant au furplus, il fera partagé par égale portion entre les Parties de Pinfon, & les Parties de Leger, à la repréfentation defdites Marchandifes, ou à la remife du prix provenant de la vente d'icelles, fi elles ont été vendues, tous Gardiens & Dépofitaires contraints par corps, 24 heures après la fommation qui leur en aura été faite.

Difons en outre que les Edits, Déclarations, Arrêts & Réglemens de Police, intervenus fur l'apport & le débit des Cuirs dans cette Ville de Paris, & notamment l'Arrêt de Réglement du 21 Août 1662 *, feront exécutés felon leur forme & teneur.

Enjoignons au nommé Gourdin, Partie de Cornuau, & à tous autres faifant commerce de Cuirs, de s'y conformer, & pour par ledit Gourdin & le nommé Eftancelin, Aubergifte à Bercy, autre Partie d'Oudin, y être contrevenu.

Sçavoir, ledit Gourdin, & en envoyant lefdites piéces de Cuirs pour les faire entrer en fraude, & ledit Eftancelin en favorifant chez lui l'entrepôt defdites Marchandifes, les condamnons chacun en 50 livres d'amende ; défenfe à eux de récidiver à peine de punition exemplaire.

* Ci-devant page 43.

Sur la demande de la Partie de Cornuau en garantie contre celle de Fougerou fur celle de la Partie d'Allongé, en dommages & intérêts, enfemble fur le furplus des demandes & conteftations, mettons les Parties hors de Cour, la Partie de Cornuau & ledit Eftancelin, l'une des Parties d'Oudin, condamnées folidairement aux dépens envers toutes les Parties.

Ordonnons qu'aux dépens defdites Parties de Cornuau & d'Oudin notre préfente Sentence fera imprimée, lûe, publiée & affichée en cette Ville & par-tout où befoin fera; ce qui fera exécuté nonobftant & fans préjudice de l'appel, & fignifié : en témoin de ce nous avons fait fceller ces Préfentes. Ce fut fait & donné par M. le Lieutenant Général de Police au Châtelet de Paris, tenant le Siége le Vendredi 11 Juillet 1749. Collationné. *Signé*, LAMBERT.

L'original en parchemin de la préfente Sentence eft refté dans le coffre de la Communauté des Maîtres Corroyeurs pour y avoir recours & être repréfenté à la Communauté des Maîtres Cordonniers à la première demande, fous peine.

ARREST DU GRAND CONSEIL,

En faveur des Syndic & Jurés de la Communauté des Maîtres Cordonniers de la Ville & Fauxbourgs de Paris.

CONTRE les Cordonniers Privilégiés fuivant la Cour, & des Maifons Royales.

Qui déclare bonne & valable la Saifie faite fur la veuve Mozac & fon Fils, Cordonniers Privilégiés.

LOUIS, par la grace de Dieu, Roi de France & de Navarre, à tous ceux qui ces Préfentes Lettres verront; Salut. Sçavoir faifons, comme par Arrêt cejourd'hui donné en notre Grand-Confeil entre nos bien amés les Syndic & Jurés de la Comunauté des Maîtres Cordonniers de la Ville & Fauxbourgs de Paris, Appellans d'une Sentence de la Prevôté de l'Hôtel du 21 Février dernier, fuivant la Requête. Ordon-

1749,
11 Août.

nance de notre Conseil & Exploit d'assignation des 4 & 5 Mars 1749, & requérant que l'Appellation & ce dont est appel soit mis au néant, émendant & corrigeant les fins & conclusions par eux prises en cause principale leur soient adjugées avec dépens, d'une part.

Et Marie-Jeanne Lhomme, veuve du sieur Alexandre Mozac, Cordonnier de notre Garde-robe, & Alexandre Mozac son fils, Intimés d'autre part.

Et entre Jean-Louis Dalmasse, & Jean-Baptiste Billouard, Syndic & Juré en Charge de la Communauté des Maîtres Cordonniers de la Ville & Fauxbourgs de Paris, Demandeurs en Requête par eux présentée à notredit Conseil le 19 Avril 1749, tendante à ce que faisant droit sur leur appel de ladite Sentence du 21 Février dernier, mettre l'appellation & ce dont est appel au néant, émendant & corrigeant, il soit ordonné que la Sentence de la Prevôté de l'Hôtel du 29 Novembre 1650, l'Arrêt de notredit Conseil du 29 Décembre de la même année, portant homologation d'icelle, les Sentences des 30 Juin 1674 & 18 Juin 1723 *, les Statuts de la Communauté des Maîtres Cordonniers de la Ville & Fauxbourgs de Paris, les Sentences de Police & Arrêt du Parlement de Paris des 19 Décembre 1713 & 20 Mars 1715, ensemble notre Déclaration du 14 Août 1703, regiftrée au Parlement le 4 Septembre 1705 **, feront exécutés selon leur forme & teneur.

Ce faisant, déclarer la saisie faite sur ladite veuve Mozac, par Procès-verbal du 25 Octobre 1748, bonne & valable; ordonner que les Marchandises saisies feront & demeureront confisquées au profit de la Communauté des Maîtres Cordonniers de Paris; faire défenses à ladite veuve Mozac, de plus à l'avenir tenir Boutique ouverte, vendre ni acheter le jour de Saint Crespin & Saint Crespinien, aucunes marchandises de fon état de Cordonnier, comme aussi d'en acheter & vendre qu'elles ne foient marquées des deux premiéres lettres du nom du Maître Cordonnier, ou autre ayant qualité de travailler dudit métier qui les auront faits, fous les peines & rigueurs

----

* Voir les pages 61 & 134.
** 119, 129 & 101.

du droit, & pour l'avoir fait, que ladite veuve Mozac sera condamnée aux dommages & intérêts des Demandeurs, & en tous les dépens, tant des causes principales que d'appel d'une part.

Et ladite veuve Mozac & son fils, Défendeurs d'autre part.

Et entre Joseph de Backer, Syndic en Charge, Pierre Paris, Louis Soudé, Louis-François Leclerc, tous Cordonniers Privilégiés suivant la Cour, & des Maisons Royales, reçus Parties intervenantes, & Demandeurs en Requête présentée à notredit Conseil le 8 Juillet 1749, à ce qu'il leur soit donné Acte de ce qu'ils se joignent & adhérent aux conclusions prises par ladite veuve Mozac & son fils, & le sieur Houasse (autres Maîtres Cordonniers Privilégiés) & condamner lesdits Syndic & Jurés des Maîtres Cordonniers aux dépens, d'une part.

Et entre les Syndic, Jurés en Charge & Anciens de la Communauté des Maîtres Cordonniers de la Ville & Fauxbourgs de Paris, pour les années 1748 & 1749, Demandeurs en Requête par eux présentée à notredit Conseil, le 9 Août 1749, tendante à ce qu'il plût à notredit Conseil, sans s'arrêter à l'intervention des Syndic & autres Privilégiés, dans laquelle ils seront déclarés non-recevables, ou dont en tout cas ils seront déboutés, adjuger aux Demandeurs les fins & conclusions qu'ils ont prises contre la veuve Mozac & son fils avec dépens; ce faisant, déclarer l'Arrêt qui interviendra entre lesdits Demandeurs, ladite veuve Mozac & son fils, commun avec ledit Backer & consors, les condamner aux dépens de leur intervention, d'une part, &c.

Conclusions de notre Procureur Général.

Icelui notredit Grand Conseil faisant droit sur le tout, ensemble sur les Conclusions de notre Procureur Général, a mis & met l'appellation & ce dont est appel au néant, émendant & corrigeant.

Ordonne que les Réglemens & Statuts faits pour la Communauté des Cordonniers, & notamment les article 7, 8 & 9 de notre Déclaration du 14 Août 1703, seront exécutés selon leur forme & teneur, par tous les Privilégiés suivant la Cour & des Maisons Royales; déclare la saisie faite sur ladite veuve de Mozac & ledit de Mozac fils, ledit jour 25 Octobre 1748, bonne & valable ; déclare les marchandifes faifies confifquées au profit de ladite Communauté des Maîtres Cordonniers ; ordonne qu'à la repréfentation des chofes faifies, les Gardiens & dépofitaires feront contraints par toutes voyes dûes & raifonnables, même par corps ; quoi faifant, ils en feront & demeureront bien & valablement quittes & déchargés.

Sur la demande defdits Syndic & Anciens, à ce que lefdits Privilégiés foient tenus de chomer la Fête des Saints Crefpin & Crefpinien, enfemble fur le furplus des autres demandes & Requêtes des Parties, a mis & met icelles Parties hors de Cour & de Procès.

Condamne ladite veuve Mozac en l'amende de 3 livres ; condamne ladite veuve Mozac, ledit Mozac fils, & lefdits Jofeph de Backer, Pierre Paris, Louis Soudé & confors, chacun en ce qui les concerne, en la moitié des dépens envers lefdits Syndic & Anciens ; l'autre moitié compenfée, & fera l'amende rendue.

Si donnons en mandement au premier des Huiffiers de notre dit Confeil en ce qui eft exécutoire en notre Cour & fuite, & hors d'icelle au premier notre Huiffier, ou autre notre Huiffier ou Sergent fur ce requis, qu'à la Requête defdits Syndic, Jurés en Charge & anciens de ladite Communauté des Maîtres Cordonniers de la Ville & Fauxbourgs de Paris, le préfent Arrêt il mette à exécution felon fa forme & teneur, de ce faire te donnons pouvoir. Donné en notredit Confeil à Paris, le 12 Août, l'an de grace 1749, & de notre régne le 34. Collationné. *Signé*, par le Roi, à la relation des Gens de fon Grand Confeil. VERDUC.

AUTRE

AUTRE ARREST DU GRAND-CONSEIL,

QUI a auffi infirmé une Sentence de la Prevôté de l'Hôtel, du 21 Février 1749, laquelle avoit déclaré nulle la faifie faite par les Jurés de la Communauté des Maîtres Cordonniers, fur Matthieu Houaffe, Maître Cordonnier Privilégié, le 25 Octobre 1748.

1749.
12 Août.

Lequel Arrêt, comme le précédent dudit jour 12 Août 1749, a déclaré ladite Saifie bonne & valable, & les marchandifes faifies font confifquées au profit de ladite Communauté, & le tout & ainfi qu'il eft porté audit précédent Arrêt.

SENTENCE DE POLICE,

QUI déclare la Saifie faite de fix douzaines de Paux de Vaches tannées fur le nommé René Millon, Marchand Tanneur au Pecq, bonne & valable au profit des Communautés des Maîtres Corroyeurs & Cordonniers de Paris.
Et pour la contravention par lui commife, le condamne en 50 livres de dommages-intérêts, & en 50 livres d'amende, & aux dépens, &c.

A Tous ceux qui ces Préfentes Lettres verront : Gabriel-Jerôme de Bullion, Chevalier, Comte d'Efclimont, Prevôt de Paris ; Sault. Sçavoir faifons, que fur la Requête faite en Jugement devant Nous à l'Audience de la Chambre de Police du Châtelet de Paris par Me Pinfon l'aîné, Procureur des Jurés du Cuir tanné & de la Vifitation Royale des Maîtres Cordonniers de cette Ville de Paris, ayant fait faifir fur le ci-après nommé fix douzaines de Peaux de Vaches tannées, que le ci-après nommé a déclaré venir du Pecq, lieu de fon domicile ; quoiqu'il fe foit trouvé vingt-fept peaux marquées du Marteau du Contrô-

1749.
13 Août.

F f

leur de Chartres, ce qui prouve qu'il fait le regrat, & qu'il a un entrepôt ; Demandeurs aux fins des Procès-verbaux de saisie faite en présence de Mᶜ Merlin, Commissaire à Paris, par Delanois, Huissier à Cheval, le 5 du présent mois, &c.

Contre Mᶜ Martin, Procureur de René Millon, Marchand Tanneur au Pecq, Partie saisie, Défendeur. Parties ouies.

Nous disons que les Edits, Déclarations, Arrêts, Sentences & Réglemens concernant le débit des Cuirs à la Halle, seront exécutés selon leur forme & teneur ; en conséquence avons la saisie faite à la Requête des Parties de Pinson sur celles de Martin, de six douzaines de Peaux de Vaches tannées dont est question, déclarée bonne & valable : Disons que lesdites six douzaines de Peaux sont acquises & confisquées au profit des Parties de Pinson ; faisons défenses à la Partie de Martin de plus à l'avenir contrevenir aux Réglemens, d'avoir aucun entrepôt, & de faire le regrat, sous telle peine qu'il appartiendroit ; & pour sa contravention, le condamnons en 50 livres de dommages & intérêts envers les Parties de Pinson, en 10 liv. d'amende, & aux dépens ; ce qui sera exécuté sans préjudice de l'Appel. En témoin de ce Nous avons fait sceller ces Présentes, qui furent faites & données au Châtelet de Paris, par Nous Nicolas-René Berryer, Lieutenant-Général de Police, de la Ville, Prévôté & Vicomté de Paris, tenant l'Audience de la Chambre de Police du Châtelet, le Mercredi 13 Août 1749.

Signé, LAMBERT.

L'Original en parchemin de la présente Sentence est resté dans le Coffre de la Communauté des Maîtres Corroyeurs pour y avoir recours, & être représenté à la Communauté des Maîtres Cordonniers à la premiere demande, sous peine.

AUTRE SENTENCE DE POLICE,

CONTRE ledit René Millon, qui déclare bonne & valable au profit desdites Communautés des Maîtres Cordonniers & Corroyeurs quarante-huit Peaux & de côtés de Peaux en croute entreposés chez le nommé Aléxandre, Hôtelier à Charenton, avec 50 livres d'amende & aux dépens ; & ladite Sentence imprimée & affichée aux frais dudit Millon.

SENTENCE DE POLICE,

QUI déclare la saisie de soixante Peaux de Vaches, faite sur le nommé Marin Pauplin, Marchand Tanneur Forain de la Ville de Nemours bonne & valable au profit des Communautés des Maîtres Corroyeurs & Cordonniers de Paris.

ET pour la contravention par lui commise, d'avoir dérangé lesdites Peaux, après avoir été loties par les Lotisseurs en la maniere accoutumée, le condamne en tous les dépens pour tous dommages & intérêts.

A Tous ceux qui ces présentes Lettres verront : Gabriel-Jerôme de Bullion, Chevalier, Comte d'Esclimont, Prevot de Paris; Salut. Sçavoir faisons, que sur la Requête faite en Jugement pardevant Nous à l'Audience de la Chambre de Police du Châtelet de Paris, par Me Leger , Procureur des Syndics & Jurés en Charge des Communautés des Maîtres Cordonniers & Corroyeurs à Paris, saississans suivant l'Exploit fait par Delanois, Huissier à Cheval, le 7 Août présent mois, Demandeurs aux fins de la Requête verbale du 12 dudit mois d'Août; le tout tendant à la validité de ladite saisie, & à fin de confiscation des soixante Peaux de Vaches apportées à la Halle aux Cuirs, dont cinquante-sept ont été comprises dans le Procès-verbal de saisie, & autres conclusions, & dont la contravention est qu'après le lotissement fait desdites soixante Peaux en cinq lots par les Lotisseurs de la Halle, & avant la vente, le sieur Pauplin ci-après nommé, a dérangé ledit lotissement, en triant de chaque douzaine les quatre meilleures Peaux qu'il a vendues séparément, & Défendeurs, assistés de Me Tribart leur Avocat.

Contre Me Tourton, Procureur du sieur Martin Pauplin, Partie saisie, Défendeur & Demandeur suivant sa Requête à fin de main-levée des marchandises saisies, prétendant n'être point en contravention, requérant dommages-intérêts, assisté de Me de Lamarmer son Avocat.

Et Me Regnard, Procureur des Officiers Vendeurs de Cuirs,

F f ij

1750,
21 Août.

& encore du fieur Bouillerot, l'un d'eux, dépofitaire defdites cinquante-fept Peaux, contenues en ladite faifie du 7 du préfent mois, Défendeurs; Parties ouies, enfemble noble homme Me Moreau, Avocat du Roi en fes conclufions, lecture faite des Préfentes; enfemble des Articles 1, 8 & 10 du Réglement concernant la Halle aux Cuirs, & notamment le lotiffement des Cuirs, en date du 21 Août 1662 *, le Procès-verbal du Commiffaire Merlin fait lors de ladite faifie le 7 du préfent mois d'Août, & de notre Ordonnance provifoire du 7 dudit mois, fans que les qualités puiffent nuire ni préjudicier.

Nous, faifant droit fur les demandes refpectives des Parties, déclarons la faifie faite à la Requête des Parties de Thiebart, fur celle de Lamarmer des cinquante-fept Peaux de Vaches tannées, faifant partie de foixante apportées à la Halle aux Cuirs par ladite Partie de Lamarmer, bonne & valable.

Ordonnons que lefdites cinquante-fept Peaux feront & demeureront loties & vendues, fi fait n'a été, pour les deniers en être délivrés aux Parties de Thiébart, à la repréfentation defquelles marchandifes ou délivrance des deniers en provenans, feront le fieur Bouillerot gardien, les Officiers Vendeurs Parties de Regnard, & tous autres dépofitaires contraints; ce faifant ils en feront valablement déchargés. Condamnons la Partie de Lamarmer aux dépens envers les Parties de Leger & Regnard, pour tous dommages & intérêts.

Ordonnons que les Statuts, Arrêts & Réglemens concernant la Halle aux Cuirs, notamment les Articles VIII & X du Réglement du 21 Août 1662, touchant la néceffité des lotiffemens des Cuirs, & la vente d'iceux à la Halle aux Cuirs, feront exécutés felon leur forme & teneur; en conféquence, faifons défenfes à la Partie de Lamarmer, & à tous autres Marchands Forains & autres de plus à l'avenir récidiver, déranger les lots après le lotiffement; leur enjoignons de fe conformer auxdits Réglemens & à l'ufage pratiqué à la Halle aux Cuirs, à peine de faifie & confifcation des marchandifes, dommages-intérêts, & de telle amende qu'il appartiendra.

Et fera notre préfente Sentence imprimée, publiée & affichée par-tout où befoin fera, aux frais & dépens de la Partie de La-

* Voyez ci-devant, page 43.

marmer. Ce qui fera exécuté nonobſtant & ſans préjudice de
l'appel. En témoin de quoi nous avons fait ſceller ces Préſentes.
Donné par Meſſire Nicolas-René Berryer, Lieutenant Général
de Police de la Ville de Paris, tenant le Siége à ladite Chambre
de Police, le Vendredi 21 Août 1750. *Signé*, LAMBERT, & ſignifié le 22 Août 1750.

SENTENCE DE POLICE,

En faveur de la Communauté des Maîtres Cordonniers de Paris,

*QUI fait défenſes au nommé Jean Lheullier, Maître Corroyeur,
& à tous autres de plus à l'avenir acheter aucunes marchandiſes
de Cuirs de toutes natures en-deçà de vingt lieues de Paris, ni
même dans aucunes Foires ; & pour en avoir acheté, le condamne en 10 liv. d'amende & aux dépens.*

A Tous ceux qui ces Préſentes Lettres verront : Gabriel-
Jérôme de Bullion, Chevalier, Comte d'Eſclimont, Prévôt de Paris : Salut. Sçavoir faiſons, que ſur la Requête faite
en Jugement devant Nous, à l'Audience de la Chambre de Police du Châtelet de Paris, par Mᵉ Euſtache Leger, Procureur
des Syndic & Jurés en Charge de la Communauté des Maîtres
Cordonniers à Paris, ayant de toute ancienneté le droit de
veiller aux contraventions qui ſe commettent contre les Réglemens de Police, ſaiſiſſans & oppoſans ſuivant les Exploits &
Procès-verbaux faits par Delanois, Huiſſier à Cheval, des 3 &
8 Octobre dernier.

Et ſuivant leur Requête verbale du 6 du préſent mois de Novembre, le tout tendant à ce que la ſaiſie dudit jour 3 Octobre,
faite à la Requête deſdits Syndic & Jurés de la quantité de cent
trente-quatre Peaux tant Bœufs que Vaches, & de deux douzaines de Bazannes y mentionnées, ſoit déclarée bonne & valable, leſdits Cuirs, ſelon la déclaration du ſieur Jean Lheullier
ci-après nommé, Partie ſaiſie, faiſant partie d'une plus grande
quantité par lui achetée du ſieur Chevalier, Marchand Tan-

1750,
20 Nov.

neur, le 29 Septembre dernier à la Foire de S. Michel du bourg d'Yvri-la-Chauffée en Normandie (diftant de cette Ville de Paris de 16 lieües) & ayant été amenées à la Halle aux Cuirs de cette Ville par un Charretier avec une Lettre de Voiture à l'adreffe du fieur Lheüillier, defquels Cuirs falfis ledit Lheullier a prétendu avoir eu de deux defdits Jurés une main-levée particuliere fignée Carré & Cauvigny, & avoir remis en leurs mains la fomme de foixante & douze livres à imputer fur leurs frais.

Lefdits Syndic & Jurés Demandeurs en validité d'offres réelles, & autres conclufions portées par la Requête du 6 du préfent mois, & Défendeurs aux Requête & Exploit des 31 Octobre dernier, & 4 du préfent mois de Novembre, affiftés de M Thiebart leur Avocat.

Contre Me Thion J. Procureur de Jean Lheullier, Maître Corroyeur à Paris, Partie faifie, Défendeur & Demandeur en main-levée de ladite faifie avec dommages & intérêts, attendu que la quantité de deux cens quatre-vingt-une Peaux tant Bœufs que Vaches à lui vendues par ledit Chevalier, demeurant audit lieu d'Yvri-la-Chauffée, & dont lefdites cent trente-quatre Peaux tant Bœufs que Vaches font partie, moyennant la fomme de 4781, livres l'ont été en Foire franche, ce qu'il juftifie par le Certificat par lui rapporté de Me François Drouin, Avocat en Parlement & Procureur Fifcal du Bailliage dudit lieu d'Yvri-la-Chauffée, exerçant en cette partie pour la vacance dudit Bailliage, en date du 29 Septembre dernier, & autres conclufions portées par lefdits Requête & Exploit des 31 Octobre dernier, & 4 du préfent mois, affifté de Me de Delabroffe fon Avocat.

Parties ouïes : lecture faite des piéces, enfemble dudit procès-verbal de faifie, & celui du Commiffaire Merlin préfent à icelle du même jour 3 Octobre dernier, & dudit Certificat de ladite main-levée particuliere & du procès-verbal fait contradictoirement en notre Hôtel le 6 du préfent mois, fur lequel eft notre Ordonnance provifoire. Ouï auffi Me Moreau, premier Avocat du Roi en fes Conclufions, fans que les qualités puiffent nuire ni préjudicier.

Nous, fans s'arrêter à la demande de la Partie de Delabroffe, dont nous l'avons déboutée ; difons que notre Ordonnance proviſoire du 6 du préſent mois, demeurera définitive : Déclarons la ſaiſie faite ſur ladite Partie de Delabroſſe des cent trente-quatre Peaux tant Bœufs que Vaches en queſtion, prétendues achetées à la Foire de S. Michel d'Yvri-la-Chauſſée, diſtant de cette Ville de 16 lieues, & deux douzaines de Bazannes, bonne & valable.

Ordonnons néanmoins pour cette fois ſeulement, par grace & ſans tirer à conſéquence, que les deniers provenans deſdites cent trente-quatre Peaux tant Bœufs que Vaches lui ſeront rendus, à la déduction des droits & frais de Halle, & de ceux de la préſente Inſtance ; & quant aux deniers provenans des deux douzaines de Bazannes, ils demeureront confiſqués au profit deſdites Parties de Thiebart, à délivrer leſdits deniers en conformité des Préſentes ſeront les Officiers Vendeurs de la Halle aux Cuirs, & tous autres dépoſitaires contraints ; quoi faiſant ils en ſeront & demeureront bien & valablement quittes & déchargés.

Déclarons les offres deſdites Parties de Thiebart réaliſées à notre Hôtel ſuivant notre Ordonnance du 6 du préſent mois de la ſomme de ſoixante & douze livres pour les cauſes y portées, bonnes & valables : ordonnons que dans trois jours ladite Partie de Delabroſſe ſera tenue de recevoir, ſinon & ledit tems paſſé, permis de conſigner ; condamnons ladite Partie de Delabroſſe pour cette fois ſeulement & par grace, en 10 liv. d'amende, & aux dépens pour tous dommages & intérêts.

Et ayant égard aux Concluſions des Gens du Roi, ordonnons que les Déclarations du Roi, Arrêts & Réglemens de Police concernant la Halle aux Cuirs, notamment l'Article V de l'Arrêt de Réglement du 21 Août 1662 *, ſeront exécutés ſelon leur forme & teneur.

En conſéquence faiſons très-expreſſes inhibitions & défenſes à ladite Partie de Delabroſſe & à tous autres d'y plus contrevenir, & d'acheter en-deçà des vingt lieues autour de cette Ville aucunes marchandiſes de Cuir, ſous prétexte d'achats en Foire ou autrement, pour quelque cauſe que ce ſoit ; mais de les laiſſer venir & aborder à la Halle aux Cuirs de cette Ville, en conformité dudit Réglement, ſous les peines portées par ledit

* Voyez ci-devant page 43.

Article V , & fous telles autres peines qu'il appartiendra ; &
fera la préfente Sentence imprimée , lue, publiée & affichée
aux portes de ladite Halle aux Cuirs. Ce qui fera exécuté no-
nonobftant & fans préjudice de l'appel. En témoin de ce, Nous
avons fait fceller ces Préfentes. Ce fut fait & donné par
Meffire Nicolas - René Berryer, Chevalier, Maître des Requêtes ordinaire de fon Hôtel, Lieutenant Général de Police
au Châtelet de Paris, tenant le Siége le Vendredi 20 Novembre 1750. *Signé*, Lafontaine. Collationné. *Signé* , MORISSET.

SENTENCE DE POLICE,

EN faveur de la Communauté des Maîtres Cordonniers de
Paris ;
ET la Communauté des Maîtres Corroyeurs, Parties Inter-
venantes.

*QUI fait défenfes à la Demoifelle Catherine la Botte , veuve
du fieur Doz, Marchand Tanneur à Sens en Bourgogne, & à
tous Marchands Tanneurs de plus à l'avenir déclarer ni vendre
aucunes marchandifes de Cuirs & Peaux de Veaux à la Halle
aux Cuirs à qui que ce foit, qu'elles n'aient été vûes , vifitées,
loties & marquées par les Jurés du Cuir tanné pour ladite vifite
& marque.*
*Et pour avoir déclaré avoir vendu neuf douzaines de Peaux de
Veaux à la femme de Martin David à la Halle aux Cuirs avant
ladite vifite & marque faites, l'a condamnée pour cette fois ,
par grace, à 10 livres d'amende, & en tous les dépens, avec
défenfes de récidiver.*

A Tous ceux qui ces préfentes Lettres verront : Gabriel-Jerôme de Bullion, Chevalier, Comte d'Efclimont, Prévôt
de la Ville, Prévôté, & Vicomté de Paris, Salut. Sçavoir faifons,
que fur la Requête faite en Jugement devant Nous à l'Audience de la Chambre de Police du Châtelet de Paris, par Me
Leger, Procureur des Syndics & Jurés en Charge des Communautés des Maîtres Cordonniers & Corroyeurs à Paris, Saififfans

1750, 4
Décemb.

fiffans & Demandeurs, aux fins de l'Exploit & de la Requête
verbale des 1 & 3 du préfent mois : ledit Exploit fait par Crenet, Huiffier à Cheval; & encore aux fins de l'Exploit du 2 du
préfent mois, fait par ledit Crenet; le tout à ce que les Réglemens foient exécutés, & à fin de validité de Saifie & confifcation des neuf douzaines de Peaux de Veaux non marquées, &
mentionnées en ladite Saifie, lefquelles Peaux ont été vendues
à la femme de Martin David, Maître Cordonnier, demeurant rue de la Harpe, fans les avoir fait marquer ni lotir, &
autres Conclufions, affiftés de Mᶜ Thiebart, leur Avocat.

Contre Mᶜ Gelhay, Procureur de Demoifelle Catherine la
Botte, veuve du fieur Doz, Marchand Tanneur en la Ville de
Sens, Partie faifie, Défendereffe & incidemment Demande-
reffe, attendu que le cas requiert célérité, à fin de main-levée
pure & fimple de ladite faifie, attendu que ce n'a été que par
erreur procédante du fait de ladite femme David, que lefdites Peaux n'ont pas été vifitées, marquées & loties, affiftée de
M. Dumontet, fon Avocat : Parties ouïes, enfemble M. Moreau, Avocat du Roi en fes Conclufions, fans que les qualités
puiffent nuire ni préjudicier aux Parties;

Nous difons, que les Edits & Déclarations du Roi, Arrêts
& Réglemens de Police, concernant la Halle aux Cuirs de
cette Ville, notamment les Articles 7 & 8 de l'Arrêt de Réglement du 21 Août 1662 *, feront exécutés felon leur forme
& teneur; en conféquence faifons défenfes à la Partie de Dumontet & à tous autres, de plus à l'avenir enlever de ladite
Halle, aucuns Cuirs fans y avoir été vûs, vifités, marqués &
lotis fous les peines portées par ledit Réglement, & fous telle
autre peine qu'il appartiendra.

Déclarons la faifie faite à la requête des Parties de Thiebart
fur celle de Dumontet, de 9 douzaines de Peaux de Veaux féches
d'huile & dont eft queftion, bonne & valable : Ordonnons que
lefdits Cuirs feront vûs & vifités, marqués & lotis, & enfuite
vendus en la maniere accoutumée; & néanmoins, par grace
pour cette fois feulement & fans tirer à conféquence, que les
deniers provenans de ladite vente feront rendus à ladite Partie
de Dumontet, à la déduction des droits & frais de Halle, &

* Voir ci-devant, page 43.

G g

de ceux de la préfente Inftance, à délivrer lefdits deniers en
conformité des Préfentes, feront les Officiers Vendeurs de la
Halle aux Cuirs & tous autres dépofitaires contraints, quoi
faifant, ils en feront & demeureront valablement déchargés :
condamnons ladite Partie de Dumontet en 10 livres d'amende,
& aux dépens pour tous dommages & intérêts; & fera la préfente Sentence imprimée, lûe, publiée & affichée aux portes de
ladite Halle aux Cuirs. Ce qui fera exécuté nonobftant & fans
préjudice de l'appel, & foit fignifiée : en témoin de quoi
Nous avons fait feeller ces Préfentes, qui furent faites & données par Meffire Nicolas-René Berryer, Chevalier, Lieutenant-Général de Police de la Ville de Paris, tenant le Siége
le Vendredi 4 Décembre 1750.
Collationné. *Signé*, LA FONTAINE.

SENTENCE DE POLICE,

Rendue en faveur de la Communauté des Maîtres Cordon-
niers à Paris.

CONTRE les nommés Petit & fa femme, qui leur fait défenfes
& à tous autres de troubler les petits Jurés de ladite Commu-
nauté dans les fonctions de leurs Charges.
Déclare la Saifie faite fur ledit Petit & autres Parties dans ladite
Inftance, bonne & valable.
Ordonne la confifcation des chofes faifies au profit de ladite Com-
munauté, & condamne ledit Petit, & fa femme en 50 livres de
dommages, & en 3 livres d'amende, & autres peines & en tous
les dépens, tant en demandant qu'en défendant, &c.
Et laquelle Sentence déboute lefdits Petit & fa femme de la nullité
prétendue de ladite Saifie, faute par les petits Jurés de s'être
fait affifter lors de ladite Saifie d'un Juré de la Vifitation
Royale.

A Tous ceux qui ces Préfentes Lettres verront : Gabriel-
Jérôme de Bullion, Chevalier, Comte d'Efclimont, Prévôt

de Paris, Salut. Sçavoir faisons, que sur la Requête faite en jugement devant Nous à l'Audience de la Chambre de Police du Châtelet de Paris, par Me Leger, Procureur des Syndic & Jurés en Charge de la Visitation Royale de la Communauté des Maîtres Cordonniers à Paris, Intervenans & Demandeurs suivant leur Requête verbale du 9 Septembre 1751, tendante à ce qu'il leur soit donné Lettres de la prise de fait & cause pour les petits Jurés, à ce que les Statuts, Déclarations du Roi, Arrêts & Réglemens de Police, concernant ladite Communauté, soient exécutés selon leur forme & teneur, notamment l'Article XII de la Déclaration du Roi du 13 Juin 1710 *, regiſtrée au Parlement le 2 Août suivant, portant que les petits Jurés feront leurs fonctions, assistés seulement d'un Huissier, avec dérogation à la Déclaration du Roi du 29 Juin 1699, regiſtrée au Parlement le 17 Juillet audit an, laquelle portoit qu'alors ils feroient accompagnés dans leurs Visites, d'un Juré de la Visitation Royale chez les Maîtres Savetiers, & autres conclusions, assistés de Me Thiebart, leur Avocat.

Contre Me Gelhay, Procureur de Jean Petit, Compagnon Cordonnier, & Marguerite Mayeux sa femme, Parties saisies; ladite femme ayant été constituée Prisonniere de l'Ordonnance de Me Chenon, Commissaire en cette Cour le 5 du présent mois de Septembre, pour cause de prétendue émeute populaire, lors de la saisie en question, lesdits Petit & sa femme, Défendeurs & incidemment Demandeurs suivant leurs défenses de cejourd'hui 17, signifiées avant l'Audience, tendantes à la nullité de la Saisie faite par les petits Jurés, faute de s'être fait assister lors de ladite Saisie, d'un Juré de la Visitation Royale, suivant & aux termes de la Déclaration du Roi du 29 Juin 1699, & à fin de dommages & intérêts pour avoir été ladite femme Petit constituée indûment Prisonniere; ledit Petit étant domicilié dans l'enclos des Quinze-Vingts, qui est un lieu où les Ouvriers sans qualité peuvent travailler, avec défenses de plus à l'avenir récidiver & user de pareilles voyes, requérant dépens, tant contre lesdits petits Jurés que contre lesdits Syndic & grands Jurés desdits Maîtres Cordonniers solidairement, assistés de Me Delabrosse, leur Avocat.

* Voir ci-devant, page 106.

G g ij

Et encore contre Me Beguier, Procureur des petits Jurés en Charge de la Communauté des Maîtres Cordonniers, saisissans par Procès-verbal du 5 du présent mois de Septembre, sur lesdits Petit & sa femme, deux paires de Mules qui ont été transportées en la Chambre & Bureau desdits petits Jurés, & dont ils ont été établis Gardiens, & Demandeurs aux fins de l'Exploit du 6 dudit mois de Septembre, dûment contrôlé & présenté, & suivant la dénonciation qui en a été faite ledit jour 6 Septembre auxdits Syndic & grands Jurés Cordonniers, à l'effet de prendre fait & cause pour les petits Jurés Cordonniers, suivant & conformément à la Déclaration du Roi du mois de Juin 1699 *, & Défendeurs, assistés de Me Haurot leur Avocat; Parties ouïes, lecture faite des Piéces, ensemble du Procès-verbal du Commissaire Chenon du 5 du présent mois, ouï les Gens du Roi en leurs Conclusions;

Nous recevons les Parties de Thiebart Parties intervenantes en l'Instance, leur donnons Lettres de la prise de fait & cause des Parties de Haurot; faisant droit sur les demandes respectives, sans s'arrêter à la demande incidente des Parties de Delabrosse, dont les avons déboutées, déclarons la saisie sur elles faite des deux paires de Mules en question, bonne & valable, disons que les ouvrages saisis demeureront confisqués au profit de la Communauté des Maîtres Cordonniers; condamnons les Parties de Delabrosse en 50 livres de dommages & intérêts envers ladite Communauté, & en 3 livres d'amende.

Et ayant égard au Requisitoire des Gens du Roi, ordonnons que les Statuts, Arrêts & Réglemens de Police concernant la Communauté des Maîtres Cordonniers, seront exécutés selon leur forme & teneur; faisons très-expresses inhibitions & défenses auxdites Parties de Delabrosse & à tous autres Ouvriers sans qualité d'y plus contrevenir, ni troubler à l'avenir les Parties d'Haurot & leurs successeurs dans les fonctions de leurs Charges, & exciter des émeutes populaires, à peine d'être procédé contr'eux extraordinairement & sous telles autres peines qu'il appartiendra.

Ordonnons que la présente Sentence sera imprimée, lûe, publiée & affichée par-tout où besoin sera; condamnons les

* Ci-devant, page 81.

Parties de Delabroſſe aux dépens envers toutes les Parties, tant en demandant, défendant, que de la ſommation & dénonciation. Ce qui ſera exécuté, nonobſtant & ſans préjudice de l'appel ; en témoin de ce Nous avons fait ſceller ces Préſentes. Ce fut fait & donné par Meſſire Nicolas-René Berryer, Chevalier, Conſeiller d'Etat, Lieutenant Général de Police au Châtelet de Paris, tenant le Siége le Vendredi 17 Septembre 1750. *Signé*, LAMBERT.

ARREST DU PARLEMENT,

RENDU en faveur des Syndic & Jurés en Charge de la Communauté des Maîtres Cordonniers de Paris.

CONTRE GUILLAUME BOUDET & PIERRE PARADIS, auſſi Maîtres Cordonniers & petits Jurés.

Et encore les vingt-deux autres petits Jurés, Intervenans.

Qui infirme l'Ordonnance de M. le Lieutenant Général de Police de Paris du 22 Octobre 1751, laquelle avoit ordonné qu'à l'avenir il y auroit un Juré de la Viſitation Royale, qui aſſiſteroit leſdits petits Jurés dans leurs marches pour la recherche des Colporteurs & Chambrelans ;

Et qui ordonne que leſdits petits Jurés ne feront aſſiſtés dans leſdites marches & recherches que d'un Huiſſier, conformément à la Déclaration du Roi du 13 Juin 1710, & condamne leſdits Boudet & Paradis aux dépens envers leſdits Syndic, Jurés & Communauté.*

LOUIS, par la grace de Dieu, Roi de France & de Navarre : au premier des Huiſſiers de notre Parlement, ou autre Huiſſier ou Sergent ſur ce requis : Sçavoir faiſons, qu'entre les Syndic, Jurés en Charge & Communauté des Maîtres Cordonniers de Paris, Appellans de l'Ordonnance obtenue ſur

1752, 12 Juillet.

---

* Elle eſt ci-devant, page 106.

Requête & rendue par le Lieutenant-Général de Police du Châtelet de Paris le 2 Octobre 1751 , signifiée par Exploit du 24 Novembre suivant, en ce que par ladite Ordonnance il est dit que les petits Jurés se feront accompagner dans leurs visites d'un Juré de la Visitation Royale de ladite Communauté, & non autrement, d'une part;

Et Guillaume Boudet, Maître Cordonnier à Paris, & l'un des vingt-quatre Petits Jurés pour l'année 1751 de ladite Communauté des Maîtres Cordonniers, Intimé, d'autre part;

Et entre Jean-Jacques Bichet, Joseph Ducoite, Jean-Pierre Carré, Clément Paris, Jacques-Pierre Lepitre, Fréderic Slegue, dit Boucher; Nicolas Simonin, Paul Rohart, Jean-Pierre Deris, Pierre-Geoffroy Bigot, Jean-François, dit Belle-isle; Charles Piat, Antoine Voyenne, Jean-Jacques Portes, Jean Mesifet, Pierre Chiboust, François Hombert, Pierre Desjardins, Nicolas Picquet, Jean-Charles Girard, tous Maîtres Cordonniers & petits Jurés en Charge de ladite Communauté pour l'année 1751 , Demandeurs aux fins de l'Exploit fait au Châtelet de Paris au Siége de la Police , le 30 Août 1751 , tendant à ce que sans s'arrêter à l'opposition formée par lesdits Défendeurs ci-après nommés , par Exploit du 17 dudit mois d'Août, dont main-levée seroit faite, & dont lesdits Défendeurs seroient deboutés, qu'iceux Défendeurs seroient tenus de signer l'Acte de Délibération en forme de Réglement passé devant Lecuyer, Notaire à Paris , le 16 dudit mois d'Août, sinon que la Sentence vaudroit signature , en conséquence qu'ils seroient tenus d'obéir au commandement desdits petits Jurés, & de se conformer audit Acte; sinon permis auxdits Demandeurs de mettre deux personnes au lieu & place des Défendeurs ci-après nommés & à leurs frais, à raison de 3 liv. chacun par jour pour faire leur exercice, & que lesdits Défendeurs demeureroient garants & responsables de tous événemens, frais, dommages & intérêts qui pourroient survenir pendant leur petite Jurande, même de l'événement de la sommation faite aux Demandeurs à la requête des Syndic & Jurés de leur Communauté, par Exploit du 19 dudit mois d'Août, le tout à fin de dépens, ladite demande évoquée en notredite Cour par Arrêt du 28 Février dernier 1752, signifiée par Exploit du 3 Mars suivant, d'une part;

Et ledit Guillaume Boudet & Pierre Paradis, aussi Maîtres Cordonniers, étant des vingt-quatre petits Jurés en Charge de la Communauté des Cordonniers de Paris, Défendeurs, d'autre part ;

Et entre lesdits Syndic & Jurés en Charge de la Communauté des Maîtres Cordonniers, Demandeurs en Requête faite au Siége de Police du Châtelet de Paris, du 6 Septembre 1751, tendante à ce qu'ils fussent reçus Parties intervenantes en la cause d'entre lesdits Paradis & Boudet d'une part, & les autres petits Jurés d'autre part ; & que faisant droit sur ladite intervention, il fût ordonné que l'Article XII de la Déclaration du Roi du 13 Juin 1710, seroit exécuté selon sa forme & teneur, & que les vingt-quatre petits Jurés fussent tenus de s'y conformer, à peine de privation de leur Maîtrise, & sous telle autre peine qu'il appartiendroit, à la charge par lesdits petits Jurés de se conformer à la Déclaration du Roi du 29 Juin 1699, lorsqu'il s'agiroit de la poursuite des saisies qui seroient par eux faites, & que pour l'opposition faite, & abus commis par lesdits Paradis & Boudet, en empêchant les fonctions de la Police de ladite Communauté, qu'ils seroient déchus de leurs Maîtrises & leurs boutiques fermées, avec défenses de travailler à l'avenir du métier de Cordonnier, & condamnés solidairement envers la Communauté desdits Maîtres Cordonniers en 500 liv. de dommages-intérêts & aux dépens, tant en demandant, défendant de la sommation & dénonciation, & à indemniser les vingt-deux autres petits Jurés ; que le Jugement qui interviendroit, seroit imprimé, lû, publié & affiché aux frais desdits Paradis & Boudet, & que mention en seroit faite dans l'Acte de compromis desdits petits Jurés ; ladite Requête évoquée par ledit Arrêt du 28 Février dernier, d'une part ;

Et lesdits Guillaume Boudet & Pierre Paradis, & les autres vingt-deux petits Jurés en charge, Défendeurs, d'autre part ;

Et entre Jean-Jacques Bichet & consors, vingt-deux petits Jurés en Charge, Demandeurs en Requête du 9 dudit mois de Septembre 1751, faite au Châtelet de Paris, aussi évoquée en notredite Cour, tendante à ce qu'il leur fût donné acte de ce qu'en augmentant & rectifiant, ils s'en rapportoient à Justice sur l'intervention, & les demandes formées tant par lesdits Syndic

& Jurés en Charge de la Communauté des Cordonniers de Paris, qu'incidemment par lesdits Boudet & Paradis, & de ce qu'ils offroient de se conformer à l'avis, Sentence ou Arrêt de Réglement qui interviendroit sur lesdites demandes respectives, & que ceux qui succomberoient, fussent condamnés en leurs dépens, d'une part ;

Et lesdits Syndic & Jurés en Charge de la Communauté des Maîtres Cordonniers de Paris, & lesdits Boudet & Paradis, Défendeurs, d'autre part ;

Et entre lesdits Boudet & Paradis incidemment Demandeurs, suivant leurs écritures signifiées au Châtelet le 6 Octobre 1751, évoquées aussi en notredite Cour, à ce qu'il leur fût donné acte de la déclaration faite ci-dessus par les vingt-deux autres petits Jurés, & en recevant les Syndic & grands Jurés Parties intervenantes ; sans s'arrêter, ni avoir égard à leurs demandes & prétentions dans lesquelles ils seroient déclarés non-recevables, ou dont en tout cas ils seroient déboutés, le Jugement qui interviendroit entre lesdits Boudet & Paradis, & les autres vingt-deux petits Jurés, seroit déclaré commun avec lesdits Syndic & grands Jurés.

Ce faisant, les Statuts & Réglemens, Sentences & Arrêts rendus en faveur de la Communauté des Maîtres Cordonniers, & notamment les Déclarations du Roi des 29 Juin 1699, & 13 Juin 1710*, enregistrées en la Cour, seroient exécutées selon leur forme & teneur ; en conséquence, que sans avoir égard à l'Acte en forme de Réglement & Compromis, rédigé en l'Etude de Me Lecuyer, Notaire, le 16 Août 1751, lequel seroit déclaré nul, il seroit donné acte auxdits Boudet & Paradis de leurs offres de marcher sous l'ordre du Commandant desdits petits Jurés, à la charge que dans toutes leurs marches & visites, lesdits petits Jurés seroient accompagnés d'un Juré de la Visitation Royale, comme aussi de suivre l'effet de toutes les saisies faites en sa présence, après l'avis pris des Syndic & grands Jurés, & que défenses seroient faites auxdits petits Jurés de faire aucunes marches & saisies sans être accompagnés d'un grand Juré ; comme aussi de suivre l'effet d'aucunes saisies, sans avoir préalablement pris l'avis desdits grands Jurés, à

* Voir les pages 81 & 106.

peine

peine de nullité, & de tous dépens, dommages & intérêts, & que le Jugement qui interviendroit, feroit imprimé, lû, publié & affiché ; à l'effet de quoi l'oppofition faite par lefdits Boudet & Paradis, par acte du 17 Août 1751, feroit déclarée bonne & valable, fi mieux n'aimoient les Syndic & grands Jurés & les vingt-deux autres petits Jurés faire ajouter les deux claufes ci-deffus dans l'Acte de compromis, auquel cas il feroit donné acte auxdits Paradis & Boudet de leurs offres d'y foufcrire & de s'y conformer, & que lefdits Syndic & grands Jurés & les vingt-deux autres petits Jurés feroient condamnés folidairement en tous les dépens.

Et encore lefdits Boudet & Paradis Demandeurs en Requête du 4 Décembre fuivant, tendante à ce que l'Ordonnance du Lieutenant-Général de Police du 2 Octobre précédent 1751, feroit exécutée felon fa forme & teneur; en conféquence que leurs conclufions fuffent adjugées avec dépens, & que pour le refus du fieur Miotte, l'un defdits grands Jurés, d'obéir à ladite Ordonnance, ainfi qu'il étoit conftaté par la fommation & Procès-verbal des 29 & 30 Novembre 1751, il fût condamné en telle amende qu'il plairoit à la Cour, & qu'il lui fût enjoint, ainfi qu'aux Syndic & grands Jurés, de fe conformer à ladite Ordonnance & à tous les autres Réglemens de ladite Communauté, & fuivant iceux, d'affifter les petits Jurés dans leurs marches, toutefois & quantes ils en feroient requis, d'une part;

Et lefdits Syndic & grands Jurés de la Communauté des Cordonniers, Jean-Jacques Bichet & autres vingt-deux petits Jurés, Défendeurs d'autre part ;

Après que Paillet des Brunieres, Avocat des Syndic, Jurés & Communauté des Cordonniers; Deve, Avocat de Boudet & Paradis; Sylveftre, Avocat de Jean-Jacques Bichet & Confors, & Rigault, Avocat de Paul Rohart & Confors, ont été ouïs, enfemble le Févre d'Ormeffon pour notre Procureur Général ;

Notredite Cour reçoit les Intervenans Parties intervenantes, donne Acte des fommations & dénonciations refpectives; faifant droit fur l'appel des Parties de Paillet, & fur les demandes refpectives des Parties formées, tant au Châtelet qu'en notredite Cour, a mis & met l'appellation & ce dont eft appel au néant, en ce que par l'Ordonnance dont est appel, il a été ordonné indistinctement, que pour les visites & saisies chez les Particuliers travaillans & vendans sans qualité, les petits Jurés se feroient accompagner d'un Juré de la Visitation Royale & non autrement. Emendant quant à ce, ordonne que notre Déclaration du 13 Juin 1710 sera exécutée selon sa forme & teneur; en conséquence, ordonne que les petits Jurés feront leurs recherches & visites chez les Colporteurs & Chambrelans, assistés d'un Huissier seulement, l'Ordonnance au résidu sortissant effet.

Déboute les Parties de Deve de leur opposition à la Délibération des autres petits Jurés du 16 Août 1751, en conséquence ordonne que ladite Délibération sera exécutée. Sur le surplus des demandes, fins & conclusions des Parties, les met hors de Cour ; condamne les Parties de Deve en tous les dépens des causes principales d'appel & demandes envers toutes les Parties, même en ceux faits les uns à l'encontre des autres, & en ceux réservés. Mandons mettre le présent Arrêt à exécution selon sa forme & teneur ; de ce faire te donnons pouvoir. Donné en notredite Cour de Parlement le 12 Juillet, l'an 1752, & de notre Regne le 37e. Collationné & *Signé*, LE SEIGNEUR, par la Chambre. *Signé*, DUFRANC.

Signifié le 27 Juillet 1752 par Me Regnard, Procureur des Syndic & Jurés, à Mes Souchay, Vignon & Deshayes, Procureurs des Parties, dénommés audit Arrêt. Signé, *BOYS.*

Cet Arrêt du 12 Juillet 1752 a été obtenu par les soins & diligences des sieurs ci-après nommés. Sçavoir, Jean Guireau, Syndic ; François Covigny & Jean Castra, Jurés du Cuir tanné ; Jean-Baptiste Bilouard, Receveur en Charge ; Pierre Butteau, Juré-Garde de la Chambre ; Guillaume Miande, François Lavigne, Joachin Michaut, & François Butteau, Jurés-Gardes de la Visitation Royale.

TRANSACTION entre les Maîtres & les Compagnons Cordonniers, à l'occasion d'un Procès considérable entr'eux, au sujet de leur Confrérie, faite par les soins des sieurs Pierre Butteau, Syndic sortant de Charge ; Jacques Dubret, Syndic ;

Jean-Louis Dalmasse , Pierre Briquelet , Jurés du Cuir tanné ;
Jean-Charles Gerard , Antoine Marcandier , Jurés-Gardes de
la Chambre ; J. François, dit Belle-Isle , Charles Piat , Jean
Mezifet , Jean - Henri Gayet , Jurés - Gardes de la Visite
Royale,

ARREST DE LA COUR DU PARLEMENT.

LOUIS, par la grace de Dieu , Roi de France & de Navarre , au premier de nos Huissiers de notre Cour de Parlement, ou tout autre notre Huissier ou Sergent sur ce requis ;
sçavoir faisons, que vu par notredite Cour la Requête à elle
présentée par les Syndic, Jurés en Charge & Communauté des
Maîtres Cordonniers de Paris, & les Syndic & Administrateurs
en Charge de la Confrérie des Compagnons Cordonniers de
Paris , érigée en l'Eglise de Paris , sous l'invocation de saint
Crespin & saint Crespinien , à ce qu'il plût à notredite Cour
homologuer l'Acte qu'ils ont passé en forme de Transaction pardevant Maquer & son Confrére , Notaires au Châtelet de Paris,
le 24 Juillet dernier , en vertu d'une Délibération, qui ont autorisé les Supplians à cet effet : sçavoir, quant à la Communauté des Cordonniers, par Délibération du 9 Septembre 1756,
& quant à ladite Confrérie des Compagnons , par Délibération du 2 dudit mois de Juillet dernier ; lesdites Délibérations
jointes & annexées à la minute dudit Acte de Transaction, portant Réglement sur les demandes & contestations qui ont été
élevées entre les Parties , à l'occasion de l'administration de
leurs Confréries respectives , & ont formé en notredite Cour
l'instance d'entre les Parties terminée par ladite Transaction ,
laquelle a été approuvée par Acte Capitulaire du Chapitre de
l'Eglise de Paris, en date du 26 Avril dernier ; en conséquence
ordonner que ladite Transaction , les articles de Réglement y
contenus, & les Actes y annexés, seront exécutés dans tout leur
contenu, & selon leur forme & teneur : vu aussi les Piéces attachées à ladite Requête. *Signée*, de Regnard, Procureur des
Cordonniers , & de le Febvre, Procureur des Compagnons
Cordonniers, Procureur en notredite Cour.

Hh ij

1758 ,
21 Août.

Enfuite la teneur de ladite Tranfaction.

Pardevant les Confeillers du Roi, Notaires au Châtelet de Paris, fouffignés, furent préfens fieur Jacques Dubrer, demeurant à Paris, rue Mazarine, Paroiffe faint Sulpice; fieur Jean-Louis Dalmaffe, demeurant rue Mauconfeil, Paroiffe Saint Euftache; fieur Pierre Briquelet, demeurant rue Jean-de-Lépine, Paroiffe faint Jean; fieur Jean-Charles Gérard, demeurant vieille rue du Temple, Paroiffe faint Jean; fieur Antoine Marcandier, demeurant rue faint Dominique, Fauxbourg faint Germain, Paroiffe faint Sulpice; fieur Jean-François, dit Belle-Ifle, demeurant Place-Baudoyer, Paroiffe faint Gervais; fieur Charles Piat, demeurant rue du Pourtour, Paroiffe faint Gervais; fieur Jean Mezifet, demeurant rue faint Dominique, Fauxbourg faint Germain, Paroiffe faint Sulpice; fieur Henri Gayet, demeurant rue Judas, Paroiffe faint-Étienne du-Mont.

Tous Maîtres Cordonniers & Jurés de préfent en Charge de la Communauté des Maîtres Cordonniers de cette Ville, & repréfentans en cette qualité leur Communauté entiere, & autorifés fpécialement à l'effet de ce qui fuit, par une Délibération générale de leur Communauté, du 9 Septembre 1756, contrôlée le lendemain par la Croix; copie collationnée de laquelle, par Mᵉ Maquer l'un des Notaires fouffignés, eft demeurée annexée à la minute des Préfentes, d'une part.

Et fieur Nicolas Savarin, demeurant à Paris, rue du Petit-Pont, Paroiffe faint Severin; fieur Simon Jaloux, demeurant rue Pavée, Paroiffe faint Sauveur, fieur Guillaume Bieau, demeurant rue faint Denis, Paroiffe des Saints-Innocents; fieur Louis Chauffay, demeurant rue & Paroiffe faint André-des-Arts; fieur Michel Maffé, demeurant rue Bourg-l'Abbé, Paroiffe faint Leu faint Gilles, & fieur Jean-Raymond Dupay, demeurant rue des Petits-Champs, Paroiffe faint Euftache.

Tous Syndic & Adminiftrateurs en Charge de la Confrérie des Compagnons Cordonniers de cette Ville de Paris, & autorifés auffi à l'effet des Préfentes par Délibération générale de ladite Confrérie du 2 Juillet préfens mois & an, contrôlée à Paris le 13; copie collationnée, laquelle eft demeurée annexée à la minute des Préfentes, d'autre part.

Lesquels ont dit, sçavoir, les sieurs Syndic & Jurés de la Communauté des Maîtres Cordonniers de cette Ville, qu'il s'est élevé entre leur Confrérie & celle des Compagnons Cordonniers, toutes deux érigées dans l'Eglise de Paris, différentes contestations qui ont donné matiere à un Procès considérable, actuellement pendant au Parlement, au rapport de M. de Salabery, la Communauté des Maîtres Cordonniers prétendant être en droit de se servir des Chapelles de saint Crespin qui sont derriere le Chœur de l'Eglise de Paris, pour y faire célébrer leur Fête & celle de leur Confrérie, conformément à un Arrêt de la Cour, sans que les Compagnons Cordonniers puissent les troubler sous prétexte de leur Confrérie; les Syndic & Administrateurs de la Confrérie des Compagnons soutenant au contraire que de toute antiquité, & suivant les titres de leur Confrérie, elle a été érigée dans ladite Eglise; que les demandes qu'ils ont formées contre la Communauté des Maîtres, sont fondées sur deux Jugemens & une possession immémoriale, & sont de nature à ne pouvoir pas craindre d'y succomber.

Cependant les Parties voulant rétablir la paix & la concorde qui se sont altérées entre les Maîtres & les Compagnons Cordonniers, & transiger sur toutes les difficultés qui ont donné lieu au Procès actuellement pendant au Parlement, au rapport de M. de Salabery, & éviter les frais immenses qu'il pourroit occasionner, sont convenus de transiger en la forme suivante, qui servira de Réglement entre les deux Confréries à l'avenir.

ARTICLE I.

Il n'y aura plus dorénavant aucune union sous la dénomination de saint Crespin & saint Crespinien, entre les Maîtres & les Compagnons Cordonniers; les deux Confréries seront & demeureront distinctes & séparées, à compter de ce jour, & pour l'avenir, sans qu'elles puissent être réunies par la suite, que par un Acte passé devant Notaire, & du consentement des assemblées générales qui seront tenues à cet effet entre les Maîtres & les Compagnons.

II.

La Confrérie des Maîtres ne pourra prendre aucune connoissance des affaires de celle des Compagnons, ni rien exiger ni entreprendre fur icelle; la Confrérie des Compagnons ne pourra pareillement fe mêler des affaires de la Confrérie des Maîtres, ni rien entreprendre ou exiger d'elle pour quelque caufe que ce foit.

III.

Les Confrérie des Maîtres & des Compagnons feront faire les Offices, chacun de leur Confrérie dans leurfdites Chapelles de faint Crefpin, étant derriere le Chœur de l'Eglife de Paris, fans caufer de troubles ni d'empêchement à l'une ni à l'autre defdites Confréries, & ce dans les jours qui vont être fixés.

IV.

Les Fêtes des deux Confréries fe célébreront dans différens tems & jours de l'année, fuivant les difpofitions de l'Arrêt de la Cour de Parlement du 17 Juin 1555; en conféquence, les Maîtres Cordonniers célébreront leurs Fête & Confrérie le vingt-cinquiéme jour d'Octobre de chaque année, & les premieres Vêpres la veille de ladite Fête, ainfi que les Services qu'ils pourront avoir à faire pendant le cours de l'année, pour le repos des Ames des anciens Maîtres, les jours defquels Services leur feront indiqués par le Chapelain de la Confrérie, lequel fera nommé & choifi par le Chapitre de l'Eglife de Paris; les Compagnons célébreront leur Fête & Confrérie le jour de faint Crefpin d'Eté, & tiendront leur Bureau, & y poferont leurs Reliques les jours qu'ils ont accoutumé de le faire pendant le cours de chaque année.

V.

Les Maîtres & les Compagnons ne pourront fe troubler refpectivement pour la célébration de leur Fête & Confrérie, à peine de mille livres d'amende, outre & au par-deffus la peine portée par l'Arrêt du 17 Juin 1555, dont les Parties confentent refpectivement l'exécution contre les auteurs du trouble & fcandale, laquelle peine ne pourra être comminatoire; mais fera de rigueur expreffe.

VI.

Les Syndic & Jurés en Charge de la Communauté des Maîtres Cordonniers étant les Adminiftrateurs de leur Confrérie, ils continueront à l'avenir d'exercer ledit Office comme ils ont fait par le paffé, fans que les Compagnons puiffent prendre

147

aucune connoissance des Administrateurs ni des Administrations de ladite Confrérie ; cette connoissance étant réservée à la Communauté des Maîtres seulement.

V I I.

Les Compagnons Cordonniers & autres Confréres de ladite Confrérie feront entr'eux en la maniere accoutumée & suivant leurs Statuts & Réglemens, les Elections des Syndic & Administrateurs de leur Confrérie, sans que la Communauté des Maîtres Cordonniers puisse prétendre assister à ladite Election ni prendre connoissance des affaires de ladite Confrérie desdits Compagnons ; laquelle connoissance demeurera réservée aux Syndic & Administrateurs de ladite Confrérie ; cependant les Maîtres qui seront de la Confrérie pourront assister à ladite Election ; mais ils ne pourront nommer aucun Maître pour Administrateur.

V I I I.

Les Maîtres Cordonniers qui auront été de la Confrérie des Compagnons avant d'être reçus à leur Maîtrise, pourront continuer, après leur réception à ladite Maîtrise, d'être de la Confrérie desdits Compagnons, ainsi que les autres Maîtres, qui par dévotion jugeront à propos de s'en mettre dans la suite, sans que l'admission desdits Maîtres à la Confrérie desdits Compagnons puisse préjudicier ni engager la Communauté des Maîtres ni leur Confrérie à la moindre redevance & sujétion envers celle desdits Compagnons, qui demeurera toujours distincte & séparée, sans pouvoir rien prétendre l'une sur l'autre à l'avenir.

I X.

Les Compagnons ne pourront avoir qu'un Syndic & cinq Administrateurs & un Bedeau, l'un desquels Administrateurs sera Comptable, & le Syndic sera nommé tous les ans ; & des Administrateurs, il en sera nommé deux chaque année, au lieu & place des deux plus anciens qui sortiront de charge ; le Syndic sera toujours choisi du nombre des anciens Administrateurs, ainsi que le Bedeau de ladite Confrérie, & ne pourront par la suite lesdits Syndic & Administrateurs être continués dans lesdites Charges plus de quatre années, à moins qu'il ne se présente personne pour remplir leur place, & jouiront, tant qu'ils posséderont cesdites Charges, de la tranquillité ordinaire, sans néanmoins qu'ils puissent avoir Boutique.

X.

Comme les Syndic & Administrateurs actuellement en Charge de la Confrérie des Compagnons Cordonniers ont fait des dépenses & contracté des obligations pour soutenir les frais du Procès qui fait l'objet de la présente Transaction, & qu'il est juste qu'ils puissent trouver le moyen de s'indemniser desdites dépenses, ils seront continués dans ladite administration pendant le tems de quatre années, à la fin duquel tems les Elections se feront dans le tems énoncé en la maniere fixée en l'Article neuviéme ci-dessus, conformément aux Réglemens & Statuts de ladite Confrérie.

X I.

A l'égard des Pains à benir, pour raison desquels la Communauté des Maîtres Cordonniers avoit ci-devant, par arrangement, retenu 3 liv. par réception de chaque nouveau Maître ; comme la Communauté ne veut plus de cette charge, il a été convenu que dorénavant le Juré Comptable de la Communauté des Maîtres, est & demeurera autorisé à se faire payer 3 liv. par chaque Récipiendaire à la Maîtrise, lors de sa réception à la Maîtrise, pour le Pain béni que doit chaque nouveau Maître à la Confrérie des Compagnons, & ledit sieur Juré Comptable remettra chaque année au Comptable de la Confrérie, ce qu'il aura reçu des nouveaux Maîtres qui auront été reçus pendant l'année de sa Comptabilité, dont & de quoi il demeurera seul garant & responsable envers la Confrérie des Compagnons, sans que la Confrérie puisse exercer aucune action ni recours contre la Communauté des Maîtres à ce sujet ; & s'il se trouve quelques nouveaux Maîtres qui ayent refusé de payer au Comptable de ladite Communauté ladite somme de 3 liv. pour le Pain béni, le Juré Comptable sera tenu lui seul de donner à ladite Confrérie des Compagnons, les noms & demeures des nouveaux Maîtres qui n'auront point payé ladite somme, quoi faisant, il en demeurera déchargé, & ladite Confrérie pourra alors poursuivre ces nouveaux Maîtres en payement de ladite somme, de la maniere & ainsi qu'elle le jugera à propos, sans pouvoir exercer aucuns recours contre la Communauté des Maîtres.

XII.

X I I.

Les Maîtres Cordonniers confentent que les Compagnons fe fervent des ornemens & embelliffemens dont ils ont coutume de fe fervir, & qui appartiennent à la Communauté & Confrérie defdits Maîtres, comme auffi les Compagnons Cordonniers aideront lefdits Maîtres des Reliques & ornemens dont ils ont coutume de faire ufage & qui appartiennent à la Confrérie des Compagnons, fans que fous prétexte du prêt réciproque defdites reliques & des ornemens, aucune des deux Confréries puiffe exiger rien de plus l'une de l'autre ; à l'effet de quoi fera fait un inventaire double defdits effets, par lequel feront conftatés ceux qui appartiennent à la Communauté des Maîtres, & ceux qui appartiennent à la Confrérie des Compagnons.

Mais tous les frais des Fêtes, Services & autres cérémonies qu'elles feront faire aux jours ci-deffus expliqués, feront fupportés féparément par chacune defdites Confréries qui les aura fait faire, fans que l'autre foit tenue d'y contribuer.

X I I I.

La Communauté des Maîtres confent que la cire foit fournie par le Receveur Comptable de leur Communauté, à la Confrérie des Compagnons les jours de leurs deux Fêtes, & aux Fêtes annuelles & aux Fêtes de la Vierge, fans que ce confentement puiffe devenir un titre aux Compagnons contre la Communauté des Maîtres, laquelle fe réferve au contraire de révoquer ledit confentement toutes les fois que lefdits Compagnons s'exempteront de l'exécution des Articles de la préfente tranfaction, laquelle révocation de confentement fera faite dans une affemblée générale de la Communauté des Maîtres.

X I V.

Toutes les conteftations nées, & le Procès actuellement pendant en la Grand'Chambre du Parlement, au rapport de mondit fieur de Salabery, entre les Maîtres & les Compagnons, au fujet des deux Confréries, demeurent éteints & affoupis, à l'effet de quoi les Parties fe défiftent refpectivement de toutes leurs demandes & prétentions au moyen des préfens Statuts & Réglemens ; les dépens dudit Procès demeurent compenfés, & feront payés par les Maîtres & les Compagnons, & les uns

& les autres fupporteront chacun ceux par eux faits refpectivement, fans pouvoir rien répéter les uns contre les autres à ce
fujet; confentent cependant les Syndic & Jurés de la Communauté des Maîtres, que le Receveur de leur Communauté paye
à la Confrérie des Compagnons la fomme de deux cens livres,
dont ils veulent bien gratifier les Compagnons, par forme d'in-
demnité des frais & faux-frais qu'ils ont pu faire, lefquelles deux
cens livres lui feront allouées dans la dépenfe de fon compte.

Au moyen des préfentes, les Sentences obtenues par les Compagnons, foit contre les Anciens des Maîtres de la Communauté en particulier, foit contre leurs Syndic & Jurés de ladite
Communauté des Maîtres, demeurent nulles comme non ave-
nues, en ce qu'elles pourroient attribuer des droits à ladite
Confrérie des Compagnons, autres & plus grands que ceux qui
réfultent des préfens Statuts.

Le projet de la préfente Tranfaction ayant été préfenté à
Meffieurs du Chapitre de l'Eglife de Paris, qui l'ont eu pour
agréable, & l'ont approuvé par un Acte Capitulaire, du Mercredi 26 Avril dernier, contrôlé à Paris le 13 du préfent mois,
que les Parties comparantes ont repréfenté, & qui, à leur requifition, eft demeuré annexé à la minute des Préfentes après
qu'elles l'ont fignée & paraphée en préfence des Notaires
fouffignés.

Toutes les Parties comparantes confentent par ces Préfentes, qu'à la requifition de l'une ou de l'autre defdites Communauté & Confrérie, la préfente Tranfaction foit homologuée
au Parlement, les frais de laquelle homologation feront payés
par la Communauté des Maîtres Cordonniers.

Il eft auffi arrêté & convenu entre toutes les Parties qu'après
l'homologation de la préfente Tranfaction, il fera fait deux copies de la préfente Tranfaction & dudit Arrêt d'homologation,
l'une defquelles copies reftera à la Confrérie des Compagnons,
& l'autre fera remife aux Archives de Meffieurs du Chapitre,
pour y avoir recours en cas de befoin, & que l'original de l'Arrêt d'homologation avec l'expédition de la préfente Tranfaction, refteront à la Communauté des Maîtres.

Car ainfi a été convenu, & pour l'exécution des préfentes,
les Syndic & Jurés de la Communauté des Maîtres ont élu

leur domicile & celui de leur Communauté au Bureau de ladite Communauté, situé Place de Grève, & les Syndic & Administrateurs de la Confrérie des Compagnons ont élu celui de ladite Confrérie ès demeures de leurs Syndics, auxquels lieux nonobstant, promettant, obligeant chacun en droit soi lesdits noms, renonçant. Fait & passé au Bureau de la Communauté des Maîtres susdite Place de Grève, le 24ᵉ jour de Juillet 1758, & ont signé la minute des Présentes, demeurée à Mᶜ Maquer, l'un des Notaires à Paris, soussignés.

Au Registre des Délibérations de la Communauté des Maîtres Cordonniers de cette Ville, dont la premiere est du premier Octobre 1753, est celle dont a été extrait ce qui suit.

Cejourd'hui jeudi, neuviéme jour de Septembre 1756, deux heures de relevée, la Communauté des Maîtres Cordonniers mandée au Bureau d'icelle, en vertu de l'Ordonnance de M. le Procureur du Roi au Châtelet de Paris, du trois du présent mois, par Billets portés en la maniere accoutumée, & la Communauté assemblée, il nous a été représenté par les sieurs Syndic & Jurés en charge:

Que pour terminer & assoupir le Procès pendant au Parlement, au rapport de M. l'Abbé de Salabery, Conseiller, entre la Communauté & les Compagnons dudit Métier, pour raison des Chapelles de Notre-Dame, Mrs de Montjoie & de Corberon, Chanoines de l'Eglise de Paris & Intendans d'icelle, ont mandé les sieurs Syndic & Jurés, & lesdits Compagnons à l'effet de prendre les arrangemens convenables pour assoupir & terminer pour toujours les contestations des Parties, & par ce moyen, rétablir la paix & l'union entr'elles, & sont demeurés d'accord sous le bon plaisir de l'Assemblée, de passer une Transaction en forme de Statuts, dont les Articles sont ci-dessus, &c.

Sur quoi, nous Doyen, anciens Syndics, anciens Jurés du Cuir tanné & anciens Jurés de la Visite de ladite Communauté, après avoir délibéré entre nous sur les motifs de la présente assemblée, expliqués par les sieurs Syndic & Jurés, nous autorisons les sieurs Syndic & Jurés en charge, de passer la Transaction en forme de Statuts, entre la Communauté & les Compagnons, dans la teneur portée par les Articles ci-devant dé-

taillés, & fans aucun changement defdits Articles, d'en pourfuivre l'homologation d'icelle au Parlement, & par-tout ailleurs
où befoin fera ; de retirer toutes les Piéces & procédures concernant cette affaire, des mains des Procureurs, Avocats &
autres Officiers qui les ont ; de les payer, ainfi que les frais d'homologation, & de retirer du tout quittance ; lefquels payemens
feront alloués & paffés dans le compte du Receveur, &c.

Fait, délibéré & arrêté en notre Bureau, les jour & an que
deffus. *Signés* Butteau, Mangin, Dalmaffe, Briquelet, Ge-
rard, Mettereau, Petipas, François *dit* Belle-Ifle, Piat, Ma-
réchal, Guiraud, Miode, Mazurier, Grollier, Caftra,
Lebrun, Cauvigny, Perrot, Nelle, Martel, Boudourefque,
Varin, Pechon, Ferriere, Blin, Marcandier, Mannulat, le
Tellier, Coquel, Mozac, David, Corel, Duché, Maillot,
Lagardere, Lavigne, Butteau, Lambert, Bichet, Fery, Rouby,
Jacob & Portes. En marge eft écrit ; contrôlé à Paris, le 10
Septembre 1756, reçu 12 fols. *Signé*, LACROIX.

Au Regiftre des Délibérations des Compagnons Cordonniers
de cette Ville, dont la premiere eft en date du 16 Octobre
1720, eft la Délibération dont la teneur fuit.

Cejourd'hui Dimanche 2 Juillet 1758, à l'affemblée générale ordinaire des Compagnons Cordonniers, à laquelle a pré-
fidé Meffire Guillot de Montjoie, Chanoine de l'Eglife de
Paris, accompagné de Mᵉ Gafpard-Charles Defoi, Bénéficier,
Prêtre de l'Eglife de Paris, & Chapelain de la Confrérie, a été
élu à la place de Vincent Giraud, Nicolas Savarin pour Syndic, & à la place de Pierre Michel, a été élu Michel Macé,
pour garçon, à l'unanimité des voix, & dans ladite affemblée
a été ftatué que dorénavant les Syndics & Adminiftrateurs feront tenus de fe trouver exactement à leur tour les jours de
Fête, ainfi qu'ils font obligés de fe trouver, & tous les premiers Dimanches de chaque mois, à l'heure de la Proceffion
de la Meffe, faute de quoi, ils feront obligés de payer une
amende de vingt fols, que le Syndic fera payer, & à fon défaut, le Comptable, fur quoi Monfieur le Chapelain aura at-
tention ; en outre, lecture faite de la Tranfaction à paffer
entre les Maîtres Cordonniers & leurs garçons, au fujet du Procès pendant en la Grand'Chambre, au rapport de Monfieur de

Salabery, elle a été unanimement acceptée, en foi de quoi nous avons signé la préfente Délibération, à Paris, ce 2 Juillet 1758. *Signés*, Guillot de Montjoie, Chanoine de l'Eglife de Paris, C. de Foi, N. Savarin, Maffé, Jallou, G. Buau, Louis Chauvy, Granchette, Benomont, Dufnier, Michel, Dupuis. Enfuite eft écrit, contrôlé à Paris le 13 Juillet 1758, reçu 12 fols. *Signé*, Darblet pour Blondelle. Collationné par les Confeillers du Roi, Notaires à Paris, fouffignés fur le Regiftre des Compagnons Cordonniers, repréfenté & rendu ce jourd'hui 23 Juillet 1758. *Signé*, Varin & Maquer, Notaires, avec paraphe.

A Meffieurs les Vénérables Doyen, Chantres & Chanoines de l'Eglife de Paris.

Messieurs,

Les Maîtres & Compagnons Cordonniers ont l'honneur de vous expofer très-humblement, que s'étant élevé des conteftations au fujet de leur Confrérie, pour éviter les frais d'un Procès, & rétablir la paix entr'eux, ils ont fupplié Meffieurs de Montjoie & Corberon, Intendans de la Fabrique, de vouloir bien les confeiller; ces Meffieurs, par bonté, ont examiné les prétentions refpectives, & leur ont fait paffer une Tranfaction qui doit être homologuée au Parlement; ils ont ftipulé que l'homologation de leur Tranfaction ne fe feroit qu'après vous l'avoir préfentée & fait agréer; c'eft dans ces circonftances, Meffieurs, qu'ils vous fupplient inftamment d'agréer ladite Tranfaction, & de leur permettre d'en pourfuivre l'homologation; ils ne cefferont de faire des vœux au Ciel pour la confervation des vos fantés. *Signés*, Butteau, Syndic; Gerard, Receveur, & Dalmaffe, Juré du Cuir tanné.

Les Compagnons en leur particulier fupplient très-humblement Meffieurs du Chapitre, d'agréer leurs Statuts & Réglemens, qu'ils ont renouvellé pour rétablir le bon ordre dans leur Confrérie, & empêcher qu'il ne s'y gliffe d'abus par la fuite des tems; c'eft une grace qu'ils efpérent de la bonté de Meffieurs. *Signés* Giraud, Syndic; Savarin, Michel : au-deffous est écrit, lecture faite au Chapitre de la Requête des Maîtres & Compagnons Cordonniers de la Ville de Paris, ensemble d'un projet de Transaction fait entr'eux de l'avis de Messieurs de Montjoie & de Corberon, Intendans de la Fabrique de l'Eglise de Paris, en date du 9 Septembre 1756, à l'effet d'éviter les frais d'un Procès, & rétablir la paix entr'eux, tendante ladite Requête à obtenir du Chapitre son consentement à l'homologation qu'ils entendent obtenir au Parlement, de ladite Transaction; Messieurs, après en avoir délibéré, faisant droit sur ladite Requête, ont agréé le projet de ladite Transaction, & ont consenti l'homologation d'icelle au Parlement, à la charge par les Supplians d'en déposer copie aux archives du Chapitre pour servir à ce que de raison, & en outre ont approuvé les Statuts & Réglemens renouvellés par les susdits Compagnons Cordonniers pour le bon ordre de leur Confrérie. Fait au Chapitre, le mercredi 26 Août 1758, *signé* Danguillancourt, Secrétaire du Chapitre. En marge est écrit, contrôlé à Paris le 13 Juillet 1758, reçu 12 sols. *Signé* Darblet pour Blondelle.

Lesdites Délibérations & Requête ont été signées & paraphées, & sont comme dit est annexées à la minute de l'Acte dont l'expédition est ci-devant, le tout demeuré audit Me Maquer, l'un des Notaires à Paris, soussigné, *signé* Jay & Maquer, Notaires, avec paraphe; en marge est écrit, scellés lesdits jour & an, reçu 6 sols, avec paraphe.

Conclusions de notre Procureur Général : ouï le rapport de Messire Elie Bauchart, Conseiller : tout considéré, notredite Cour a homologué & homologue ladite Transaction, pour être ensemble les Articles de Réglement y contenus & les Actes y annexés & exécutés dans tout leur contenu & selon leur forme & teneur : si mandons mettre le présent Arrêt à exécution. Donné en Parlement le 21 Août, l'an de grace 1758, & de notre Regne le quarante-troisiéme. Collationné.　　Par la Chambre. *Signé*, DUFRANC.

STATUTS ET RÉGLEMENS

POUR la Confrérie des Compagnons Cordonniers de la Ville de Paris,

Erigée en l'Eglife de Paris, fous l'invocation de Saint Crefpin & Saint Crefpinien : appouvés par Acte Capitulaire du 26 Avril 1758, & homologués par Arrêt du Parlement du 21 Août 1758.

LEs Confréres de la Confrérie de S. Crefpin & S. Crefpinien, érigée en l'Eglife de Paris en faveur des Compagnons Cordonniers, s'étant affemblés, confidérant qu'il étoit très-important pour maintenir le bon ordre dans leur Confrérie, éviter les conteftations qui pourroient s'élever fur une infinité d'objets qui ne font fondés que fur l'ufage, & donner une forme conftante & irrévocable à tout ce qui fe devra faire par la fuite pour l'adminiftration générale de ladite Confrérie, tant par les Syndic & Adminiftrateurs que par tous les Confreres, ont fait & projetté des Statuts & Réglemens. Mais comme il eft intéreffant pour la Confrérie que fes Statuts & Réglemens foient revêtus de l'approbation & confentement du Chapitre, ils les ont préfentés à Meffieurs Guillot de Montjoye & de Corberon, Chanoines de l'Eglife de Paris & Intendans de la Fabrique de ladite Eglife, pour qu'il leur plût les examiner, y retrancher ou augmenter ce qu'ils trouveroient convenable pour l'intérêt de ladite Confrérie.

Meffieurs Guillot de Montjoye, & de Corberon s'étant donnés la peine d'examiner lefdits Statuts & Réglemens, n'y ont rien trouvé que d'utile & propre à donner une forme conftante à l'adminiftration de ladite Confrérie; ils ont bien voulu fe charger de les préfenter au Chapitre pour les faire approuver dans la forme qui fuit.

ARTICLE I.

La Confrérie des Garçons Cordonniers érigée en l'E-

glife de Paris en l'année 1379 par Charles V, dit le Sage, Roi
de France, continuera de faire l'Office dans la Chapelle,
étant derriere le Chœur de l'Eglife, fous l'invocation de S.
Crefpin & S. Crefpinien.

I I.

Le Syndic & les Adminiftrateurs en charge feront tenus de
fe trouver les quatre Fêtes annuelles & les Fêtes de la Vierge
en leur Bureau vis-à-vis lefdites Chapelles, à huit heures du
matin, pour y affifter à la Meffe avant l'Epître, & l'après-
midi à deux heures pour affifter aux Vêpres, à peine de vingt
fols d'amende contre ceux qui manqueront de s'y trouver
avant le fecond Pfeaume, à moins qu'il n'y eût un légitime
empêchement, tel que la maladie.

I I I.

Seront tenus pareillement lefdits Syndic & Adminiftrateurs
en charge de fe trouver tous les premiers Dimanches du mois,
à huit heures du matin en leurdit Bureau pour affifter à la
Meffe, à peine de l'amende ci-deffus. Le Clerc de la Confrérie qui eft tenu de tout préparer, doit fe trouver le matin à
fept heures, & l'après-midi à une heure, pour remplir fon devoir, à peine de l'amende pour la premiere fois, & en cas de
récidive, d'être renvoyé & un autre nommé en fa place.

I V.

Le Comptable & le Garçon Comptable refteront au Bureau
pendant le Service aux jours ci-deffus indiqués.

V.

Le Garçon Comptable fera obligé de couper les pains bénis
avec le dernier entrant, & le Clerc en fera la diftribution.

V I.

Le jour de la Fête de S. Crefpin d'Eté, la diftribution des
pains à bénir fe fera par les deux derniers Adminiftrateurs en-
trans, avec le Clerc de la Confrerie, lefquels porteront du
pain à bénir chez tous Meffieurs les Chanoines.

V I I.

Le Syndic & les Adminiftrateurs en charge feront tenus
d'aller à l'Offrande.

V I I I.

Le Comptable en charge fera faire la quête le jour de la
Fête

Fête de S. Crefpin d'Hiver, & le Garçon Comptable le jour de la Fête de S. Crefpin d'Eté. Le Clerc fera tenu de fe trouver le premier à l'Eglife à fept heures du matin en Eté pour parer les Chapelles, & l'après-midi à une heure pour faire les fonctions de fon office.

I X.

Si un des Confreres tombe malade, les Syndic & Adminiftrateurs en étant avertis par le Bedeau, auquel le malade doit s'adreffer, ils feront tenus de le vifiter, lui procurer ou lui faire procurer, le plutôt qu'il leur fera poffible, tous les fecours fpirituels & temporels, & d'affifter aux Sacremens lorfqu'on les lui adminiftrera, & avertir le plus de Confreres qu'ils pourront pour y affifter.

X.

Si le Confrere malade fe trouvoit dans la néceffité & avoir befoin de fecours, dans ce cas les Syndic & Adminiftrateurs feront obligés de faire une quête générale pour le malade parmi tous les Confreres, & d'appliquer les deniers qui proviendroient de la quête au foulagement du malade pour lequel elle aura été faite.

X I.

Un des Confreres étant décédé, les Syndic & Adminiftrateurs en charge feront tenus d'affifter à fon enterrement, fous peine de l'amende portée en l'Article II.

X I I.

Si l'on demande le Poêle de la Confrérie pour fervir à l'enterrement du Confrere décédé, le Clerc de ladite Confrérie fera tenu de le porter ; & il fera payé audit Clerc trois livres, tant pour le port dudit Poêle que pour la cire, & autres chofes qui ferviront à l'enterrement.

X I I I.

Dans toutes les occafions où les Syndic & Adminiftrateurs feront obligés, foit à l'Office, foit en vifitant leurs Confreres, ainfi qu'ils y font obligés ; ils s'y comporteront avec docilité, décence & charité, enforte que leur conduite ferve d'exemple à leurs Confreres qu'ils doivent édifier par leurs actions.

X I V.

Il y aura toujours pour l'adminiftration de la Confrérie, en

K k

charge fix Adminiſtrateurs , un Bedeau & un Frere.

X V.

Toutes les Elections de la Confrérie ſe feront dans des aſſemblées générales qui ſeront indiquées à ce ſujet à heure & jour certains , auxquelles aſſemblées tous les Confréres feront tenus de ſe trouver , & aux aſſemblées de délibération. Ceux qui ont paſſé les charges , feront tenus d'y aſſiſter pour donner leur avis.

X V I.

L'Election du Syndic de la Confrérie ſe fera d'année en année , le Dimanche d'après la S. Pierre ; & ſera élu Syndic le plus ancien Adminiſtrateur , pourvu qu'il ſe ſoit bien comporté dans ſon adminiſtration & qu'il ſoir marié.

X V I I.

Le Syndic ne pourra être choiſi que par les anciens Adminiſtrateurs qui auront paſſé les charges , le Syndicat étant conſideré comme une récompenſe , une marque de diſtinction pour les peines que le Confrere qui ſera élû aura eues pendant le temps de ſon adminiſtration.

X V I I I.

Il ſera fait choix pour Comptable & Garçon Comptable des deux Confreres qui auront fait les deux premieres années de leur adminiſtration.

X I X.

On ne pourra faire aucune aſſemblée générale de la Confrérie ſans auparavant en avoir prévenu celui de Meſſieurs les Chanoines , qui a été choiſi par le Chapitre pour préſider auxdites aſſemblées , auſſi-bien que le Chapelain de ladite Confrérie.

X X.

Les aſſemblées générales ſeront convoquées par le Syndic & par le Comptable , lorſqu'il s'agira de la Comptabilité de ce dernier.

X X I.

Toutes les aſſemblées ſe paſſeront ſans trouble , ſans tumulte & avec décence ; & ceux d'entre les Confreres qui les troubleront , ne pourront par la ſuite parvenir à aucune charge , & feront privés de leur voix délibérative & de pouvoir aſſiſter par la fuite aux affemblées. Si c'eft un Adminiftrateur, il fera privé de fa place.

X X I I.

Les Adminiftrateurs en charge feront tenus de fe trouver à toutes les affemblées convoquées fuivant l'ufage ; & ceux qui manqueront de s'y trouver, payeront vingt fols d'amende qui feront appliqués au profit de la Confrérie, fans que cette peine puiffe être remife fous quelque prétexte que ce foit, à moins que ce ne fût pour caufe de maladie ou autre valable empê-chement.

X X I I I.

Les Elections des Syndic & Adminiftrateurs fe feront le premier Dimanche du mois de Juillet de chacune année.

X X I V.

Le Comptable rendra fes comptes à celui de Meffieurs les Chanoines qui préfide aux affemblées de la Confrérie, le premier Dimanche du mois de Juillet de chacune année.

X X V.

Les comptes feront rendus devant Meffieurs du Chapitre, ou devant l'un des Meffieurs qui voudra bien fe donner la peine d'y affifter.

X X V I.

S'il fe trouve un reliquat, le Comptable fera tenu de le payer fur le champ, & le remettre entre les mains du nouveau Comptable qui s'en chargera, & lui en donnera décharge. Le Comptable fera pareillement tenu de donner un état au vrai de ce que la Confrérie redoit au jour de la reddition de fon Compte.

X X V I I.

Les titres & papiers concernant la Confrérie feront renfermés dans une boëte étant dans le coffre où l'on met les Calice, Burettes & Regiftres de la Confrérie. Le Syndic aura la clef de la ferrure de la boëte renfermant lefdits titres, le Comptable la clef du coffre renfermant ladite boëte, le Garçon Comptable une clef d'un des cadenas fervant à fermer ledit coffre, & le Garçon entrant Adminiftrateur, la clef de l'autre cadenas ; de maniere qu'il y aura quatre clefs, & que l'on ne pourra toucher aux titres de la Confrérie que par le concours des quatre perſonnes qui les auront entre les mains pendant leur ad-miniſtration, laquelle étant finie, ils remettront leſdites clefs à leurs ſucceſſeurs dans leſdites places.

XXVIII.

Le coffre ſous l'Autel à droite, où l'on renferme les reliques de la Confrérie, fermera à trois clefs; le Comptable en aura une, le Garçon Comptable la ſeconde, & le Garçon entrant la troiſiéme; de ſorte que l'on ne puiſſe ouvrir ledit coffre que par le concours & conſentement de ces trois perſonnes.

X X I X.

Le coffre ſous l'Autel à gauche, renfermant l'argenterie, fermera de même à trois clefs, dont la premiere ſera remiſe au Comptable, la deuxiéme au Garçon Comptable & la troiſiéme au Garçon entrant.

X X X.

Les Adminiſtrateurs auront ſoin de parer les Chapelles & les Reliques ſur leur Bureau, & tendre les tapiſſeries les jours de Fêtes annuelles & autres jours accoutumés.

XXXI.

Les Confreres ſeront tenus de payer exactement les droits de Confrérie; & ceux d'entr'eux qui devroient trois an-nées, ne pourront donner leur ſuffrage aux aſſemblées de la-dite Confrérie, à moins qu'ils ne payent ce qu'ils pourront devoir.

XXXII.

Les comptes de la Confrérie ſeront rendus par le Comptable les jours ci-deſſus indiqués, en préſence des Syndic & Admi-niſtrateurs en charge, & de quatre Anciens, un deſquels aura été Syndic, qui ſeront appellés à tour de rôle, & pour cet effet, ſera fait un Tableau où les noms des anciens Adminiſ-trateurs & le temps de leur réception ſeront inſcrits, pour être appellés à la reddition des comptes à leur tour.

XXXIII.

Tous les Garçons Cordonniers ſeront tenus de payer aux Adminiſtrateurs qui feront les viſites & les quêtes, quatre ſols par année, pour ſoulager les pauvres Garçons & faire les Ser-vices; ſçavoir, deux ſols à la S. Creſpin d'Eté, & deux ſols à la S. Creſpin d'Hiver, conformément à l'Arrêt du 19 Janvier 1554.

ARREST DU GRAND CONSEIL
DU ROI,

QUI fait défenses aux Privilégiés de contrevenir aux Statuts de la Communauté des Maîtres Cordonniers.

LOUIS, par la grace de Dieu, Roi de France & de Navarre : A tous ceux qui ces présentes Lettres verront ; Salut. Sçavoir faisons, que par Arrêt cejourd'hui donné en notre Grand Conseil, entre les Syndic & Jurés en charge de la Communauté des Maîtres Cordonniers de Paris ; Appellans d'une Sentence de la Prévôté de l'Hôtel, du 22 Juin 1757, datée par erreur du 28, & Demandeurs aux fins de la Requête par eux présentée en notredit Conseil ; Ordonnance étant ensuite & Exploit d'assignation en conséquence, des 20 & 21 Octobre 1757, & requérant que ladite Sentence fût infirmée, & que les Conclusions qu'ils ont prises en la Prévôté de l'Hôtel & autres qu'ils jugeroient à propos de prendre, leur fussent adjugées avec dépens, d'une part ; & Nicolas Noel, Cordonnier privilégié, Intimé, d'autre part : & entre lesdits Syndic & Jurés en charge de la Communauté des Maîtres Cordonniers de Paris, Demandeurs aux fins de la Requête du 29 Novembre 1757, tendante à ce qu'il plût à notredit Conseil leur donner Acte de ce qu'ils restreignoient leur appel de ladite Sentence aux second, troisiéme, quatriéme & cinquiéme chefs expliqués en ladite Requête ; faisant droit sur ledit appel, mettre l'appellation & ladite Sentence dont est appel, au néant, émendant & corrigeant sans s'arrêter ni avoir égard aux demandes, fins & conclusions prises par le Défendeur en cause principale, dans toutes lesquelles il seroit déclaré non-recevable, & dont en tous cas il seroit débouté, le condamner à rendre, restituer & réintégrer au Bureau de la Communauté des Demandeurs, les marchandises en partie de celles saisies par Procès-verbal & Exploit du 2 Octobre 1756 sur le nommé Fleuret, soldat aux Gardes, Compagnie d'Apremont, homme sans qualité & Cham-

breland, lesquelles marchandises & ouvrages ledit Défendeur
s'est fait délivrer sous prétexte de l'Ordonnance provisoire du
sieur Lieutenant-Général de la Prévôté de l'Hôtel, du 15 dudit
mois d'Octobre, & qui ne lui ont été délivrées que sous toutes
protestations & réserves, sinon de payer la valeur suivant l'esti-
mation qui en seroit faite par Experts, dont les Parties conviendroient, sinon qui seroient pris & nommés d'office ; ordonner que les Statuts, Réglemens, Déclarations & Arrêts concernans la Communauté des Demandeurs seroient exécutés selon leur forme & teneur, & notamment les Articles XVII &
XXV des Statuts de ladite Communauté, confirmés par Lettres Patentes du mois d'Avril 1573, enregistrées au Parlement
de Paris le 26 Mai 1574, & depuis confirmées encore par Lettres Patentes du mois de Mars 1574, enregistrées audit Parlement de Paris, par Arrêt du 23 Juillet suivant ; & les Articles
VI & VII, & autres de la Déclaration du Roi du 14 Août 1703,
enregistrée au Parlement de Paris le 4 Septembre 1705 ; en
conséquence faire inhibitions & défenses audit Défendeur de
plus à l'avenir faire travailler à aucuns ouvrages dudit métier
hors de chez lui & de sa maison & habitation, aucuns Ouvriers
sans qualité & autres que des Maîtres dudit état, métier &
profession, aux termes desdits Statuts & Réglemens, & ce sous
les peines y portées ; & pour l'avoir fait, déclarer lesdites peines
& amendes encourues par le Défendeur, le condamner en outre en tels dommages & intérêts qu'il plairoit à notredit Conseil arbitrer, applicables à la Communauté des Demandeurs,
& ce à proportion des contraventions par lui commises contre
les inhibitions & défenses portées auxdits Statuts & Réglemens,
& en tous les dépens, tant des causes principales que d'appel &
demande d'une part ; & ledit Noel, Défendeur d'autre part :
& entre ledit Noel, Demandeur aux fins de sa Requête du 7
Janvier 1758, tendante à ce que, sans avoir égard à l'appel de
la Sentence de la Prévôté de l'Hôtel du 22 Juin 1757, ni aux
conclusions prises par les Défendeurs par leur Requête du 29
Novembre 1757, il plût à notredit Conseil mettre l'appellation
au néant ; ordonner que ce dont est appel sortiroit son plein &
entier effet, & condamner les Défendeurs en l'amende & aux
dépens, d'une part ; & lesdits Syndic & Jurés de la Commu-

nauté des Maîtres Cordonniers de la Ville & Fauxbourgs de Paris, Défendeurs, d'autre part : & entre lefdits Syndic & Jurés en charge de la Communauté des Maîtres Cordonniers, Demandeurs aux fins de leur Requête du 27 Janvier 1758, tendante à ce qu'il plût à notredit Confeil leur donner Acte de ce qu'ils rectifioient & augmentoient les conclufions par eux prifes par leur Requête du 29 Novembre 1757; faifant droit fur l'appel interjetté par les Demandeurs de la Sentence de la Prévôté de l'Hôtel du 22 Juin 1757, mettre l'appellation & ce dont eft appel au néant; quant aux derniers chefs de ladite Sentence, émendant & corrigeant fans s'arrêter ni avoir égard aux demandes dudit Noel, dans lefquelles il feroit déclaré non-recevable, ou dont en tous cas il feroit débouté, condamner ledit Défendeur à remettre au Bureau de la Communauté des Maîtres Cordonniers la partie de la faifie du 2 Octobre 1756, à lui remife fous toutes réferves, par la Sentence de la Prévôté de l'Hôtel du 15 Octobre 1756, finon à en payer la valeur à dire d'Experts, dont les Parties conviendroient pardevant tel Confeiller qu'il plairoit à notredit Confeil commettre, finon qui feroient par lui pris & nommés d'office; ordonner en outre que les Statuts & Réglemens de la Communauté des Maîtres Cordonniers de la Ville de Paris, feront exécutés felon leur forme & teneur, notamment les Articles XVII & XXV defdits Statuts de 1573 & de 1674, & les Articles VI & VII de la Déclaration du 4 Août 1703; ordonner audit fieur Noel & à tous les Privilégiés dudit métier de s'y conformer; faire défenfes audit fieur Défendeur de plus faire travailler hors de chez lui que par des pauvres Maîtres, aux termes defdits Réglemens; & pour y être contrevenu, le condamner à la perte de fon Privilége, en cinq cens livres d'amende aux termes des Statuts, en trois mille livres de dommages-intérêts proportionnés à fes contraventions; ordonner que l'Arrêt qui interviendra fervira de Réglement, & fera imprimé, publié & affiché par-tout où befoin fera, aux frais dudit Défendeur; & condamner ledit Défendeur en tous les dépens, tant des caufes principales, que d'appel & demandes, d'une part; & ledit Noel, Défendeur, d'autre part; & entre ledit Noel, Demandeur en Requête du 15 Février 1758, tendante à ce qu'il plaife

à notredit Conseil , sans avoir égard aux nouvelles conclusions prises par les Défendeurs, dont ils seront déboutés, mettre l'appellation au néant; ordonner que ce dont est appel sortira son plein & entier effet, & condamner les Défendeurs en
l'amende & aux dépens, d'une part; & lesdits Syndic & Jurés
en charge de la Communauté des Maîtres Cordonniers de la
Ville & Fauxbourgs de Paris, Défendeurs, d'autre part. Vu par
notredit Conseil les Piéces, Ecritures & Productions des Parties, grosse en parchemin d'une Sentence rendue en la Prévôté
de l'Hôtel contradictoirement le 22 Juin 1757, entre Nicolas
Noel, Marchand Bottier privilégié suivant la Cour , & les
grands & petits Jurés de la Communauté des Maîtres Cordonniers de la Ville & Fauxbourgs de Paris, par laquelle après que
notre Procureur a été ouï , & qu'il en a été délibéré sur les
dossiers & Piéces des Parties , elle reçoit les grands Jurés de
ladite Communauté des Maîtres Cordonniers Parties intervenantes en l'instance d'entre ledit Nicolas Noel & les petits Jurés
de la Communauté des Cordonniers; donne Lettre aux grands
Jurés des Cordonniers de ce qu'ils prennent le fait & cause de
leurs petits Jurés, & faisant droit sur les demandes respectives
des Parties, dit que les Statuts & Réglemens de la Communauté des Maîtres. Cordonniers de la Ville de Paris , seront
exécutés selon leur forme & teneur ; que ledit Noel & autres
marchands privilégiés de la Prévôté de l'Hôtel , du même état
& commerce, seront tenus de s'y conformer ; & néanmoins
attendu qu'il s'agit de notre service sans tirer à conséquence
sur la disposition de l'Article VI des Statuts de ladite Communauté du 14 Août 1753, ledit Noel demeure autorisé à employer aux ouvrages qui lui seront commandés pour notre service nombre suffisant d'Ouvriers , tant en sa maison que hors
d'icelle, à la charge par ledit Noel , suivant ses offres, de
n'employer hors de ladite maison aucuns Compagnons ni Ouvriers qu'il n'ait préalablement indiqué au Bureau de la Communauté des Maîtres Cordonniers leurs noms & demeures,
qu'il ne leur fera façonner que des Bottes, qu'il continuera de
les faire couper chez lui, & marquer dessous le pied de son
nom , & même marque dont il a laissé l'empreinte au Bureau
des Maîtres Cordonniers ; & qu'au cas de changemens de demeure

meure defdits Ouvriers ou qu'ils ceffent de travailler pour lui,
il en donnera inceffamment avis au Bureau de ladite Communauté des Cordonniers ; & ordonne que la main-levée provifoire des marchandifes dont eft queftion, remifes audit Noel,
demeurera définitive ; & fur le furplus des demandes, met les
Parties hors de Cour, tous dépens entr'elles compenfés, dûment fignée, fcellée & fignifiée le 2 Août 1757 ; les Requêtes
préfentées en notredit Confeil, tant par lefdits Syndic & Jurés
de la Communauté des Maîtres Cordonniers de la Ville &
Fauxbourgs de Paris, que par ledit Noel, ci-devant vifées &
énoncées aux qualités du préfent Arrêt ; lefdites Requêtes préfentées en notredit Confeil par lefdits Syndic & Jurés de la
Communauté des Maîtres Cordonniers à Paris, fur l'appel par
eux interjetté de ladite Sentence & Requêtes en défenfes dudit
Noel, ci-devant vifées aux qualités, groffe en parchemin de
l'Arrêt de notredit Confeil, qui appointe les Parties à écrire &
produire dans huitaine ce que bon leur femblera, du 8 Mars
1758, fignifiée le premier Avril audit an. Et production faite
en notredit Confeil en exécution dudit Arrêt d'appointement
par lefdits Syndic & Jurés en charge de la Communauté des
Maîtres Cordonniers de la Ville & Fauxbourgs de Paris, des
Piéces qui fuivent, aux fins & inductions qui en ont été tirées
par leur Inventaire de Production mis au Greffe de notredit
Confeil le premier Avril 1758, contenant emploi pour avertiffement de leur Mémoire imprimé, fignifié le 16 Février 1758,
ainfi que de la Réponfe qu'ils ont faite au Mémoire imprimé
dudit Noel, le 3 Mars 1758 ; original du Procès-verbal fait
par le Commiffaire Thierion en préfence des petits Jurés de
ladite Communauté des Cordonniers du 2 Octobre 1756, contenant la faifie des marchandifes trouvées dans la chambre du
nommé Fleuret : Sommation audit Fleuret de donner bon &
folvable gardien, & le refus fait par ledit Fleuret d'un petit Li-
vret pareillement faifi qui conftate les contraventions faites par
ledit Fleuret aux Statuts de la Communauté des Maîtres Cordonniers. Autre original d'un Procès-verbal du 2 Octobre 1756,
qui conftate que pour le refus fait par ledit Fleuret de donner
bon & folvable gardien, les marchandifes ont été enlevées &
conduites au Bureau des Maîtres Cordonniers, contenant auffi

L l

aſſignation devant le Lieutenant Général de Police, pour ſe voir condamner en l'amende, aux dommages-intérêts, & voir dire que les choſes ſaiſies ſeront acquiſes & confiſquées. Copie de la Requête, ordonnance & aſſignation donnée en la Prévôté de l'Hôtel le 14 Octobre 1756, & la Requête dudit Noel aux petits Jurés de la Communauté des Cordonniers de Paris. Acte de conſtitution de Procureur pour leſdits petits Jurés de la Communauté des Cordonniers du 15 Octobre 1756. Requête préſentée au Lieutenant Général de la Prévôté de l'Hôtel par ledit Noel; Ordonnance étant enſuite, & Exploit d'Aſſignation donnée en conſéquence aux grands Jurés de la Communauté des Maîtres Cordonniers du 14 Octobre 1756. Copie du Procès verbal fait devant le Juge de la Prévôté de l'Hôtel, enſuite duquel eſt ſon Ordonnance du 15 Octobre 1756. Copie d'une Sommation faite par ledit Noel aux petits Jurés de la Communauté des Cordonniers de lui remettre les marchandiſes ſaiſies ſur le nommé Fleuret comme lui appartenantes, conformément à la Sentence du Juge de la Prévôté de l'Hôtel du 21 Octobre 1756. Autre copie d'une Sommation faite par ledit Noel de lui donner copie du Procès-verbal de ſaiſie faite ſur le nommé Fleuret du 20 Octobre 1756. Acte & baillé copie au Procureur dudit Noel du Procès-verbal de ſaiſie & enlevement fait le 2 Octobre 1756, de marchandiſes ſaiſies à la Requête des petits Jurés de la Communauté des Cordonniers ſur le nommé Fleuret, ainſi que d'un autre Procès-verbal fait le même jour à la Requête des petits Jurés par le Commiſſaire Thierion dans la chambre dudit Fleuret, du 30 Octobre 1756; & Requête préſentée au Juge de la Prévôté de l'Hôtel par les Appellans le 30 Octobre 1756, par-laquelle ils ont pris le fait & cauſe deſdits petits Jurés de leur Communauté. Copie de la Requête préſentée par ledit Noel au Juge de la Prévôté de l'Hôtel, contenant ſes concluſions du 13 Novembre 1756. Autre Requête préſentée au Juge de la Prévôté de l'Hôtel par leſdits Jurés & Syndic de la Communauté des Cordonniers, contenant Réponſes à la Requête dudit Noel du 13 Novembre 1756; & & nouveaux moyens contre la demande dudit Noel du 29 Novembre 1756. Copie de la Requête préſentée par ledit Noel au Juge de la Prévôté de l'Hôtel, portant conſentement d'exécuter les Lettres Patentes du 29 Octobre 1725 , du 10 Décembre 1756. Autre Requête présentée au Juge de la Prévôté de l'Hôtel par lesdits Syndic & Jurés des Cordonniers , en Réponses à la Requête dudit Noel du 14 Décembre 1756. Autre Copie de Requête signifiée par ledit Noel aux Syndic & Jurés des Cordonniers, par laquelle il consent & offre d'employer en qualité d'Ouvriers préférablement à d'autres, de pauvres Maîtres , s'il s'en présente, du 8 Décembre 1756. Autre Requête présentée au Juge de la Prévôté de l'Hôtel par les petits Jurés de la Communauté des Cordonniers, par laquelle ils ont demandé d'être mis hors de cause , attendu la prise de fait & cause pour eux faite par les grands Jurés, du 11 Décembre 1756. Autre Requête présentée par ledit Noel au Juge de la Prévôté de l'Hôtel , par laquelle il a consenti que les petits Jurés fussent mis hors de cause , du 22 Décembre 1756. Dire des Jurés Cordonniers en réponses à la Requête dudit Noel du 8 Décembre 1756 & du 11 Février 1757. Recueil imprimé des Statuts , Lettres Patentes & Déclarations , Arrêts de notre Conseil Privé , de notre Parlement & de notre grand Conseil, rendus en faveur des Cordonniers de la Ville & Fauxbourgs de Paris. Copie de la Sentence dont est appel , dont les dispositions sont ci-devant rapportées, du 22 Juin 1757. Requête présentée en notredit Conseil, par les Syndic & Jurés des Corniers, tendante à être reçus Appellans de la Sentence de la Prévôté de l'Hôtel du 22 Juin 1757 , datée par erreur du 28 dudit mois. Ordonnance étant ensuite & Exploit d'Assignation donnée audit Noel les 20 & 21 Octobre 1757. Copie signifiée par ledit Noel de la Sentence de la Prévôté de l'Hôtel, dont est appel du 22 Juin 1757 , du 19 Novembre 1757. Requête présentée en notredit Conseil par lesdits Syndic & Jurés de ladite Communauté des Cordonniers, contenant demande ci-devant visée aux qualités, du 29 Novembre 1757. Copie signifiée auxdits Syndic & Jurés des Cordonniers, d'une Requête présentée en notredit Conseil par ledit Noel , contenant demande ci-devant visée aux qualités, du 7 Janvier 1758. Autre Requête présentée en notredit Conseil par lesdits Syndic & Jurés des Cordonniers, contenant demande aux qualités , du 27 Janvier 1758. Emploi fait de la Requête dudit Noel par

L l ij

lefdits Syndic & Jurés des Cordonniers, contenant demande aux qualités, du 15 Février 1758. Emploi pareillement fait par lefdits Syndic & Jurés de la Communauté des Cordonniers de l'Arrêt de notredit Confeil, rendu contradictoirement entr'eux & ledit Noel, qui ordonne un Délibéré, du 15 Février 1758. Expédition de l'Arrêt rendu fur Délibéré, qui a appointé les Parties à écrire & produire dans huitaine ce que bon leur femblera, du 8 Mars 1758, fignifié le premier Avril 1758. Inventaire de Production fait en notredit Grand'Confeil par lefdits Jurés de ladite Communauté des Cordonniers pour la confervation des Piéces y contenues, auffi du premier Avril 1758. Acte de produit contenant fommation audit Noel d'en faire le femblable, même de fournir de conptredits contre la préfente Production dans le tems de l'Ordonnance, finon qu'il en fera & demeurera forclos. Production faite au Greffe de notredit Confeil par ledit fieur Nicolas Noël, Marchand Bottier privilégié, en exécution de l'Arrêt de notredit Confeil, du 8 Mars 1758. Des Piéces fuivantes aux fins & inductions qui en ont été tirées par fa Requête mife au Greffe de notredit Confeil le 22 Juillet 1758, employée pour Avertiffement, Ecritures & Production. Copie du Procès-verbal de faifie faite en la chambre & fur le nommé Fleuret, Ouvrier de Bottes & marchandifes appartenantes audit Noel, ci-devant vifé & & énoncé. Requête préfentée au Lieutenant Général de la Prévôté de l'Hôtel par ledit Noel, pour faire affigner les petits Jurés de ladité Communauté des Maîtres Cordonniers, pour avoir main-levée des marchandifes faifies fur le nommé Fleuret. Ordonnance & Exploit d'Affignation, du 14 Octobre 1756. Groffe du Procès-verbal dreffé en l'Hôtel du Lieutenant Général de la Prévôté de l'Hôtel, qui ordonne qu'au principal les Parties fe pourvoiroient, & cependant, par provifion, & fans préjudice du droit des Parties, que les marchandifes faifies feroient remifes audit Noel & fa caution juratoire; à quoi faire les dépofitaires contraints; quoi faifant déchargés. Acte de foumiffion faite au Greffe de la Prévôté de l'Hôtel par ledit Noel, à caufe du cautionnement juratoire ordonné par l'Ordonnance ci-deffus, du 18 Octobre 1756. Originaux de deux Exploits de fignifications faites de ladite Ordonnance aux grands

& petits Jurés de la Communauté des Cordonniers, de ladite ordonnance & des noms & demeures des Ouvriers travaillans en Ville pour ledit Noel, du 18 Octobre 1756. Original d'un commandement fait aux grands Jurés de ladite Communauté des Cordonniers, de lui remettre les marchandises saisies sur le nommé Fleuret, ci-devant visé & énoncé. Autre original d'un commandement fait aux petits Jurés aux mêmes fins, contenant leurs Réponses qu'ils ne pouvoient remettre lesdites marchandises qu'au préalable il n'y eût eu une assemblée, du 21 Octobre 1756. Copie signifiée par lesdits Syndic & Jurés des Cordonniers, d'une Requête par eux présentée au Lieutenant Général de la Prévôté de l'Hôtel, contenant leur demande, ci-devant visée & énoncée. Autre Requête dudit Noel, contenant ses conclusions, aussi ci-devant visée & énoncée. Copie d'une autre Requête présentée par les Syndic des Cordonniers au Juge de la Prévôté de l'Hôtel, contenant Réponse à la Requête dudit Noel, pareillement ci-devant visée & énoncée. Requête présentée par ledit Noel au Juge de la Prévôté de l'Hôtel, contenant demande, ci-devant visée & énoncée. Copie d'une autre Requête signifiée par lesdits petits Jurés des Cordonniers, contenant aussi demande, ci-devant visée & énoncée. Copie d'une autre Requête signifiée par les Syndic & Jurés de la Communauté des Cordonniers, contenant aussi demande, ci-devant visée & énoncée. Autre Requête dudit Noel, contenant aussi demande, ci-devant visée & énoncée. Autre Requête dudit Noel, contenant aussi demande, visée & énoncée. Copie d'un dire signifié par lesdits Syndic & Jurés Cordonniers, ci-devant visée & énoncée. Requête signifiée par ledit Noel, en réponse audit dire, aussi ci-devant visée & énoncée. Original d'un Exploit fait extrajudiciairement à la Requête dudit Noel, à la Communauté des Cordonniers, par lequel il leur déclare que les nommés Laruelle, l'aîné & le jeune, ci-devant ses Ouvriers, ne travailloient plus pour lui directement & indirectement, & qu'il lui faisoit cette déclaration pour lui prouver qu'il n'entendoit soutenir personne dans les contraventions qui pourroient se commettre sous son nom, du 15 Février 1757. Grosse en parchemin de la Sentence de la Prévôté de l'Hôtel, du 22 Juin 1757, dont les dispositions sont ci-devant rapportées &

énoncées. Copie de la Requête préfentée en notredit Confeil par lefdits Syndic & Jurés des Cordonniers, tendante à être reçus Appellans de la Sentence de la Prévôté de l'Hôtel. Ordonnance étant enfuite & Exploit d'Affignation donnée audit Noel, ci-devant vifée & énoncée. Autre copie d'une Requête fignifiée audit Noel par lefdits Syndic & Jurés des Cordonniers, contenant leurs conclufions, aufli ci-devant vifée & énoncée aux qualités. Autre Requête préfentée en notredit Confeil par ledit Noel, contenant fes moyens pour foutenir le bien jugé de la Sentence dont eft appel, aufli ci-devant vifée & énoncée aux qualités. Copie d'une autre Requête fignifiée par lefdits Syndic & Jurés de ladite Communauté des Cordonniers, contenant la rectification de leurs conclufions, aufli ci-devant vifée & énoncée aux qualités. Autre Requête préfentée par ledit Noel, contenant demande, aufli ci-devant vifée & énoncée aux qualités. Mémoire imprimé & fignifié par ledit Noel, le 15 Février 1758. Emploi fait par ledit Noel de l'Arrêt de notredit Confeil qui appointe les Parties à écrire & produire dans huitaine. Acte de produit dudit Noel, contenant Sommation auxdits Syndic & Jurés de ladite Communauté des Cordonniers, en faire le femblable, fi fait n'a été, à peine de forclufion, du 22 Juillet 1758. Production nouvelle faite par le fieur Noel, par Requête du 9 Août 1758, mife au Greffe de notredit Grand' Confeil, le 11 dudit mois, contenant Production des Piéces fuivantes. Certificats donnés par le Secrétaire de notre premier Ecuyer & le fieur Ancelet, Aide-Major de la feconde Compagnie de nos Moufquetaires, & le fieur Vervege, Aide-Major des Gendarmes, par lequel ils atteftent que le fieur Noel fournit notre Maifon & ces deux Compagnies, des 3 Décembre 1757, 4 & 11 Janvier 1758. Autre Certificat donné par le fieur Angran, Auditeur ordinaire en la Chambre des Comptes, par lequel il attefte qu'il ne veut pas que le fieur Noel, Locataire pour moitié de fa maifon, vis-à-vis le Palais, place des Ouvriers faifant Bottes dans les appartemens de ladite Maifon à eux louée, du 25 Février 1758. Requête préfentée en notredit Confeil par les Jurés & Syndic de la Communauté des Cordonniers, employée pour contredits contre la Production faite par ledit fieur Noel, par Requête du 22 Juillet 1758, du 28

Juillet audit an. Autre Requête defdits Syndic & Jurés des Cordonniers, employée pour contredits contre la Requête de production nouvelle du fieur Noel, du 9 Août 1758, du 9 Septembre audit an. Autre Requête dudit Noel, employée pour contredits contre la production des Syndic & Jurés des Cordonniers, enfemble pour falvations à leur Requête de contredits du 17 Septembre 1756. Autre Requête des Syndic & Jurés en Charge de la Communauté des Cordonniers, employée pour Réponfes au Mémoire imprimé du fieur Noel, & falvations à fa Requête de contredits ci-deffus, du 19 Septembre 1758, & tout ce qui a été mis, écrit & produit par lefdites Parties pardevers notredit Confeil. Conclufions de notre Procureur-Général : ouï le rapport de notre amé & féal Pierre Burle de Curban, Confeiller en notredit Confeil. Icelui notredit Grand Confeil faifant droit fur le tout, a mis & met l'appellation de ladite Sentence de la Prevôté de l'Hôtel du 22 Juin 1757, & ce dont eft appel, au néant ; émendant & corrigeant, condamne ledit Nicolas Noel à rendre & remettre auxdits grands-Jurés de la Communauté des Maîtres Cordonniers à Paris, les effets faifis dont eft queftion, revendiqués par ledit Noel & à lui remis en exécution de ladite Ordonnance du 15 Octobre 1756, fi mieux n'aime ledit Noel payer auxdits grands Jurés la fomme de 30 livres ; a fait & défenfes audit Noel de contrevenir aux Statuts de ladite Communauté ; fur le furplus des Requêtes & demandes des Parties, a mis & met icelles Parties hors de Cour & de Procès ; condamne ledit Nicolas Noel aux dépens, tant des caufes principales que d'appel ; & fera l'amende rendue. Si donnons en mandement au premier Huiffier de notredit Confeil pour ce qui eft exécutoire en notre Cour & fuite, & hors d'icelle au premier notredit Huiffier ou autre notre Huiffier ou Sergent fur ce requis, qu'à la requête des grands Jurés de la Communauté des Cordonniers de la Ville & Fauxbourgs de Paris, le préfent Arrêt il mette à exécution, felon fa forme & teneur, nonobftant oppofitions ou empêchemens généralement quelconques, pourquoi & fans préjudice defquels ne fera différé ; de ce faire lui donnons pouvoir, fans pour ce demander vifa, placet ni paréatis. Donné en notredit Confeil à Paris, le 19ᵉ jour de Septembre, l'an de grace 1758, & de notre Regne le quarante-quatriéme. Collationné avec paraphe. *Signé*, par le Roi, à la relation des Gens de son Grand Conseil. *Signé*, Voigny, avec grille & paraphe ; & plus bas est écrit, Signifié à Mc Dartainville, Procureur, le 2 Octobre 1758. *Signé*, Le Vasseur.

Cet Arrêt a été obtenu par les soins & diligence des Sieurs Jacques Dubret, Syndic ; Pierre Briquelet, Jean-Charles Gerard, Jurés du Cuir tanné ; Antoine Marcandier, Louis-Balthazard Maillot, Jurés-Gardes de la Chambre ; Jean-Mezifet, Jean-Henri Gayet, Jacques Roch, Guillaume-René François, Jurés-Gardes de la Visite Royale, tous en Charge.

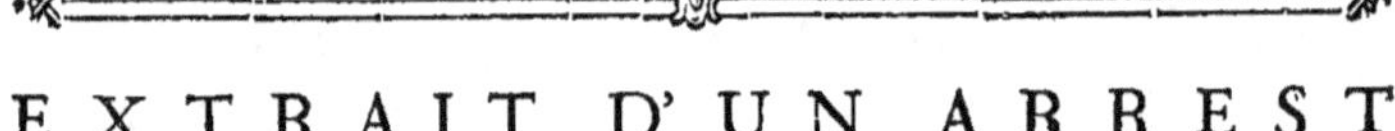

EXTRAIT D'UN ARREST
DU PARLEMENT DE PARIS,

QUI fixe la forme des Elections des Syndics & Jurés de la Communauté des Maîtres Cordonniers de Paris.

1759,
7 Avril.

NOtredite Cour faisant droit sur le tout, en tant que touche l'appel interjetté par Castral & consors de la Sentence de Police du 28 Août 1722, a mis & met l'appellation au néant, les condamne en l'amende de douze livres ; faisant droit sur la tierce-opposition dudit Guiraud & consors, à l'Arrêt du 10 Mai 1755, ensemble sur l'appel par eux interjetté de la Sentence du 11 Avril audit an, & des Ordonnances du Substitut de notre Procureur-Général au Châtelet de Paris, & du Lieutenant-Général de Police, des 18, 20, 28 Mai, 13, 23 & 27 Août 1754, les reçoit opposans audit Arrêt ; en conséquence a mis & met les appellations & ce au néant, émendant ordonne que les Statuts de la Communauté des Cordonniers, enregistrés en notredite Cour le 23 Juillet 1614 ; ensemble les Arrêts de notredite Cour, des 30 Mai 1634, 9 Mai 1639, 7 Août 1664, ensemble notre Déclaration du 29 Juin 1699 & autres Réglemens intervenus sur la Police desdits Cordonniers, seront exécutés dans les dispositions, auxquels il n'a été dérogé ; ce faisant,
fant,

fant, qu'il ne pourra être procédé à aucunes Elections, foit des Syndics, foit des Jurés de la Communauté, qu'en y appellant les Syndic, les Jurés, les Anciens, les douze Anciens des petits Jurés, comme auffi vingt Modernes & vingt jeunes Maîtres, fuivant l'ordre du Tableau, & qu'à cet effet, conformément à la Délibération du 19 Septembre mil fept cent trente-cinq, homologuée par Sentence de Police du 25 Octobre audit an, & fuivant l'ufage qui s'eft pratiqué dans ladite Communauté depuis 1735, jufqu'en 1754, il fera préalablement fait une Lifte des modernes & des jeunes qui devront être mandés, laquelle Lifte fera infcrite fur le Regiftre à ce deftiné, & fignée par le Syndic & les Jurés en Charge, deux Anciens Jurés du Cuir tanné, quatre anciens Jurés de la Vifite, mandés à tour de rôle fuivant l'ordre du Tableau, & approuvée par le Subftitut de notre Procureur-Général au Châtelet, fans que ladite Lifte puiffe être faite autrement, à peine de nullité des Elections qui s'enfuivroient, & néanmoins de grace ordonne que les Elections qui ont été faites fans avoir obfervé les formalités ci-deffus prefcrites depuis 1754, des Officiers de ladite Communauté actuellement en Charge, fubfifteront, ainfi que tous les Actes qu'ils ont pû faire & feront à l'avenir en ladite qualité; condamne lefdits Caftra & conforts en tous les dépens envers lefdits Guiraud & conforts, & même en ceux réfervés que lefdits Caftra & confors, leurs fucceffeurs adhérans, & les Jurés actuels, ne pourront employer dans les comptes de leur Communauté; à cet effet ordonne en tant que de befoin, la radiation des articles de dépenfes relatives à la préfente Inftance, qui auroient pû être ci-devant employées dans lefdits Comptes depuis le premier Janvier 1754 jufqu'à préfent. Ordonne que le préfent Arrêt fera imprimé, publié & affiché par-tout où befoin fera, au nombre de cinquante exemplaires, aux frais & dépens defdits Caftra & conforts, & tranfcrit fur les Regiftres de la Communauté; fur le furplus des autres demandes, fins & conclufions, met les Parties hors de Cour. Si mandons mettre le préfent Arrêt à exécution. Donné en Parlement le 7 Avril, l'an de grace 1759, & de notre régne le 44ᵉ. Collationné. *Signé*, LANGELÉ. Par la Chambre. *Signé*, DUFRANC.

M m

SENTENCE DE RÉGLEMENT
SUR REQUESTE,

POUR la Communauté des Maîtres Cordonniers de la
Ville & Fauxbourgs de Paris.

CONTRE les Compagnons Cordonniers.

1759,
12 Mai.

A Tous ceux qui ces préfentes Lettres verront : Alexandre
de Ségur, Chevalier, Seigneur de Fécant, Callon, Tafte,
Queirac, Saint-Eujan, Lafite, Latour, Pauliac, & autres
lieux, Confeiller du Roi en tous fes Confeils, Préfident du
Parlement de Bordeaux, Prevôt de la Ville, Prévôté & Vicomté de Paris, Salut. Sçavoir faifons, que vû par Nous, Hen-
ri-Léonard-Jean-Baptifte Bertin, Chevalier, Confeiller du
Roi en tous fes Confeils, Maître des Requêtes ordinaire de
fon Hôtel, Lieutenant-Général de Police de ladite Ville,
Prevôté & Vicomté de Paris, la Requête à Nous préfentée par
les Syndic & Jurés de préfent en Charge de la Communauté
des Maîtres Cordonniers de la Ville & Fauxbourgs de Paris,
tendante à ce qu'il Nous plût ordonner que les Statuts, Déclarations, Arrêts, Sentences & Réglemens de Police de ladite
Communauté, feront exécutés felon leur forme & teneur; en
conféquence, renouveller les défenfes faites à tous Compagnons Cordonniers de faire aucune cabale, & de fe débaucher
les uns les autres, de s'attrouper & s'affembler dans les Cabarets & ailleurs, en plus grand nombre que trois, à peine de
prifon; leur faire pareillement défenfes de fortir de chez les
Maîtres chez lefquels ils travaillent, fans avoir obtenu d'eux
préalablement leur congé & confentement par écrit, trois femaines avant les Fêtes de Noël, Pâques, Pentecôte & de tous
les Saints, & ordonner que lefdits Compagnons feront tenus
pendant le cours de l'année d'avertir leurs Maîtres de leur fortie le Dimanche, fans qu'ils puiffent fortir de chez eux que le
Dimanche fuivant, & en cas d'infraction à ce Réglement de

la part des Compagnons, permettre aux Maîtres, fur la déclaration qu'ils en feront chez le premier Commiſſaire, de les faire arrêter & conſtituer priſonniers de l'ordre de Police, ſauf à Monſieur le Procureur du Roi à leur faire faire leur Procès enſuite, s'il le juge à propos; & la Sentence qui interviendra, imprimée, lûe, publiée & affichée par-tout où beſoin ſera: ladite Requête ſignée Caillou, Procureur. Notre Ordonnance étant enſuite, en date du 11 Avril dernier, portant, ſoit communiqué au Procureur du Roi; les Concluſions du Procureur du Roi, du 24 dudit mois d'Avril dernier. Vû auſſi les Statuts de ladite Communauté des Maîtres Cordonniers, enregiſtrés au Parlement le 23 Juillet 1614, la Déclaration du Roi du 13 Juin 1710, auſſi enregiſtrée au Parlement le 2 Août ſuivant, & la Sentence de Police rendue ſur les Concluſions du Procureur du Roi le 5 Avril 1743. Nous diſons que leſdits Statuts, Déclarations du Roi, Sentences & Réglemens de Police ſeront exécutés ſelon leur forme & teneur; en conſéquence, faiſons itératives défenſes à tous Compagnons Cordonniers de faire aucune cabale, ſe débaucher les uns les autres; de s'attrouper & s'aſſembler dans les Cabarets & ailleurs, en plus grand nombre que trois; de ſortir de chez les Maîtres chez leſquels ils travaillent, ſans au préalable en avoir obtenu d'eux leur congé & conſentement par écrit trois ſemaines avant les Fêtes de Noël, Pâques, Pentecôte & de tous les Saints; ordonnons que leſdits Compagnons ſeront tenus, pendant le cours de l'année, d'avertir leurs Maîtres de leur ſortie le Dimanche, ſans qu'ils puiſſent ſortir de chez leſdits Maîtres que le Dimanche ſuivant; le tout à peine de priſon, ſur les déclarations que les Maîtres en pourront faire au premier Commiſſaire du Châtelet, & d'être procédé extraordinairement contre les Compagnons contrevenans, s'il y écheoit; & ſera notre préſente Sentence, à la diligence des Supplians, imprimée, lûe, publiée & affichée dans tous les lieux accoutumés de la Ville & Fauxbourgs de Paris, & par-tout où beſoin ſera; ce qui ſera exécuté nonobſtant & ſans préjudice de l'appel : en témoin de ce, Nous avons fait ſceller ces préſentes, qui furent faites & données par Nous Juge ſuſdit, le 12 Mai 1759. Collationné. *Signé*, LAMBERT. Scellé le 18 Mai 1759. *Signé*, SAUVAGE.

SENTENCES,

QUI condamnent le nommé Nicolas-Francois VACQUIER, en vingt livres de dommages & intérêts, & en cent livres d'amende envers chacune des Communautés des Maîtres Corroyeurs-Baudroyeurs & des Maîtres Cordonniers, pour avoir fait une fausse déclaration à la Halle aux Cuirs ; le nommé Alexis LE ROY, en vingt livres d'amende envers lesdites deux Communautés, pour avoir prêté son nom à de pareilles contraventions ; & en outre, font défenses audit Vacquier de faire aucun lotissement, pendant un an, à la Halle aux Cuirs, & déclarent la Marchandise confisquée au profit des deux Communautés.

1758, 14 Juillet.
1759, 29 Octobre.

ATous ceux qui ces Présentes Lettres verront : Alexandre de Ségur, Chevalier, Seigneur de Franc & autres lieux, Prévôt de Paris : Salut. Sçavoir faisons, que sur la Requête faite en Jugement devant Nous, à l'Audience de la Chambre de Police du Châtelet de Paris, par Me P. Caillou, Procureur des Sieurs Syndic & Jurés de présent en Charge de la Communauté des Maîtres Cordonniers de la Ville & Fauxbourgs de Paris, saisissans sur le Sieur Vacquier, cy-après nommé, conjointement avec les Jurés Corroyeurs, de trente-six cuirs de bœufs tannés à l'orge, suivant les Procès-verbaux de Me Merlin, Commissaire, & de Froment, Huissier à Cheval, assisté des Tanneurs, du 17 Avril dernier, Défendeurs à l'assignation à eux donnée à la requête dudit Vacquier & le Roy, en vertu de notre Ordonnance, étant au bas de la Requête qu'ils nous ont présentée le 29 dudit mois, par Exploit du même jour ; Demandeurs aux fins du renvoi à l'Audience, porté par notre Ordonnance contradictoire du 5 Mai dernier, & du Procès-verbal dressé en conséquence par ledit Me Merlin, Commissaire, les 9 & 1.dit mois de Mai ; Défendeurs à la Requête verbale, signifiée par les Jurés Corroyeurs ci-après nommés, le 29 dudit mois ; Demandeurs aux fins de défenses, signifiées le 6 Juin suivant, & encore Demandeurs aux fins de la Requête verbale, signifiée ledit jour 6 Juin, tendante aux fins y portées, avec dommages, intérêts, confiscation, amende dépens, assistés de Me de Saint-Julien, leur Avocat; contre Me Courlesveaux, le jeune, Procureur de Nicolas-François Vacquier, Maître Corroyeur à Paris, Partie saisie, Demandeur & Défendeur, & encore ledit Me Courlesveaux, Procureur d'Alexis le Roy, aussi Maître Corroyeur à Paris, Demandeur & Défendeur; & contre Me Sezille, Procureur des Sieurs Jurés en Charge de la Communauté des Maîtres Corroyeurs à Paris, saisissans sur ledit Vacquier, conjointement avec les Jurés Cordonniers, Demandeurs & Défendeurs, assistés de Me Thiébart, leur Avocat, Parties ouïes, entre lesdits Mes de Saint-Julien & Thiébart, & par vertu du défaut de nous donné contre ledit Me Courlesveaux jeune, audit nom, non comparant, ni autre pour lui, dûement appellé; lecture faite des Piéces à venir à ce jour, Nous avons la saisie faite sur ledit Nicolas-François Vacquier, l'une des Parties de Courlesveaux, à la requête des Parties de de Saint-Julien & de Thiébart, le 17 Avril dernier, de 36 Cuirs de bœufs dont il s'agit, déclarée bonne & valable; en conséquence, disons que les cuirs restés à la Halle aux cuirs, & ceux remis provisoirement aux Sieurs Vacquier & le Roy, sont & demeurent acquis & confisqués au profit des Communautés des Parties de Saint-Julien & de Thiébart, & qu'à leur remettre les cuirs restés à la Halle, le Gardien d'iceux sera contraint par corps; quoi faisant, il en demeurera bien & valablement quitte & déchargé à représenter ceux qui ont été remis provisoirement ou la valeur d'iceux, conformément & aux termes de notre Ordonnance susdatée; ledit Vacquier & le Roy feront chacun à leur égard contraints par corps; quoi faisant, ils en demeureront aussi bien & valablement quittes & déchargés; faisons défenses audit Vacquier de plus à l'avenir récidiver, faire de fausses déclarations, & distraire des marchés qu'il aura pû faire, les meilleures & les plus fortes peaux, & audit le Roy de se prêter à de pareilles contraventions, & pour l'avoir fait par ledit Vacquier, le condamnons en 20 livres de dommages-intérêts envers chacune desdites deux Communautés, en 100 l. d'amende aussi envers chacune desdites deux Communautés; lui faifons en outre défenfes de faire aucun lotiffement à la Halle pendant un an, fous telles autres peines qu'il appartiendra; à l'effet de quoi, difons que les Statuts, Sentences, Arrêts & Réglemens de Police concernant l'achat, vente & débit defdits cuirs, feront exécutés felon leur forme & teneur, & pour la faveur donnée par ledit le Roy, autre Partie de Courlefveaux, à la fraude dudit Vacquier, le condamnons en 10 liv. d'amende envers les deux Communautés; & fera notre préfente Sentence imprimée, lûe, publiée & affichée par-tout où befoin fera, & notamment à la Halle aux Cuirs de cette Ville, aux frais defdits Vacquier & le Roy, que nous condamnons en outre aux dépens envers les Parties de Saint-Julien & de Thiébart; ce qui fera exécuté nonobftant & fans préjudice de l'appel & foit fignifié : en témoin de quoi Nous avons fait fceller ces préfentes, qui furent faites & données par M. Bertin, Lieutenant-Général de Police au Châtelet de Paris, y tenant le Siége, le Vendredi 14 Juillet 1758, & délivrées pour feconde groffe, le Lundi 29 Octobre 1759. Collationné. *Signé*, LA FONTAINE. *Signé*, SAUVAGE.

A TOUS ceux qui ces Préfentes Lettres verront : Aléxandre de Ségur, Chevalier, Seigneur de Franc & autres lieux, Prévôt de Paris, Salut. Sçavoir faifons, que fur la Requête faite en Jugement devant Nous à l'Audience de la Chambre de Police du Châtelet de Paris, par Me Sezille, Procureur des fieurs Jurés en Charge de la Communauté des Maîtres Corroyeurs, Baudroyeurs & Maroquiniers de la Ville & Fauxbourgs de Paris, faififfans en contravention, & Demandeurs en éxécution de notre Sentence du 14 Juillet 1758; Défendeurs à l'oppofition formée par Requête verbale, fignifiée le 9 Août fuivant, & Défendeurs à la Requête verbale, fignifiée le 14 Novembre dernier, tendante aux fins y contenues, affiftés de Me Charlos, Avocat, contre Me Courlefveaux, jeune, Procureur des fieurs Nicolas-François Vacquier & Aléxis le Roy, tous deux Maîtres Corroyeurs à Paris, Parties faifies, oppofans à l'exécution de notredite Sentence, Demandeurs aux fins des Requêtes verbales fufdatées; & encore lefdits fieurs Jurés Corroyeurs, Demandeurs contre Me Caillou, Procureur des fieurs Jurés & Syndic de la Communauté des Maîtres Cordonniers de cette Ville; Défendeurs, affiftés de Me de Saint-Julien, leur Avocat, Parties ouies, entre lefdits Maîtres Charlos & de Saint-Julien, & par vertu du défaut de nous donné contre ledit Me Courlefveaux audit nom, non comparant, ni autre pour lui, dûment appellé, lecture faite des Piéces & de l'avenir de ce jour, Nous déboutons les Parties de Courlefveaux de leur oppo-fition à notre précédente Sentence; en conféquence, difons qu'elle fera exécutée felon fa forme & teneur; condamnons la Partie de Courlefveaux aux dépens envers celles de Charlos & de Saint-Julien; ce qui fera exécuté nonobftant & fans préjudice de l'appel, & foit fignifié. En témoin de quoi, Nous avons fait fceller ces Préfentes, qui furent faites & données par M. le Lieutenant Général de Police au Châtelet de Paris, tenant le Siége le Vendredi 7 Septembre 1759. Collationné. *Signé*, LAFONTAINE. *Plus bas eft écrit*, fcellé le 14 Septembre 1759. *Signé*, SAUVAGE.

Imprimé par les foins & diligences des fieurs Jean-Louis Dal-maffe, Syndic en Charge; Jofeph Rouby, Antoine Marcan-dier, Jurés du Cuir tanné; Jean Dutuc - la - Gardere, Juré Comptable; Jacques Roques, Guillain-Remi François, Henri Sinet, Antoine Vanguille; Jurés-Gardes de la Vifitation Royale.

SENTENCES

En faveur de Louis-François Hardy, Maître Cordonnier & Juré de la Vifitation Royale de fa Communauté;

CONTRE François Gilliard, Maître Cordonnier; portant dé-fenfes d'injurier & maltraiter les Officiers de ladite Commu-nauté, & autorifant les Jurés de la Vifite Royale à enlever de chez tous les Maîtres qui feront en retard du payement des droits de Vifite, des effets, jufqu'à concurrence des Vifites qu'ils doivent.

A Tous ceux qui ces préfentes Lettres verront: Aléxandre de Ségur, Chevalier, Seigneur de Franc & autres lieux,

1761 ,
11 Sept.

Conseiller du Roi en ses Conseils, Prévôt de Paris, Salut. Sçavoir faisons, que sur la Requête faite en Jugement devant nous à l'Audience de la Chambre de Police du Châtelet de Paris, par Me Pierre Caillou, Procureur du sieur Louis - François Hardy, Maître Cordonnier à Paris, & Juré de la Visitation Royale de sa Communauté ; Défendeur aux Requête & Exploit du 29 Septembre 1760, Demandeur en exécution de renvoi à l'Audience, porté par l'Ordonnance de M. le Lieutenant Général de Police du 20 dudit mois de Septembre, Défendeur à la Requête verbale signifiée le 24 dudit mois ; & encore ledit Me Caillou, Procureur dudit sieur Hardy, & des sieurs Syndic & Jurés en charge de la Communauté des Maîtres Cordonniers, Intervenans, Demandeurs aux fins de leur Requête signifiée le 16 Décembre dernier, tendante à ce que sans s'arrêter ni avoir égard aux conclusions prises par le nommé Gilliard, ci-après nommé, dans lesquelles il seroit déclaré non-recevable & mal fondé, ou dont en tout cas il seroit débouté, il sera dit & ordonné que les Statuts, Sentences de Police, Arrêts & Réglemens de la Communauté desdits Maîtres Cordonniers, & notamment de la Déclaration du Roi de 1703, seront exécutés selon leur forme & teneur ; en conséquence, que faute par lesdits Maîtres Cordonniers de payer ces droits de Visite qu'ils doivent à la Communauté, les Jurés de la Visitation Royale seront autorisés, ainsi que tous Jurés qui seront nommés à l'avenir, à enlever de chez tous les Maîtres de leur Communauté qui seront en retard de payer, des effets jusqu'à concurrence des Visites qu'ils doivent, pour demeurer en leur Bureau jusqu'au payement ; à l'effet de quoi la Sentence à intervenir seroit imprimée, lue, publiée & affichée par-tout où besoin sera, aux frais dudit Gilliard, qui sera condamné en outre aux dépens contre Me Cornisset, Procureur du sieur François Gilliard, Maître Cordonnier à Paris, Demandeur & Défendeur : Parties ouies, sans que les qualités puissent nuire ni préjudicier : Nous après en avoir délibéré sur les dossiers & pièces des Parties mises en nos mains, recevons les Jurés Cordonniers Parties de Caillou, Parties intervenantes ; faisant droit sur leur intervention au principal, sans avoir égard aux demandes de la Partie de Cornisset, dans lesquelles nous la dé-

clarons

clarons non - recevable ; difons que notre Ordonnance provifoire du 20 Septembre 1760 fera définitivement exécutée. Faifons défenfes à la Partie de Corniffet, & à tous autres membres de ladite Communauté de plus à l'avenir invectiver, injurier, ni maltraiter les Jurés étant dans leurs fonctions, fous
telles peines qu'il appartiendra ; condamnons les Parties de
Corniffet aux dépens envers toutes les Parties ; & fera notre
préfente Sentence infcrite fur les Regiftres de la Communauté
des Parties de Caillou, exécutée nonobftant & fans préjudice
de l'Appel ; en témoin de quoi, Nous avons fait fceller ces Préfentes, données par Meffire Antoine-Raymond-Jean-Gualbert-
Gabriel de Sartine, Chevalier, Confeiller du Roi en fes Confeils, Maître des Requêtes ordinaire de fon Hôtel , Lieutenant Général de Police au Châtelet de Paris, tenant le Siége
le Vendredi 11 Septembre 1761. Collationné, LA FONTAINE.

Obtenu du tems & par les foins de MM. Jean-Louis Dalmaffe, Syndic ; Jean-Louis Lullier , Jean Dutuc - Lagardere,
Jurés du Cuir tanné ; Pierre Tinterlin, Claude-Nicolas Mettereau, Jurés de la Chambre ; Louis - François Hardy, Jacques
Boutry , François Gaucherat, Claude Pernet, Jurés en charge de la Vifite Royale.

A Tous ceux qui ces préfentes Lettres verront : Aléxandre
de Segur, Chevalier, Seigneur de Franc, Begle, Saint-
Enjan, Lafitte, Latour, Pouillac, Callon , Tafte, Queirac &
autres lieux , Confeiller du Roi en tous fes Confeils, Prévôt
de la Ville, Prévôté & Vicomté de Paris , Confervateur des
Priviléges Royaux de l'Univerfité de la même Ville , Salut.
Sçavoir faifons, que fur la Requête faite en Jugement devant
Nous à l'Audience de la Chambre Criminelle du Châtelet de
Paris, par Me Pierre Caillou, Procureur du fieur Louis-François Hardy, Maître Cordonnier à Paris, & Juré de la Vifite
Royale de fa Communauté, Plaignant ; ayant fait informer des
faits contenus en fa plainte pardevant le Commiffaire Merlin,
qui l'a reçu Demandeur, fur le renvoi à l'Audience du 14 Dé-
cembre 1760 , aux fins de l'Exploit fait par Fauh, Huiffier à
Cheval en cette Cour , le 19 dudit mois de Décembre, dû-

1761 , 4
Décemb.

N n

ment contrôlé à Paris le 31 par Begon, & présenté au Greffe de cette Cour le 26 Janvier dernier par Pecourt, par lequel il a conclu, à ce qu'en procédant & allant en avant sur ledit renvoi à l'Audience, & attendu la preuve résultante de l'information faite à sa Requête contre le nommé Gilliard, ci-après nommé, que les Statuts de Communauté, Arrêts & Sentences de Police, concernant l'honneur & le respect que chaque Maître doit aux sieurs Syndic & Jurés de la Visitation Royale de ladite Communauté, soient exécutés selon leur forme & teneur; ce faisant, que défenses soient faites audit Gilliard de plus à l'avenir injurier & maltraiter ledit sieur Hardy, avec injonction de lui porter honneur & respect, ainsi qu'aux autres Jurés, sous telles peines qu'il appartiendra, & que pour avoir injurié, maltraité & pris au collet ledit sieur Hardy en plein Bureau, il soit condamné à lui en faire réparation, & demander excuse au Bureau de ladite Communauté, en présence de tels Maîtres & Jurés de ladite Communauté & autres personnes qu'il plaira audit sieur Hardy d'y amener, & condamné en mille livres de dommages & intérêts, & la Sentence à intervenir imprimée, lue, publiée & affichée par-tout où besoin sera, à ses frais & dépens, & autres fins, avec dépens; Demandeur en exécution de notre Sentence du 16 dudit mois de Janvier, & de celle du 20 Février suivant, qui convertit ladite information en Enquête, & permet audit sieur Hardy de continuer sa preuve par forme d'Enquête, & audit Gilliard de faire preuve des faits contraires, pour le tout fait, rapporté & communiqué aux Gens du Roi, être par nous ordonné ce qu'il appartiendra; Défendeur à la Requête verbale du 11 Avril dernier, suivant ses moyens de demande, fins de non-recevoir; & défenses du 22, & aux Ecritures du 24, suivant ses réponses du 4 Mai suivant, le tout tendant aux fins y contenues, avec dépens, assisté de Me Saint-Julien son Avocat, contre Me Cornisset, Procureur du sieur François Gilliard, Maître Cordonnier à Paris, Accusé, Défendeur & Demandeur, assisté de Me Damiens son Avocat: Parties ouies, ensemble noble homme Me de Meulan d'Ablois, Avocat du Roi en ses conclusions; Nous ayant égard à la preuve résultante des informations & Enquête des Parties d'aucuns des faits contenus en la plainte de la Partie de Saint-Julien, faifons défenfes à la Partie de Damiens de plus à l'avenir injurier la Partie de Saint-Julien ; difons que ladite Partie de Damiens fera tenue de reconnoître la Partie de Saint-Julien pour perfonne d'honneur & de probité, & lui en donner acte au Greffe, finon notre Sentence le vaudra ; condamnons la Partie de Damiens aux dépens pour tous dommages & intérêts ; fur le furplus des demandes, mettons les Parties hors de Cour, & fera notre préfente Sentence infcrite fur le Regiftre des Délibérations de ladite Communauté ; ce qui fera exécuté nonobftant & fans préjudice de l'appel, en témoin de quoi nous avons fait fceller ces Préfentes qui furent faites & données par M. le Noir, Lieutenant Criminel au Châtelet de Paris, le Vendredi 4 Décembre 1761. Collationné, LAFONTAINE.

Obtenu du tems & par les foins de MM. Jean-Louis Dalmaffe, Syndic ; Jean-Louis Lullier, Jean Dutuc-Lagardere, Jurés du Cuir tanné ; Pierre Tinterlin, Claude-Nicolas Mettereau, Jurés de la Chambre. Louis-François Hardy, Jacques Boutry, François Gaucherat, Claude Pernet, Jurés en charge de la Vifitation Royale.

ARREST DE LA COUR DU PARLEMENT,

En faveur de la Communauté des Maîtres Cordonniers,
CONTRE celle des Marchands Merciers.

LOUIS, par la grace de Dieu, Roi de France & de Navarre, au premier des Huiffiers de notre Cour de Parlement, ou autre Huiffier ou Sergent fur ce requis, fçavoir faifons, qu'entre Hubert Henir, Maître Cordonnier à Paris, Appellant de quatre Sentences rendues en la Chambre de Police du Châtelet de Paris, les 18 Janvier 1754, 28 Mai, 27 Août & 10 Septembre 1756, & de tout ce qui a fuivi, d'une part ; & les Maîtres & Gardes en charge du Corps des Marchands Merciers, Groffiers, Joailliers de la Ville & Fauxbourgs de Paris, Intimés, d'autre part ; & entre ledit Hubert Henir,

1760, 17 Octobre.

Nn ij

Demandeur en Requête du 21 Mars 1758, tendante à ce que l'appellation & ce dont est appel fussent mis au néant, en ce qu'il ne leur avoit été adjugé aucuns dommages & intérêts, & que les dépens avoient été compensés entre lui & les Défendeurs ci-après nommés, attendu que par la saisie des Défendeurs, il n'avoit pû se servir des Cuirs par lui achetés, & que d'ailleurs cette saisie lui avoit fait manquer l'entreprise qu'il avoit faite pour ses Pratiques; que lesdits Défendeurs fussent condamnés en mille livres de dommages-intérêts résultans du dérangement de son commerce, & attendu que les quinze douzaines de peaux de veaux saisies par les Défendeurs depuis le 12 Octobre 1752, n'étoient plus de service au mois de Janvier 1754, par le dépérissement total qu'éprouvent ces sortes de marchandises pendant un intervalle aussi considérable; que ces Défendeurs fussent condamnés à lui payer & rembourser la somme de 292 liv. 12 sols, prix qu'elles avoient coûté, avec les intérêts; que le Demandeur fût en outre déchargé des condamnations contre lui prononcées par les autres Sentences dont étoit appel, & que les Défendeurs fussent condamnés en tous les dépens des causes principales d'appel & demandes, aux offres qu'il faisoit & réitéroit d'affirmer, si notredite Cour le jugeoit à propos & sur quoi il s'en rapportoit à sa prudence; que les quinze douzaines de peaux dont étoit question, avoient été par lui achetées au Bureau des Cuirs pour son compte, & qu'il ne prêtoit son nom à qui que ce soit, directement ni indirectement, d'une part; & lesdits Maîtres & Gardes du Corps des Marchands Merciers, Grossiers, Joailliers de Paris, Défendeurs d'autre part; & entre lesdits Maîtres & Gardes du Corps des Marchands Merciers, Grossiers, Joailliers de Paris, Demandeurs en Requête du 25 Juin 1758, tendante à ce qu'en lui donnant Acte de l'emploi du contenu en leur Requête pour fins de non-recevoir, & défenses subsidiairement contre la demande portée par la Requête du Défendeur ci-après, du 20 Mars 1756, dans laquelle il seroit déclaré non-recevable, ou dont en tout cas, il seroit débouté, l'appellation fût mise au néant; qu'il fût ordonné que ce dont étoit appel, sortiroit effet avec amende, & que le Défendeur fût condamné en tous les dépens des causes d'appel & demandes, d'une part,

& ledit Hubert Henir, Défendeur d'autre part; & entre les Syndic, Jurés en charge & Communauté des Maîtres Cordonniers de la Ville, Fauxbourgs & Banlieue de Paris, Demandeurs en Requête du 19 Décembre 1758, tendante à ce qu'il plût à notredite Cour les recevoir Parties intervenantes en la cause & contestations pendantes en icelle; entre Hubert Henir, Maître Cordonnier à Paris, d'une part, & les Maîtres & Gardes en charge des Marchands Merciers, Grossiers, Joailliers de la même Ville, sur l'appel interjetté par ledit Henir de quatre Sentences de la Chambre de Police de ladite Ville, des 18 Janvier 1754, 28 Mai, 27 Août & 10 Septembre 1756, aux chefs qui lui faisoient préjudice ; qu'il leur fût donné acte de ce que pour moyens d'intervention ils employoient ce contenu en leur Requête; il leur fût pareillement donné acte de ce qu'ils adhéroient à ses appel & demande; ce faisant, que l'appellation & ce dont étoit appel fussent mis au néant, en ce que par la Sentence du 18 Janvier 1754, la saisie faite le 13 Octobre 1752, à la requête des Marchands Merciers, des quinze douzaines de Cuirs achetés par Henir au Bureau des Cuirs de cette Ville, n'avoit pas été déclarée nulle, injurieuse, véxatoire & déraisonnable, avec dommages, intérêts & dépens; émendant que ladite saisie fût déclarée nulle & déraisonnable, avec dommages-intérêts; qu'il fût fait défenses aux Marchands Merciers de plus à l'avenir faire aucune saisie des marchandises de Cuirs sur les Maîtres Cordonniers, sous quelque prétexte que ce fût, directement ni indirectement, à peine de 500 liv. d'amende, & de tous dépens, dommages & intérêts; & que lesdits Marchands Merciers fussent en outre condamnés en tous les dépens d'une part, & lesdits Maîtres & Gardes du Corps des Marchands Merciers, Grossiers, Joailliers de Paris & ledit Hubert Henir, Défendeur, d'autre part; & entre lesdits Maîtres & Gardes du Corps des Marchands Merciers, Joailliers de la Ville & Fauxbourgs de Paris, Demandeurs en Requête du 30 Août 1760, tendante à ce qu'il leur fût donné acte de l'emploi du contenu en leur Requête pour fins de non-recevoir, & défenses contre l'intervention & demande des Défendeurs ci-après portées par Requête du 19 Décembre 1758, dans lesquelles ils seroient déclarés non-recevables, avec dépens;

que les fins & conclusions prises par les Demandeurs leur fussent adjugées, d'une part, & les Syndic, Jurés en charge &
Communauté des Maîtres Cordonniers de Paris, & ledit Hubert Henir, Défendeur d'autre part; & entre ledit Hubert Henir, Maître Cordonnier à Paris, Demandeur en Requête du
25 Septembre dernier, tendante à ce qu'il lui fût donné acte
de ce que pour fins de non-recevoir, & défenses contre les
Requêtes, interventions & demandes des 5 Juin & 19 Décembre 1758, il employoit le contenu en sa Requête; ce faisant,
que lesdits Maîtres & Gardes du Corps des Marchands Merciers fussent déclarés non-recevables dans leur demande du 5
Juin 1758, ou en tout cas, qu'ils en fussent déboutés, & que
les conclusions qu'il avoit ci-devant prises lui fussent adjugées;
au surplus, qu'il lui fût donné acte de ce qu'il sommoit & dénonçoit auxdits Maîtres & Gardes du Corps des Marchands
Merciers, l'intervention & demande desdits Syndic, Jurés &
Communauté desdits Maîtres Cordonniers, portée par leur
Requête du 19 Décembre 1758, à ce que lesdits Maîtres &
Gardes du Corps des Marchands Merciers n'en ignorassent;
ce faisant, qu'ils fussent condamnés en tous les dépens du Demandeur, faits vis-à-vis des uns & des autres, même en ceux
qui pourroient être adjugés ou compensés contre lui en faveur
desdits Maîtres Cordonniers, d'une part; lesdits Maîtres &
Gardes du Corps des Marchands Merciers, Grossiers, Joailliers de Paris, & les Syndic, Jurés en charge & Communauté
des Maîtres Cordonniers de la même Ville, Défendeurs d'autre part; & entre lesdits Syndic, Jurés en charge & Communauté des Maîtres Cordonniers de Paris, Demandeurs en Requête du premier Octobre présent mois, tendante à ce qu'il leur fût
donné acte de ce que pour fins de non-recevoir, & défenses
contre la Requête & demande desdits Maîtres & Gardes du
Corps des Marchands Merciers du 30 Août dernier; leur Requête.... ce faisant, qu'ils fussent déclarés non-recevables dans
leursdites demandes, ou en tout cas qu'ils en fussent déboutés; au
surplus, que les Demandeurs fussent, en tant que de besoin seroit,
reçus Appellans de la saisie que lesdits Gardes des Marchands
Merciers avoient fait faire le 13 Octobre 1752, des quinze
douzaines de peaux de veaux appartenantes audit Henir, l'un

des Maîtres de la Communauté des Demandeurs ; faifant droit
fur ces appellations, que cefdites appellations & ce fuffent mis
au néant ; émendant que ladite faifie fût déclarée nulle, injurieufe, tortionnaire ; qu'il fût fait défenfes aux Maîtres & Gardes du Corps des Marchands Merciers, Groffiers, Joailliers,
de faire à l'avenir aucune faifie des marchandifes de Cuirs achetés au Bureau des Cuirs de cette Ville par les Maîtres Cordonniers, fous quelque prétexte que ce fût, à peine d'amende,
dépens, dommages-intérêts, & que les fins & Conclufions
prifes par les Demandeurs, leur fuffent adjugées ; qu'il leur fût
donné acte de ce qu'ils fommoient & dénonçoient auxdits Jurés des Marchands Merciers la Requête dudit Henir, du 25
Septembre dernier ; ce faifant, que lefdits Maîtres & Gardes
des Marchands Merciers fuffent condamnés en tous les dépens
envers les Demandeurs, contr'eux faits & par eux faits vis-à-
vis de toutes les Parties, même à les acquitter de ceux qui feroient ou pourroient être adjugés ou compenfés en faveur dudit Henir, d'une part, & lefdits Maîtres & Gardes du Corps
des Marchands Merciers, Joailliers, Groffiers de Paris, & ledit Hubert Hernir, Défendeurs d'autre part ; & entre ledit
Hubert Hernir, Demandeur en deux Requêtes ; la premiere
du 2 Octobre préfent mois, tendante à ce que où notredite
Cour feroit quelque difficulté de lui adjuger quant à préfent,
les conclufions par lui prifes au chef qui concernoit les dommages-intérêts par lui demandés, ce qu'il ne préfumoit pas en
ce cas, & non autrement, il lui fût donné acte de ce qu'il articuloit & mettoit en fait que les quinze douzaines de peaux de
veaux faifies fur lui, n'étoient plus de valeur loyale & mar-
chande, pour être employées aux ouvrages de fa profeffion,
lors de la Sentence du 18 Janvier, qui avoit prononcé la main-
levée de la faifie qui en avoit été faite indûement & tortion-
nairement fur lui, & qu'elles étoient totalement dépéries ; à
leffet de quoi lefdits Merciers feroient tenus de convenir ou
difconvenir defdits faits, & en cas feulement de négation defdits faits, il fût ordonné que par Experts & gens à ce connoif-
fans, dont les Parties conviendroient pardevant tel des Meffieurs qu'il plairoit à la Cour commettre, ou qui feroient par
lui pris & nommés d'office, il fera procédé à la vifite defdites

quinze douzaines de peaux faifies pour en conftater l'état &
expliquer le progrès & les caufes du dépériffement defdites
marchandifes, dont ils feroient leur rapport, pour fur le Procès-verbal qui en feroit dreffé, être ftatué ce qu'il appartiendroit, fur ce plus ou le moins des dommages-intérêts qui devoient être accordés au Demandeur, & au furplus, que les autres fins & conclufions du Demandeur lui fuffent adjugées, &
que lefdits Marchands Merciers fuffent condamnés dans tous
les cas aux dépens faits par le Demandeur contre toutes les
Parties, & la feconde du 3 dudit préfent mois d'Octobre, à fin
d'oppofition à l'Arrêt par défaut de notredite Cour, du 12 Septembre précédent d'une part, & lefdits Maîtres & Gardes du
Corps des Marchands Merciers, Groffiers Joailliers de Paris,
Défendeurs, d'autre part; & entre les Syndic & Jurés en
charge de la Communauté des Maîtres Cordonniers de Paris,
Demandeurs en Requête dudit jour 3 Octobre préfent mois, à
fin d'oppofition à l'Arrêt par défaut dudit jour 12 Septembre
dernier, d'une part, & lefdits Maîtres & Gardes du Corps des
Marchands Merciers, Groffiers, Joailliers de Paris, Défendeurs, d'autre part, après que Vermeil, Avocat de Henir,
Decouftard, Avocat des Gardes de la Mercerie, & Deve,
Avocat de la Communauté des Cordonniers, ont été ouïs, enfemble Laurencel, Subftitut pour le Procureur Général du Roi.

Notredite Chambre reçoit les Parties de Deve & de Vermeil
oppofantes à l'exécution de l'Arrêt par défaut, & les Parties
de Deves, Parties intervenantes; faifant droit au principal,
a mis & met les appellations & ce dont eft appel au néant;
émendant, fans s'arrêter aux Requêtes & demandes des
Parties de Decouftard, formées tant en caufe principale
qu'en caufe d'appel dont elles font déboutées, & déclare
nul le Procès-verbal de faifie des peaux dont eft queftion;
ordonne que lefdites peaux feront rendues & reftituées à la
Partie de Vermeil; à ce faire les Parties de Decouftard &
tous autres dépofitaires, contraints par corps, quoi faifant déchargés; condamne les Parties de Decouftard en 300 l. de dommages-intérêts envers la Partie de Vermeil, en tous les dépens des caufes principales d'appel, intervention & demandes envers toutes les Parties. Mandons mettre le préfent Arrêt à exécution

cution de ce faire, & donnons tout pouvoir. Donné en notre-dite Cour de Parlement en vacations le 17 Octobre, l'an de grace 1760, & de notre Regne le quarante-fixiéme.

Signé, Ysabeau.

Du tems, & par les foins de Meffieurs, Jean-Louis Dalmaffe, Syndic ; Antoine Marcandier, Jean-Louis Lullier, Jurés du Cuir tanné ; Jean Dutuc-la-Gardere, & Jean-Jacques Portes, Jurés-Gardes de la Chambre ; Henri Sinet, Antoine Vanguille, Louis-François Hardy & Jacques Boutry , Jurés-Gardes de la Vifite Royale , tous Jurés en charge en la préfente année 1761.

DE PAR LE ROI,

Monfieur le Prévôt de Paris, & Monfieur le Lieutenant Général de Police au Châtelet de Paris.

SENTENCE

Rendue en faveur des Syndic & Jurés de la Communauté des Maîtres Cordonniers;

Contre les fieurs Jacques Regnault, Denis André, Jean Goutte, André-François Foudrier, Zacharie Margarita, Denis Simon, & Fiacre Benomont, tous Maîtres Cordonniers ;

QUI homologue l'avis de Monfieur le Procureur du Roi, pour être exécuté felon fa forme & teneur ; qui enjoint auxdits Regnault, André Goutte, Foudrier, Margarita, Simon & Benomont, de porter honneur & refpect auxdits fieurs Syndic & Jurés; de leur payer les droits de Vifites à raifon de vingt fols par chacune, & à défaut de payement, permet d'enlever les marchandifes pour fûreté defdits droits de Vifites.

Extrait des Regiftres de la Chambre de Monfieur le Procureur du Roi au Châtelet de Paris.

ENtre les fieurs Syndic & Jurés en charge la Commu-nauté des Maîtres Cordonniers de la Ville & Fauxbourgs

1761,
24 Avril.

de Paris, Demandeurs aux fins de l'Exploit fait par Fauh, Huissier à cheval au Châtelet de Paris, le 31 Mars dernier, dûment contrôlé à Paris le 3 du présent mois par Loreau, & présenté, tendant aux fins y contenues, à ses dépens, assistés de Pierre Caillou, leur Procureur d'une part, & les sieurs Jacques Regnault, Denis André, Jean Goutte, André-François Foudrier, Zacharie Margarita, Denis Simon, & Fiacre Benomont, tous Maîtres Cordonniers à Paris, Défendeurs à l'Exploit susdaté d'autre part : ouï ledit Me Caillou en son plaidoyer, & par vertu du défaut de nous donné contre les Défendeurs susnommés non comparans, ni Procureur pour eux dûment appellés, Nous condamnons les Défaillans à payer aux Demandeurs en deniers ou quittances valables la somme de douze livres chacun pour deux années échues le premier Mars dernier, des droits de Visites attribués à ladite Communauté, à raison vingt sols par chacune desdites Visites qui se font tous les deux mois suivant les Statuts, Réglemens & Arrêts de ladite Communauté ; & faute par eux de payer chacun ladite somme, disons que leurs Boutiques & Magasins seront & demeureront fermés jusqu'au payement d'icelle ; comme aussi disons que lesdits Défaillans, & tous autres Maîtres de ladite Communauté seront tenus de porter honneur & respect auxdits sieurs Syndic & Jurés lors de leurs Visites, ainsi que de leur payer & continuer à l'avenir lesdits droits de Visites tous les deux mois, sinon, & en cas de refus de leur part, autorisons les Demandeurs à enlever jusqu'à due concurrence de chez les Refusans, des Marchandises pour sûreté desdits droits de Visites, & sera notre présent Avis imprimé, lu, publié & affiché partout où besoin sera aux frais des Défaillans, que nous condamnons en outre aux dépens. Donné par Messire Claude-Bernard-François Moreau, Chevalier, Conseiller du Roi, son Procureur au Châtelet de Paris, lesdits jour & an que dessus. *Signé*, Vimont.

A tous ceux qui ces présentes Lettres verront : Aléxandre de Ségur, Chevalier, Seigneur de Franc & autres lieux, Prévôt de Paris, Salut. Sçavoir faisons, que sur la Requête faite en Jugement devant Nous, à l'Audience de la Chambre de Police du Châtelet de Paris, par Me Caillou, Procureur des sieurs Syndic & Jurés en charge de la Communauté des Maîtres

Cordonniers de la Ville & Fauxbourgs de Paris, Demandeurs aux fins de l'Exploit, fait par Fauh , Huissier à Cheval en
cette Cour, le 15 du présent mois , dûment contrôlé le 18 par
Bujon , & présenté par de la Salle , tendant à fin de confirmation de l'avis de M. le Procureur du Roi du 24 Avril dernier,
& autres fins y contenues, avec dépens, assistés de Me de Saint-
Julien , leur Avocat ; contre les sieurs Jacques Regnault, Denis
André , Jean Goutte, André-François Foudrier , Zacharie Margarita , Denis Simon, & Fiacre Benomont, tous Maîtres Cordonniers à Paris, Défendeurs à l'Exploit susdaté & Défaillans:
ouï ledit Me de Saint-Julien en son plaidoyer, & par vertu du
défaut de nous donné contre les Défaillans non comparans, ni
Procureur pour eux dûment appellés, lecture faite des Piéces,
Nous avons l'Avis du Procureur du Roi dont est question,
confirmé ; en conséquence disons qu'il sera exécuté selon sa
forme & teneur, & sera notre présente Sentence lue , publiée &
affichée par-tout où besoin sera aux frais des Défaillans , que
nous condamnons en outre aux dépens ; ce qui sera exécuté
nonobstant & sans préjudice de l'appel , & soit signifié. En
témoin de quoi, Nous avons fait sceller ces Présentes, qui
furent faites & données par M. le Lieutenant Général de Police au Châtelet de Paris , tenant le Siége le Vendredi 22 Mai
1761. Collationné. *Signé* , LAMBERT. Scellé. *Signé* , SAUVAGE ,
& signifié.

Imprimé par les soins & du tems de Messieurs Jean-Louis
Dalmasse , Syndic en Charge ; Antoine Marcandier , Jean-
Louis Lullier , Jean Dutuc - la - Gardere , Jean - Jacques
Portes, Henri Sinet, Antoine Vanguille, Louis - François
Hardy , Jacques Boutry , tous Jurés en Charge en la présente
année 1761.

SENTENCE DU SIÉGE DE POLICE DU CHATELET,

Qui déclare nulles plufieurs faifies faites à la requête des Jurés des Maîtres Savetiers de Paris, fur différens Maîtres de la Communauté des Maîtres Cordonniers, en fait main-levée, & fait défenfes d'en faire à l'avenir de pareilles ; & l'Arrêt de la Cour du Parlement, qui confirme ladite Sentence.

1756,
6 Fév.

A Tous ceux qui ces Préfentes verront : Alexandre de Ségur, Chevalier, Seigneur de Franc & autres lieux, Confeiller du Roi, Prevôt de la Ville, Prevôté & Vicomté de Paris, Salut. Sçavoir faifons, que fur la Requête faite en Jugement devant nous à l'Audience de la Chambre de Police du Châtelet de Paris, par Me Pierre Caillou, Procureur des fieurs Syndic & Jurés en Charge de la Communauté des Maîtres Cordonniers à Paris, ayant pris le fait & caufe de Pierre Goby, Jean Caftra, Pierre Darbion, Martin Barabo, Antoine Lizonnet, Jean Boifle, Edme Jonfon, François Doffeville & Thomas Durand, tous Maîtres Cordonniers à Paris, & encore ledit Me Caillou, Procureur defdits Sieurs Goby, Caftra, Darbion, Barabo, Lizonnet, Boifle, Jonfon, Doffeville & Durand, tous plaignans & Demandeurs, en exécution de notre Sentence du 23 Mars 1753, contradictoire entre les fufnommés d'une part, les grands Jurés Savetiers d'autre part, & ledit Thomas Durand encore d'autre, & encore Demandeurs aux fins des Requêtes & demandes y portées, & fuivant les Requêtes verbales & repliques des 14 Avril, 4 Mai & 22 Août 1753, & encore demandeurs en exécution de notre Sentence du 7 Septembre audit an, & des informations & enquêtes faites devant Me Morin, Commiffaire, les 10 Août, 19 & 20 Décembre 1752, 17, 18 & 19 Avril 1753, fuivant les Requêtes verbales fignifiées le 7 Octobre 1754, & Défendeurs à la demande incidente portée par les écritures fignifiées le 24 Décembre fuivant, le tout tendant aux fins y portées, avec dépens, dommages & intérêts. Contre Me Ragoulleau, Procureur des grands

Jurés en charge de la Communauté des Maîtres Savetiers à Paris, Défendeurs & Demandeurs, contre Me Petit l'aîné, Procureur des petits Jurés en charge de la Communauté des Maîtres Savetiers à Paris, faififfans fur ledit Jean Boifle, Maître Cordonnier, Demandeurs & Défendeurs. Parties ouïes, fans que les qualités puiffent nuire ni préjudicier, Nous avons donné défaut contre les Parties de Petit l'aîné, & pour le profit recevons les Syndic & Jurés de la Communauté des Maîtres Cordonniers, Parties de Caillou, Parties intervenantes; & fans avoir égard aux demandes des parties de Ragoulleau, difons que les Statuts, Arrêts & Réglemens feront exécutés felon leur forme & teneur, en conféquence déclarons la faifie faite fur les fieurs Goby, Caftra & Confors, autres Parties de Caillou, nulles, injurieufes, tortionnaires & déraifonnables, en faifons main-levée auxdits Goby & Conforts, auxquels les marchandifes & effets à eux appartenans, feront remis; à ce faire tous gardiens & dépofitaires feront contraints même par corps, quoi faifant ils en demeureront bien & valablement quittes & déchargés; faifons défenfes aux Parties de Ragoulleau de faire à l'avenir de pareilles faifies, & pour avoir fait celles mentionnées au Procès, condamnons folidairement lefdites Parties de Ragoulleau & de Petit envers toutes les Parties de Caillou, en leur propre & privé nom, en tous les dépens, qu'ils ne pourront employer dans leur compte de Jurande, & qui fera exécuté nonobftant & fans préjudice de l'appel, & foit fignifié; en témoin de quoi nous avons fait fceller ces Préfentes. Ce fut fait & donné par Meffire Nicolas-René Berryer, Chevalier, Confeiller d'État, Prevôt de la Ville, Prevôté & Vicomté de Paris, tenant le Siége le Vendredi 6 Février 1756. Collationné. *Signé*, LAMBERT.

ARREST DE LA COUR DE PARLEMENT,

1761, 22 Juin,

L OUIS, par la grace de Dieu, Roi de France & de Navarre, au premier des Huiffiers de Notre Cour de Parlement ou autres Huiffiers ou Sergens fur ce requis; fçavoir faifons: Qu'entre les Jurés en charge & Communauté des Maîtres Savetiers, appellans de Sentence du Châtelet de Paris, du 6

Février 1756 , & Demandeurs en Requête du 13 Août audit an , d'une part ; & les Syndic , Jurés en charge & Communauté des Maîtres Cordonniers, Intimés & Défendeurs d'autre part ; vû notredite Cour ladite Sentence dont est Appel dudit jour 6 Février 1756 , contradictoirement rendue au Châtelet de Paris, entre les Maîtres Cordonniers & les grands Jurés de la Communauté des Savetiers, & par défaut contre les petits Jurés, par laquelle les Syndic & Jurés de la Communauté des Cordonniers ont été reçus Parties intervenantes ; & sans avoir égard aux demandes des grands Jurés, les saisies faites sur Goby-Castra & consors, ont été déclarées nulles, injurieuses, tortionnaires & déraisonnables ; main-levée des saisies faites auxdits Goby & Consors, auxquels les marchandises & effets à eux appartenans seront remis : à ce faire, leurs Gardiens & Dépositaires contraints, même par corps ; quoi faisant, déchargés : défenses ont été faites auxdits grands Jurés & petits Jurés de faire à l'avenir de pareilles saisies, & pour avoir fait celles mentionnées au Procès, ils ont été solidairement condamnés envers la Communauté des Cordonniers & lesdits Goby & Consorts, en leurs propres & privés noms, en tous les dépens, qu'ils ne pourront employer dans leur compte de Jurande. Requête des Syndic & grands Jurés de la Communauté des Maîtres Savetiers, du 13 Août audit an 1756, tendante à ce que l'appellation & ce dont est appel , fussent mis au néant ; émendant , ils fussent déchargés des condamnations contr'eux prononcées ; il fût ordonné que les Stauts & Réglemens qui ont été rendus en faveur de leur Communauté, seroient exécutés selon leur forme & teneur : les saisies faites par les Syndic & grands Jurés en charge de leur Communauté, le   1755, fussent déclarées bonnes & valables ; défenses fussent faites à la Communauté des Maîtres Cordonniers de plus à l'avenir entreprendre sur leur état & profession, & ils fussent condamnés en tous dommages & intérêts , & en tous les dépens des causes principales d'appel & demandes : Arrêt du 30 Août 1756, qui sur l'appel appointe les Parties au Conseil, & sur les demandes en droit & joint causes d'appel desdits Syndic & grands Jurés de la Communauté des Maîtres Savetiers , servant d'avertissement, du 12 Novembre audit an : productions respectives des Parties, Requête des Syndic & grands Jurés de la Communauté des Maîtres Cordonniers, du 12 Novembre 1757, employées pour fin de non-recevoir, & défenses tendantes à ce que, sans s'arrêter ni avoir égard à la précédente desdits Maîtres Savetiers, dans laquelle ils seront déclarés non-recevables, ou dont en tous cas, ils fussent déboutés, ils fussent déclarés non-recevables, dans leur Appel, & en tout cas, l'appellation fût mise au néant; ordonne que ce dont est appel sortira son plein & entier effet, & condamnés aux dépens des causes d'appel & demande, sur laquelle demande il auroit été réservé à faire droit en jugeant par Ordonnance étant au bas : Requête de ladite. Communauté des Maîtres Savetiers du 8 Avril 1758, employée pour contredits contre la production de la Communauté des Maîtres Cordonniers, & pour fin de non-recevoir, & défenses à la précédente réponse desdits Syndic & grands Jurés de ladite Communauté des Maîtres Cordonniers du 28 Avril 1759, à causes d'appel servant de contredits de production; production nouvelle desdits Syndic & grands Jurés de ladite Communauté des Maîtres Savetiers, par Requête du 2 Juin 1761, employée pour salvations & causes d'appel, & tendante à ce que faisant droit sur l'appel de ladite Sentence du 6 Février 1756, sans s'arrêter à ce qui a été dit, écrit & produit de la part desdits Maîtres Cordonniers, l'appellation & ce dont est appel fussent mis au néant; émendant, il fût ordonné que les Statuts desdits Maîtres Savetiers, & Réglemens intervenus sur iceux, continueront d'être exécutés, en conséquence les saisies faites sur les nommés Barabo, Darbion, Castra, Lizonnet, Dosseville, Goby, Jonson, produites en l'Instance, fussent déclarées bonnes & valables ; défenses fussent faites auxdits Maîtres Cordonniers de plus entreprendre sur leur état & profession, auxquels les effets saisis demeureront acquis & confisqués, & condamnés en quatre mille livres de dommages & intérêts envers eux, & en tous les dépens, tant des causes principales, intervention, que d'appel & demande, sans préjudice à eux de tous leurs autres droits, noms, raisons & actions; au bas de laquelle Requête est l'Ordonnance de notredite Cour, portant soit communiqué, & a réservé au surplus à faire droit en jugeant. Sommation de la contredire par lesdits Cordonniers ; productions nouvelles defdits Syndic & Communauté des Maîtres Cordonniers par Requête du 5 dudit préfent mois, employée pour fin de non-recevoir, & défenfes de la précédente demande en jugeant du 2 dudit mois, & tendante à ce que lefdits Jurés des Maîtres Savetiers y fuffent déclarés non-recevables, ou en tout cas déboutés & condamnés folidairement en trois mille livres de dommages & intérêts, réfultans de leurs indues faifies, & en tous les dépens ; au bas de laquelle Requête eft l'Ordonnance de notredite Cour, foit communiqué, & qui réferve à y faire droit en jugeant. Sommation de la contredire par lefdits Jurés des Maîtres Savetiers ; contredits contre icelle par Requête du 18 Juin : autre Sommation de fatisfaire aux Réglemens de l'Inftance, Conclufions du Procureur Général du Roi, Acte de rediftribution de l'Inftance à M. Claude Tudert, Confeiller, au lieu de M. Rullault, tout joint & confidéré :

Notredite Cour faifant droit fur le tout, a mis & met l'appellation & ce au néant, en ce que la faifie faite fur Thomas Durand le 26 Novembre 1752, d'une paire d'efcarpins raccommodée, a été déclarée nulle ; émendant quant à ce, déclare ladite faifie bonne & valable ; ordonne que ladite paire d'efcarpins demeurera confifquée au profit de ladite Communauté des Savetiers, ladite Sentence au réfidu fortiffant fon plein & entier effet : condamne lefdits grands Jurés & Communauté des Savetiers aux onze douziémes des dépens des caufes d'appel & demandes, l'autre douziéme compenfé. Si mandons mettre le préfent Arrêt à exécution felon fa forme & teneur ; de ce faire te donnons plein & entier pouvoir. Donné en notredite Cour de Parlement, le vingt-deuxiéme jour du mois de Juin, l'an de grace 1761, & de notre Régne le quarante-fixiéme. Collationné. *Signé*, SIGONGNE. Par la Chambre. *Signé*, DUFRANC.

Le 7 Juillet 1761 fignifié, baillé copie à Me Huffon, Procureur, en parlant à fon Clerc, par nous Huiffier au Parlement, fouffigné, figné Jarry. Me Regnard, Procureur des Maîtres Savetiers.

Obtenu du tems & par les foins de MM. Jean-Louis Dalmaffe, Syndic ; Antoine Marcandier, Jean-Louis Lullier, Jurés du Cuir tanné ; Jean Dutuc-la-Gardere, Pierre Tinterlin, Jurés-Gardes

de

de la Chambre ; *Henri Sinet*, *Antoine Vanguille*, *Louis-François Hardy*, *Jacques Boutry* , *Jurés-Gardes de la Visitation Royale.*

ARREST DU PARLEMENT,

Qui ordonne, qu'en cas de démission d'aucuns Jurés, ou abdication des fonctions de Jurés , ils ne pourront être remplacés qu'en la forme prescrite par l'Arrêt de la Cour du 7 Avril 1759.

LOUIS, par la grace de Dieu, Roi de France & de Navarre : au premier Huissier de notre Cour de Parlement, ou autre notre Huissier ou Sergent sur ce requis. Sçavoir faisons : qu'entre les douze anciens des petits Jurés de la Communauté des Cordonniers de Paris, Demandeurs aux fins de la Requête insérée en l'Arrêt de notredite Cour du 15 Avril 1761 , & Exploit des 16 & 27 Avril audit an, à ce qu'il seroit ordonné que l'Arrêt de notredite Cour du 7 Avril 1759 seroit exécuté selon sa forme & teneur; ce faisant , que l'Election de la personne du sieur Tinterlin pour Juré de la Chambre, faite sans les y avoir appellés , seroit déclarée nulle avec dépens, d'une part ; & Pierre Tinterlin, Maître Cordonnier à Paris, & les Syndic & Jurés en Charge de ladite Communauté des Cordonniers, Défendeurs, d'autre part ; & entre ledit Pierre Tinterlin, Demandeur en trois Requêtes des 6, 26 Mai, & 5 Juin 1761 ; là premiere, à ce qu'il seroit reçu opposant à l'Arrêt de notredite Cour du 15 Avril 1761, en ce qu'il lui étoit fait défense de faire aucunes fonctions de Juré de la Chambre, & que par provision, les défenses portées audit Arrêt seroient levées, & que celui qui interviendroit seroit déclaré commun avec les Syndic & Jurés de la Communauté, & que les douze anciens petits Jurés seroient condamnés aux dépens; la deuxiéme, à ce que les conclusions par lui prises, lui seroient adjugées; qu'il lui seroit donné Acte de la dénonciation qu'il faisoit aux Syndic & Jurés en Charge de sa Communauté, de la demande portée en sa Requête du 6 Mai, & où, contre toute apparence,

1761.
22 Juillet.

P p

il seroit prononcé quelques condamnations contre lui au profit des douze anciens petits Jurés, que lesdits Syndic, Jurés & Anciens seroient condamnés à l'acquitter, garantir & indemnifer, & aux dépens envers lui; la troisiéme, à ce qu'il lui seroit donné acte de ce que, pour défenses à l'intervention & demande des douze anciens petits Jurés, il employoit le contenu en leur Requête; ce faisant, qu'il lui seroit donné Acte de ce qu'aux risques, périls & fortunes des douze anciens petits Jurés, il sommoit & dénonçoit aux Syndic & Jurés de ladite Communauté, ladite intervention & demande; en conséquence qu'en déboutant lesdits douze anciens petits Jurés de leur nouvelle demande, que ceux desdits douze anciens petits Jurés ou desdits Syndic, Jurés & Anciens de ladite Communauté qui succomberoient, seroient condamnés aux dépens envers lui, même à l'acquitter des condamnations qui pourroient être prononcées contre lui, d'une part; & les douze anciens petits Jurés de la Communauté des Cordonniers & les Syndic, Jurés & Anciens de ladite Communauté, Défendeurs, d'autre part; & entre les douze anciens petits Jurés, Demandeurs en deux Requêtes des premier & 6 Juin 1761; la premiere, à ce qu'ils seroient reçus Parties intervenantes dans l'instance d'appointé à mettre d'entre le sieur Tinterlin & les Syndic & Jurés en Charge de la Communauté des Maîtres Cordonniers; ce faisant, que le sieur Tinterlin seroit purement & simplement déclaré non-recevable dans son opposition à l'Arrêt de notredite Cour du 15 Avril 1761, ou qu'en tout cas il en seroit débouté; qu'il seroit ordonné que l'Arrêt de notredite Cour du 7 Avril 1759, seroit exécuté selon sa forme & teneur; qu'en conséquence, sur la démission faite par le sieur Porte, de sa place de Juré de la Chambre, il seroit dès-à-présent, & dans la forme prescrite par les Réglemens, en y appellant les Syndic & Jurés, les Anciens, les douze des anciens petits Jurés, comme aussi vingt modernes & vingt jeunes, procédé à une nouvelle élection de Juré au lieu & place du sieur Porte, & que ceux qui succomberoient, ou dudit Tinterlin, ou des Syndic & Jurés de la Communauté des Cordonniers, seroient condamnés en tous les dépens envers eux, par eux faits & à faire contre toutes les Parties; la seconde, à ce qu'il leur seroit donné Acte de ce que pour réponfe à la Requête du fieur Tinterlin du 5 dudit mois de Juin, ils employoient le contenu en leur Requête; ce faifant, que les conclufions par eux prifes leur feroient adjugées avec dépens, d'une part, & le fieur Tinterlin & les Syndic, Jurés & Anciens de la Communauté des Cordonniers, Défendeurs, d'autre part : & entre les Syndic, Jurés & Anciens de la Communauté des Cordonniers, Demandeurs en Requête du premier Juin 1761, à ce qu'il leur feroit donné Acte de ce qu'ils s'en rapportoient à la prudence de notredite Cour, d'une part; & les douze anciens petits Jurés de la Communauté defdits Cordonniers, & le fieur Tinterlin, Défendeurs, d'autre part; fur lefquelles Requêtes & demandes, il a été ordonné par Arrêt du 11 Juin 1751, que les Parties en viendroient à l'Audience avec nos Gens : & entre les douze anciens petits Jurés de la Communauté des Cordonniers, Demandeurs en Requête du 15 Juin 1751, à ce qu'il feroit ordonné que les Statuts, Ordonnances & Réglemens de la Communauté des Cordonniers au fujet des élections, enfemble l'Arrêt de notredite Cour du 7 Avril 1759, feroient exécutés felon leur forme & teneur; que la prétendue élection faite de la perfonne du fieur Tinterlin en place du fieur Porte, feroit déclarée nulle & de nul effet; qu'en conféquence il feroit ordonné que fur la démiffion faite par le fieur Porte, de fa place de Juré de la Chambre, il feroit procédé à une nouvelle élection de Juré de la Chambre dans la forme preferite par les Réglemens, & par l'Arrêt du 7 Avril 1759, en y appellant les Syndics, les Jurés, les Anciens, les douze anciens des petits Jurés, vingt modernes & vingt jeunes; qu'il feroit ordonné que l'Arrêt qui interviendroit feroit imprimé, lû, publié & affiché par-tout où befoin feroit, même écrit fur les Regiftres de la Communauté aux frais & dépens des Syndic & Jurés en charge de la Communauté, & que ledit fieur Tinterlin & les Jurés & Syndic de la Communauté defdits Cordonniers feroient condamnés folidairement en leurs noms perfonnels & fans répétition, ou en tout cas ceux d'entre eux qui fuccomberoient, feroient condamnés en tous les dépens, même en ceux par eux faits & à faire contre toutes les Parties, même en ceux réfervés par l'Arrêt de notredite Cour du 11 Juin 1761, d'une

Pp ij

part ; & le sieur Tinterlin & les Syndic & Jurés en Charge de la Communauté des Cordonniers de Paris, Défendeurs, d'autre part ; & entre les Syndic & Jurés en Charge de la Communauté des Maîtres Cordonniers de Paris, Demandeurs en Requête du 15 Juin 1761, à ce qu'il leur seroit donné acte de ce qu'ils sommoient & dénonçoient aux douze anciens petits Jurés la demande contre eux formée par le sieur Tinterlin ; ce faisant, en tant que touchoit l'opposition formée par ledit Tinterlin à l'exécution de l'Arrêt de notredite Cour, surpris sur Requête non communiquée par les douze petits Jurés, le 15 Avril 1761, il leur seroit donné Acte de ce qu'ils s'en rapportoient à la prudence de notredite Cour, de statuer ce qu'il appartiendroit, & qu'au surplus ils seroient renvoyés des demandes contr'eux formées par ledit Tinterlin, & en tant que touchoit l'intervention & demande des douze anciens petits Jurés, il leur seroit donné Acte de ce qu'ils n'avoient point entendu & n'entendoient point contrevenir à l'Arrêt de notredite Cour, du 7 Avril 1759, & de ce qu'ils l'avoient exécuté, & consentoient l'exécuter ; & qu'au surplus dans tous les cas ils seroient déclarés purement & simplement non-recevables dans leur intervention & demande à leur égard, & qu'ils seroient condamnés aux dépens, même en ceux faits contre ledit Tinterlin, ou qui pourroient être compensés entre eux, tant en demandant, défendant, que des sommations & dénonciations, & en ceux réservés par l'Arrêt de notredite Cour du 11 Juin 1761, d'une part ; & entre ledit Pierre Tinterlin, Demandeur en Requête du 16 Juin 1761, à ce que les anciens petits Jurés de la Communauté des Cordonniers seroient déclarés purement & simplement non-recevables dans leurs demandes, ou qu'en tout cas ils en seroient déboutés, & qu'où notredite Cour y feroit la moindre difficulté, ce qu'il n'estimoit pas, audit cas il lui seroit donné Acte de la dénonciation par lui faite des demandes des petits Jurés ; en conséquence en augmentant aux conclusions par lui prises, que les Syndic & Jurés en Charge de ladite Communauté des Cordonniers, anciens Syndics, anciens Jurés & Anciens de ladite Communauté qui avoient signé l'Acte d'assemblée du 6 Avril 1761, seroient tous condamnés solidairement à les acquitter, garantir & indemniser de toutes condamnations, tant en principal, intérêts, dommages-intérêts qui pourroient intervenir contre lui au profit des 12 petits Jurés, & à lui rendre & reftituer toutes les fommes & droits qu'il avoit payés à l'occafion de fa nomination à ladite place de Juré de la Chambre ; & en outre, en 300 liv. de dommages & intérêts ; qu'il lui feroit donné Acte de ce qu'en continuant fes dénonciations, il fommoit & dénonçoit aux Syndic, Jurés en charge, anciens Syndics, anciens Jurés & anciens de la Communauté, la nouvelle Requête des douze anciens petits Jurés du 15 dudit mois de Juin, & de ce qu'il leur contre-fommoit leur propre demande du même jour ; comme aulli de ce qu'aux rifques, périls & fortunes defdits Syndic & Jurés, il fommoit & dénonçoit aux douze anciens petits Jurés, lefdites Requêtes & demandes ; en conféquence que ceux defdits douze anciens petits Jurés ou des Syndic & Jurés de ladite Communauté qui fuccomberoient, feroient condamnés en tous les dépens par lui faits, même en ceux réfervés par l'Arrêt de notredite Cour du 11 Juin, & faits contre toutes les Parties, tant en demandant, défendant, que des fommations & dénonciations, & contre-fommations, même à l'acquitter de ceux auxquels ils pourroient être condamnés envers aucunes defdites Parties, ou qui pourroient être compenfés entre lui & aucunes d'elles d'une part, & les douze anciens petits Jurés, & les Syndic & Anciens de ladite Communauté des Cordonniers, Défendeurs, d'autre part ; & entre les Syndic & Jurés en charge, anciens Syndic, anciens Jurés & Anciens de la Communauté defdits defdits Cordonniers, Demandeurs en Requête du 11 Juillet 1761, à ce qu'il leur feroit donné Acte de ce qu'aux rifques, périls & fortunes des douze anciens petits Jurés & du fieur Tinterlin, ils leur fommoient & dénonçoient & contre-fommoient leurs demandes refpectives ; & faifant droit au principal, que les douze anciens petits Jurés feroient purement & fimplement déclarés non-recevables dans leurs demandes ; ledit fieur Tinterlin feroit pareillement déclaré non-recevable dans fa demande, ou qu'en tout cas il en feroit débouté ; & que ceux qui fuccomberoient feroient condamnés aux dépens envers eux d'une part, & les douze anciens petits Jurés de la Communauté des Cordonniers de Paris, & le fieur Tinterlin, Défendeurs, d'autre part, fans que les qualités puiffent nuire ni préjudicier. Après que Tennesson, Avocat de Tinterlin & des Jurés de la Communauté des Cordonniers de Paris, Babille, Avocat des anciens Syndics & Jurés en charge de ladite Communauté, & Auvray, Avocat des douze anciens petits Jurés de la même Communauté, ont été ouis ; ensemble Joly de Fleury pour notre Procureur Général :

Notredite Cour donne Acte aux Parties de Babille de ce qu'elles s'en rapportent à la prudence de notredite Cour, & de ce qu'elles n'ont point entendu contrevenir à l'Arrêt de notredite Cour du 7 Avril 1759 : en conséquence sur la demande des Parties d'Auvray, inférée en l'Arrêt de notredite Cour du 15 Avril dernier, met les Parties hors de Cour ; ordonne que Tinterlin, l'une des Parties de Tennesson, continuera jusqu'à l'époque de la prochaine élection les fonctions dans lesquelles il a été reçu par sa Sentence de réception du 7 Avril 1761, le tout sans tirer à conséquence, & qu'à l'avenir, même dans le cas de démission d'aucuns desdits Jurés, ou abdication desdites fonctions, il ne pourra être remplacé jusqu'à l'élection prochaine qu'en la forme prescrite par l'Arrêt de notredite Cour du 7 Avril 1759, tous dépens compensés entre les Parties qu'elles pourront respectivement employer. Si mandons mettre le présent Arrêt à dûe, pleine & entiere exécution selon sa forme & teneur ; de ce faire donnons un plein & entier pouvoir à notre premier Huissier ou autre notredit Huissier ou Sergent sur ce requis. Fait & délivré en notredite Cour de Parlement le vingt-deuxiéme jour du mois de Juillet, l'an de grace 1761, & de notre Regne le quarante-sixiéme. *Collationné*, MARLAT, par la Chambre. *Signé*, DUFRANC.

Imprimé du tems & par les soins des Sieurs Jean-Louis Dalmasse, Syndic ; Jean-Louis Lullier, Jean Dutuc-la-Gardere, Jurés du Cuir tanné ; Pierre Tinterlin, Claude-Nicolas Mettereau, Jurés-Gardes de la Chambre ; Louis-François Hardy, Jacques Boutry, François Gaucherat, Claude Pernet, Jurés-Gardes de la Visitation Royale.

SENTENCE

Contradictoire de la Prévôté de l'Hôtel du Roi & Grande
Prévôté de France, au Siége de Paris; au profit de la Communauté des Cordonniers de ladite Ville :

QUI déboute le sieur Débonnaire, Cordonnier des grandes &
petites Ecuries du Roi, d'une demande en revendication d'une
paire de Bottes molles, d'un Compas & d'une paire de Ciseaux
saisis ès mains d'un Ouvrier Chambreland.

A Tous ceux qui ces Présentes Lettres verront : Louis De-
bouchet, Chevalier, Marquis de Sourches & du Bellai,
Comte de Montforreau, Seigneur de Mezieres, la Roche-
coinon, la Mezangere & autres lieux, Lieutenant Général des
Armées du Roi, Conseiller d'Etat, Prévôt de l'Hôtel de Sa
Majesté & grand Prévôt de France, Salut. Sçavoir faisons,
que vu l'Instance mûe & pendante pardevant Nous entre le
sieur Debonnaire, Cordonnier en charge des grandes & petites Ecuries du Roi, Demandeur suivant sa Requête à Noûs
présentée le 4 Sept. 1759, tendante à ce qu'il nous plût lui permettre de faire assigner pardevant Nous les petits Jurés de la Communauté des Cordonniers de la Ville de Paris, pour voir dire qu'il
auroit Acte de la prise de fait & cause du nommé Totin, son
garçon; en conséquence que la saisie faite sur lui d'une paire
de bottes, soit déclarée nulle, injurieuse, tortionnaire & déraisonnable ; voir ordonner qu'elle seroit remise, & se voir
condamnés en cinq cent livres de dommages & intérêts pour
l'indue vexation & aux dépens ; ordonner que la Sentence à
intervenir seroit lue, imprimée, publiée, affichée aux frais desdits petits Jurés, requérant la jonction de M. le Procureur du
Roi pour la vindicte publique d'une part ; & les petits Jurés de
la Communauté des Maîtres Cordonniers de cette Ville, Défendeurs, d'autre part ; & entre lesdits petits Jurés Cordonniers, Demandeurs, suivant leur Requête du 7 Décembre audit

an 1759, à ce qu'il nous plût leur donner Acte de ce qu'ils employoient pour exceptions & en tant que befoin étoit ou feroit pour fin de non-recevoir contre la demande dudit fieur Debonnaire, le contenu en leur Requête. Ce faifant, déclarer ledit fieur Debonnaire purement & fimplement non-recevable dans fadite demande, fubfidiairement l'en débouter & le condamner aux dépens, fauf à prendre par la fuite telles autres conclufions qu'ils aviferoient d'une part; & ledit fieur Debonnaire, Défendeur d'autre part; & entre ledit fieur Debonnaire, Demandeur, fuivant fa Requête du 2 Janvier 1760, à ce qu'il nous plût, en venant par les Parties plaider fur fes Requête & Exploit des 4 & 6 Septembre 1759, enfemble fur la Requête des petits Jurés de la Communauté des Maîtres Cordonniers de Paris, fignifiée de Procureur à Procureur le 7 Décembre audit an; ordonner qu'elles viendroient pareillement plaider fur fadite Requête; ce faifant, & fans nous arrêter aux fins de non-recevoir propofées par ladite Requête defdits petits Jurés, en augmentant & corrigeant aux conclufions ci-devant prifes par le Demandeur, par fa Requête dudit jour 4 Septembre, déclarer la faifie faite de la paire de Bottes dont eft queftion, enfemble celle du Compas & de la paire de Cifeaux emportés par les grands & petits Jurés de la Communauté des Maîtres Cordonniers de cette Ville, fans aucune forme de procès, après les avoir furpris au nommé Totin, fon garçon, nulle, injurieufe, tortionnaire & déraifonnable; en conféquence, condamner lefdits grands & petits Jurés de la Communauté à rendre & reftituer le tout au Demandeur; donner Acte audit Demandeur de la déclaration par eux faite dans le corps de leur Requête, qu'étant dans le cours de leur vifite, paffant Place de l'Ecole près le Pont-Neuf, ils avoient rencontré un Particulier portant fous fon bras une paire de Bottes molles, un Compas & une paire de Cifeaux; que lui ayant demandé s'il étoit Maître Cordonnier & avoit qualité, il a feulement répondu qu'il demeuroit à Verfailles, & venoit à Paris pour livrer lefdites Bottes. Donner pareillement Acte audit Demandeur de ce que dans le corps de ladite Requête, lefdits petits Jurés de la Communauté des Maîtres Cordonniers à Paris, déclarerent qu'il n'y avoit que le Sieur Leger & ledit

Demandeur

Demandeur qui euſſent revendiqué ladite paire de Bottes, le Demandeur ladite paire de Bottes ſeulement, & le Sr Leger ladite
paire de Bottes, le Compas & les Ciſeaux : donner Acte audit
Demandeur de ce qu'il articuloit & poſoit en fait que le nommé
Totin, ſur qui ladite ſaiſie avoit été faite, lors d'icelle, étoit ſon
Garçon, demeurant à Verſailles fort longtems avant, & y demeurant encore actuellement ; ordonner que leſdits grands &
petits Jurés de ladite Communauté ſeroient tenus dans trois jours
d'avouer ou conteſter leſdits faits, & dans le cas où ils les nie-
roient, permettre au Demandeur d'en faire la preuve, les condamner en 500 liv. de dommages & intérêts, réſultans du trouble
& interruption par eux apportés au ſervice du Roi ; ordonner
que notre Sentence à intervenir ſeroit imprimée, lûe, publiée
& affichée aux frais & dépens de ladite Communauté, requérant ledit Demandeur la jonction de M. le Procureur du Roi
pour la vindicte publique, ſans préjudice à tous ſes autres droits,
noms, raiſons & actions qu'il ſe réſervoit d'exercer quand &
ainſi qu'il appartiendroit, & à prendre par la ſuite telles autres
concluſions qu'il aviſeroit d'une part ; & les petits Jurés Cordonniers, Défendeurs à ladite Requête & Demandeurs ſuivant
leur Requête du 24 Janvier 1760, à ce qu'il nous plaiſe déclarer ledit ſieur Debonnaire non-recevable dans toutes ſes demandes, l'en débouter & le condamner aux dépens, ſauf leurs
droits & actions, & à prendre par la ſuite telles autres concluſions qu'ils aviſeroient, d'autre part ; & ledit ſieur Debonnaire, Défendeur à ladite Requête & Demandeur, ſuivant ſa
Requête du 14 Février 1760, à ce qu'il nous plût lui donner
acte de ce qu'il employoit pour réponſes à la Requête qui lui a
été ſignifiée par leſdits petits Jurés Cordonniers, le contenu
à ſadite Requête ; en conſéquence lui donner acte de ce qu'en
corrigeant aux concluſions priſes par ſes précédentes Requêtes,
leſdits grands & petits Jurés de la Communauté des Maîtres
Cordonniers de cette Ville, ſoient condamnés de remettre audit Demandeur la paire de Bottes molles de veau retourné,
le ſoulier de la Botte à talon de cuir à la fauſſe Lyonnoiſe, enſemble les jarretieres & garnitures, ſon pied, ſon compas, &
une paire de ciſeaux qu'ils avoient mal à-propos ſaiſis ſur ledit
Totin, ſon garçon ; ce faiſant, procédant au Jugement de la

Q q

cause, sans s'arrêter à ladite Requête, déclarer lesdits grands & petits Jurés en charge de la Communauté des Maîtres Cordonniers de cette Ville non-recevables & mal-fondés en leur prétention, subsidiairement les en débouter & les condamner aux dépens; au surplus, adjuger les autres fins & conclusions que ledit Demandeur a prises par sa Requête dudit jour 2 Janvier 1760, sauf à lui à prendre par la suite telles autres conclusions qu'il aviseroit bon être, d'une part; & lesdits petits Jurés de la Communauté des Maîtres Cordonniers de cette Ville, Défendeurs à ladite Requête & Demandeurs suivant leur Requête du 29 dudit mois de Février, tendante à ce qu'il nous plût leur donner acte de ce qu'ils employoient pour réponses à la Requête dudit sieur Debonnaire du 14 dudit mois de Février, fins de non-recevoir à la demande y portée le contenu en leurdite Requête; ce faisant, déclarer ledit sieur Debonnaire non-recevable dans toutes ses demandes, ou en tout cas l'en débouter & le condamner aux dépens, sauf à eux à prendre par la suite telles autres conclusions qu'ils aviseroient, d'autre part : & encore entre lesdits vingt-quatre petits Jurés de la Communauté des Maîtres Cordonniers de cette Ville, Demandeurs suivant leur Requête du 9 Juin 1760, à ce qu'il nous plût leur donner acte de ce qu'ils articuloient, mettoient en fait & offroient de prouver tant par titres que par témoins que le nommé Totin, entre les mains duquel le sieur Debonnaire suppose qu'ont été saisis par les Demandeurs dans le cours de leurs visites, Place de l'Ecole, au bout du Pont-Neuf, le 19 Août 1759, une paire de Bottes, un Compas, une paire de Ciseaux, tient Boutique ouverte à Versailles, avenue de Saint-Cloud, à côté de la porte d'entrée du Manège des grandes Ecuries; qu'au-dessus de la porte il y a une enseigne représentant sur le tableau Bottes & Souliers, au bas duquel est cette inscription : *Totin, Cordonnier des Pages du Roi, à la Botte Royale* ; qu'il paye Capitation à Versailles, & est porté sur le Registre en qualité de Cordonnier; comme aussi qu'il doit à plusieurs Ouvriers & Compagnons qui travaillent pour son compte & auxquels il a fait des arrêtés, pour ladite preuve faite & rapportée, être ordonné ce qu'il appartiendroit, le tout sans aucune approbation préjudiciable, même sous toutes réserves & protestations, de se pourvoir contre la Sentence du 7 Mai lors dernier, & condamner ledit sieur Debonnaire aux dépens, d'autre part ; & entre ledit sieur Debonnaire, Demandeur, suivant sa Requête du 14 Juillet 1760, à ce qu'il nous plût le recevoir opposant à l'exécution de notre Sentence contre lui surprise par défaut, faute de plaider, le 19 dudit mois de Juillet, par les vingt - quatre petits Jurés de la Communauté des Cordonniers de Paris, laquelle ne lui a point été signifiée ; déclarer la procédure sur laquelle elle a été obtenue nulle, ainsi que ce qui l'a suivie ; comme aussi que la déclaration de dépens, signifiée au Procureur du Demandeur le 23 dudit mois de Juillet, seroit déclarée nulle, & qu'elle seroit retirée au principal ; ordonner que les Parties en viendroient au premier jour d'Audience, d'une part : & lesdits petits Jurés de la Communauté des Cordonniers, Défendeurs & Demandeurs, suivant leur Requête du 30 dudit mois de Juillet 1760, à ce qu'il nous plût déclarer ledit sieur Debonnaire, se disant Cordonnier des grandes & petites Ecuries du Roi, purement & simplement non-recevable dans son opposition formée hors la huitaine de l'Ordonnance, le 24 dudit mois de Juillet ; à la Sentence par défaut faute de plaider, obtenue contre lui par les Demandeurs le 9 dudit mois de Juillet, & signifiée au Procureur dudit sieur Debonnaire le 11 dudit mois ; ordonner que ladite Sentence seroit exécutée selon sa forme & teneur, & condamner ledit sieur Debonnaire aux dépens de l'incident, sauf leurs autres droits & actions, & à prendre par eux par la suite telles autres conclusions qu'ils aviseroient d'autre part : & entre ledit sieur Debonnaire, Demandeur, suivant sa Requête du 2 Juin 1761, tendante à ce qu'il nous plût en venant par les Parties plaider la cause entr'elles sur l'exécution de nos Sentences du 7 Mai & 20 Août 1760, confirmée par Arrêt du Grand'Conseil, contradictoirement rendue entre les Parties le 4 Mars lors dernier. Que sur la nouvelle demande desdits Jurés & Communauté des Cordonniers de cette Ville, formée par leur Exploit du 28 Avril, aussi lors dernier, ordonner qu'elles viendroient pareillement plaider sur ladite Requête ; donner acte au Demandeur de ce que pour exceptions, fins de non-recevoir & en tant que besoin étoit, pour défenses à la demande desdits Jurés & Communauté des Cordonniers, portées par leur Exploit, dans laquelle sans s'y

arrêter ni avoir aucunement égard, ils feroient purement &
fimplement déclarés non-recevables & mal fondés & fubfidiairement, ou dont en tout cas déboutés, il employoit le contenu en fadite Requête ; ce faifant, lui donner pareillement acte des offres qu'il avoit toujours faites & qu'il réiteroit
d'affirmer que le Particulier fur lequel la faifie en queftion
avoit été faite, eft le nommé Totin, qui lors de cette faifie
étoit fon garçon, à fes gages, qu'il alloit livrer pour fon compte une paire de Bottes molles au nommé Spindeler, Piqueur
de Sa Majefté, & qu'il ne prêtoit fon nom directement ni indirectement audit Totin : ce faifant, ordonner l'exécution de
nos précédentes Sentences, confirmées par Arrêt contradictoire du Grand'Confeil dudit jour 4 Mars dernier, & condamner lefdits Jurés en cinq cens livres de dommages & intérêts, ou en telle autre fomme qu'il nous plairoit arbitrer, ré-
fultant de l'indue vexation, & les condamner au dépens de
leur mauvaife conteftation, fauf & fans préjudice à tous fes
autres droits & actions, d'une part ; & entre lefdits Vingt-
quatre petits Jurés Cordonniers, Demandeurs, fuivant copie
de leur Requête fignifiée le 10 Juin 1761, tendante à ce qu'il
nous plût lui donner Acte de ce que pour replique aux prétendues fins de non-recevoir & défenfes fignifiées par ledit fieur
Debonnaire le 2 dudit mois de Juin, ils employoient le contenu
en leurdite Requête ; ce faifant, fans s'arrêter à la Requête
dudit fieur Debonnaire dudit jour 2 Juin, dans laquelle il feroit déclaré non-recevable, & dont il feroit débouté ; adjuger aux Demandeurs les conclufions qu'ils ont prifes par
leur Exploit du 28 Avril 1761, & y ajoutant, ordonner que
ledit fieur Debonnaire feroit tenu de faire preuve tant par titres que par témoins de fes faits dans le tems & la forme de
l'Ordonnance, fauf auxdits Demandeurs la preuve contraire
auffi tant par titres que par témoins, pour le tout fait & rapporté, être ordonné ce qu'il appartiendroit, & condamner
ledit fieur Debonnaire aux dépens de l'incident, fauf leurs autres droits & actions d'une part ; & ledit fieur Debonnaire,
Défendeur à ladite Requête & Demandeur, fuivant autre Requête du 17 dudit mois de Juin, à ce qu'il nous plût lui donner
Acte de ce que pour réponfes à celle defdits Jurés & Commu-

nauté des Cordonniers de cette Ville du 10 dudit mois de Juin, dans laquelle, ainsi que dans la nouvelle demande, ils seroient purement & simplement déclarés non-recevables & mal-fondés, ou dont en tous cas ils seroient déboutés, il employoit le contenu en sadite Requête ; ce faisant, adjuger audit Demandeur les conclusions par lui prises par sa Requête dudit jour deux Juin, avec dépens, d'autre part ; & entre lesdits vingt-quatre petits Jurés de la Communauté des Cordonniers de cette Ville, Défendeurs à ladite Requête & Demandeurs, suivant leur Requête du 19 du même mois de Juin, à ce qu'ils nous plût en venant par les Parties plaider sur leurs demandes & défenses respectives, ordonner qu'elles viendroient pareillement plaider sur ladite Requête qu'ils employoient pour réponses ; ce faisant, sans s'arrêter aux Requêtes & demandes dudit sieur Debonnaire, dans lesquelles il seroit déclaré non-recevable & mal fondé & débouté, adjuger aux Demandeurs les conclusions par eux ci-devant prises, & condamner ledit sieur Debonnaire aux dépens de l'incident, sauf leurs autres dûs, droits & actions, d'une part ; & ledit sieur Debonnaire, Dé-fendeur d'autre part ; & entre ledit sieur Debonnaire, De-mandeur, suivant sa Requête du trois Août mil sept cens soi-xante & un, à ce qu'il nous plût ordonner que le Placet du 22 Juillet dernier, portant appointement de contrariété entre le Demandeur & les Jurés de la Communauté des Maîtres Cor-donniers de cette Ville de Paris, rédigé par Maître Passavant, leur Procureur, seroit rapporté & réformé pour n'avoir point été rédigé conforme à notre prononciation aux Sentences pré-cédentes, & aux ajoutés & rectifications faites par Me le Feb-vre, Procureur dudit Demandeur, que ledit Me Passavant a changé à son gré & fait expédier tout autrement de sa pronon-ciation par notre Greffier, & condamner ledit Me Passavant en son nom, aux dépens de l'incident, d'une part ; & lesdits petits Jurés Cordonniers, Défendeurs d'autre part ; & entre les vingt-quatre petits Jurés de ladite Communauté, Demandeurs suivant leur Requête du 6 dudit mois d'Août, à ce qu'il nous plût leur donner Acte de ce que pour satisfaire de leur part à notre Sentence contradictoire du 22 Juillet mil sept cent soixante & un, ils employoient pour enquête & preuve contraire, le contenu en leurdite requête, & aux Compulfoires, Sentences des Confuls, Piéces & Procédures y mentionnées en date des 17, 24, 28 Septembre 1759, des premier, 2 Octobre, 12 & 15 Novembre de la même année, & au Procès-verbal de compulfoire fait à la Requête des Demandeurs le 18 Décembre 1760, en exécution des Lettres de compulfoire par eux obtenues en Chancellerie le 3 dudit mois de Décembre; en conféquence, attendu la preuve littérale qui réfulte defdites Piéces, fans nous arrêter aux demandes dudit fieur Debonnaire, dans lefquelles il nous plairoit le déclarer non-recevable, ou dont en tous cas, il nous plairoit le débouter, le condamner en tous les dépens, même en ceux réfervés par nos différentes Sentences fans préjudice auxdits Demandeurs à rapporter telles autres preuves littérales que de droit, & fous la réferve de tous leurs autres dûs, droits & actions, & de prendre par la fuite telles autres & plus amples conclufions qu'il appartiendroit & qu'ils aviferoient bon être dans cette affaire, pour l'établiffement de leur bon droit, fuivant les Statuts de leur Communauté, d'une part; & ledit fieur Debonnaire, Défendeur, d'autre part; & entre lefdits petits Jurés Cordonniers, Demandeurs, fuivant leur Requête du 27 Août 1761; à ce qu'il nous plût leur donner acte de ce que pour moyen de nullité contre toute la Procédure faite à la requête du fieur Debonnaire, en exécution de notre Sentence du 22 Juillet précédent, pour parvenir à une enquête, & contre toute enquête qui auroit pû être faite, ils employoient le contenu en leurdite Requête, & fubfidiairement feulement fans déroger aux moyens de nullité pour moyens de reproches; ce faifant, fans nous arrêter à toute ladite Procédure même à l'enquête qui pourroit avoir été faite, lefquelles feroient déclarées nulles & de nul effet & valeur, adjuger aux Demandeurs les conclufions qu'ils avoient prifes par leur Requête du 6 Août audit an 1761, & condamner ledit fieur Debonnaire aux dépens, même en ceux réfervés par nos différentes Sentences, fans préjudice à leurs autres droits & actions, & à prendre par la fuite telles autres conclufions qu'il appartiendroit, d'une part: & entre ledit fieur Debonnaire, Défendeur, à ladite Requête & Demandeur fuivant fa Requête fignifiée le 10 Octobre 1761, tendante à ce qu'il nous plût, en venant par les Parties, plaider la caufe d'entr'elles, tant fur la prétendue preuve littérale des vingt-quatre petits Jurés Cordonniers de la Ville & Fauxbourgs de Paris, contenue en leur Requête du 6 Août dernier, que fur la contre-enquête du Demandeur faite contre ladite preuve littérale parachevée le 13 Août aussi dernier; ordonner qu'elles viendroient pareillement plaider fur ladite Requête; donner Acte auxdits Demandeurs de ce que pour réponfes aux reproches & moyens de nullité fournis par lefdits Jurés, par leur Requête fignifiée le 27 dudit mois d'Août 1761, contre les témoins que ledit Demandeur avoit fait entendre dans fa contre-enquête, qui feroient déclarés impertinens & inadmissibles, & dans lefquels, ainfi que dans leur prétendue preuve littérale, ils feroient purement & fimplement déclarés non-revables & mal fondés, ou dont en tous cas & fubfidiairement, ils feroient déboutés, il employoit le contenu en ladite Requête; en conféquence & attendu la preuve réfultante de la contre-enquête dudit Demandeur, lui adjuger les conclufions qu'il avoit ci-devant prifes au cours de l'inftance; ce faifant, condamner lefdits petits Jurés aux dommages & intérêts dudit Demandeur, & en tous les dépens, même en ceux réfervés par nos différentes Sentences, fauf au Demandeur à prendre par la fuite, telles autres conclufions qu'il aviferoit, d'autre part. Vû notre Sentence contradictoire du 18 Novembre dernier, fignifiée le 21 dudit mois, par laquelle pour être fait droit aux Parties, les avons appointées à mettre leurs Requêtes & Piéces en nos mains dans trois jours, fuivant l'Ordonnance, pour leur être fait droit, tous dépens réfervés : vû pareillement l'inventaire de production à nous préfenté par lefdits petits Jurés, &c. & généralement tout ce qui a été dit, écrit & produit par les Parties en ladite inftance; tout vû & confidéré : Nous vû les Requêtes, Piéces & Productions refpectives des Parties, fans avoir égard à l'enquête faite à la requête du fieur Debonnaire, que nous déclarons nulle & de nul effet, déboutons ledit Debonnaire de fes demandes, & le condamnons aux dépens, même en ceux réfervés par nos précédentes Sentences, fors & excepté ceux concernant la Sentence du 9 Juillet 1760 & procédure qui l'a fuivie, dont la nullité a été prononcée par notre Sentence du 20 Août fuivant, auxquels dépens condamnons les petits Jurés

Cordonniers & qui demeureront compensés jusqu'à dûe concurrence, avec ceux adjugés par notre présente Sentence ; ce qui sera exécuté nonobstant & sans préjudice de l'appel. Si MANDONS au premier notre Huissier ou autre Huissier ou Sergent Royal sur ce requis, mettre ces présentes à exécution selon leur forme & teneur ; en témoin de quoi les avons fait sceller. Donné par nous Albert-Laurent Beasse de la Brosse, Ecuyer, Conseiller du Roi, Lieutenant-Général, Civil, Criminel & de Police, en la Prevôté de l'Hôtel, à Paris le 27 Février 1762. *Signé*, TERTRE, avec paraphe, & scellé le 15 Mars 1762. *Signé*, DEJEAN, & signifié à Procureur & à domicile, le 15 Mars de la même année.

Me *PASSAVANT*, *Procureur de la Communauté des Cordonniers.*

ARREST DE LA COUR DU PARLEMENT,

Rendu au profit des Syndic & Jurés en Charge de la Communauté des Maîtres Cordonniers de la Ville & Fauxbourgs de Paris,

Qui, sur les Conclusions de M. le Procureur Général, ordonne l'exécution de la Déclaration du Roi du 14 Août 1703, enregistrée en la Cour le 4 Septembre 1705, concernant les droits de Visites Royales dûs par tous les Maîtres de ladite Communauté ; homologue la Délibération prise en la Communauté le 5 Octobre 1761, pour obliger les Maîtres de payer lesdits droits de Visites, & enjoint aux Maîtres de porter honneur & respect aux Jurés de la Visitation Royale, & leur fait défenses de les troubler dans l'exercice desdites Visites.

1762.
6 Avril.

LOUIS, par la grace de Dieu, Roi de France & de Navarre : Au premier Huissier de notre Cour de Parlement, ou autre notre Huissier ou Sergent sur ce requis : Sçavoir faisons, que vu par notredite Cour la Requête présentée par les Syndic & Jurés en charge de la Communauté des Maîtres Cordonniers de Paris, à ce qu'il plût à notredite Cour, vu la délibération de la Communauté des Cordonniers de Paris, du cinq Octobre mil

sept

sept cent soixante & un , l'Arrêt de notredite Cour du vingt-
trois Décembre audit an , & l'avis du Lieutenant général de Police , & du Substitut du Procureur général du Roi au Châtelet
de Paris , du vingt-quatre Mars mil sept cent soixante-deux , en
exécution dudit Arrêt ; ordonner que la Déclaration du Roi du
quatorze Août mil sept cent trois , enregistrée en notredite Cour
le quatre Septembre mil sept cent cinq , sera exécutée ; en conséquence que les six Visites Royales portées par icelle continueront d'être faites chaque année de deux mois en deux mois chez
les Maîtres de la Communauté ; faire défenses auxdits Maîtres
de troubler les Supplians dans l'exércice desdites Visites ; leur
enjoindre de porter honneur & respect aux Syndic & Jurés-Visiteurs de la Communauté ; pour les droits de chacune desquelles visstes lesdits Maîtres continueront de payer la somme de
vingt sols , fixée par ladite Déclaration , & en cas de refus par
aucuns desdits Maîtres , permettre auxdits Jurés de la Visitation
Royale de saisir & enlever sans frais chez les Maîtres refusans ,
les outils ou autres piéces de marchandises du métier de Cordonnier pour sûreté & payement dudit droit de Visites , dont il sera
fait mention par le Juré de la Visitation Royale sur le Registre
servant à inscrire séparément ledit droit , pour être ladite piéce
de marchandise du métier , saisie & enlevée , vendue pareillement sans frais , au défaut de payement desdits droits , huitaine
après la saisie & enlevement ; & le prix employé au payement
du droit de Visites jusqu'à dûe concurrence ; pour le surplus être
remis au Maître , si surplus y a , à la charge par les Jurés-Visiteurs
d'en rendre compte tous les ans , conformément à l'Article neuf
des Lettres Patentes du Roi du treize Juin mil sept cent dix , enregistrées le deux Août suivant , & à cet effet homologuer , en
tant que de besoin , la délibération faite sur les Registres de ladite
Communauté le cinq Octobre dernier ; ordonner que l'Arrêt à
intervenir sera imprimé , lû , publié & affiché partout où besoin
sera. Ladite Requête signée Regnard , Procureur.

Suit la teneur de la délibération du Lundi cinq Octobre mil
sept cent soixante & un , quatre heures de relevée , en l'Assemblée générale des Maîtres Cordonniers de Paris , tenue au Bureau d'icelle , Place de Grève , convoquée par Billets , à la diligence des Sieurs Syndic & Jurés de ladite Communauté en la

maniere accoutumée, en vertu de l'Ordonnance de Monfieur le Procureur du Roi, en date du trois du préfent mois; lefdits Sieurs Syndic & Jurés ont dit que, par la Déclaration du Roi du quatorze Août mil fept cent trois, enregiftrée au Parlement le quatre Septembre mil fept cent cinq, Sa Majefté, pour les caufes y portées, a ordonné que dorénavant il feroit fait par les Jurés de ladite Communauté fix Vifites par chacun an, de deux mois en deux mois, & feroit payé pour chacune defdites Vifites par chaque Maître de ladite Communauté, vingt fols.

Que par Arrêt du Confeil du quatre Février mil fept cent quarante-neuf, portant Réglement pour la Communauté, il eft dit, Article fept, que les Jurés feront tenus de percevoir ce droit, à peine d'en répondre en leurs noms.

Que malgré les peines & foins que les Jurés de la Vifite fe donnent pour la perception de ces droits, une grande partie des Maîtres de la Communauté refufent de les payer, s'affemblent, cabalent & conviennent entr'eux de ne payer lefdits droits aux Jurés, lors de leurs Vifites; que ces refus ont occafionné différens Procès qui deviennent très-onéreux, tant à la Communauté qu'aux Maîtres, par les frais confidérables que ladite Communauté eft obligée de faire contre les refufans de payer lefdits droits de Vifites; enforte que s'il n'eft remédié à ces abus, il s'enfuivra néceffairement la ruine de la Communauté & des Maîtres qui la compofent; que plufieurs Communautés de Paris, notamment celle des Maîtres Frippiers, ont en pareil cas obtenu permiffion d'enlever, pourquoi lefdits Sieurs Syndic & Jurés eftiment qu'il feroit à propos de recourir à l'autorité de la Cour, pour obtenir fur ce un Réglement.

Sur quoi, la matière mife en délibération, la Communauté a autorifé lefdits fieurs Syndic & Jurés à préfenter, au nom de la Communauté, Requête au Parlement, pour fupplier la Cour d'ordonner que la Déclaration du Roi du quatorze Août mil fept cent trois, regiftrée en ladite Cour le quatre Septembre mil fept cent cinq, fera exécutée felon fa forme & teneur, en conféquence que les fix Vifites ordonnées par ladite Déclaration continueront d'être faites par les Jurés de la Vifite de la Communauté, lors defquelles Vifites chacun des Maîtres d'icelle Communauté, fera tenu de porter honneur & refpeˆt auxdits Sieurs Jurés, de leur payer ledit droit de Visites de vingt sols par chacune desdites Visites, sinon, & en cas de refus, qu'il sera permis auxdits Jurés d'enlever de chez les refusans des Marchandises jusqu'à concurrence , pour sûreté desdits droits de Visites, le tout pour éviter à frais , & que l'Arrêt qui interviendra sera imprimé & affiché par-tout où besoin sera. Fait & délibéré les jour & an que dessus , signé en fin Dalmasse, Tinterlin , Lagardere , Mettereau , Hardy, Boutry, Gaucherot , Pernet , Butteau, Mangin, Marcandier, Warin, Ferriere, Maumelat, Blin, Cocquelle, Mozac, David , M. Corel , Cauvigny , Fery , Lambert , Piat , François, dit Bellisle, Gayet, Sinet, François, Vanguille, Roques & Dhervelle, la marque de Jean-Baptiste Monnot ; & plus bas est écrit : à laquelle présente Délibération ont été mandés , & étoient présens les Sieurs Adrien Dupuis & Simonin, pour modernes; Jean-Baptiste Monnot & Jean-Baptiste Dhervelle, pour Jeunes, lesquels Sieurs Dupuis & Simonin ont refusé de signer, quoique de ce interpellés : signés en fin Dalmasse , Lagardere , Tinterlin , Mertereau , Hardy , Boutry , Gaucherot , Pernet & Mangin ; & en marge est écrit : contrôlé à Paris , le six Octobre mil sept cent soixante & un , reçu douze sols six deniers, signé Collas Deplausse.

Collationné par les Conseillers du Roi , Notaires au Châtelet de Paris, soussignés sur l'original de ladite Délibération , dont Copie est ci-dessus & des autres parts, étant sur le Régistre des Délibérations des Maîtres Cordonniers de Paris , représenté & rendu cejourd'hui sept Octobre mil sept cent soixante & un , signés le Bœuf Delebret & Chomel , avec paraphes.

Conclusions du Procureur Général du Roi ; ouï le rapport de Maître Claude Tudert, Conseiller, tout considéré ; Notredite Cour ordonne que ladite Déclaration du Roi sera exécutée selon sa forme & teneur ; en conséquence que les six Visites Royales portées par icelle , continueront d'être faites chaque année, de deux mois en deux mois, chez les Maîtres de ladite Communauté ; fait défenses auxdits Maîtres de troubler les Supplians dans le service desdites Visites, leur enjoint de porter honneur & respect aux Syndic & Jurés-Visiteurs de la Communauté, pour les droits de chacune desquelles Visites lesdits Maîtres continueront de payer vingt sols, & en cas de refus par aucuns desdits Maîtres, permet auxdits Jurés de la Visitation Royale de saisir & enlever sans frais, chez les Maîtres refusans, un soulier, ou autre pièce de Marchandise du Métier de Cordonnier, pour sûreté & payement dudit droit de Visites, dont il sera fait mention par le Juré de la Visitation sur le Registre servant à cet effet, pour être ladite piéce de Marchandise, saisie, enlevée, vendue pareillement sans frais, au défaut de payement desdits droits, huitaine après la saisie & enlevement, & le prix employé au payement du droit de Visites, & le surplus, si surplus y a, remis au Maître, à la charge par lesdits Jurés-Visiteurs d'en rendre compte tous les ans, & à cet effet homologue ladite Délibération du cinq Octobre dernier ; comme aussi ordonne que le présent Arrêt sera imprimé, lû, publié & affiché partout où besoin sera. Si mandons mettre le présent Arrêt à exécution, selon sa forme & teneur; de ce faire te donnons pouvoir. Donné en notredite Cour de Parlement, le six Avril, l'an de grace mil sept cent soixante-deux, & de notre Régne le quarante-septiéme. Collationné, *signé*, R E G N A U L T.

Et par la Chambre, *signé*, D U F R A N C, & scellé.

Fin des Statuts.